किंगमेकर्स

मुग़ल बादशाहों पर भारी दो सैयद भाइयों की गाथा

D1879066

राजगोपाल सिंह वर्मा

लोकभारती पेपरबैक्स

लोकभारती पेपरबैक्स में
पहला संस्करण : 2023
दूसरा संस्करण : 2025

© राजगोपाल सिंह वर्मा

लोकभारती पेपरबैक्स : उत्कृष्ट साहित्य के लोकप्रिय संस्करण

लोकभारती प्रकाशन
पहली मंजिल, दरबारी बिल्डिंग, महात्मा गांधी मार्ग,
प्रयागराज-211 001
द्वारा प्रकाशित

शाखाएँ : 1-बी, नेताजी सुभाष मार्ग, दरियागंज, नई दिल्ली-110 002
अशोक राजपथ, साइंस कॉलेज के सामने, पटना-800 006
1, अनमोल सोराबजी सन्तुक लेन, धोबी तलाव, मरीन लाइंस, मुम्बई-400 002
वेबसाइट : www.lokbhartiprakashan.com
ईमेल : info@lokbhartiprakashan.com

बी.के. ऑफसेट
नवीन शाहदरा, दिल्ली-110 032
द्वारा मुद्रित

मूल्य : ₹299

KINGMAKERS
History by Rajgopal Singh Verma

ISBN : 978-93-93603-98-2

राजगोपाल सिंह वर्मा

राजगोपाल सिंह वर्मा का जन्म 14 मई, 1957 को मुजफ्फरनगर, उत्तर प्रदेश में हुआ। उन्होंने पत्रकारिता तथा इतिहास में स्नातकोत्तर किया है।

उनकी प्रकाशित पुस्तकें हैं—'गोरों का दुस्साहस', 'चिनहट : 1857 : संघर्ष की गौरव-गाथा', 'औपनिवेशिक काल की जुनूनी महिलाएँ', '360 डिग्री वाला प्रेम', '1857 का शंखनाद : उत्तर दोआब के लोक का संघर्ष' (उपन्यास); 'अर्थशास्त्र नहीं है प्रेम', 'तारे में बसी जान' (कहानी-संग्रह); 'इश्क लखनवी मिजाज का' (ऐतिहासिक प्रेम कहानियाँ); 'जाने वो कैसे लोग थे : 1857 के क्रांतिकारी' (क्रांतिवीरों की प्रेरणादायक कहानियाँ); 'बेगम समरू का सच', 'दुर्गावती : गढ़ा की पराक्रमी रानी', 'जॉर्ज थॉमस : हांसी का राजा', 'The Lady of Two Nation : Life and Times of Ra'nna Begum' (जीवनी); 'यह वो दुबई तो नहीं' (सामयिक घटनाओं पर केन्द्रित)।

उन्होंने उत्तर प्रदेश सरकार की साहित्यिक पत्रिका 'उत्तर प्रदेश' का पाँच वर्ष तक सम्पादन किया तथा केन्द्र सरकार के अधीन स्वास्थ्य एवं परिवार कल्याण और लघु उद्योग मंत्रालय की पत्रिकाओं के सम्पादकीय दायित्व का भी निर्वहन किया। 'दैनिक जागरण', 'जनसत्ता', 'हिन्दुस्तान', 'भास्कर', 'कादंबिनी', 'अहा! जिन्दगी', 'कथादेश', 'कथाक्रम', 'अभिनव इमरोज' समेत कई पत्र-पत्रिकाओं में उनकी रचनाएँ प्रकाशित हुई हैं।

उन्हें 'पं. महावीर प्रसाद द्विवेदी सम्मान', 'पाण्डेय बेचन शर्मा 'उग्र' सम्मान', 'कमलेश्वर स्मृति कथा सम्मान' से सम्मानित किया गया है।

ई-मेल : rgsverma.home@gmail.com

पिता-सदृश्य बड़े भाई **गोविंद वर्मा** और

लेखन में मेरे प्रेरणास्रोत

हरपाल सिंह 'अरुष'

को

वे बहुत पहले से भारत में थे, मुग़लों के इस मुल्क़ में आने से कहीं पहले से। वफ़ादार थे। सैन्य पराक्रम के लिए उनकी धाक थी। सन् 1707 में औरंगज़ेब की मृत्यु के बाद मुग़ल साम्राज्य के पतन की गति तेज हो चली थी, तब उनका नाम उनके पराक्रम, अनुशासन और निष्ठा के कारण और भी अधिक चर्चा में आया। षड्यंत्रों, सत्ता-संघर्षों और अनिश्चित घटनाक्रमों के मध्य अन्ततः परिस्थितियोंवश सन् 1713 में मुल्क़ की सत्ता—मुग़लों की बादशाहत का केन्द्र पश्चिमी उत्तर प्रदेश के जनपद मुज़फ़्फ़रनगर के इन सैयद बन्धुओं के हाथों में आ गया था।

यह वह कालखंड था जब इन सैयदों के पास सत्ता की कुंजी रही। इन्होंने कितने ही मुग़ल शहंशाहों को बनाया, हटाया और वास्तविक रूप में ख़ुद सत्ता पर क़ाबिज़ रहे। तब तक, जब तक कि उन्हें ही इस दुनिया से मिटा नहीं दिया गया।

सैयद वंशजों के इन चर्चित प्रतिनिधियों बड़े भाई सैयद अब्दुल्ला अली ख़ान और सैयद हुसैन अली ख़ान के इस उत्थान और पतन, फ़र्श से अर्श और फिर से अर्श से फ़र्श तक जाने, उन कारणों के साथ उनके उद्भव और पराभव का तार्किक विश्लेषण करती तत्कालीन इतिहास की एक ऐसी कृति, जिसमें औपन्यासिक शैली का उपयोग किया गया है।

क्रम

प्रस्तावना

जब भी मुग़ल साम्राज्य के विखंडन की चर्चा होती है, तो कहा जाता है कि औरंगज़ेब की मृत्यु के बाद इस विशाल साम्राज्य का टूटना प्रारम्भ हो गया था। यह सही नहीं है। दरअसल इसका विघटन औरंगज़ेब के उत्तर काल में ही शुरू हो चुका था, पर वह उसके अवसान के बाद ही अपनी दुर्गति को प्राप्त हुआ। अगर कहा जाए कि मुग़लों के शानदार और चमत्कृत करते हुए इतिहास का अन्तिम अध्याय औरंगज़ेब के समय में ही लिखा जा चुका था, तो अनुचित न होगा। उसी के समय में एक जड़ता ने इस साम्राज्य को इस तरह ग्रसित कर लिया था कि उसने साम्राज्य रूपी शरीर के विभिन्न हिस्सों को गहनता से प्रभावित करना जारी रखा, तब तक, जब तक कि इस साम्राज्य का नामोनिशान नहीं मिट गया।

औरंगज़ेब का शासन काल लम्बा था। वह अपनी अन्तिम साँस तक विस्तारवादी इरादों को मूर्त रूप देने में जुटा रहा। सन् 1679 में जब औरंगज़ेब ने मारवाड़ पर विजय प्राप्त करने की शुरुआत की, तभी से वह युद्धों से प्राप्त विजयों के बल पर अपने फैलाव में जुटा रहा। उसके साम्राज्य का यह विस्तार इस दृष्टि से बहुत ख़तरनाक रहा कि उसे युद्धों पर बेतहाशा धन ख़र्च करना पड़ा। साम्राज्य का सारा राजस्व, जज़िया (कर) से होनेवाली वसूली, दिल्ली तथा आगरा के कोषागार इन युद्धों पर हुए व्ययों के कारण खाली हो चले थे। सेना को समय से वेतन और भुगतान किए जाने की समस्याएँ आने लगी थीं। औरंगज़ेब की ज़िन्दगी के महत्त्वपूर्ण ढाई दशक दक्खिन में अपनी सम्प्रभुता स्थापित करने में अपव्यय तो हो गए थे, परन्तु मुग़लों के शत्रु कम नहीं हुए थे। उत्तर भारत के एक बड़े भाग में साम्राज्य की प्रशासनिक व्यवस्था अपंग होती जा रही थी, बग़ावतों और अव्यवस्था का बोलबाला था।

औरंगज़ेब के समय में ही मुग़ल सत्ता का ख़राब समय आ चुका था। अपना उत्तर काल आते-आते यह बात वह स्वयं भी समझने लगा था। वह यह भी जानता था कि विरासत के मुद्दे को लेकर उसके बेटे एक-दूसरे से प्रतिस्पर्धा में जुट जाएँगे, इसलिए उसने अपनी एक वसीयत भी तैयार कराई थी। इसके अनुसार बादशाह आलमगीर औरंगज़ेब ने साम्राज्य को अपने बेटों में न्यायपूर्ण और तार्किक रूप से

विभाजित किया था, पर यह दुर्भाग्यपूर्ण था कि उसकी मृत्यु के बाद उस वसीयत का हाल जाननेवाला कोई न था। सब एक-दूसरे के ख़ून के प्यासे बन गए और हर कोई लालच से परिपूर्ण। उस वसीयत की चिन्दियाँ उड़ गईं। बेटा मुअज्जम जो इस सत्ता संघर्ष में बहादुर शाह प्रथम के नाम से अगला बादशाह बना तो सबको आसानी से समझ आ गया था कि अब इस वंश के बुरे दिन आ चुके हैं—उनके और साम्राज्य, दोनों के!

अठारहवीं सदी को इसीलिए मुग़ल काल का काला अध्याय भी कहा जाता है। इस कालखंड में राजनीतिक अव्यवस्था, प्रशासनिक दुर्बलता, आर्थिक अवसान तथा नैतिक और सांस्कृतिक पतन बहुत तेज़ी से जिस स्तर पर पहुँच गया था, वह अकल्पनीय था। जिस व्यवस्था और एकता को पिछली तीन शताब्दियों से सुदृढ़ता से इन मुग़ल बादशाहों ने औरंगज़ेब के कार्यकाल तक बनाए रखा था, वह उसकी मृत्यु के बाद तेज़ी से पतनोन्मुख हो गई थी। यह पतन केन्द्रीय सत्ता की दुर्बलता और अव्यवस्थित प्रशासनिक स्थितियों के कारण अधोगति को पहुँचा। परिणामस्वरूप, विभिन्न रियासतों ने स्वयं को स्वतंत्र घोषित करने की कवायद शुरू कर दी, और उनमें से काफ़ी सफल भी होते गए। इस सबका फल क्या हुआ? अन्ततः मुग़ल सत्ता का पूर्ण ह्रास!

सन् 1707 में मुग़ल साम्राज्य के सिरमौर, शक्तिशाली शहंशाह आलमगीर औरंगज़ेब की मृत्यु के बाद उसके सभी उत्तराधिकारी या तो अयोग्य रहे, अथवा वे इतने निर्बल थे कि उनमें शासन करने की क्षमता ही न थी। उनमें से कई अय्याश और जनकल्याण के कामों से मुँह चुरानेवाले थे, जिन्हें आम लोगों के सुख-दुःख से कुछ लेना-देना नहीं था। परिस्थितियाँ भी ऐसी थीं कि सैन्य अभियान, षड्यंत्र, शत्रुओं की हत्याओं या फिर अय्याशियों में ही सारा समय, धन और ऊर्जा व्यय होती थी। कल्याणकारी कामों और सुदृढ़ शासन-व्यवस्था पर ध्यान देने की किसी को चिन्ता ही न थी। बादशाह जहाँदार शाह से शुरू हुआ मुग़ल शाही वंश का यह अधोपतन फिर कभी रुका नहीं।

उसी अस्त होते काल के एक खंड की कथा है यह किताब, जिसमें सन् 1713 से 1720 के दौरान सत्ता संघर्ष के मुख्य पात्र उन दो सैयद[1] भाइयों के वर्चस्व की कहानी यथासम्भव प्रामाणिकता के साथ लिखी गई है जो मूल रूप से ईरान के रहनेवाले थे, पर उनके वंश का भारत में आगमन मुग़लों से भी काफ़ी पूर्व का था। उनके पूर्वज मुग़ल बादशाहों के दरबारों में भी रहे, सैन्य अभियानों में महत्त्वपूर्ण

1. शब्दकोश की परिभाषा के अनुसार सैयद 1, मुहम्मद साहब के नाती हुसैन के वंशजों की उपाधि 2. मुसलमानों के चार वर्गों या जातियों में से दूसरी जाति के लोगों को इंगित करता है। विस्तार से जानने के लिए पत्रकार-लेखक अनिल माहेश्वरी की पुस्तक 'Syncretic Islam', Life and Times of Ahmad Raza Khan Barelvi, Bloomsbury New Delhi, 2021.

भूमिकाओं के लिए जाने गए, पर उनका प्रभुत्व काल सन् 1713 से 1720 की अवधि का ही माना जाता है। इस अवधि में मुल्क के कई बादशाहों को बनाने या सिंहासन से उतार फेंकने, हत्या करने तथा सत्ता संचालन में प्रमुख भूमिका निभाने के अवैधानिक कारनामों के कारण उन्हें भारतीय इतिहास में 'किंगमेकर्स' के नाम से जाना जाता है। इन सैयद भाइयों—बड़े भाई सैयद हसन अली ख़ान (जिसे हम उसकी पदवी सैयद अब्दुल्ला ख़ान के नाम से अधिक जानते हैं) और सैयद हुसैन अली ख़ान को गहनता से जानना है तो उस अवधि के साथ ही पूर्व मुग़ल बादशाहों, उनसे इन भाइयों के सम्बन्धों, उनकी कार्यशैली और अन्य कई कारकों का अध्ययन करना ज़रूरी है। इसलिए तत्कालीन और पूर्ववर्ती मुग़ल बादशाहों के विषय में तथा उनसे सम्बन्धित ऐसे भी विवरण प्रस्तुत किए गए हैं, जिनका प्रत्यक्ष रूप से सैयद भाइयों से सम्बन्ध प्रतीत नहीं होता, परन्तु वास्तव में ऐसा है नहीं। इतिहास कई असम्बद्ध घटनाओं से सम्बद्ध होकर ही नया रूप धारण करता है। ये घटनाएँ भी घटनाक्रमों और अन्तत: इतिहास को वास्तविक रूप से प्रभावित करती हैं। इसलिए इस किताब में जिस काल खंड और घटनाओं का उल्लेख है, वे उत्तर मुग़ल काल में सैयद भाइयों के उत्कर्ष और फिर पतन की परिस्थितियों को समझने में बेहतर रूप से सहायक होंगी, इसीलिए उन सम्बद्ध चरित्रों पर भी अच्छी-ख़ासी चर्चा की गई है।

सन् 1707 से सन् 1712 तक की अवधि में तो किसी तरह मुग़ल बादशाह बहादुर शाह ने राज-काज चलाया। यह सही है कि उसके समय में कोई जन-कल्याण के उल्लेखनीय काम नहीं हुए, पर विरासत के संघर्ष के अलावा उसके अवसान तक शाही परिवार की कोई असहज स्थिति भी नहीं बनी। उसके अवसान होते ही बेटों में जो सत्ता संघर्ष हुआ, वह बहुत अशोभनीय और भयावह था। इस सत्ता संघर्ष में अपने तीनों भाइयों को मौत के घाट उतारने के पश्चात 22 जून, सन् 1712 ई. को जहाँदार शाह दिल्ली के सिंहासन पर बैठने में सफल रहा। उसकी विजय वास्तव में मुल्क के अमीर-उल-उमरा ज़ुल्फ़िकार ख़ान की कुटिल चालों और षड्यंत्रों का परिणाम थी।

बादशाह जहाँदार शाह को मुग़ल साम्राज्य का पहला नितान्त अयोग्य उत्तराधिकारी कहने में कोई हर्ज नहीं है। उसके अल्पावधि के शासन-काल में व्यभिचार तथा भ्रष्टाचार में भारी वृद्धि दर्ज हुई। उसने भाँड़ों, नर्तकियों, मदारियों और अनावश्यक लोगों को भरपूर प्रोत्साहन दिया जिससे वह वर्ग शासन व्यवस्था पर हावी हो गया। बादशाह शासन में रुचि न लेकर अपना अधिकांश समय हरम में बिताने लगा था। सिंहासन पर बैठते वक़्त उसकी आयु 51 वर्ष की। उसके बड़ी उम्र के बेटे और पोते थे, फिर भी वह अपना अधिकांश समय लालकुँवर के साथ व्यतीत करता था और उसी के कहने से राज्य के निर्णयों पर काम करता था।

ऐसे समय में मुग़ल शहज़ादे अज़ीम-उश-शान की विधवा और फ़र्रुख़सियर की माँ ने पटना के सहायक सूबेदार सैयद हुसैन अली ख़ान और उसके बड़े भाई इलाहाबाद के सूबेदार सैयद अब्दुल्ला ख़ान को भावनात्मक रूप से अपने पक्ष में करने में सफलता प्राप्त कर ली थी। इन भाइयों के पास अपनी-अपनी ख़ासी सैन्य शक्ति थी। वे पीढ़ी-दर-पीढ़ी मुग़लों के प्रति अपनी निष्ठा के लिए जाने जाते थे। इन सैयद भाइयों के पूर्वज मुग़ल बादशाह अकबर महान, जहाँगीर, शाहजहाँ तथा बादशाह औरंगज़ेब के समय में भी सैन्य बल की अग्रिम पंक्ति में रहकर नेतृत्व करने और शत्रुओं को निर्णायक रूप से परास्त करने के लिए विख्यात थे।

इन सैयद बन्धुओं का इतिहास 14वीं शताब्दी में खिज्र ख़ान के समय से ही आरम्भ होता है। तब सैयद बन्धुओं के पूर्वज भारत आ गए थे। खिज्र ख़ान को ही सैयद वंश का संस्थापक माना जाता है, जिन्होंने तैमूर के आक्रमण के ठीक बाद और तुगलक वंश के पतन के उपरान्त दिल्ली सल्तनत के एक शासक के रूप में उत्तर भारत पर शासन किया था।

इस किताब में सैयद बन्धुओं से आशय मूल रूप से सैयद हुसैन अली ख़ान बारहा और सैयद अब्दुल्ला नामक उन दो भाइयों से है जो मुग़ल साम्राज्य में इतने शक्तिशाली बन गए थे कि उन्हें इतिहासकार 'राजनिर्माता' कहा करते हैं। जब फ़र्रुख़सियर और उसकी माँ ने उन भाइयों की सेवाओं का उपयोग बादशाह जहाँदार शाह की हत्या कर मुग़ल साम्राज्य के प्रमुख की गद्‌दी पर बैठने में किया तो उन सैयदों को सैन्य अभियानों के साथ राजदरबार की राजनीति भी रास आने लगी। सत्ता का केन्द्र बनना किसे बुरा लगता है!

परन्तु ऐसा लम्बे समय तक नहीं चला। जल्दी ही स्थितियों में बदलाव आ गया। यह बात विस्मित करती थी कि फ़र्रुख़सियर की विजय की रणनीति और उसमें सक्रिय भागीदारी के प्रमुख कर्ता-धर्ता होने के बावजूद फ़र्रुख़सियर इन सैयद भाइयों से इस सीमा तक रुष्ट क्यों रहने लगा कि वह उन्हें अपने रास्ते से हटाने के षड्यंत्रों में लिप्त हो गया था। बाद के दिनों में ये दोनों भाई भी इस बादशाह की हरक़तों और विशेष रूप से उनके प्रति बादशाह के दृष्टिकोण को अविश्वास की दृष्टि से देखने लगे। उन्होंने इस बादशाह की कुत्सित चालों का मुक़ाबला करने के लिए अपनी खेमेबन्दी बनाए रखी। जब बात आमने-सामने की हुई तो फ़र्रुख़सियर इनके सामने कच्चा खिलाड़ी साबित हुआ। अन्ततः इसका परिणाम मुग़ल बादशाह फ़र्रुख़सियर की निर्मम हत्या में हुआ।

सैयद बन्धुओं ने बाद में कई बादशाहों को सिंहासन पर बिठाया। नये बादशाहों की मृत्यु के बाद अपनी मनमर्जी से मुग़ल वंश के दूसरे बादशाहों की दिखावटी सत्ता क़ायम कर उनके नाम से अपना प्रभुत्व क़ायम रखा। यह सच में मुग़ल वंश का पराभव था। सच यह भी था कि सत्ता प्राप्त करने के बाद हर बादशाह इन

सैयद भाइयों से परेशान और असहज हो जाता था, पर उनकी ताकत के सामने असहाय हुआ करता था। यह स्वाभाविक था क्योंकि हर बादशाह ख़ुद की शक्तियों का स्वच्छन्द और पूरी तरह से इस्तेमाल करना चाहता था, भले ही वह अयोग्य ही क्यों न हो, और चाहे उसकी डोर किसी अन्य के हाथों में ही क्यों न हो। दूसरी ओर सैयद बन्धु इन कठपुतली बादशाहों की ज़िन्दगियों पर एक ऐसी नकेल कस कर रखना चाहते थे, जिससे वे उनकी अपेक्षा किसी अन्य से निकटता न बढ़ा पाएँ । ऐसा उनकी अपनी सुरक्षात्मक चिन्ताओं और पल-पल बदलती राजनीति के कारण होना स्वाभाविक भी था। पर दुर्भाग्य देखिए, जिस मुहम्मद शाह को वे दीन-हीन हालत में फ़तेहपुर-सीकरी की गुमनामी से उठा कर लाये थे, और मुग़ल बादशाह की गद्दी पर स्थापित कर दिया था, अन्ततः उसी ने इन भाइयों के पतन और मौत का ताना-बाना बुन दिया।

सन् 1720 के अन्तिम पक्ष में छोटे भाई सैयद हुसैन अली की एक रणनीति के अन्तर्गत धोखे से हत्या कर दी गई। बाद में उसके बड़े भाई को भी संघर्षपूर्ण युद्ध के बाद बन्दी बना लिया गया। दो साल कैद में रखने के बाद कभी बहुत शक्तिशाली रहे इस 'किंगमेकर' सैयद अब्दुल्ला ख़ान को बादशाह मुहम्मद शाह के निर्देश पर ज़हर दे दिया गया। इस प्रकार उन दोनों सैयद भाइयों के प्रभुत्व और काल का अन्त हुआ, जिन्हें इतिहास में 'किंगमेकर्स' कहा जाता है।

मूल रूप से इस पुस्तक का उद्देश्य सन् 1713 में मुग़ल बादशाह जहाँदार शाह की हत्या और फ़र्रुख़सियर के मुग़ल शासन का प्रमुख बनने से लेकर अन्य बादशाहों को बनाने और बिगाड़ने तथा कठपुतली बादशाहों को गद्दी पर बिठाने के षड्यंत्रों और ऐसे ही दुस्साहसों की पड़ताल का प्रयास है। इन सैयद भाइयों की वंशावली, उनके चरित्र, उनकी धरोहर तथा उद्भव से लेकर पराभव तक की स्थिति पर भी एक दृष्टिपात का प्रमाणिक और निष्पक्ष प्रयास किया गया है।

पाठकों को जिज्ञासा होगी, और उचित ही होगी, कि भारतीय इतिहास में औरंगज़ेब के बाद और सैयद बन्धुओं के वर्चस्व के इस दौर में मुग़ल शासन काल प्रशासनिक व्यवस्थाओं और उपलब्धियों का कोई जिक्र नहीं है। क्या शासन ऐसे ही चलता था—षड्यंत्र, विवाद, मार-काट, लूट और भाई-भतीजावाद आदि। हाँ, वाक़ई यह अवधि कुछ इसी तरह की थी। शासन के ख़र्च मूल रूप से राजस्व वसूली और अन्य करों से चलते थे। यही नहीं जब हम मुग़ल दौर के अस्त होते हुए इस समय पर एक गहन दृष्टिपात करते हैं, तब ही हमें समझ आता है कि मुग़लकालीन प्रशासनिक व्यवस्था की प्रकृति और उसके उद्देश्य क्या रहे थे। तो, यह जानना ज़रूरी है कि मुग़ल काल सामान्यतः एक कल्याणकारी राज्य की अवधारणा का बेहतर पोषक नहीं रहा। इसकी प्रकृति एक सैन्य शासन की थी, जो केन्द्रीकृत रूप से कुनबा-परस्ती का हिमायती था।

ऐसी स्थिति और पतनशील माहौल में सैयद बन्धुओं के दौर को किसी अन्य परिप्रेक्ष्य में, और सकारात्मक रूप से देखना कितना बेमानी है, यह समझ आना ज़रूरी है। इन तथाकथित मुग़ल शासकों की राज्य के प्रति जिम्मेदारी सिर्फ इतनी थी कि वे अपनी मुस्लिम प्रजा और उनके धर्म के बीच में एक सेतु का काम करते हुए उनको एक अच्छा समाज देने की कोशिश करें। ग़ैर-मुस्लिम प्रजा के लिए कानून और व्यवस्था बनाए रखना तथा उनसे राजस्व की वसूली करते रहना भी उनके उद्देश्य थे। राज्य का काम शिक्षा का प्रसार करना न था। न ही वे कला, साहित्य और मनोरंजन को बढ़ावा देना अपना कर्तव्य मानते थे। अगर मौलवी-उलेमाओं के शैक्षिक उन्नयन के लिए कुछ किया जाता था तो वह सिर्फ उनके लिए था जो मस्जिदों में धर्म के प्रसार के लिए काम करते थे, न कि राष्ट्रीय संस्कृति का व्यापक प्रचार करनेवालों को कोई मदद दी जाती थी। इस प्रकार तत्कालीन सरकारों का काम बहुत सीमित रह गया था। जो था वह भौतिकतावादी और बहुत ही कृपण स्थिति का था। ऐसे में इस अवधि में पतनशील और निष्प्राण होते जा रहे प्रशासन से व्यापक जनहित में कल्याणकारी होने तथा ख़ुशहाली की बात करने का कोई अर्थ न था।

यह किताब सीमित और वस्तुनिष्ठ रूप से उन परिस्थितियों की समझ विकसित करने का एक ईमानदार प्रयास है, जिसके कारण बादशाह जलालुद्दीन अकबर महान से लेकर आलमगीर औरंगज़ेब की शाही सेना की अग्रिम पंक्ति में रहकर शत्रुओं से टक्कर लेनेवाले ये सैयद योद्धा क्यों सत्ता-संघर्ष में पड़कर अपनी गरिमा को गिरा बैठे? क्या ऐसा करना ज़रूरी था? इन परिस्थितियों के लिए क्या सिर्फ वे ही दोषी थे? क्या वे वाक़ई राजनिर्माता बनने के इच्छुक थे, और इस स्थिति को पाने के सपने सँजोये बैठे थे? क्या इतिहास ने उनके साथ न्याय किया? मुग़ल बादशाहों ने जाने-अनजाने में कहीं उन्हें अपने शाही सत्ता-षड्यंत्रों की कूटनीतियों, सत्ता की भूख और पारिवारिक षड्यंत्रों का मोहरा तो नहीं बनाया? इस पुस्तक में इतना जानने और इन सैयदों का ज़िन्दगीनामा सामने रखने की कोशिश की गई है। यह तथ्य भी विस्मित करता है कि भारतीय सत्ता के केन्द्र में हमेशा सुन्नी बादशाहों का प्रभुत्व रहता आया, पर सैयद भाई एक विपरीत सम्प्रदाय—शिया वंश के होते हुए भी अपनी अल्प संख्या बल और पृष्ठभूमि के विपरीत परिस्थितियोंवश इस मुल्क़ की सत्ता का केन्द्र बन गए थे। यह विडम्बनापूर्ण है कि सैयद भाइयों के ऐतिहासिक-राजनीतिक महत्त्व के सम्बन्ध में ज़रूरी सामग्री की कमी है। मध्ययुगीन भारतीय इतिहास और मुख्यत: औरंगज़ेब की मृत्यु के बाद सैयद भाइयों की विशिष्ट भूमिका के कारण उन्हें राजनिर्माता (किंगमेकर्स) के नाम से जाना जाता है। ज़रूरी यह भी कि उनके जीवन, संघर्षों, योद्धा-स्वरूप और राजनीतिक तथा तथाकथित महत्त्वाकांक्षाओं को उनकी तत्कालीन परिस्थितियों के सापेक्ष जाना-समझा जाए।

इस पुस्तक में सैयद बन्धुओं के पूर्वजों का, उनके उद्भव और भारत में फैलाव का भी जिक्र है, पर इस पुस्तक में मुख्य रूप से आशय मुख्यतः सैयद अब्दुल्ला बारहा (1666—12 अक्टूबर, 1722) और सैयद हुसैन (1668—09 अक्टूबर, 1720) नामक दो भाइयों से है।

इस किताब के सृजन और सम्पादन का मूल आधार रहे हैं मित्र, मार्गदर्शक और इतिहास के विशिष्ट जानकार राजकिशोर शर्मा 'राजे', मेरे अग्रज, अंग्रेजी के पत्रकार और कई चर्चित किताबों के लेखक अनिल माहेश्वरी, मुज़फ़्फ़रनगर के वरिष्ठ लेखक हरपाल सिंह 'अरुष' जी तथा सहयोगी सुहेल वहीद अंसारी, जिन्होंने मुझे यह विषय सुझाया। मुज़फ़्फ़रनगर जनपद का गजेटियर भी तथ्यों और जानकारियों की पुष्टि में सहयोगी बना। मध्ययुगीन भारतीय इतिहास के उन जानकार इतिहासकारों तथा शोधकर्त्ताओं का भी धन्यवाद जिनका सहयोग इस पांडुलिपि की संरचना और उसकी दिशा निर्धारण करने में सहायक सिद्ध हुआ।

—राजगोपाल सिंह वर्मा

मुख्य चरित्र

दरबारी, सूबेदार, मनसबदार, राजा और कतिपय सम्बन्धी आदि।

सैयद अब्दुल्ला खान (कुतुब-उल-मुल्क़), सैयद हुसैन अली खान (मीर बख्शी/कमांडर-इन-चीफ), मुहम्मद अमीन खान (बादशाह मुहम्मद शाह के समय बड़ा वज़ीर), मीर हैदर बेग कश्ग़री (सैयद हुसैन अली खान का अफ़गानी हत्यारा) सैयद नूर अली उर्फ़ नुरुल्ला ख़ान (सैयद भाइयों का निकटस्थ सम्बन्धी—भांजा), जुल्फ़िकार ख़ान (जहाँदार शाह का वज़ीर/बख्शी-उल-मुल्क़), महाबत ख़ान (तृतीय बख्शी), लालकुँवर (जहाँदार शाह की प्रेयसी/बेगम), चिंकलिच ख़ान (दक्खिन का पहला निजाम और मुग़ल दरबार का प्रमुख दरबारी), सईदा बेगम (सैयद भाइयों की माँ), दाऊद ख़ान (अहमदाबाद/खानदेश), इन्द्र कुँवर (फ़र्रुख़सियर की पत्नी और जोधपुर के राजा अजीत सिंह की बेटी), असद खान (बहादुर शाह प्रथम का वज़ीर), सरबुलन्द खान (एक समय बिहार का सूबेदार रहा/एक योद्धा), चूड़ामन (मथुरा का प्रभावशाली जाट नेता/योद्धा), राजा रतन चन्द (सैयद भाइयों का भरोसेमन्द दीवान), राजा जय सिंह (आमेर के राजा), राजा अजीत सिंह (मारवाड़ के राजा), मुहम्मद मुराद (फ़र्रुख़सियर का एक समय विश्वस्त रहा दरबारी) इनायतुल्ला ख़ान कश्मीरी (दीवान-ए-तन्वा-खालिश/कार्यवाहक्र सूबेदार काश्मीर), जुल्फ़िकार बेग (सैयद पक्ष का भरोसेमन्द योद्धा), शाहू (मराठा शासक), पेशवा बालाजी विश्वनाथ (शाहू के पेशवा), राव बुद्ध सिंह (बूंदी के राजा), नज़्म-उद-दीन अली ख़ान (सैयदों का विश्वस्त सात हज़ार का मनसबदार), हाशिम अली ख़ान दक्खिनी, मित्रसेन नागर (निकूसियर का निकटस्थ), छबीलाराम नागर (इलाहाबाद का सूबेदार), घेरात ख़ान (सैयद परिजन और उनका एक विश्वस्त), हैदर कुली ख़ान (आर्टिलरी का प्रमुख), राजा मोहक़्म सिंह (रियासतदार), गिरधर बहादुर (छबीला राम नागर का उत्तराधिकारी)।

मुग़ल राजवंश

बादशाह, शहज़ादे तथा बेगमें आदि—

बहादुर शाह प्रथम

जहाँदार शाह

फ़र्रुख़सियर

रफी-उद-दरजात

रफीउद्दौला

मुहम्मद शाह (सभी मुग़ल बादशाह)

अज़ीम-उश-शान

रफ़ी-उस-शान

जहाँ शाह

आजुद्दीन ख़ान

बिदार बख़्त

निकूसियर (सभी मुग़ल शहज़ादे)

बेगम साहिबा निस्वान
(अज़ीम-उश-शान की बेगम/फ़र्रुख़सियर की वालिदा)

1

एक हत्या जिसने सबको दहला दिया

"दुहाई, दुहाई सरकार...!"

हृदय विदारक चीख़ों के साथ वह एक इनसान अमीर-उल-उमरा सैयद हुसैन अली की पालकी की तरफ़ रोता-कलपता चला आ रहा था। वह मीर हैदर बेग था, जिससे यह सैयद पूर्व से परिचित था।

यह वह समय था, जब सैयद फ़तेहपुर-सीकरी के पास पड़ाव में रुके मुग़ल बादशाह को सवेरे की दुआ-सलाम का सम्मान देकर वापस अपने खेमे की ओर लौट रहा था। इससे पहले सैयद हुसैन अली अपनी पालकी में बैठकर निकलने ही वाला रहा होगा कि मुहम्मद अमीन को ख़ून की उल्टियाँ आने लगीं। वह चक्कर आने की शिकायत करते हुए सिर पकड़कर वहीं बैठ गया। सैयद हुसैन ने पालकी रुकवा ली और शाही हक़ीम को बुलवा भेजा। दवा-दारू के बाद जब उसकी स्थिति में सुधार होता दिखा तो उसने ख़ुद को हैदर कुली के खेमे में ले जाने का अनुरोध किया। उसे वहीं ले जाया गया। उसे रवाना करने के बाद अमीर-उल-उमरा के पास पालकीवालों के अतिरिक्त सिर्फ एक-दो लोग और बचे थे।

दुहाई की दरकार लगाकर अपना ध्यान आकृष्ट करने की यह अनोखी घटना न थी। वह बीच-बीच में मुहम्मद अमीन का नाम भी ले रहा था, जिसे सैयद नापसन्द करता था, इसलिए सैयद हुसैन रुक गया। मीर हैदर बेग कशग़री[1] अपने हाथ में काग़ज़ का एक टुकड़ा लिये था, वह जोर-जोर से द्वितीय बख्शी का नाम लेकर आरोप लगाते हुए कह रहा था, "हुज़ूर, मुहम्मद अमीन ने हम सैनिकों की तनख़्वाओं में भी घोटाला कर दिया है। वह उन्हें रोके बैठा है या क्या पता हड़प कर गया है...हम और हमारे परिवार तो झेल लें हुज़ूर, हमारे घोड़े भी भूखों मर रहे हैं। हम लोगों की कोई सुनवाई होगी या नहीं?"

वह इतने आक्रोश से चिल्ला रहा था कि उसकी आवाज़ में कहीं से कोई

1. वह मूल रूप से अफ़ग़ानी था। संयोग से वह भी उस शिया सम्प्रदाय से था, जिससे सैयद भाई आते थे।

नाटकीयता का आभास नहीं था। शिकायत सही होने की सम्भावनाएँ इसलिए भी थीं कि ऐत्मादुद्दौला इस तरह से तन्ख़्वाएँ रोकने और घोटाला करने के लिए कुख्यात था।

सैयद हुसैन अली के एक सहायक ने उससे आवेदन को लेने की कोशिश की, पर बेग ने उसे झटक दिया। ज़ाहिर तौर पर वह अपना आवेदन ख़ुद ही देना चाहता था। अमीर-उल-उमरा सैयद हुसैन अली ने उसे कहा, "पास आओ, और यह काग़ज़ मुझे दे दो।"

पालकी के निकट आकर हैदर बेग ने अपने इस शिकायती पत्र को उसे सौंप दिया।

सैयद हुसैन अली ने उसे ध्यानपूर्वक पढ़ना शुरू ही किया था कि अचानक बिजली की-सी फुर्ती से एक छुरा चमका और इस सैयद के पेट में घोंप दिया गया।

दरअसल हुआ यह था कि पालकी के दूसरे किनारे पर इस अमीर-उल-उमरा सैयद के एक सहायक ने उसे उसी समय हुक्का पकड़ाने की कोशिश की थी। हुसैन अली जैसे ही हुक्के की नै पकड़ने दूसरी ओर घूमा, हैदर बेग को अवसर मिल गया। सैयद हुसैन या कोई और कुछ समझ पाता, बिजली की-सी तेज़ी से बेग ने अपने चोगे में छिपा कसाई के उपयोग में आनेवाला छुरा निकालकर पूरे वेग से सैयद हुसैन की बगल में घोंप दिया।

छुरे के तेज प्रहार से सैयद हुसैन अली को समझ आने में देर न लगी कि आज काम बिगड़ गया था। उसने भरपूर ताकत से चिंघाड़ कर हैदर बेग को एक शक्तिशाली लात जमाई। उसका पैर बेग के सीने पर इतनी तेज लगा कि वह औंधे मुँह जा गिरा। पर पालकी वाले तब तक अपना बोझ नीचे छोड़ भाग खड़े हुए थे। यह सैयद हुसैन अली की हिम्मत ही थी कि छुरा लग कर गिरते समय भी वह चीख़ कर बोला था, "कोई घोड़ा ले लाओ, जल्दी से! मुझे निकलना होगा!"

हमलावर हैदर इस घायल हुए सैयद के जोरदार प्रहार से गिरा ज़रूर था, पर उसने ख़ुद को इतना सँभाल लिया था कि अब उसने इस घायल सैयद को पैरों से खींचकर पालकी से बाहर निकाल दिया और हुसैन अली के सीने पर चढ़ बैठा। उसने पूरे वेग से दूसरा वार तड़पते सैयद हुसैन अली की गर्दन पर किया। गर्दन धड़ से अलग होकर लुढ़की और दूर जा गिरी।

अब सब व्यर्थ था। यह घटनाक्रम इतनी तेज़ी से घटित हुआ था कि कोई कुछ भी नहीं समझ पाया। न घोड़े की ज़रूरत रही, और न ही अभी तक एक बेख़ौफ़ इनसान के रूप में चर्चित यह सैयद किसी इलाज के लायक बचा था। मौत ने उसे अपने आगोश में ले लिया था।

सैयद हुसैन अली ख़ान का भतीजा सैयद नूर अली उर्फ़ नुरुल्ला ख़ान, जो बमुश्किल पन्द्रह साल का रहा होगा, पालकी के पांयते के पास ही था। अनायास

हुए घटनाक्रम से पहले तो वह घबरा गया था। जब तक वह कुछ चेतन हो पाता, यह कांड घटित हो गया। फिर वह चिल्लाया, "कमबख़्त ने मामू हुज़ूर को मार डाला है...!"

सँभलकर उसने फुर्ती से अपनी बेल्ट में खुँसी पिस्टल निकाली, और हत्यारे को निशाना लगाकर गोली दाग दी। बाद में उसने तलवार से भी हैदर बेग पर अपने मजबूत हाथों से तीन प्रहार भी किए। हत्यारा हैदर बेग सैयद हुसैन अली के मृत शरीर के पास ही निष्प्राण हो जा गिरा। नुरुल्ला वहाँ से बचकर भाग पाता, इससे पूर्व ही हो-हल्ला में दौड़े आए मुग़ल सैनिकों ने उस किशोर को घेर कर उस पर छुरों, तलवारों से प्राणघातक हमला किया। वह अपने मामू के पार्थिव शरीर के पास ही ढेर हो गया।

सैयद हुसैन अली पर हुए इस हमले के मुख्य घटनाक्रम को बमुश्किल साठ सेकंड का समय ही लगा होगा। न जाने कितने सालों का इतिहास इस लगभग एक मिनट की भयावहता में नष्ट हो गया था।

यह आठ अक्तूबर, 1720 की घटना थी।

उस भोर में आकाश का नीलापन काले-भूरे और कहीं-कहीं चाँदी के से रंग के उमड़ते-घुमड़ते बादलों से आच्छादित था। उमस इस कदर की कि लगता था अब बादल फट ही पड़ेंगे। हल्की-हल्की बयार जब अचानक गति पकड़ती तो ख़ुशनुमा एहसास का सौंधापन भी समेट लाती। ऐसे में अगर कहें कि यह अफसोसजनक वाकया होना शायद प्रकृति को भी नहीं भाया होगा। तभी तो अचानक गड़गड़ाहट, बिजली गरजने के साथ तेज हवाओं ने वातावरण को रौद्र रूप में परिवर्तित कर दिया था। आकाश की भूरी, मटमैली और काली चादर पर स्याह बादलों ने अपना साम्राज्य स्थापित कर लिया था। यह भविष्य के किस घटनाक्रम का पूर्वाभास था, कोई नहीं जानता था!

इसी माहौल में हुक़्म के गुलाम लोगों, ताबेदारों ने सैयद हुसैन अली का कटा हुआ सिर हैदर कुली ख़ान के रवाती (तम्बू) में ले जाने में कोई देर नहीं लगाई। शोर-शराबा सुनकर हैदर कुली ख़ान और मुहम्मद अमीन हड़बड़ाहट में नंगे पैर बाहर निकल आए थे। मुहम्मद अमीन उस कटे हुए सिर को देखकर इस कदर प्रसन्न हुआ कि शब्दों में बयाँ नहीं किया जा सकता।

अमीन अब अपनी बीमारी से चमत्कारिक रूप से 'स्वस्थ' हो गया था। उसने देर नहीं की, जिस सैयद के सामने मुँह खोलने से पहले उसे अपने एक-एक शब्द को तौलना पड़ता था, उसी सैयद हुसैन अली के कटे हुए सिर को उसने बड़ी हिकारत से उठाया और शाही खेमे के मुख्य द्वार पर जाकर लुढ़का दिया। फिर उसने आवाज़ लगाई, "बादशाह सलामत, जरा बाहर तो आइए!"

तेज शोर-शराबा सुनकर बादशाह मुहम्मद शाह भी बाहर निकल आया। राजमाता

भी साथ थीं। उसने जो दृश्य देखा, उसे देखकर एकबारगी इस युवा बादशाह की रूह काँप गई लगती थी, पर आत्मविश्वास से भरे दरबारी मुहम्मद अमीन ने सैयद हुसैन के नरमुंड की ओर इशारा कर कहा, "आपका काम हो गया है, हुज़ूर! आप ही मुल्क़ के पूरे बादशाह हैं...आपको कोई डर नहीं है, न किसी की फिक्र करनी है अब। सँभालिए अपने राज को, और अपनी फौज को...!"

यह तो कोई नहीं जानता कि इस हत्या के लिए मुहम्मद शाह की किस सीमा तक सहमति और संलिप्तता थी, थी भी या नहीं, पर इतना निश्चित था कि इस क़दम से बादशाह सन्न रह गया था। उसने दबे स्वर से इस तरह की हिंसा का प्रतिवाद करने का प्रयास भी किया, पर उसकी वालिदा इस हत्या की प्रतिक्रिया के फलस्वरूप होनेवाली किसी हिंसा की कल्पना कर अपने बेटे और मुल्क़ के बादशाह की सलामती के लिए चिन्तित हो उठी। वह मुहम्मद शाह को खींचकर खेमे के भीतर ले गई।

2

जहाँदार शाह को सत्ता, सैयद भाइयों की भूमिका

इस हत्या की परिस्थितियों का विवरण जानने के लिए पृष्ठभूमि में जाना होगा। तो बात शुरू होती है औरंगज़ेब की मृत्यु के बाद उनके कमजोर हो चले उत्तराधिकारियों की!

बहादुर शाह प्रथम[1] की मृत्यु के तत्काल बाद उत्तराधिकार का सीधा संघर्ष आरम्भ हो गया था। दुखद स्थिति यह थी कि उसके बेटों ने अपने पिता को सम्मानपूर्वक दफनाए जाने पर विचार करने के स्थान पर विवादों और आपस में ही उलझने में इतना समय जाया किया कि उस पिता का शव भी एक माह बाद दफनाया जा सका, जो आख़िरी संवेदनशील मुग़ल बादशाह रहा था। यही नहीं, विरासत के इस युद्ध में बहादुर शाह प्रथम के तीन शहज़ादे मारे गए। शहज़ादा मिर्जा मुईज-उद-दीन बेग मुहम्मद ख़ान, जिसे हम इतिहास में जहाँदार शाह के नाम से जानते हैं, एक निकम्मे, बेपरवाह और ढीले-ढाले इनसान के रूप में चर्चित था। न उसे अपने ख़ज़ाने का होश था और न ही सैन्य बलों पर कोई ध्यान था। औरंगज़ेब का दूसरा पौत्र अज़ीम-उश-शान विद्वत्ता, प्रभाव और शक्ति में बेहतर था। वह अपने पिता का भी मनपसन्द और प्रभावी शहज़ादा था। नौ वर्ष बंगाल के सूबेदार के अपने कार्यकाल में वह बहुत समृद्ध और सुदृढ़ हो गया था। तीसरा बेटा रफ़ी-उश-शान उससे ईर्ष्या रखता था। सबसे छोटा जहाँ शाह शारीरिक रूप से दुर्बल था। इस प्रकार शहज़ादा अज़ीम-उश-शान ही बादशाह के पद के लिए लोगों की एक उपयुक्त पसन्द था।

विरासत का मामला विज़ारत से भी जुड़ा था। विज़ारत यानी वज़ीर बनने का शीत संघर्ष। सन् 1710 में मुनीम ख़ान की मृत्यु के बाद मीर बख़्शी जुल्फ़िकार ख़ान ने बादशाह के दरबार में अभियान चलाया कि उसके पिता असद ख़ान को वज़ीर

1. बहादुर शाह प्रथम सातवाँ मुग़ल बादशाह (1707-1712 ई.) था। 'शहज़ादा मुअज़्ज़म' कहलाने वाला बहादुर शाह, बादशाह औरंगज़ेब का दूसरा पुत्र था। अपने पिता के भाई और प्रतिद्वंद्वी शाहशुजा के साथ बड़े भाई के मिल जाने के बाद शहज़ादा मुअज़्ज़म ही औरंगज़ेब का उत्तराधिकारी बना। बहादुर शाह प्रथम को 'शाहआलम प्रथम' या 'आलमशाह प्रथम' के नाम से भी जाना जाता है।

बना दिया जाए। वह मीर बख्शी के पद पर बने रहने के साथ ख़ुद को दक्खिन का सूबेदार भी बनवाना चाहता था, परन्तु औरंगज़ेब का उत्तराधिकारी यह बादशाह इतना तो समझदार था कि उसने इस प्रस्ताव को खारिज कर दिया। बादशाह का विरोध इस बात से था कि ऐसा करने से मुल्क़ की अधिकांश प्रशासनिक शक्तियाँ एक ही परिवार के हाथों में केन्द्रित हो जाएँगी। बकौल बादशाह, इस स्थिति के परिणाम ख़तरनाक हो सकते थे।[1] मुनीम ख़ान का बेटा और तृतीय बख्शी महाबत ख़ान भी विज़ारत के इस खेल में शामिल हो गया। उसने बादशाह के निकटस्थ शहज़ादे अज़ीम-उश-शान से भी सिफारिश कराई, परन्तु बादशाह ने बेटे की इस सिफारिश को खारिज कर दिया क्योंकि उनके अनुसार महाबत ख़ान में वे गुण नहीं थे, जो एक अच्छे वज़ीर में होने चाहिए।[2]

इस विषय पर सभी दरबारियों में तालमेल बना रहे, यह सोचकर बादशाह ने बाद में जुल्फ़िकार ख़ान को वज़ारत और महाबत ख़ान को दक्खिन की सूबेदारी देने की घोषणा कर दी, परन्तु जुल्फ़िकार ख़ान ने अपने पिता के जीते-जी वज़ीर का पद सँभालने से इनकार कर दिया। न ही उसे दक्खिन की सूबेदारी में रुचि रह गई थी। परिणाम यह हुआ कि बादशाह ने असद ख़ान को नया वज़ीर तैनात कर दिया। हिदायत अली ख़ान, जिन्हें बाद में सादुल्ला ख़ान की उपाधि मिली थी, को मुख्य दीवान के पद पर तैनात किया गया। उन्हें शाही आदेश और सील पर हस्ताक्षर करने का अधिकार था, परन्तु उस समय प्रशासन का वास्तविक नियंत्रण शहज़ादे अज़ीम-उश-शान के हाथों में ही था।

जुल्फ़िकार अली ख़ान को अपने मिशन में सफलता न मिलती देख वह खिसिया गया, परन्तु इसी बीच मुग़ल बादशाह बहादुर शाह प्रथम की मृत्यु हो गई। अब उसे फिर से अपनी महत्त्वाकांक्षा को पूरा करने का अवसर दिखाई दिया। उसने एक चाल चली। जुल्फ़िकार ने पहले शहज़ादे अज़ीम-उश-शान से सम्पर्क किया और उसके नेतृत्व के अधीन विरासत की लड़ाई को लड़ने के लिए तैयारी की बात कही, परन्तु इस शहज़ादे ने उसे बेइज़्ज़त कर झटक दिया।[3] तब वह दूसरे शहज़ादे जहाँदार शाह से मिल कर सत्ता प्राप्ति के षड्यंत्र में लिप्त हो गया।

यहाँ उसकी दाल गल गई। जहाँदार शाह ने फ़तेह मिलने की स्थिति में उसे वज़ीर बनाने का भरोसा दिया। अब जुल्फ़िकार अली ख़ान ने इस अभियान को सफल बनाने के लिए एक अलग ही चाल चली। उसने पहले अज़ीम-उश-शान की मुग़ल गद्दी की ओर चली आ रही बढ़त को रोकने का इन्तजाम किया, क्योंकि इस शहज़ादे से जुल्फ़िकार ख़ान को बड़ा ख़तरा था। ऐसा वह भी जानता था तथा अन्य

1. Iradat Khan, Tarikh-i-Ibadat Khan, MS f, 84a
2. Later Mughals, opIcit., Volume II, p. 127.
3. Tarikh-i-Iradat Khan, op.cit., f. 85a.

दरबारी भी। जुल्फ़िकार ख़ान ने उन तीनों शहज़ादों का एक संगठन बना दिया जो शहज़ादे अज़ीम के विरोध में थे। इस प्रकार यह संघर्ष 'सर्वाधिक सुदृढ़ शहज़ादों' और 'सर्वाधिक शक्तिशाली दरबारियों' के बीच सिमटकर रह गया। जुल्फ़िकार ख़ान ने एक बार समझौते की बात भी चलाई थी, जिसके अनुसार मुग़ल साम्राज्य के तीन हिस्से किए जाने थे, पर उस समझौते में भी शहज़ादे अज़ीम-उश-शान की कोई जगह न थी।

इस समझौते के अनुसार शहज़ादे जहाँ शाह को पूरा दक्खिन दिया जाना था, रफ़ी-उश-शान को मुलतान, थट्टा, भाकर, काबुल और काश्मीर, यानी पूरा उत्तर भारत सौंपा जाना था। जहाँदार शाह को शेष हिन्दुस्तान और दिल्ली की बादशाहत मिलनी थी। उसी के नाम के सिक्के जारी होने थे, और खुतबा पढ़ा जाना था। उसे अपने ख़ास अधिकारियों के माध्यम से बादशाहत करनी थी। व्यवस्था यह भी रखी गई थी कि बड़ा भाई साम्राज्य का वैधानिक प्रमुख बना रहेगा जिसके साथ वज़ीर शासन की एक धुरी की तरह काम करेगा। शहंशाह के नाम से शासन होगा, पर राज वज़ीर का चलेगा। यह एक अभिनव प्रयोग था। दिक़्क़त यह थी कि इस प्रयोग का परिणाम युद्ध के सफल परिणामों पर निर्भर था—अज़ीम-उश-शान को विजय मिलनी थी अथवा जुल्फ़िकार को सफल होना था, यह अभी तक साफ़ भी न था।

जुल्फ़िकार ख़ान ने अपनी चालाकी से अज़ीम-उश-शान को लाहौर में अलग-थलग करने में सफलता पा ली थी। उसने इस शहज़ादे के राजस्व वसूली और हथियारों की आपूर्ति के रास्तों को बन्द करा दिया। उसे अन्ततः रावी नदी के मुहाने पर बड़ी सेना के साथ ललकार दी गई । जुल्फ़िकार की सेना अज़ीम-उश-शान की सेना से कहीं अधिक बड़ी, सुसज्जित और प्रशिक्षित थी। जुल्फ़िकार ख़ान ने इस तरह की रणनीति बनाई थी कि इस मुग़ल शहज़ादे और सत्ता के प्रबल दावेदार का परास्त होना लाज़िमी था। हाथी पर बैठकर युद्धरत अज़ीम-उश-शान के हाथी को एक गोला लगा, और वह घायल हाथी अपने सवार सहित नदी में जा गिरा। तेज़ी से बहती नदी में डूब कर अज़ीम-उश-शान की मृत्यु हो गई।

अज़ीम-उश-शान की पराजय और मौत के बाद भी तीनों भाई साम्राज्य की लूट के मुद्दे पर आपस में लड़ते रहे। कोई भी पीछे हटने को तैयार न था। ऐसे में जुल्फ़िकार ख़ान ने फिर चालाकी दिखाई। उसने इन शहज़ादों में सबसे कमजोर और अय्याश शहज़ादे जहाँदार शाह का साथ देना पसन्द किया। ऐसा इसलिए किया गया, ताकि उसे ख़ुद सत्ता चलाने के लिए खुला हाथ मिल सके। उसके दोनों भाइयों को मार्च सन् 1712 तक निर्णायक रूप से पराजित कर दिया गया था। इस मुग़ल शहज़ादे जहाँदार शाह ने आख़िरकार 29 मार्च, 1712 को मुग़ल बादशाह का कार्यभार सँभाल लिया। यह इतिहास बन गया था कि जुल्फ़िकार ख़ान का जहाँदार शाह को समर्थन करना उसके लिए एक बेहतर रणनीति के रूप में कारगर रहा था।

यह शहज़ादा जहाँदार शाह अपनी क़िस्मत, वज़ीर की कूटनीति और षड्यंत्रकारी चालों के फैलाए जालों से सत्ता के प्रमुख दावेदारों को परास्त कर विशाल मुल्क़ का बादशाह तो अवश्य बन बैठा था, पर अभी उसे अपने आपको साबित करना था। वह उस आलमगीर औरंगज़ेब का पौत्र था, जिसकी सख्त-मिज़ाजी और अनुशासन से मुल्क़ के लोग काँपते थे। औरंगज़ेब सख्त-मिज़ाज तो था ही, ऐश्वर्य और प्रपंचों से दूर रहता था। वह बादशाह को धरती पर अल्लाह का भेजा एक बन्दा मानता था, जिसे लोगों की सेवा करने के लिए भेजा गया हो। पर पीढ़ियों की दूरी ने बहुत बदलाव ला दिया था। नए बादशाह जहाँदार शाह के कारनामों से जल्दी ही समझ आ गया था कि वह किस 'लायक' था। पहले इस शहज़ादे के पिता ने अपनी नाकामयाबी और ऐश की इबारत लिखी फिर जहाँदार शाह सहित मुग़ल वंश के और बादशाहों ने नाकामयाबियों और अय्याशियों का और भी आगे बढ़कर ऐसा गुल खिलाया कि औरंगज़ेब की रूह भी शर्मसार हो गई होगी।

दाऊद ख़ान अब दक्षिण के सूबे में ज़ुल्फ़िकार ख़ान का नायब बन गया था। उसके अत्याचारों से आम जनता त्राहि-त्राहि कर उठी थी। ज़ुल्फ़िकार ख़ान का दीवान सभाचन्द भी अपने साहब के ही मिज़ाज का था। उसकी भाषा में अश्लीलता का इतना पुट होता था कि उसका वर्णन नहीं किया जा सकता। उसकी बातें आम जनता के लिए पीड़ादायक और घृणास्पद हुआ करती थीं, जबकि स्वयं वह दिन-रात विभिन्न तरह के व्यसनों में संलिप्त रहा करता था।

इस असन्तोष की ख़बरें गुप्तचरों के माध्यम से इस संघर्ष में मारे गए प्रमुख मुग़ल शहज़ादे अज़ीम-उश-शान के बेटे शहज़ादे फ़र्रुख़सियर तक पहुँच रही थीं। वह उन दिनों पटना में था। अभी उसमें इतना आत्मविश्वास उत्पन्न नहीं हुआ था, और न ही संसाधन थे कि वह सीधे जहाँदार शाह से टक्कर लेने की सोच सके।

3

विलासी जहाँदार शाह की बादशाहत

नया मुग़ल बादशाह जहाँदार शाह परिपक्व आयु का था। मुल्क़ की ख़ुशहाली बनाए रखने के स्थान पर वह बादशाहत मिलते ही ऐश-विलास और अनैतिक कामों में डूब गया। उसे मुल्क़ की कोई चिन्ता न थी, बस रोज़-रोज़ नई औरतों का साथ चाहिए था।

तानसेन के वंशज खसूरियत ख़ान की बेटी लालकुँवर थी बेइन्तहा ख़ूबसूरत। आवाज़ दिलकश थी, गाती भी अच्छा थी, और अदाएँ भी कम न थीं। नाच-गानों, बाजारू स्त्रियों का साथ और अय्याशी के शौक़ीन इस बादशाह जहाँदार शाह ने लालकुँवर को देखा तो उसे लगा कि उसकी खोज पूरी हुई। कहते हैं कि जब उसने पहली बार लालकुँवर के गीत को सुना तो वह मंत्रमुग्ध हो गया। गीत ख़त्म होते ही वह उठा और उसे अपनी बाँहों में भरकर भीतर के कक्ष में ले गया। बोला, "कुछ और गाओ!"

लालकुँवर गाती रही, और जहाँदार शाह दीवाना बना सम्मोहित होता रहा। एक, दो, तीन, चार...न जाने कितने गीत सुने उस दिन बादशाह ने। आख़िरकार बादशाह ने हुक़्म दिया कि, "आज से तुम सिर्फ हमारे लिए गाओगी, किसी और के लिए नहीं!"

तब लालकुँवर ने मासूमियत से पूछा, "यानी हमको महल में ही रहना होगा?"

"हाँ, बेशक!"

निश्चित बादशाह ने उसे आश्वस्त किया।

लेकिन लालकुँवर ख़ुश नहीं दिखी। बोली, "पर..."

"पर क्या, जानेमन?"

बादशाह ने पूछा, तो चिन्तित लालकुँवर बोली, "मुझे अपने भाई नियामत की चिन्ता हो रही है...वह मेरे साथ सारंगी बजाकर अपनी रोज़ी-रोटी चलाता था, अब उसका क्या होगा?"

"सोचते हैं...। ऐसा करते हैं कि उसे दरबार में जगह देते हैं...या उसे मुलतान का सूबेदार बना देते हैं!"

लालकुँवर चकित रह गई। वह समझ गई कि यह बादशाह निरा दीवाना है। वक़्त की नब्ज को भी वह अच्छे से पहचानती थी। वह अब समझ चुकी थी कि बादशाह किस दर्जे का मूर्ख है! फिर तो उसने जो चाहा वही किया गया। आगे का पूरा इतिहास लालकुँवर की ग़ैर-वाजिब हरक़तों और बादशाह जहाँदार शाह की इन फरमाइशों की तामील के क़िस्सों से भरा पड़ा है।

बादशाह ने अब मुल्क़ की तरक्क़ी को एक स्त्री के इर्द-गिर्द तक ही सीमित कर दिया था। उसने अपनी इस मनपसन्द नर्तकी लालकुँवर की इच्छाओं को पूरा करने के लिए राज्य के ख़ज़ाने से अनाप-शनाप व्यय करना आरम्भ कर दिया था। उसे एक सामान्य गायिका से अपने दिल की मलिका बना लिया था, अपनी बेगम! बादशाह ने उसके कहने पर लालकुँवर के भाइयों, निकट तथा दूर के रिश्तेदारों को सौगातें बाँटनी शुरू कीं। उन्हें आसानी से चार-पाँच हज़ार के मनसब, हाथी, नक्कारे और हीरे-जवाहरात प्रदान किए जाने लगे थे। इसके विपरीत योग्य और विद्वान अधिकारियों की छुट्टी कर दी गई। दुस्साहसी, निकम्मे चापलूस और भ्रष्ट प्रवृत्ति के भाँड़-सरीखे लोगों की बन आई थी।

इस सम्बन्ध में कई क़िस्से-कहानियाँ चर्चा में रहने लगे थे। यह तो वास्तव में नहीं पता कि इनमें किस सीमा तक सच्चाई थी, पर धुआँ वहीं उठता है जहाँ आग का माहौल हो।

लालकुँवर के दूसरे भाई ख़ुशहाल ख़ान को पाँच हज़ार जात[1] और तीन हज़ार सवारों की मनसबदारी देकर आगरा का सूबेदार नियुक्त किया गया था। बख्शी उल-मुल्क़ जुल्फ़िकार अली ख़ान ने इसकी तैनाती की कार्रवाई में विलम्ब किया। न फरमान तैयार हुए थे और न ही अन्य ज़रूरी काग़ज़ात। लालकुँवर को उनकी शिकायत का बहाना मिल गया। उसने बादशाह से शिकायत की कि बख्शी जुल्फ़िकार अली को उससे भी नज़राना चाहिए, इसलिए आपके आदेश के बावजूद काम नहीं हो पा रहा है।

बादशाह ने जुल्फ़िकार अली ख़ान को तलब किया और पूछा, "ख़ुशहाल ख़ान की सूबेदारी के काग़ज़ों में देर क्यों हो रही है जुल्फ़िकार अली?"

---

1. किसी भी मनसबदार को उसकी बहादुरीपूर्ण सैन्य सेवा के एवज में सम्मानित भी करता था। इसके अलावा मुग़ल अधिकारी सैन्य सेवा के बदले में विभिन्न महत्वपूर्ण क्षेत्र भी प्राप्त करते थे। मनसबदारो के अंतर्गत एक निश्चित संख्या में सैनिक बल, महिला, पुरुष, घोड़े, हाथी और विविध पशु शामिल रहते थे जोकि मनसबदार के साथ उसके साथ किसी अभियान में शामिल रहते थे। मनसबदारों को उनके जात पद के अनुसार 10,20,100 और 1000 का मनसबदार कहा जाता था।

जुल्फ़िकार अली ख़ान अपने क़िस्म का मनमौजी और बादशाह का मुँहलगा था। बादशाह को यह भी पता था कि उसको इस सिंहासन तक पहुँचाने में उसका कितना योगदान रहा था। उसने बेपरवाह होकर व्यंग्यात्मक लहजे में कहा, "हम दरबारियों में रिश्वत लेने की बुरी आदत है हुज़ूर। जब तक रुपया न मिले तब तक भला हम कोई काम कहाँ करते हैं हुज़ूर!"

बादशाह को हँसी आ गई। वह उसका मज़ाक़ समझ गया था, फिर भी मुस्कुराते हुए बोला,

"अब लालकुँवर से भी रिश्वत चाहिए? बताओ क्या दे वो?"

जुल्फ़िकार अली ख़ान ने कहा, "बस ज़्यादा नहीं हुज़ूर, एक हज़ार सितार बजानेवाले और नक्काशी के उस्ताद हमें दे दें, काम चल जाएगा।"

बादशाह विस्मित हुआ। उसने पूछा, "इन लोगों का होगा क्या?"

तब मुग़ल बादशाह जहाँदार शाह का यह सबसे बड़ा दरबारी धीमे से बोला, "हुज़ूर, अब बड़ी-बड़ी नौकरियाँ ऐसे ही लोगों को तो मिलती हैं। इसलिए दरबारियों के लिए यह जरूरी हो गया है कि इनकी कला अच्छे से सीख ली जाए। न जाने कब काम आ जाए। बादशाह ख़ुश हो और बख़्श दे मनसब!"

जहाँदार शाह मुस्कुराकर रह गया। बात वहीं खत्म हो गई क्योंकि वह उस क़िस्से के निहितार्थ समझ गया था।

यह जहाँदार शाह वही बादशाह था, जो अपने तीन भाइयों को रास्ते से हटाकर भारतवर्ष का बादशाह बन बैठा था। शहज़ादे रफी-उश-शान को धोखे से मित्र भाव प्रदर्शित कर बुलाया गया था। परन्तु जब वह आ रहा था तो उसका वध करने के लिए सशस्त्र सवारों का एक दल भेज दिया गया था। रफी-उश-शान बहुत वीरतापूर्वक लड़ा। मौके पर उसके दोनों पुत्रों ने हाथियों से उतरकर इस युद्ध में जान की बाजी लगा दी, लेकिन वह घायल होकर अपने प्राण गँवा बैठा। उसके तीन पुत्र—मुहम्मद इब्राहीम, रफीउदौल्ला और उदरजात भी घायल हुए, कई साथी मारे गए। उसने दस वर्षीय शहज़ादे मुहम्मद करीम का कत्ल करा दिया और हमायूँ बख़्त तथा रफी-उश-शान के बेटों को दिल्ली के क़िले में कैद करा दिया।

इस मुग़ल बादशाह जहाँदार शाह के शासनकाल में कानून व्यवस्था का बुरा हाल था। हर जगह हिंसा और व्यभिचार की वृद्धि के समाचार आने लगे थे। इतिहासकारों ने इसे गायकों, नर्तकों, भाँड़ों और मदारियों का काल बताया है। ऐसा प्रतीत होता था कि काजी भाँड़ों का काम करने लगेंगे और मुफ्ती लोग मद्यपान के व्यसन में डूब जाएँगे। गाने-बजाने की महफ़िलों और नृत्य, शराब तथा सौन्दर्य का शौक़ीन तो बादशाह जहाँदार शाह पहले से ही था, अब उसे कोई रोकने-टोकनेवाला न था। उसे हर रोज़ कोई नर्तकी, कोई गायिका या वेश्या की महफ़िल सजाने का शौक़ हो चला था। उसे हर दिन एक नई लड़की की तलब होती थी। ऐसे में उस दिन

जब लालकुँवर आई तो फिर बात कुछ अलहदा हो चली। अब उसके दिल पर इस नर्तकी और गायिका का क़ब्ज़ा हो चला था। जहाँदार ख़ान केवल अय्याशी और लालकुँवर के प्रेम का पर्याय बन चुका था।

इस सम्बन्ध में विभिन्न क़िस्म की कहानियाँ चर्चा में आती रहती थीं। ऐसी ही एक और कहानी पूरे मुल्क़ में लगातार चर्चा में रही। हालाँकि कहानी दिल्ली की थी, पर इसकी चर्चा देश के हर हिस्से में सुनी जा सकती थी। क़िस्सा यूँ था—

बादशाह जहाँदार शाह अक्सर अपनी मनपसन्द रखैलों और कुछ साथियों के साथ बैलगाड़ी में बैठकर बाजारों और शराब के अड्डों पर जाया करता था, ताकि उसे कोई पहचान न पाए।

एक दिन रात को बादशाह प्रेमिका लालकुँवर के साथ इसी प्रकार वहाँ पहुँचा। उन लोगों ने इतनी शराब पी कि उन्हें होश ही न रहा। बैलगाड़ी के चालक ने किसी तरह उन्हें लाद-फाँदकर वापस महल के दरवाज़े पर पहुँचाया। लालकुँवर तो अपने शयन कक्ष तक पहुँचकर गहरी नींद में सो गई, पर बादशाह की इतनी भी अच्छी हालत न थी कि वह अपने पैरों से चलकर महल तक चले जाते। बेख़बर बादशाह पूरी रात उस बैलगाड़ी में ही सोते रह गए। गाड़ीवान भी इस बात से अनभिज्ञ ही था। देर रात का मामला था। वह ख़ुद नशे में धुत था। उसने गाड़ी अपने अहाते में खड़ी कर किसी तरह ख़ुद अपने घर पर सोने की तैयारी की थी।

भोर के समय जब दिनचर्या शुरू हुई तो पता चला कि बादशाह लालकुँवर के पास नहीं हैं। एक हंगामा खड़ा हो गया। तब तक लालकुँवर भी जाग गई थी। उसे चेतना भी आ चुकी थी। वह यह सब सुन और देखकर फूट-फूटकर रोने लगी। थोड़ी याददाश्त पर जोर डाला, तो उसे सारा वाकया याद आ गया। जल्दी से लोग दौड़ाए गए और गाड़ीवाले की गद्दी पर से उनींदे बादशाह को आदरपूर्वक लाया गया।

तब सबकी जान में जान आई।

क़िस्सा यह भी है कि,

एक दिन लालकुँवर ने बादशाह से मन की बात करनी चाही। बेफिक्र बादशाह ने कहा, "पर्दा कैसा! जो चाहो कहो। जैसा चाहोगी वैसा ही होगा।"

"तो बादशाह हुज़ूर, मैंने आज तक नदी में लोगों से भरी नाव डूबती हुई नहीं देखी है। लोग कैसे चीख़-पुकार मचाते हैं, कैसे पानी से ख़ुद को बचाने की कोशिशें करते होंगे, और कितने कामयाब हो पाते हैं, मैं सब अपनी आँखों से देखना चाहती हूँ...।"

बादशाह पहले चौंके, फिर सहज होकर आँखों में आँखें डालते हुए कहा, "...यह कहो कि मौत का मंजर अपनी आँखों से देखना चाहती हो?"

बेगम अपने शौहर की समझ पर रीझ गई, उसने उनको आँखों से इशारे में हाँ कहा और इन्तजाम हो गया।

उस दिन बादशाह और बेगम दोनों लाल क़िले के सबसे ऊँचे उस स्थान पर बैठे जहाँ पार्श्व में बहती यमुना नदी की नावें और उनके मुसाफ़िर दिखते थे। मुसाफ़िरों से भरी एक अगली नाव को रोककर डुबोने के इन्तजाम किए गए। स्वाभाविक था, चीख़-पुकार मच गई। लोग तड़प रहे थे, और तट के इस ओर लाल क़िले के ऊँचे प्राचीर पर लालकुँवर रोमांच से तालियाँ बजा रही थी। बादशाह उसकी ख़ुशी पर न्यौछावर हुए जा रहे थे। इस घटनाक्रम में लगभग 25 लोगों की मौत हो गई थी।

कोई नहीं कह सकता कि उस दिन कितने लोगों के घरों के चूल्हे नहीं जले होंगे, और कितने लोगों और उनके परिजनों ने बादशाह तथा उनकी बेगम को बददुआएँ दी होंगी!

संसार के विख्यात वंश का सर्वेसर्वा जब तय कर चुका हो कि वह अपने पुरखों की इज़्ज़त मिट्टी में मिलाने को तैयार है, तो उसे कौन रोक सकता था! जल्दी ही तय हो गया लगता था कि ऐसी स्थितियों में मुल्क़ का शासक जहाँदार शाह तो नहीं ही रहेगा। अधिकतर दरबारी या तो नाराज हो रहे थे या विद्रोह पर उतारू होने की राह पर थे, पर बादशाह को अय्याशी और नित नए कुकर्मों की ही पड़ी थी।

ध्यान देने की है बात कि मुग़लों के हरम में एक से अधिक बेगमों या रखैलों के रखने पर कोई प्रतिबन्ध न था, न ही आम जनता को इस प्रथा से कोई शिकायत थी। बस बात थी सार्वजनिक रूप से इस प्रथा के भौंडे प्रदर्शन की, जिसके लिए जहाँदार शाह और लालकुँवर—दोनों कुख्यात हो चले थे।

कहा जाता है कि लालकुँवर स्वयं तानसेन के वंश से थी। गायिका थी, पर उसकी गायिकी में कोई विशेष कशिश हो, जानकार लोग ऐसा नहीं मानते। जब उन दोनों की हरक़तें चरम पर थीं तो रोज़ गाने-बजाने और शराब की दावतें होने लगीं। हर रात शराब के दौर चलते, जिनमें ख़ुद शहंशाह जहाँदार शाह शामिल होता। जब देर हो जाती तो कुछ शराबी पी कर एक-दूसरे को गन्दी-गन्दी गालियाँ देते, लात-घूँसे भी चलाते। कई बार बादशाह को भी पीट दिया जाता। पर रात जाती, तो बात भी चली जाती। अगली रात फिर दारू और गायकी के भौंडे दौर फिर से चला करते।

लालकुँवर और उसकी सहेलियों को शाही ख़ज़ाने से तोहफ़ों की भरमार रहा करती। वैसे भी उसे उस सस्ते जमाने में इस औरत को लगभग दो करोड़ रुपयों के बराबर का गुजारा भत्ता मिला करता था, ताकि वह अपने मन के हीरे-जवाहरात, वेशभूषा और अन्य चीज़ों पर ख़र्चा कर सके। पर अफ़सोस, कि इसका लाभ वह सिर्फ एक बार उठा पाई, क्योंकि अगला साल शुरू होता, उससे पहले ही बादशाह और उनकी इस मूर्ख बेगम के बुरे दिनों का आगाज़ हो चुका था। बीते साल में शाही शान-शौक़त का लालकुँवर ने खुलकर लाभ ज़रूर उठाया। जब वह चलती थी तो उसके चारों ओर शाही छाते का आवरण होता, ड्रम पीटते हुए सैनिक चला

करते और पाँच सौ लोगों का ठीक उसी तरह का काफ़िला होता, जैसा किसी बादशाह के लिए हुआ करता था।

यह उनके मिलन के शुरुआती दौर के क़िस्से हैं—

लालकुँवर ने अपनी अदाओं, बातचीत और गायकी से जहाँदार शाह का दिल तो चुरा ही लिया था, एक दिन अचानक अन्तरंग क्षणों में बोली, "पर हुज़ूर, हम जोहरा को देखे बिना कैसे जी पाएँगे?"

बादशाह हुज़ूर अचकचा गए कि अब भला यह कौन नई मुसीबत गले आ पड़ी। उन्होंने संशय के साथ पूछा, "कौन जोहरा?"

"अरे वही जो हमारे मुहल्ले के नुक्कड़ पर सब्जी की दुकान लगाया करती है...और रोज़ हमारी राह तकती है।"

बादशाह जहाँदार शाह को थोड़ी राहत मिली। उन्होंने कहा, "कल से उसे काम पर लगा दिया जाएगा। वह तुम्हारे आस-पास ही रहेगी।"

और वाक़ई अगले दिन जोहरा लाल क़िले में आ पहुँची। उसे मुग़ल हरम की प्रधान सेविका के पद पर तैनाती दे दी गई थी।

शाही दरबार, हरम और अन्य जगहों पर तैनात जोहरा जैसी ढूँढ़-ढूँढ़ कर लाई गई औरतों और पुरुषों की बेवकूफ़ियों के क़िस्से उन दिनों आम होने लगे थे। चिंकलिच ख़ान, जो बाद में हैदराबाद के पहले निज़ाम बने, उस समय मुग़ल दरबार में थे। बहुत प्रतिष्ठित दरबारी थे। उनके पिता ने मुग़ल साम्राज्य की सेना में बहुत सम्मानपूर्वक समय बिताया था। उनकी आँखों की रोशनी आख़िरी दिनों में चली गई थी। एक बार चिंकलिच ख़ान एक मोहल्ले की थोड़ा सँकरी गली में छोटी पालकी में बैठकर गुज़र रहे थे। हाथी पर सवार जोहरा भी नौकरों के भारी-भरकम लश्कर के साथ वहाँ से गुज़र रही थी। ऐसे में ख़ान साहब के छोटे काफ़िले को जोहरा बीवी के काफ़िले को रास्ता देने के लिए किनारे हटा दिया गया। जैसे ही उन दोनों ने एक-दूसरे का रास्ता पार किया वह निज़ाम को देखते ही चिल्लाई, "अरे! क्या यह उसी अंधे इनसान का बेटा है!"

निज़ाम उसकी बेवकूफ़ी और अपमानजनक बात को सहन नहीं कर सका। उसके इशारे पर निज़ाम के आदमियों ने जोहरा को हाथी से खींच लिया। किसी तरह से बात सँभाली गई। जोहरा ने लालकुँवर के माध्यम से बादशाह सलामत से इस मामले की शिकायत की। घटना के विवरण में जाए बिना जहाँदार शाह ने आदेश दिया कि निज़ाम को सजा दी जाए, परन्तु कुछ दरबारियों ने समझाया कि इससे जो असन्तोष फैलेगा उसकी भरपाई करना आसान नहीं होगा। तब जाकर बादशाह ने अपने आदेश को वापस लिया।

एक सब्जी बेचनेवाली अल्हड लड़की को शाही हरम की मुख्य सेविका बनाने का क्या नतीजा हो सकता था, लालकुँवर को इससे कोई मतलब न था। जहाँदार

शाह जब अच्छे मूड में होता तो अपनी प्रेयसी से कहा करता, "अल्लाह ने तुमको हूर-सा रूप दिया है, और कोयल-सी मीठी आवाज़!'

और वह इतरा जाती। अभी तो उसे और भी लोगों को समायोजित कराना था, सो यूँ ही एक-एक कर अपने भाइयों और निकट तथा दूर तक के रिश्तेदारों को शाही नौकरियों पर तैनात करा दिया। वह उनके लिए कम से कम चार या पाँच हज़ारी मनसब, हीरे-जवाहरात, नौकर-चाकरों की दुरुस्त व्यवस्था करा लेती।

उसका एक और बेवकूफी भरी माँग और उस पर बादशाह का फ़ैसला भी दर्ज हुआ था—

पुराने समय से लेकर आज तक सभी शहंशाह, राजा और ज़मींदार लोग आम रास्तों पर सड़क के किनारे ख़ूबसूरत पेड़ लगवाया करते हैं ताकि माहौल हरा-भरा बना रहे, लोगों को छाया मिले, फल-फूल मिलें, ख़ुशबू फैले और अपनी मनपसन्द जगहों पर चिड़ियाएँ आकर अपनी मधुर वाणी में गीत गाएँ।

इसके विपरीत क्या कभी आपने सुना है कि कोई बादशाह सड़क के किनारे के वृक्षों को पूरी तरह से कटवाने का आदेश जारी कर दे?

पर बादशाह जहाँदार शाह ने लालकुँवर के कहने पर ऐसा ही किया था। एक बार लालकुँवर ने कहा, "जब हम शिकार के लिए निकलते हैं तो यह सड़क के किनारे लगे हुए पेड़-पौधे-झाड़ियाँ हमारा रास्ता रोक लेती हैं। हमें समझ में नहीं आता कि आगे क्या आनेवाला है..."

"तो बोलिए बेगम, क्या हुक़्म है?"

ग़ुलाम बने बादशाह ने अपनी बेगम से तामील के इरादे पूछा। वह बेफिक्र होकर बोली, "बस इतना कीजिए कि हमारे शिकार जाने के रास्ते की नदी के आसपास की सड़क पर हमें कोई पेड़ नहीं दिखना चाहिए। हमें सिर्फ सड़क देखनी है, कोई रुकावट नहीं!"

"जो हुक़्म बेगम!"

और अगले दिन से वहाँ के पेड़ों का सफाया शुरू होने लगा। देखते-ही-देखते कुछ दिनों में ही दूर-दूर तक का वह ख़ूबसूरत हरियाली भरा रास्ता नग्न हो चला।

इस प्रकार जहाँदार शाह इतिहास में अजीबोग़रीब मिज़ाज, और अय्याश शख्स के रूप में चर्चित हुआ था। वह अपना राज-काज दरबारियों के भरोसे छोड़ लालकुँवर के साथ मग्न रहता था। शासन की असली कुंजी मूर्ख लालकुँवर के हाथों में थी, उसके सारे रिश्तेदार दरबार और मुल्क़ में ऊँचे-ऊँचे पदों पर पहले ही तैनात हो गए थे। बादशाह के इस रवैये के कारण मुल्क़ में हर दिन असन्तोष बढ़ने लगा था।

कहते हैं कि लालकुँवर की धृष्टता का यह आलम था कि उसको भ्रम हो गया

था कि वह महारानी नूरजहाँ जितने उच्च स्तर पर पहुँच गई है। उसके आसपास रहनेवाले कुछ लोग उसकी वाहवाही में ऐसा कहा भी करते थे, पर इतिहास में कहीं लालकुँवर के किसी ऐसे काम का जिक्र नहीं है जिससे जनता के दिल में उसके लिए कोई बेहतर जगह बन सकती हो। उसने जो किया अपने नज़दीकी लोगों, परिजनों के लिए किया या अपनी अय्याशी के लिए किया। उसका न समाज के लिए और न ही संस्कृति या किसी और रूप में कोई योगदान रहा। यहाँ तक कि वह शायद अपने शौक़—संगीत और गायिकी के लिए भी कुछ कर पाई हो, इतिहास में ऐसा कोई उल्लेख नहीं मिलता। नूरजहाँ से उसकी तुलना करना निहायत बेमानी था।

4

जहाँदार शाह का पतन, फ़र्रुख़सियर की तैयारी और सैयद भाइयों की भूमिका

जहाँदार शाह को गद्दी पर बैठे अभी तीन-चार माह ही हुए थे कि ख़बर मिली कि शहज़ादा फ़र्रुख़सियर बादशाही सेना के विरुद्ध सेना तैयार कर रहा है। वह दिल्ली आकर आक्रमण करना चाहता था। ख़बर यह भी थी कि फ़र्रुख़सियर ने अप्रैल 1712 ई. में स्वयं को बादशाह भी घोषित कर दिया था। फ़र्रुख़सियर की सक्रियता की ख़बर मिलते समय जहाँदार शाह लाहौर में था। समाचार पाकर वह दिल्ली की ओर रवाना हुआ। गाजीउद्दीन फिरोज़ जहाँ का पुत्र चिंकलिच ख़ान एक वीर, बुद्धिमान तथा कर्मठ व्यक्ति था। चिंकलिच ख़ान का बहादुर शाह के शासनकाल में कुछ समय के लिए पराभव हो गया था। जहाँदार शाह ने उसे बुलाकर पुनः उसके पद पर सम्मानपूर्वक नियुक्त कर दिया। बादशाह ने अब चिंकलिच ख़ान को ही बेहतरीन तरीक़े से सैन्य तैयारियाँ करने का आदेश दिया। ख़ान को तुरन्त पाँच हज़ार का मनसब भी स्वीकृत कर दिया गया।

बादशाह जहाँदार का मन लाहौर में लगा था। रोज नाच-गानों और ऐश की महफ़िलें जमती थीं कि एक दिन ख़ास ख़बर के लिए बादशाह के लुत्फ में खलल डाला गया। उनके सेनापति ने बताया, "आपके भतीजे ने बगावत की तैयारियाँ कर ली हैं!"

"कौन? फ़र्रुख़सियर?"

जहाँदार शाह ने जमी हुई महफ़िल में ही लापरवाही से पूछा तो सेनापति ने बताया, "जी हाँ, वही। क्या हुक्म है?"

बादशाह हुज़ूर जोर से हँसे। फिर उसी से प्रतिप्रश्न कर बैठे, "उस नादान शहज़ादे की बचकाना हरक़तों को बताने के लिए, उस पर कोई कार्रवाही हो, या न हो, उसके लिए हमारी महफ़िल में खलल डालने की यह क्या बेजा वजह है? यह काम तो एक अदना-सी टुकड़ी कर लेगी। उस शहज़ादे की जगह मुकर्रर है, उसके वालिद के पास। उसे वहीं पहुँचा दिया जाए, ताकि दोनों की रूहें आराम करें!"

पर सेनापति दृढ़ था। बोला, "हुज़ूर, इस बार ऐसी गलतफहमी न पालें। वह अपने वालिद की गलतियों से सबक सीख कर तैयारी में जुटा है। वह मुकम्मिल तैयारी से है, हमारी ख़बर यह कहती है। अकेला नहीं है। उसने और उसकी माँ ने सैयद भाइयों, सैयद अब्दुल्ला और सैयद हुसैन अली को साध कर अपने पाले में कर लिया है। वे दोनों अपनी-अपनी ज़ागीरों की तरफ़ से उसकी मदद कर रहे हैं। ख़बर पक्की है!"

एकबारगी बादशाह गम्भीर हुआ। उसने महफ़िल में सुनाई जा रही शायरी के बोलों पर दाद देनी रोक दी। फिर कुछ सोचकर, थोड़ा आक्रोशित स्वर में बोला, "इस बार शहज़ादे के साथ ही इन दोनों भाइयों को भी जन्नत नसीब करानी होगी, वरना हमें चैन न मिलेगा। नमकहरामी की सजा तो देनी ज़रूरी है। अभी जाओ, कल दिन में हम अपने शहज़ादे को भेजने की तैयारियाँ कराते हैं। शहज़ादे को शहज़ादा ही काटेगा तो ज़्यादा ठीक रहेगा। है न?"

सेनापति से कुछ बोलते न बना। वह जानता था कि युद्धों की रणनीतियाँ शेर-ओ-शायरी की महफ़िलों में नहीं बना करतीं। जो लोग ऐसा करते हैं, इतिहास उन्हें जल्दी ही कूड़ेदान में फेंक देता है। पर वह चुप रहा क्योंकि बादशाह नशे में था, उस पर महफ़िल की रौनकों का नशा हावी था, राजपाट तो आते-जाते रहते हैं, यह वक़्त फिर हो कि न हो, कौन जाने!

अगले दिन जब सेनापति की बादशाह से मुलाकात हुई तो उनका रात का खुमार उतर चुका था। बोले, "चिंकलिच ख़ान को फिर से बुलाया है। हम दिल्ली चलते हैं। लाहौर से हालात काबू करने में वक़्त लगता है और सही ख़बरें आने में फालतू वक़्त जाया होता है!"

यहाँ से सैयद भाइयों की भूमिका आरम्भ होती है। यद्यपि वे हमेशा से अनुशासन में बँधे थे, जो भी बादशाह होता, वे उसके हुक़्म की तामीली किया करते, कर्मठ और ईमानदार थे, उन्हें सैन्य पराक्रम और बेहतर रणनीतियों के लिए माना जाता था, परन्तु परिस्थितियाँ बदल रही थीं। शहंशाह स्वयं राजकाज से दूर भाँड़ों-गवैयों के साथ विलासिता में चूर रहता था। उसे देश के विभिन्न हिस्सों में क्या हो रहा है, इससे अधिक मतलब नहीं रह गया था। ऐसे में अगर जहाँदार शाह के भतीजे फ़र्रुख़सियर ने इस स्थिति का लाभ उठाने की सोची, तो सैयद भाइयों जैसे लोगों का साथ लिए बिना बात नहीं बननेवाली थी। इस शहज़ादे फ़र्रुख़सियर के मन में इस बात की गहरी टीस भी थी कि उसके पिता अजी-मुश-शान का कत्ल इसी शहंशाह बन बैठे उसके ताया ने कराया था।

फ़र्रुख़सियर को यूँ अपने तीनों भाइयों में अधिक क़ाबिल नहीं माना जाता था, यहाँ तक कि उसका पिता भी उस पर उतना ध्यान नहीं देता था, पर उसकी माँ अपने बेटे की स्थिति और मन को समझती थी, और वही उसको परामर्श

दिया करती थी। उन लोगों ने अच्छी तरह से समझकर जहाँदार शाह को घेरने की रणनीति बनाई। उन्हें यह मालूम था कि बिना वीर, पराक्रमी और साहसी लोगों के साथ के यह अभियान सम्भव न था। उल्टे तख़्ता पलट किए जाने की कोशिश में फ़र्रुख़सियर और उसके परिजनों को सजा-ए-मौत का भागी ज़रूर बनना पड़ सकता था। इसलिए बहुत सावधानीपूर्वक रणनीति बनी। फ़र्रुख़सियर यह समझता था कि उसके पास सीमित संसाधन और कम लोग हैं, जिन पर भरोसा कर वह शाही सेना, अपने ताया और मुल्क़ के शक्तिशाली बादशाह जहाँदार शाह को चुनौती नहीं दे सकता। आधी-अधूरी तैयारियों के साथ ऐसा किया जाना आत्मघाती होता। ऐसे में उसने अपनी माँ के साथ जो रणनीति बनाई, उसके अनुसार सैयद बन्धुओं से मदद माँगने की कार्रवाई की गई। फ़र्रुख़सियर की माँ ने इस कार्य के लिए सैयद भाइयों को भावुकता के घेरे में लेकर तैयार किया। वे लोग समझते थे कि इस अभियान में केवल सैयद भाई उनके लिए निर्णायक रूप से उपयोगी सिद्ध हो सकते थे।

ये दोनों सैयद भाई तब पटना और इलाहाबाद में तैनात थे, पर वे समय-समय पर अपने गृह जनपद क़स्बा जानसठ, मुज़फ़्फ़रनगर आया करते थे। सम्भवतः उस समय अपने किसी पारिवारिक उत्सव में भाग लेने के लिए दोनों भाई जानसठ स्थित अपने घर आए हुए थे। फ़र्रुख़सियर की माँ ने सैयद अब्दुल्ला से मुलाक़ात करने का पैगाम भिजवाया, परन्तु सैयद अब्दुल्ला को इन लोगों के मन में चल रही उधेड़बुन और होनेवाले घटनाक्रम का थोड़ा-बहुत अनुमान था। अपनी नीति के अनुसार सैयद अब्दुल्ला सीधे इस मामले में नहीं पड़ना चाहता था। वह मुग़ल शासन के प्रति समर्पित था और ऐसे ही बना रहना चाहता था। यद्यपि यह बात भी सही है कि वह जहाँदार शाह के शासनकाल और उसकी नीतियों से बिलकुल भी सन्तुष्ट नहीं था। फिर भी सैयद अब्दुल्ला ने फ़र्रुख़सियर की माँ को मिलने का समय नहीं दिया। वह महिला इस मामले को लेकर इतनी उतावली थी कि उसने इस अस्वीकृति के बावजूद उन्हें अपने मुज़फ़्फ़रनगर आने का सन्देश भिजवा दिया।

इस बात से झुँझलाए हुए सैयद अब्दुल्ला और उसके भाई सैयद हुसैन अली ने तय किया कि वे इस बीच छपरौली चले जाएँगे। दरअसल छपरौली में उनकी धाय माँ रहती थी। जब वे दोनों अबोध शिशु थे तब एक जाट परिवार की महिला ने उन्हें अपना दूध पिलाया था और अपने ही बच्चों की तरह देखभाल कर पाला-पोसा था। इसलिए वे अपनी इस धाय माँ का बहुत सम्मान किया करते थे। वे समय-समय पर उनके यहाँ आना-जाना रखा करते थे। कहते हैं कि जब वह अपनी बग्घी से काँधला की सीमा पर पहुँचते थे तो वे उतर कर पैदल-पैदल छपरौली तक जाया करते थे जो वहाँ से लगभग बारह कोस दूर थी। वे जब भी वहाँ जाते, उनका भरपूर सम्मान होता।

इन भाइयों के छपरौली जाने की ख़बर से बेख़बर फ़र्रुख़सियर की माँ मुज़फ़्फ़रनगर पहुँच गई थी। जब वहाँ उसे मालूम चला कि वे लोग अपनी धाय माँ के यहाँ गए हैं, तब उसने वापस लौटने के बजाय छपरौली जाना अधिक मुनासिब समझा। वह सीधे छपरौली पहुँची और उनसे मिलकर अपना दुखड़ा रोने लगी। आरम्भिक तौर पर वाक़ई सैयद बन्धु इस मामले में पक्षकार नहीं थे लेकिन माहौल भावुक हो चला था। उन्होंने विस्तार में बात करने की सहमति दे दी।

साहिबा निस्वान के चेहरे पर थकान के चिह्न हावी थे। आख़िर कई दिन से सफर में थी वह। शाही परिवार की इस महिला की पहले सईदा से मुलाकात हुई। सईदा, यानी अब्दुल्ला हुसैन की माँ। उन्होंने बेगम निस्वान का इस्तकबाल किया, "आओ बेगम साहिबा। सलामत रहो!"

बेगम ने भीगी आँखों से कहा, "ऐसी दुआओं में बरकत न जाने कब होगी। मैं सलामत कैसे रहूँ, जब इन लोगों ने मुझे तिजारत के झगड़े में बेवा बना दिया। अभी न जाने क्या-क्या और देखना लिखा है!"

सईदा बेगम साहिबा निस्वान का गम समझती थी, इसलिए बोली, "उस अल्लाहताला पर भरोसा बनाए रखो बहन। हर एक बुरी चीज़ से निजात का दिन उसने ख़ुद मुकर्रर किया है!"

यह सुनकर वह सुबक-सुबक कर रोती रही और सईदा उसे पुचकारकर चुप कराती रही।

जब बेगम निस्वान सैयद अब्दुल्ला से मुलाकात करने में सफल हो गई तो उसने एक-एक लम्हे का उपयोग किया। रुँधे गले से बोली, "आप मेरे भाईजान की तरह हैं। आपसे बहुत उम्मीद लेकर आई हूँ। इन ज़ालिमों ने मेरे शौहर को मार डाला, अब मेरे बच्चे की जान के पीछे पड़े हैं। आप कुछ नहीं करेंगे तो उसका भी वही हश्र होगा..."

और वह बुक्का फाड़कर रोने लगी। सैयद अब्दुल्ला विचलित हो गया। उसने कहा, "पहले आप यह रोना बन्द कीजिए। मुझे आपसे हमदर्दी है..."

अपने आँसुओं के सैलाब को थामते हुए बेगम ने कहा, "सिर्फ हमदर्दी? आप तो जानते हैं कि मेरे शौहर ने आपको अब्बा हुज़ूर से कह कर उस समय भी सूबेदारी दिलाई थी। जिजाऊ की फ़तेह के जश्न में ख़ुद बादशाह हुज़ूर आप दोनों को भूल गए थे। पर मेरे मरहूम शौहर ने आपको याद रखा। वह इनसान की कद्र करते थे, आपकी काबिलियत और जुनून के कायल थे। उन्होंने आपके हक़ में फ़ैसला कराने की कितनी जिद की थी, यह आप भी जानते होंगे। पटना और इलाहाबाद की सूबेदारियों के हुक़्मनामे किन हालात में जारी हुए थे, आपको याद ज़रूर होंगे। एहसानों का हिसाब कभी बाक़ी नहीं रखा उन्होंने।"

बात सही थी। यह शहज़ादे अजी-मुश-शान का ही दख़ल था कि इन भाइयों

को सूबेदारी से हटाने के बादशाह बहादुर शाह के फ़ैसले पर रोक लगाने के लिए यह शहज़ादा सामने आया था। इस कृतज्ञता को आसानी से कैसे भूला जा सकता था, वह भी उस सैयद द्वारा, जिसकी ज़िन्दगी दिल से ज़्यादा चलती थी, दिमाग़ से कम। वह भावुक हो गया। बोला, "मेरी हमदर्दी को अपना भरोसा मान कर चलिए। सलाह-मशविरा कर सब कुछ तय करेंगे। इंशाअल्लाह सब अच्छा होगा। जो नज़र आपके शहज़ादे फ़र्रुख़सियर पर उठेगी, उसका हश्र हम तय करेंगे, यह वादा है!"

बेगम साहिबा निस्वान को न जाने कितने समय बाद सुकून मिला होगा, यह वही जानती थी। उसने सिर्फ इतना कहा, "अल्लाहताला, आप लोगों को बरकत दे! आप हमेशा मेरी दुआओं में रहेंगे।"

बेगम एक भरोसा लेकर बेटे फ़र्रुख़सियर के पास लौट आई थी, पर बात अभी अधूरी थी। अगली मुलाकात पटना में हुई।

फ़र्रुख़सियर की माँ ने अच्छी चाल चली थी, पर छोटा सैयद भाई अपने बड़े भाई से सहमत नहीं था। उसने कहा, "यह शहज़ादा फ़र्रुख़सियर निकम्मा और ग़ैर-भरोसेमन्द है। लालची लोग वैसे भी किसी काम के नहीं होते। इससे दूर रहने में ही अपनी भलाई है। आपने देखा होगा कि इसने मेरे साथ कितनी बार टक्कर लेने की कोशिश की थी, पर जब इसे हर बार मुँह की ख़ानी पड़ी तब जाकर इसकी हिम्मत टूटी!"

सैयद अब्दुल्ला ने ग़ौर से सुना, फिर कहा, "मुझे सब याद है मेरे भाई। भला मैं कैसे भूल सकता हूँ कि उसने तुम्हारी जड़ों को कमजोर करने के लिए क्या-क्या नहीं किया। पर माहौल को देखो...!"

"मतलब?"

आदतन सैयद हुसैन अली आक्रोश में आ गया था। पर अब्दुल्ला ने भी अपनी आदत के अनुसार धैर्य और ठंडे दिमाग़ से कहा, "मतलब यह कि मुल्क़ का नया बादशाह भी हमको घेरने की तैयारी में लगा है। वैसे भी वह बहुत नामाकूल और छिछोरा इनसान है, जिसके आसपास उसकी तरह के लोगों का ही जमावड़ा है। वे लोग उसके कान भरा करते हैं, और वह उनके मन की करने में देर नहीं लगाता। लम्पट बादशाह से तो कहीं बेहतर उसका यह भतीजा है।"

"पर क्या हमें उसके ख़िलाफ़ जाना होगा? और यह शहज़ादा फ़र्रुख़सियर हमारे साथ वफ़ा निभाएगा, इसका क्या भरोसा?"

सैयद अली का शहज़ादे फ़र्रुख़सियर पर भरोसा अभी भी डगमगाया हुआ था, उसके मन-मस्तिष्क पर संशय के बादल छाए हुए थे। परन्तु बड़े भाई ने अपनी बात मजबूती से रखते हुए कहा, "भरोसा? वह तो अपनी ही साँसों पर भी नहीं है! मुल्क़ के हालात से तो तुम भी नावाकिफ नहीं हो। जब ज़ागीरें और दरबारियों के ओहदे तबलचियों, भिश्तियों और नाचने-गानेवालों में बँटेंगे, तो भला हम कहाँ

ठहरेंगे। अगर बादशाह से टकराव होना ही है तो क्यों न उससे पहले हम लोग ख़ुद को मजबूत कर लें, इतना कि हम उन पर छा जाएँ।"

सईदा ने भी हस्तक्षेप करते हुए कहा, "मेरी राय यही है कि पुरानी बातों को भूलकर नए वक़्त का मुक़ाबला पूरी शिद्दत से करना ज़रूरी होता है। जुल्मी हुक़ूमत के शान-ओ-शौक़त वाले नवाब से एक बागी फ़क़ीर कहीं बेहतर होता है!"

सैयद अब्दुल्ला ने कहा, "अगर हम इस बादशाह को हराकर फ़र्रुख़सियर को बिठाने में कामयाब हो गए तो उस वक़्त का सोचो! तब हम दोनों भाई ही मुल्क़ के वज़ीर और फौज के मुखिया होंगे। पर जहाँदार शाह की हुक़ूमत रही, तो एक-एक दिन उधारी पर चलेगा। वह न जाने क्या हुक़्मनामा निकाल बैठे, और हमें ऐसे समय उससे मुक़ाबला करना पड़े जब हम उसके लिए तैयार न हों।"

सैयद हुसैन अली का संशय अभी भी दूर नहीं हुआ था। बोला, "अगर हम लोग हार गए, तो वह भी सोचो। न हम बचेंगे न हमारा कोई हमदर्द। सब मिट्टी में मिल जाएँगे!"

सैयद अब्दुल्ला कोई जवाब दे पाता, माँ सईदा ने कहा, "जीना-मरना इनसान के हाथ में नहीं, वह परवर्दिगार तय करता है। मिट्टी में हर कोई मिलता है। यह हमारे हाथ में नहीं है। हाथ में है अपने दिल-दिमाग़ की आवाज सुनना, उसके बताए रास्तों और उसूलों पर चलना। अगर ज़िन्दगी न भी रही तो यही कह कर तो याद किया जाएगा कि इन भाइयों ने एक जुल्मी और नाकारा बादशाह को हराने की लड़ाई में उससे बेहतर इनसान की तरफ़ से लड़कर अपनी शहादत दे दी! तब मुझे और इस जमाने को तुम पर नाज होगा, तुम तवारीख का एक शानदार हिस्सा बन सकोगे!"

कोई कुछ नहीं बोला, यह एक ख़ास सम्मान था कि माँ के सामने कोई बोल नहीं पाता था। माहौल थोड़ा गम्भीर हो चला था। इसलिए सईदा बेगम ने कहा, "न जाने क्यों मुझे अभी भी तुम दोनों वही बच्चे-से दिखते हो, जो बचपन में घरौंदों को बनाने और बिगाड़ने का खेल खेला करते थे।"

चुप्पी अभी भी कायम थी, इसलिए उसे तोड़ने की मंशा से सईदा ने कहा, "बेटा अब्दुल्ला, याद करो वह दिन जब तुम दोनों भाई हम लोगों की नज़रें बचाकर शाम को चश्मे पर पहुँच जाया करते थे। मक़बरों के पीछे बहते इस दरिया के नजदीक, जब सूरज का रंग लाल, बैंगनी और फिर दहक़ते गोले-सा होता, तब तुम दोनों भाई आसपास के सरकंडों, कीकर और जंगली ऊँचे-ऊँचे पौधों के बीच से सरसराती हवा का मजा लेते हुए लाल सौंधी मिट्टी और रेत के घरौंदे बनाया करते। उस मुलायम और भुरभुरी मिट्टी की महक़ महसूस करते।"

अब सैयद अब्दुल्ला मुस्कुराया। उसे सब याद था, जबकि छोटे भाई हुसैन अली की यादें वक़्त के झमेलों में धुँधला गई थीं।

अब्दुल्ला ने भावविह्वल होते हुए कहा, "कैसे दिन थे वे भी, और कैसे लोग! बस दो हाथ के फ़ासलों पर ही हमारी पीढ़ियों के झंडाबरदार कितनी पुरसुकूँ नींद में सोये हुए थे। बड़ी बात थी कि उन लोगों ने इस अजनबी मिट्टी को अपनाया, वहाँ अपना आशियाना बनाया और बरास्ते उसके अल्लाह के घर दस्तक दी। लगता था कि उनके जज़्बात जैसे रिस-रिस कर उस ज़मीन के ज़र्रे-ज़र्रे में जज़्ब हो गए हों!"

सैयद हुसैन को भी अब उन यादों ने आ घेरा था। उनके धुँधलके को साफ़ करते हुए बोला, "हाँ, याद आता है। हम मिलकर घरौंदे बनाया करते। उसमें बड़ा हिस्सा आपका होता, और छोटा मेरा।"

"पर तोड़ता कौन उनको?"

अब्दुल्ला ने शरारत से कहा तो वह ख़ुद, हुसैन और माँ सईदा एक साथ हँस पड़े। जब हँसी के स्वर रुके तो माँ ने नसीहत के तौर पर कहा, "हाँ, बड़े-छोटे के रूप में अल्लाह ने ही तुमको भेजा है। यह दायरा उसका ही बनाया हुआ है। उसकी हमेशा कद्र करना, जमाना तुम्हारे क़दमों में होगा। इस दायरे को किसी भी दिखावटी चीज़, दौलत और शौहरत के लालच में अनदेखा मत करना, मेरे बच्चों!"

सैयद भाई अपनी माँ का कहा टाल सकने की स्थिति में नहीं थे। इसके बाद चर्चा के लिए कुछ और नहीं बचा था। बची थी तो कुशल रणनीतियाँ, और कुछ औपचारिकताएँ।

बाद में जब शहज़ादे ने इस सूबेदार से भेंट की तो वह एक स्कार्फ़ से अपने हाथ बाँधे हुए था। यह इशारा था कि वह वर्तमान में कितना कमजोर है। फ़र्रुख़सियर ने कहा, "मैं तो सिर्फ इस उम्मीद से आया हूँ कि आप चाहो तो मुझे एक कैदी बनाकर बादशाह के दरबार में हाज़िर कर दो या इस मुल्क़ की तसवीर बदलने के लिए मेरी मदद करो। मैं अपने बूते पर यह काम नहीं कर सकता।"

सैयद अब्दुल्ला ने आगे बढ़कर इस शहज़ादे के हाथ खोल दिए। उसने बैठते हुए कहा, "हम अल्लाह के बन्दे हैं। उसके बाद सिर्फ मुग़ल ख़ानदान के वफ़ादार नौकर हैं। हम आपके अब्बा हुज़ूर की भलमनसाहत के कायल रहे, उनका नमक खाया है। इसलिए तुमसे भी वफ़ा ज़रूर करेंगे।"

इस बीच फ़र्रुख़सियर की छोटी बच्ची, जो आकर उसके पैरों में बैठ गई थी, को सैयद अब्दुल्ला ने उठाकर गोदी में बिठाया। उनकी माँ सईदा ने शाही परिवार की महिला और फ़र्रुख़सियर की माँ के चेहरे पर नक़ाब डालते हुए कहा, "यह तय रहा कि मेरे बेटे अपने वादे को निभाएँगे। चाहे इस वादे को निभाने में उनकी जान क्यों न चली जाए!"

वातावरण बहुत भावुक हो चला था। पर यह दिन मुल्क़ की तवारीख में एक ख़ास जगह बनाने जा रहा था, यह सब जानते थे।

इस मुलाक़ात में फ़र्रुख़सियर ने कहा, "अल्लाह जानता है कि मेरी निगाहों

में आप लोगों की जगह कहाँ है। आपका वंश उन पैगम्बर मुहम्मद साहब की बेटी फातिमा के ख़ानदान से जुड़ा है जिनको हम अपना रसूल-ए-पाक मानते हैं।"

शहज़ादे फ़र्रुख़सियर ने सैयद अब्दुल्ला की बेल्ट में अपने सम्मान की प्रतीक तलवार लगा दी। शहज़ादे ने दोनों सैयद भाइयों को खिलअत भेंट से इज़्ज़त बख्शी। उसने उन्हें अपने हाथों से शाही चोगे पहनाए। सैयद भाई इस सम्मान से रोमांचित थे।

पर्दे के पीछे से परिवार की महिलाएँ भी यही चाहती थीं। तभी सैयद अब्दुल्ला ने अब अपने सारे संशय और दुविधाओं को किनारे रख घोषित कर दिया कि, "मैं आपके साथ हूँ। अब युद्ध होगा, पर उससे पहले तैयारी के लिए फौज बढ़ाई जाएगी।"

सैयद भाइयों के साथ की बात तय होते ही फ़र्रुख़सियर के लोगों ने उसके नाम का खुतबा पढ़ना शुरू कर दिया, जैसे यह सब पूर्व नियोजित हो। उसने अपने नाम के सिक्के ढालने के आदेश भी जारी कर दिए।

बड़े सैयद यानी अब्दुल्ला के नाम शहज़ादे फ़र्रुख़सियर ने जब दो दिन बाद पत्रवाहक़ को भेजकर इसकी सूचना आम करने की कोशिश की तो कुछ ज़्यादा ही फुर्ती देखकर सैयद अब्दुल्ला ख़ान का माथा ठनका। वह असहज था। यह सब प्रयास अभी अपरिपक्व था, परन्तु घटनाक्रम इतनी तेज़ी से घटित हो रहा था कि सैयद अब्दुल्ला के पास उसमें शामिल होने के अतिरिक्त कुछ और विकल्प न बचा था।

सैयद अब्दुल्ला की चिन्ता एक और भी थी। उसकी सेना के लोगों को महीनों से तनख़्वाहें नहीं मिली थीं। सैन्य टुकड़ियाँ एक बार विद्रोह भी कर चुकी थीं, तब उसे एक महत्त्वपूर्ण अभियान के बीच में से ही वापस लौटना पड़ा था। वापस आकर उसने स्वयं को क़िले में ही सीमित कर लिया था। वे सैनिक जिन्होंने विद्रोह किया था, वे वापस भी नहीं लौटे थे और उसके ही इलाक़े में लूटपाट कर रहे थे।

बादशाह जहाँदार शाह चाहे जितना भी निकम्मा रहा हो, पर वह भी अपने विरुद्ध की जा रही तैयारियों की चर्चाओं से अनभिज्ञ न था। गुप्तचरों की पक्की रिपोर्टें यह भी आईं कि पटना में रहकर फ़र्रुख़सियर बड़े स्तर पर टकराव की तैयारी कर रहा है। बादशाह को यह जानकारी दी गई कि बारहा सैयद भाइयों का पूरा समर्थन शहज़ादे फ़र्रुख़सियर ने सुनिश्चित कर लिया है, इसलिए उसकी ताकत कई गुना बढ़ गई है। उसे अनदेखा नहीं किया जा सकता। तब जहाँदार शाह लाहौर में था, पर उसने दिल्ली के लिए रवानगी कर ली।

जहाँदार शाह को अपने भतीजे फ़र्रुख़सियर और बारहा के सैयदों की कारगुजारियों और एक साथ आने की ख़बरें लगातार मिलती रहीं, परन्तु वह फिर भी इस ख़तरे के प्रति पूरी तरह से सचेत नहीं था, या यूँ कहा जाए कि आसन्न ख़तरे के प्रति लापरवाह बना रहा था। जब उसे थोड़ी गम्भीरता समझ आई तो उसने पाँच हज़ार सवारों के साथ अपने बेटे शहज़ादे आजुद्दीन ख़ान को इस सम्भावित

टकराव का निपटारा करने के लिए भेज दिया। साथ में ख्वाज़ा हसन ख़ान भी थे, जिनको ख़ान-ए-दौराँ की उपाधि दी गई थी। चूँकि शहज़ादा अभी अनुभवहीन था, इसलिए सेना, तोपख़ाने तथा अन्य सभी हथियारों की आपूर्ति को सीधे ख़ान-ए-दौराँ के अधीन रखने के आदेश दिए गए। ऐसा इसलिए भी था कि प्रधानमंत्री जुल्फ़िकार अली ख़ान को शहज़ादे की सीमित योग्यता, अनुभव-शून्यता, कमजोरी तथा लोलुपता का बोध और अनुभव भी था। ख्वाज़ा हसन ख़ान चारित्रिक अवगुण और झगड़ालू-गुस्सैल स्वरूप वाला व्यक्ति था, और बादशाह इस बात से अच्छी तरह से वाकिफ थे। जुल्फ़िकार ख़ान को तो यह भी पसन्द न था कि शहज़ादे को ख्वाज़ा के संरक्षण में भेजा जाए। वह उनको इतनी बड़ी जिम्मेदारी देने का विरोधी था, पर उसकी नहीं चली।

देखते-ही-देखते समय आ गया था कि सत्ता का एक बड़ा दावेदार शहज़ादा मुहम्मद फ़र्रुख़सियर दोनों सैयद भाइयों—सैयद अब्दुल्ला ख़ान और हुसैन अली ख़ान तथा अन्य योद्धाओं की सेना के नेतृत्व में आगे बढ़ा चला आ रहा था। पर ऐसा नहीं था कि अभी मुग़ल सत्ता के हक़ूक वाले शहज़ादे और जहाँदार शाह के बेटे आजुद्दीन का पक्ष भी कुछ कमजोर दिखता हो। रास्ते में कोरा और कर्रा के फ़ौजदार छबीलाराम ने इटावा के फ़ौजदार असगर ख़ान के साथ अपने ज़िलों का सरकारी ख़ज़ाना हथिया कर इस शहज़ादे का पक्ष लेने की घोषणा कर दी थी। तब तक वे इस शहज़ादे की कार्यप्रणाली को अच्छे से नहीं जानते थे। बाद में जब उन्हें ख़ान-ए-दौराँ के व्यवहार और कामों के साथ-साथ शहज़ादे की ढुलमुल नीति, दुर्बलता और सैन्य बल की अव्यवस्थाओं का पता चला तो वे पीछे हट गए। यही नहीं, उन्होंने इस सारे सरकारी ख़ज़ाने को शहज़ादे फ़र्रुख़सियर की सेवा में हाज़िर कर उसका दिल भी जीत लिया।

जैसे-जैसे फ़र्रुख़सियर आगे बढ़ रहा था, स्थिति उसके पक्ष में बन रही थी। वह बलशाली होता जा रहा था। सैयद भाइयों के सहयोग, दक्षता और नेतृत्व से उसकी सैन्य पंक्तियाँ सुदृढ़ हो चली थीं, जबकि शाही सेना के शीर्ष अधिकारी, बादशाह के सलाहकार और मुख्य दरबारी अभी भी रणनीतियों के मामूली विवादों में ही उलझे थे। यद्यपि अन्त में ख्वाज़ा अहसान ख़ान, जो ख़ान-ए-दौराँ कोकलताश ख़ान का दामाद था, पचास हज़ार घुड़सवारों के साथ रणस्थल पर पहुँच गया था, पर मुग़ल दरबार का बख्शी उससे असन्तुष्ट बना रहा। वह बादशाह पर कोकलताश ख़ान के बढ़ते प्रभाव को नियंत्रण में रखने के लिए उसकी जगह चिंकलिच ख़ान को ही भेजना चाहता था। बादशाह ने यह प्रस्ताव स्वीकार भी कर लिया था, पर तब तक बहुत देर हो चुकी थी। चिंकलिच ख़ान ख़ुद इस घटनाक्रम को अपने हिसाब से इस्तेमाल करना चाहता था। वह गया ज़रूर, पर उसने आवागमन के साधनों का टोटा बताकर जाने में अनावश्यक विलम्ब किया, जबकि उसकी तूरानी सैन्य

टुकड़ी को ख़र्चे के लिए एक लाख रुपयों की अग्रिम धनराशि की व्यवस्था की गई थी। उसे शेष दो लाख रुपये आगरा पहुँचकर मिलने थे।

जब तक चिंकलिच ख़ान आगरा पहुँचा, शहज़ादा अपने बल के साथ इटावा और खाजवा की ओर प्रस्थान कर चुका था। ऐसे में ख़ान के पास आगरा रुक कर व्यवस्थाएँ देखने का बहाना भी था। इसलिए वह आगे बढ़ा ही नहीं। उसने शहज़ादे को भी आगे जाने से रोकने का सन्देशा भिजवाया। इस अफ़रातफ़री तथा उल्टे-सीधे फ़ैसलों से सेना का अनुशासन प्रभावित होने लगा। शहज़ादे का अफ़गानी योद्धा मुहम्मद ख़ान बंगश इतना आक्रोशित हो उठा कि उसने अपने पाँच हज़ार घुड़सवारों के साथ सैयद अब्दुल्ला ख़ान बारहा की सेना में शामिल होने का निर्णय ले डाला। सैयद अब्दुल्ला ख़ान को और क्या चाहिए था, उसने बंगश का दिली स्वागत किया।

यह चर्चा आम हो चली थी कि इस युद्ध में शहज़ादे आजुद्दीन के सैन्य बल की कमजोरियाँ उस पर हावी हो चली थीं। उसकी सेना ने जैसे ही यमुना नदी को पार किया, अव्यवस्थाएँ खुलकर दिखाई देने लगी थीं। इसका बड़ा कारण सेना के नायकों में परस्पर ईर्ष्या और एक-दूसरे को नीचा दिख़ाने की भावनाओं का बलवती होना था। शहज़ादे के विचारों में दृढ़ता नहीं थी, जबकि फ़र्रुख़सियर सैयद भाइयों के साथ तेज़ी और अनुशासन से आगे बढ़ रहा था।

आजुद्दीन की सेना के अग्र भाग का कमांडर हड़बड़ाता हुआ शहज़ादे के पास आया और बोला, "हुज़ूर, कुछ कीजिए। वह फौज बहुत बड़ी है। उनके घोड़ों की टापों से उड़ती धूल जल्दी ही इस इलाक़े को भी ढँक लेगी। उनके पास एक से एक लड़ाके हैं। सैयद अब्दुल्ला और उनका भाई सैयद हुसैन अली आर-पार की कसम खाकर निकले हैं..."

पर शहज़ादा पूरी बात सुनने को तैयार ही नहीं था। क्रोधित स्वर में बोला, "तुम उनकी फौज की जानकारी दे रहे हो या हमारी हिम्मत का इम्तिहान ले रहे हो!"

उस कमांडर ने कुछ कहना चाहा तो आजुद्दीन लगभग चीखते हुए बोला, "निकल जाओ यहाँ से, मैं ख़ुद सँभाल लूँगा!"

कमांडर तो हुक़्म का गुलाम था। उसने ताबेदारी की कसम ली हुई थी, वह शहज़ादे की नज़रों से दूर हो गया। पर असलियत यह थी कि यह शहज़ादा भीतर से डरा हुआ था। उसे किसी पर भरोसा न था, और उसके लोगों को अपनी काबिलियत और संख्या बल पर विश्वास न था। ऐसे में अगर यह कहा जाए कि उन्होंने आधी लड़ाई तो यूँ ही हार दी थी, तो कुछ गलत न होगा।

आजुद्दीन ने अपने दिमाग़ का एक उपयोग ज़रूर किया। उसने भी सैनिकों को इकट्ठा कर हुक़्म दिया, "आसपास की जगह को घेरकर मिट्टी की ऐसी दीवार खड़ी कर दो कि दुश्मन हमें जान न पाए, और उसका निशाना काम ही न आए!"

उसके सैनिक सहमत न थे, पर फिर वही बात—हुक़्म की गुलामी। उन्होंने ताबड़तोड़ ढंग से ख़ुद को उस काम में झोंक दिया जो ऐसे अवसर पर शायद ग़ैर-ज़रूरी था। आजुद्दीन के खाजवा क़स्बे के पड़ाव और फ़र्रुख़सियर की सेना-दोनों के बीच मात्र तेरह-चौदह कोस का अन्तर रह गया था। जैसे-जैसे सेनाओं के नज़दीक आने की ख़बर आती, आजुद्दीन भयभीत होता जाता, क्योंकि अब युद्ध का ख़तरा था और वह इसके लिए अनाड़ी था। उसने अपने डेरों के आसपास मिट्टी के जो सुरक्षात्मक कोट बनवा लिए थे, वे अभी अधूरे थे कि दो कोस की दूरी से फ़र्रुख़सियर की सेना के झंडे दिखाई देने लगे। ज़ाहिर था कि सैन्य बल का अग्र भाग निकट आ पहुँचा था। ऐसे में शहज़ादे की सेना में एक भगदड़ मच गई। वे लोग वाक़ई इस युद्ध के लिए तैयार न थे।

फ़र्रुख़सियर की फ़ौज के अग्र भाग का नेतृत्व सैयद अब्दुल्ला ख़ान कर रहा था। इस सैयद ने उजाड़ हुए आसपास के गाँवों की दीवारों को ढाल बनाकर विरोधी पक्ष पर बेतहाशा गोलाबारी आरम्भ कर दी थी। आक़ाश से निकलती प्रतीत होती इस जानलेवा बारूदी आग का निशाना शहज़ादे के डेरों की ओर था। दिन के तीसरे पहर से शुरू हुई यह आग रात के तीसरे पहर तक रुक-रुक कर बरसती रही, जिससे शत्रु पक्ष की घबराहट का सहज अन्दाजा लगाया जा सकता था। यह फ़र्रुख़सियर पक्ष की, विशेष रूप से सैयद अब्दुल्ला ख़ान की रणनीति थी, जिसका प्रतिकूल प्रभाव दुश्मन की सेना और उनके मनोबल पर पड़ा था।

इस संघर्ष के लिए परिस्थितियाँ शाही सेना और उसकी रणनीतियों के अनुकूल न थीं, यह स्पष्ट हो गया था। यद्यपि बादशाह के पक्ष की सेना संख्या में कहीं अधिक थी, पर उनमें उचित समन्वय न था। ख्वाज़ा हसन का पिता भी जुल्फ़िकार अली ख़ान के प्रति द्वेष और शत्रुता के भाव रखता था। ऐसे में उस ओर से भी इस प्रयास का विरोध होना स्वाभाविक था। बादशाह की सोच थोड़ा अलग रही थी। उसे दरबारियों में कोकलाताश ख़ान कोका और लालकुँवर पर जितना भरोसा था, उतना किसी अन्य पर बिलकुल न था। इसलिए इन विसंगतियों का अच्छा तरीक़ा यह निकाला गया कि बादशाह ने इस विषय में अपनी आँखें ही मूँद लीं।

ऐसे समय में यह चिंकलिच ख़ान का फर्ज था कि वह इस ढुलमुल शहजादे को उचित सलाह देता, पर वह चतुर था। उसने सुझाया कि आगे न बढ़कर आगरा में ही कुछ दिन ठहर कर स्थितियों का जायजा लिया जाए। घटनाओं का जो स्वरूप बनेगा, उसी के अनुरूप आगे की तैयारी की जाएगी।

ऐसी स्थिति में पहले से असमंजस में पड़ा शहज़ादा बिलकुल जड़ हो गया था। उसे समझ में नहीं आ रहा था कि किया क्या जाए। उसके चेहरे पर हवाइयाँ उड़ रही थीं। स्थिति इतनी विकट थी कि अन्ततः यह शहज़ादा मैदान छोड़कर भाग खड़ा होने के विकल्प पर भी विचार करने लगा।

चिंकलिच ख़ान इस सबके बावजूद इस समय मुग़ल शहज़ादे का विश्वस्त सलाहकार बचा था। आख़िरकार दोनों के बीच तय हुआ कि जितना हो सके उतना कोष, जवाहरात और अशर्फियों की गाँठें बाँध ली जाएँ और कुछ रुपया, डेरे, पोशाकें तथा खाली सन्दूकें आगे बढ़ी आ रही विपक्षी सेना की टुकड़ियों के लिए छोड़ दी जाएँ। सूरज की पहली किरण के निकलने से पूर्व ही ये दोनों कुछ अन्य विश्वस्त सैनिकों के साथ भाग निकले। यह अविश्वसनीय घटना थी, पर घटित हुई। कोई भी इनसान उस लम्हे की कल्पना कर सकता है कि ऐसी स्थिति में सेना के मनोबल की क्या स्थिति बन पड़ी होगी। इसका तात्कालिक असर वही हुआ, जिसकी उम्मीद थी। अन्य सैनिकों ने भी उनका अनुकरण किया। कुछ ने तो न घोड़ों पर जीन रखी और न अपना ज़रूरी सामान इकट्ठा किया। बस वे अपनी जान लेकर भाग निकले। उनमें आपस में ही होड़ लगी थी कि पहले कौन भाग खड़ा होगा।

शहज़ादा आजुद्दीन भाग कर आगरा पहुँच चुका था। चिंकलिच ख़ान ने अब उसे परामर्श दिया कि वह अभी वहीं रुके। आगे बढ़ने में ख़तरा है। दूसरी ओर नवीनतम घटनाक्रम से अनभिज्ञ मुग़ल बादशाह और शहज़ादे आजुद्दीन का पिता जहाँदार शाह बेटे की विजय के समाचार को सुनने के लिए अधीर था। वह ख़ुद दिल्ली आ चुका था। जब उसे अपने पुत्र की फ़र्रुख़सियर की सेना के साथ युद्ध में पराजय का समाचार मिला, तो उसे मामले की गम्भीरता समझ आई। अभी जिस बात को वह हल्के में ले रहा था, अब उसने उसके लिए गम्भीर रुख अपनाया। उसने सेना को इकट्ठा करने के आदेश दिए। वह इस पराजय की ख़बर से बहुत उलझन में आ गया था। उसका मन और दिमाग़ काम नहीं कर रहा था, उसमें उचित निर्णय लेने की क्षमता भी नहीं बची थी। फिर भी उसने हिम्मत की। इसलिए कि उसे पता था कि यह उत्तराधिकार की निर्णायक लड़ाई हो सकती है और अगर इसमें पराजय मिली तो उसके लिए परिणाम भयावह होंगे। माह के मध्य में उसने दिल्ली से चलने के लिए प्रस्थान किया। ज़ुल्फ़िकार ख़ान नसरत जंग के नेतृत्व में लगभग बीस हज़ार सवार रहे होंगे। कोकलताश ख़ान भी 25 हज़ार सवारों की व्यवस्था कर लाया, पर वे अनाड़ी और नौसिखिए थे।

दिक़्क़त यह थी कि कोकलताश ख़ान के जिस साले ख़ान-ए-दौराँ को ज़ुल्फ़िकार ख़ान की अनदेखी कर इस युद्ध के लिए सेना की कमांड सौंपी गई थी, वह इस हेतु पूर्णतः अयोग्य था। उसे युद्ध का कोई अनुभव न था।[1] उसके समकालीन एक इतिहासकार ने सही ही कहा था, "उसने कभी एक बिल्ली भी नहीं मारी थी!"

बादशाह के इस सैन्य बल में कुल मिलाकर लगभग 80 हज़ार सवार और एक लाख प्यादे रहे थे। उस हिसाब से सैन्य बल कम न था। वह किसी भी शहंशाह की हिम्मत बढ़ाने के लिए पर्याप्त था, बशर्ते कि रणनीति सुव्यवस्थित और उसका

1. Satish Chandra, Medieval India from Sultanat to the Mughals, p. 470

तालमेल बेहतरीन रहा होता। इस सेना का नेतृत्व कर जहाँदार शाह आगरा के समीप सामूगढ़ जा पहुँचा। अगर देखा जाए तो वह एक असमान प्रकृति की सेनाओं के बीच का युद्ध था। फ़र्रुख़सियर की सेना जहाँदार शाह की सेना की तिहाई ही रही होगी। यह सोचकर बादशाह जहाँदार शाह आत्मविश्वास से लबरेज था। उसके सैन्य बल के और लोग तथा इस युद्ध पर निगाह रखनेवालों का भी कुछ ऐसा ही मत बन गया था कि यह शाही खेमे के लिए एक आसान लड़ाई होगी।

फ़र्रुख़सियर की सेनाएँ भी तब तक आगरा के निकट पहुँच गई थीं। जिसने भी उन सेनाओं की टुकड़ियों को देखा, वह उनके संचालन और कार्यकुशलता के साथ ही अनुशासन से प्रभावित हुए बिना न रह सका। उसकी सेना सैयद भाइयों के नेतृत्व में प्रशिक्षित थी, इसलिए उनके लोग बहुत उत्साहित थे। वे ऐसे जुनून से लड़ने की तैयारी में थे कि उनको हर हाल में इस संघर्ष में विजयी होना है। विरोधी पक्ष के पास सैन्य बल अधिक ज़रूर था, पर उनमें अनुशासन की तो कमी थी ही, अव्यवस्था और अफरा-तफरी फैली हुई थी। जल्दी ही आमने-सामने के टकराव की स्थिति बन गई थी। बारहा सैयद अब्दुल्ला ख़ान ने अग्र पंक्ति से शाही सेना पर आक्रमण की शुरुआत की परन्तु वह आरम्भ में उसको भेदने में नाकामयाब रहा। उसे थोड़ा पीछे हटना पड़ा। तब जहाँदार शाह की सेना के अगले भाग में ख़ुशी की लहर का संचार हो गया। युद्ध की विधा के बड़े खिलाड़ी सैयद अब्दुल्ला का पीछे हटना जहाँ शहज़ादे फ़र्रुख़सियर की सेना के लिए हतोत्साहित करनेवाला क़दम था, यह जहाँदार शाह और उसकी सेना के लिए तात्कालिक हर्ष का विषय अवश्य रहा था, लेकिन जहाँदार शाह और उसके सेनापति यह भूल गए कि ऐसा क़दम उठाना सैयद अब्दुल्ला की कुशल रणनीति का भाग भी हो सकता था।

मुग़ल ख़ानदान के बादशाह जहाँदार शाह और उसी वंश के उनके अपने भतीजे के मध्य होनेवाला यह युद्ध जो सामने लड़ा जा रहा था, हिन्दुस्तान में मुग़ल साम्राज्य के भविष्य की इबारत लिखने जा रहा था, परन्तु अफसोस की बात यह थी कि अभी भी बादशाह जहाँदार शाह के पास कोई ठोस रणनीति न थी। शायद उसके मन में भविष्य के गर्त के इतिहास को सोचने और कल्पना करने की भी क्षमता शेष नहीं बची थी। उसे सिर्फ अपनी सेना के संख्या बल पर भरोसा था, और कुछ अपने भाग्य पर। दुर्भाग्यपूर्ण यह भी था कि उसकी प्रिय बेगम लालकुँवर भी बादशाह के साथ ही इस युद्ध के मैदान में मौज़ूद थी। फिर भला उसे क्या चिन्ता होती! लेकिन इश्क़ और अय्याशी के बल पर युद्ध नहीं जीते जाते, न ही लोगों को इस तरह से नेतृत्व कर कोई प्रेरणा दी जा सकती थी। भाग्य का निर्माण भी कर्म से होता है। यूँ वह विचित्र स्वभाव का स्वामी था, जो लालकुँवर के साथ ही अन्य रखैलों और सन्देहास्पद चरित्र की महिलाओं को प्रश्रय देने के लिए कुख्यात था। हद तो यह थी कि वह उन अनावश्यक लोगों, कारिंदों की भीड़ को लेकर इस युद्ध

क्षेत्र में पहुँचा था। जो वाक़ई में समर्पित लोग थे, अच्छे सैनिक और योद्धा थे, वे स्वाभाविक रूप से इस स्थिति से नाख़ुश होकर दूर थे।

ऐसे में उसके सैन्य बलों में जोश, आशा और उत्साह का संचार कहाँ हो पाता! उल्टे उसके काफ़ी सैनिक और कारिंदे जानते थे कि यदि बादशाह की पराजय हुई, तो कोई आश्चर्य की बात नहीं होगी। उसके अपने लोग इन नीतियों और कारनामों से असन्तोष प्रकट करते हुए अशुभ और पराजय की बातें किया करते थे। इस सेना में सिर्फ चिंकलिच ख़ान जैसे बहादुर, लड़ाकू और मुहम्मद ख़ान जैसे तुरानियों के सर्वमान्य नेता ज़रूर थे, पर वे भी अलग ही रणनीतियों से संचालित होते थे। बस एक बेहतर बात यह थी कि यूँ तो जुल्फ़िकार ख़ान और कोकलताश ख़ान के मध्य अवश्य द्वेष रहा करता था, परन्तु जब भी स्वामिभक्ति की बात आती तो वे आपसी रंजिशों को किनारे रखकर काम करते दिखते।

इसके विपरीत शहज़ादे फ़र्रुख़सियर की सेना में जोश और समर्पण की अनन्य भावना थी। सैन्य बल अपेक्षाकृत छोटा अवश्य था, पर उसके लोगों में सकारात्मक भाव थे, और एक जुनून था, जीत के प्रति आश्वस्ति का जुनून। अपेक्षाकृत विपरीत परिस्थितियों का सामना करने के बावजूद वे लोग अपनी विजय के प्रति आश्वस्त थे।

वह 16 तारीख़ थी, जब युद्ध शुरू हुआ।

सैयद अब्दुल्ला ने पहला प्रहार किया, पर उसमें असफलता हाथ लगी थी, लेकिन ऐसी अस्थायी असफलताओं से उसकी मन:स्थिति पर कोई प्रतिकूल प्रभाव पड़ने की सम्भावनाएँ न थीं। उसने अपनी रणनीति में थोड़ा बदलाव किया। अब्दुल्ला को पता था कि इस युद्ध में बादशाह जहाँदार शाह, उसकी प्रेयसी बेगम लालकुँवर और जनानख़ाने की रखैलें तथा बाँदियाँ भी ज़रूर मौज़ूद होंगी।

अब सैयद अब्दुल्ला ख़ान ने मुड़ कर शाही सेना के उस केन्द्र पर प्रहार किया, जहाँ जनानख़ाने के साथ बादशाह जहाँदार शाह स्वयं मौज़ूद था।

यह घटनाक्रम अप्रत्याशित था। मुग़ल बादशाह वाक़ई युद्ध के मैदान के इस जनानख़ाने के मध्य में अपनी प्रेयसी के साथ मौज़ूद था। सैयद अब्दुल्ला की सेना के तीरों और हथियारों के प्रहारों से जनानख़ाने के हाथी बिदक गए। ऐसी स्थिति में उन पर की गई और भी अधिक तीर वर्षा उन जानवरों के लिए असहनीय हो गई। वे विचलित होकर तड़पने लगे। यह देखकर बादशाह जहाँदार शाह की सेना के कुछ नजदीकी लोग भी मुँह छिपाकर भागने लगे। उसके पक्ष के काफ़ी लोग वहाँ से पलायन के अवसर ढूँढ़ने लगे। एक और समस्या आ खड़ी हुई। न जाने कैसे, शायद किसी चोट के प्रहार से अथवा ऐसे ही, जहाँदार शाह का हाथी बेकाबू हो गया। महावत के सारे प्रयास असफल हो चले। बारहा सैयद भाइयों का सबल नेतृत्व विरोधी पक्ष पर भारी पड़ता जा रहा था। उन्होंने जहाँदार शाह की मुख्य सैन्य पंक्ति को भेद दिया था। बादशाह की अधिकांश सेना शत्रु पक्ष के नियोजित आक्रमण की

मार से त्राहि-त्राहि कर उठी। असली दिक़्क़त तब आई जब ख़बर फैल गई कि कोकलताश ख़ान मारा गया है।

अभी तक भी बादशाह जहाँदार शाह इस युद्ध को लेकर अधिक गम्भीर न था। अगर वह थोड़ा बहुत-गम्भीर था तो मात्र इसलिए कि उसकी अय्याशियों में खलल पड़ रहा था। वह नित नई काम-क्रीड़ाओं के लिए समय नहीं निकाल पा रहा था। ऐसे उलझन भरे समय में जहाँदार शाह विपरीत परिस्थितियों में अपने सैन्य बल का नेतृत्व कर अपने लोगों की हिम्मत बढ़ानी चाहिए थी, पर वह ख़ुद युद्ध के मैदान से भागने को तैयार हो गया। वह सूर्यास्त के समय चोरी-छिपे लालकुँवर के हाथी पर सवार होकर आगरा की ओर भाग निकला। अभी भी काफ़ी सेना जहाँदार शाह के पक्ष से फ़र्रुख़सियर से मोर्चा ले रही थी। बड़ी विचित्र स्थिति थी कि बादशाह मैदान छोड़ गया, जबकि सेना लड़ रही थी। मुग़ल प्रधानमंत्री-सह-वज़ीर जुल्फ़िकार ख़ान को जब इस घटनाक्रम की ख़बर मिली, तो वह किंकर्तव्यविमूढ़ हो गया। उसे समझ नहीं आ रहा था कि क्या किया जाए। यद्यपि वह एक प्रहर रात तक स्वयं शत्रु पक्ष से युद्धरत रहा, पर लगातार युद्ध में जूझना, वह भी ऐसे समय में जब बादशाह स्वयं मैदान छोड़ गया हो, किसी भी दृष्टि से व्यावहारिक न था। वह अभी भी बादशाह जहाँदार शाह और शहज़ादे आजुद्दीन के विषय में किसी सकारात्मक समाचार मिलने की आस लगाए बैठा था। उसने अपने सैनिकों से कहा भी, "यदि बादशाह और शहज़ादे में से कोई भी मिले तो मुझे बताओ, उनके सहारे मैं इस युद्ध का पासा पलट दूँगा!"

पर असलियत यह थी कि इस युद्ध में न तो मुग़ल शहंशाह का नेतृत्व शेष रहा था, और न ही उनका शहज़ादा मौजूद था बल्कि वे लोग तो उनसे पूर्व ही कायरता दिखा कर मैदान छोड़ चुके थे। उनका दूर-दूर तक कोई अता-पता न था। ऐसी स्थिति में सेना का कोई अधिकारी या वज़ीर कब तक और कितनी हिम्मत जुटाए रखता? अब जुल्फ़िकार अली ख़ान की हिम्मत भी जवाब दे गई थी। आख़िरकार वही हुआ, जिसका डर था। कहते हैं कि जुल्फ़िकार ख़ान के इस एक निर्णय में थोड़ी सी चूक हुई थी। यह वह समय था, जब जहाँदार शाह की बादशाह के नेतृत्व से विहीन उनकी सेना फ़र्रुख़सियर की सेना के ऊपर भारी पड़ने लगी थी। यदि जुल्फ़िकार ख़ान इस सेना को कुछ समय और संघर्ष में बनाए रखता, तो फ़र्रुख़सियर को आसानी से बन्दी बनाया जा सकता था। यह वह समय था जब जुल्फ़िकार ख़ान के पास काफ़ी फ़ौज मौज़ूद थी, जबकि संयोग यह था कि सामने खुले मैदान में फ़र्रुख़सियर चन्द लोगों के साथ खड़ा था, फिर भी उसे जाने दिया गया।

परन्तु युद्ध और संघर्ष इन्हीं अनिश्चितताओं और सम्भावनाओं-संशयों का ही तो खेल है। जुल्फ़िकार अली ख़ान को सच में इस बात का कोई आभास न था

कि फ़र्रुख़सियर उस समय वाक़ई अलग-थलग पड़ गया था, और यह कि उसकी रक्षा के लिए कोई सैन्य बल आसपास मौजूद न था। न ही फ़र्रुख़सियर को ऐसा पता था कि जुल्फ़िकार अली ख़ान एक हारी हुई लड़ाई लड़ रहा है।

अब इस युद्ध से भागे बादशाह और उसकी प्रियतमा का हाल सुनिए—

बादशाह जहाँदार शाह युद्ध के मैदान से इस हड़बड़ी में भागा था कि उसे लालकुंवर के पल्लू में मुँह छिपाकर बैठना पड़ा। अपना परिवेश बदलने के लिए उसने अपनी दाढ़ी-मूँछ मुँड़वा ली थी। वे आगे एक गाँव के सुनसान रास्ते में जाकर बैलगाड़ी में चले। भूखे-प्यासे बादशाह और उसकी प्रेमिका ने भीख माँग-माँग कर रास्ते के लोगों से भोजन लिया।

त्रासदी यह थी कि वे लोगों से छिपकर ऐसी जगह पहुँचना चाहते थे, जहाँ उनकी पहचान आसान न हो, पर युद्ध में परास्त होने के बाद से ही रास्ते में बिना दाढ़ी-मूँछ और शाही परिवेश से इतर इन बेहाल, फटे-हाल लोगों पर किसी की ख़ास नज़र गई ही नहीं। कोई दया करके कुछ ख़ाने को दे देता, तो कुछ लोग फटकार भी लगा देते। लोग उन्हें गाँव-गाँव जाकर भीख माँग कर गुजारा करनेवाले गवैये और नौटंकी के बदहाल कलाकार समझते रहे। मथुरा के पास कुछ गुंडों ने लालकुँवर का अपहरण करने का भी प्रयास किया, पर वह उन्हें चकमा देकर स्वयं को सुरक्षित बनाए रखने में कामयाब हो गई।

सैयद भाइयों की मदद तो फ़र्रुख़सियर ने पूर्व में ही सुनिश्चित कर ली थी, अब उसके पास छबीला राम नागर और मुहम्मद ख़ान बंगश जैसे प्रभावशाली लोगों के संसाधन तथा सहयोगी भी मुग़ल साम्राज्य की बादशाहत की लड़ाई में साथ आ गए थे।

यह युद्ध 10 जनवरी, सन् 1713 को निपटा था। फ़र्रुख़सियर के सन्देशवाहक़ों ने घटनाक्रम का बारीकी से मुआयना किया। उन्होंने जीत की यह ख़बर फ़र्रुख़सियर के खेमे तक पहुँचाने में कोई देरी नहीं की। वहाँ हर्ष का माहौल बन गया। सब एक-दूसरे को बधाई देने लगे। ढोल और नगाड़े बजने लगे। बात ही ऐसी थी। युद्ध की जीत की ख़ुशी ऐसी ही होती है, वह भी हिन्दुस्तान के मुग़ल बादशाह के विरुद्ध, तो जश्न तो मनना ही था। अब फ़र्रुख़सियर के इन सैनिकों ने शाही फौज के उन डेरों पर धावा बोल दिया, जिन्हें शाही सैनिक आनन-फानन छोड़कर भाग निकले थे। आसपास के इलाक़े से मँडराते कुछ लुटेरे भी पहले से घात लगाए बैठे थे। वे काफ़ी चीजें लूट ले गए थे। भूखे शिकारी और चील-बाजों की तरह जिसके हाथ में जो आया, उसने लूटा। एक-एक रुपए, बचे हुए कुछ आभूषणों, हीरे-जवाहरातों, सोना-चाँदी के साथ घोड़े-हाथियों पर भी क़ब्ज़ा कर लिया गया।

आख़िरकार 11 जनवरी को फ़र्रुख़सियर ने शीघ्रता से ख़ुद को औपचारिक रूप से हिन्दुस्तान का बादशाह घोषित कर दिया। वह सैयद भाइयों का कृतज्ञ था।

यह बात किसी से छिपी नहीं थी कि मुग़ल बादशाहत उन्होंने ही अपनी कुशल रणनीतियों और युद्ध के मैदान में अपेक्षाकृत कम सैन्य बल के होते हुए भी अपनी बेहतर रणनीतियों से जीत कर इस शहज़ादे को तश्तरी में पेश कर दी थी। इसलिए इस जश्न में सैयद भाइयों का नाम उसी स्तर पर लिया गया, जिस पर बादशाह फ़रुख़सियर को रखा गया था। तब इस नए-नवेले बादशाह की उम्र मात्र 30 वर्ष थी। कहते हैं कि मूल रूप से तैमूर वंश के उद्भव वाला यह शहज़ादा जो अपने प्रयासों और संयोग से हिन्दुस्तान की बादशाहत के ताज तक पहुँचने में कामयाब हो गया था, अब तक का सबसे आकर्षक व्यक्तित्व का मुग़ल बादशाह था।

इस घटनाक्रम से फ़रुख़सियर तो प्रसन्न था ही सैयद भाइयों की प्रसन्नता का भी पारावार न था। अगर कहा जाए कि इस युद्ध में प्राप्त विजय के वास्तुकार वही थे, तो कोई अतिशयोक्ति न होगी। मुग़ल साम्राज्य के उत्तराधिकार के एक युद्ध में निर्णायक विजय प्राप्त करने से फ़रुख़सियर के मन में सैयद भाइयों के प्रति मान-सम्मान भी स्वाभाविक रूप से बढ़ गया था। इस हेतु उसने उनके प्रति खुलकर आभार भी व्यक्त किया।

युद्ध जीतने के बाद सैयद अब्दुल्ला ख़ान ने विचार कर नए बादशाह को एक जुलूस की शक्ल में दिल्ली के लाल क़िले में प्रविष्ट कराने का निर्णय किया। 12 फरवरी, सन् 1713 ईसवी की एक शुभ घड़ी में इस विजयी शहज़ादे फ़रुख़सियर ने 'अबुल मुज़फ़्फ़र मुइनुद्दीन मुहम्मद शाह फ़रुख़सियर आलिम अकबर शानी वला शान पादशाह-ए-बहार-उ बहार' नाम से दिल्ली का सिंहासन सँभाला। इसके बाद सबसे पहले जहाँदार शाह की खोज हुई, ताकि यह बादशाह उससे अपने सारे बदले चुका सके। जहाँदार शाह परास्त होकर किसी तरह से गिरता-पड़ता लालकुँवर के साथ आसफुद्दौला असद ख़ान के निवास पर दिल्ली पहुँचा था। असद खान के बेटे और बादशाह के ख़ास दरबारी जुल्फ़िकार ख़ान ने उसका राज पुनर्जीवित करने का एक प्रयास और किया। उसने सुझाव दिया था कि, "यदि जहाँदार शाह को दक्खिन या काबुल में भेज दिया जाए तो वह वहाँ एक दूसरी सेना खड़ी करने में सफलता प्राप्त कर सकता है।"

परन्तु आसफुद्दौला इस मत से सहमत न थे। उन्होंने पिछले एक साल के जहाँदार शाह के शासन को निकट से देखा था। वह समझ गए थे कि यह बादशाह एक अयोग्य, मूर्ख और अय्याश शासक है। उसमें शाही गुणों का अभाव है और तार्किकता का कोई समावेश नहीं है। न ही वह समय पर उचित निर्णय लेना जानता है। उनका आकलन यह था कि इस पूर्ववर्ती बादशाह को एक माह के गुजारे लायक़ धनराशि भी कहीं से नहीं मिल सकती थी। ऐसे में उचित निर्णय यही था कि उसे क़िले में कैद कर निगरानी में रखा जाए और बाद में उसकी ज़िन्दगी का फ़ैसला लिया जाए। क़िस्मत की बात थी कि इस बीच की अवधि में जब उस पर निगरानी

रखी जा रही थी, जहाँदार शाह को सलीमगढ़ के उस महल के एक कमरे में ही कैद रखा गया, जिसमें कभी दारा शिकोह रहा था, और उसकी यादें बसी थीं।

जहाँदार शाह के ग्यारह माह पुराने ऐसे शासन काल का अन्त हो गया था, जिसने इतिहास के पृष्ठों पर कोई सम्मानजनक स्थान प्राप्त नहीं किया था। पर, अभी उसकी समस्याओं और गर्दिश के दिनों का दर्दनाक अन्त होना शेष था। यूँ कहा जाए कि उसे अभी बहुत बुरा समय देखने के लिए ज़िन्दा रहना था।

मुग़ल बादशाह आलमगीर औरंगज़ेब के पौत्र के रूप में जहाँदार शाह ने मुग़ल वंश की साख को जो बट्टा लगाया, वह न तो इतिहास में कभी कल्पना में रहा होगा, और न ही ऐसा कोई शाही परिजन विचार सकता था। उसका कुप्रबंधन, लापरवाही, अय्याशी और अतार्किकता उसे ले डूबी। उसके सारे दरबारी एक-एक कर उसके ख़िलाफ़ हो चले थे। केवल वज़ीर ज़ुल्फ़िकार अली साथ था, क्योंकि असली शासन की कुंजी अभी भी उसके हाथ में थी पर, कहते हैं कि आख़िरी समय बादशाह के ख़ास दरबारी ने ही अपने गर्दिश के शहंशाह का ठिकाना नए बादशाह को बता दिया था।

सलीमगढ़ का किला तब ऐसे ही कामों के लिए चर्चा में रहा करता था। कैद में रह रहे जहाँदार शाह ने लालकुँवर से मिलने की इच्छा प्रकट की थी। उसकी इस इच्छा का सम्मान किया गया। वह भी जहाँदार शाह से मिलने को बेचैन थी। जब लालकुँवर आई तो वह अपने पति और प्रेमी के साथ चिपट कर रोती रही। वह उससे अलग नहीं होना चाहती थी। ऐसे माहौल में भी जहाँदार शाह ने कहा था, "जो गुजर गया, उसे भूल जाओ, और ख़ुदा का शुक्रिया अदा करो!"

पर ख़ुदा उनकी तरफ़ कब था! जहाँदार शाह को तत्काल नहीं मारा गया। उसे धीरे-धीरे कड़े माहौल में रखा जाने लगा। लालकुँवर साथ होती, पर अब इस पुराने बादशाह के पैरों में बेड़ियाँ भी डाली जाने लगीं। फिर एक दिन मुकर्रर हुआ कि वह उसके जीवन का अन्तिम दिन होगा।

बादशाह फ़र्रुख़सियर कैदी के रूप में जहाँदार की तड़पन देखना चाहता था। वह कैदघर में गया तो बदहवास जहाँदार शाह उसके पास आने लगा। पर फ़र्रुख़सियर ने उसे हाथ के इशारे से रोकते हुए कहा, "कहो, कैसे हो तायाजान!"

जाहिर था कि यह बादशाह की ओर से कैदी बने पुराने बादशाह की कुशल-क्षेम पूछने की कवायद न थी। यह उसे नीचा दिखाने, उसकी नीचता का एहसास कराने का इरादा ज़रूर था, पर जहाँदार शाह फफक कर उसे अपनी बाँहों में भरने को बेताब-सा होकर बोला, "मेरे भतीजे!"

फ़र्रुख़सियर क्रोधित हो गया। उसी आवेश में बोला, "चुप रहो, अपनी गन्दी ज़ुबान से इस पाक रिश्ते को शर्मसार मत करो!"

सकपकाए कैदी की आँखें झुक गईं। एक सन्नाटा छा गया, जिसे फिर से

तोड़ा फ़र्रुख़सियर ने। उसने नपे-तुले शब्दों में, अपनी नम आँखों और शोले बरसती ज़ुबान से कहा, "अपने हाथों को देखो जरा! मेरे हाथों में और उनमें कुछ फ़रक है क्या? ये चारों हाथ नस्ल-ए-बाबर के हैं, एक ही खानदान के हैं। इनकी रगों में जो ख़ून रवाँ है, उसमें कोई फ़रक है क्या? लेकिन वक़्त की तामीर देखो, और इस लहू की तासीर पर ग़ौर करो, कि इसमें अपने ही ख़िलाफ़ बलबले हो जाते हैं।"

जहाँदार शाह की आँखें उस एक लम्हे के लिए उठीं तो फ़र्रुख़सियर ने चीख कर कहा, "अफसोस, कि यह लहू वो लहू नहीं हो सकता, जो हमारे पुरखों की रगों में बहता था! नहीं, बिलकुल नहीं हो सकता! बहुत ग़लीज़ है यह तो। इसकी ग़लाज़त से इनसानी जज़्बात से यकीन उठ गया है हमारा। तुम्हें सजा मिलेगी, ज़रूर मिलेगी। आख़िर क्यूँ न हो, इस लहू के साथ बेईमानी का सबब तो मिलना ही चाहिए!"

बादशाह फ़र्रुख़सियर ने बाद में कुछ लोगों को इस घटनाक्रम को अंजाम देने के लिए भेजा। उन लोगों को देखकर ही लालकुँवर जहाँदार शाह के शरीर से चिपट गई, लेकिन वे लोग जल्लाद से कम न थे, वे नहीं माने। बादशाह रहे इस शाही इनसान का गला घोंटना आरम्भ किया गया। उसके शरीर के नाजुक अंगों पर चोटें पहुँचाई गईं। तलवे में लोहे की कीलोंयुक्त भारी बूट पहने लोगों ने अनगिनत लातों से उसे मारा, पर जहाँदार शाह न जाने किस मिट्टी का बना था, कि मरा नहीं। लालकुँवर पूरे समय उससे चिपटी रही। अन्ततः उसे घसीट कर अपने प्रेमी से अलग किया गया। अब सजा देने के लिए नियत एक जल्लाद को बुलाया गया। उस माहौल में पसीने में नहाए नाजिम यार मुहम्मद ख़ान ने पूछा, "अब जल्लाद का क्या काम बचा है?"

किसी ने कहा, "आने दो उसे...बताते हैं!"

हुक़्म की तामील के लिए जल्लाद आ गया था। पूछा, "क्या करना है?"

जब उसे बताया गया कि पूर्व बादशाह की हत्या करनी है, तो वह उसके शरीर को छू कर बोला, "क्या अब भी इसमें कुछ जान बची है?"

जब ग़ौर से देखा गया, तो वाक़ई में जहाँदार शाह इस दुनिया से विदा ले चुका था। उसकी मौत पर सिर्फ दो आँखों से आँसुओं का सैलाब बहा—वह लालकुँवर थी। लालकुँवर दहाड़ें मार-मार कर रोती रही, पर किसी को कोई फर्क नहीं पड़ा।

जल्लाद का काम अभी शेष था। उसे आदेश दिया गया, "इस नामाकूल का सिर धड़ से अलग करो। बादशाह हुज़ूर की सेवा में पेश करना है!"

हुक़्म की तामील हुई। जल्लाद ने एक झटके में सर धड़ से अलग कर दिया। लालकुँवर इस वीभत्सता को देखकर बेहोश हो गई। पर वे जल्लाद अपने काम में लगे रहे। इस कटे हुए सर को उसके सगे भतीजे और मुल्क़ के नए शहंशाह फ़र्रुख़सियर की खिदमत में पेश किया गया। शहंशाह के हुक़्म से इस नरमुंड को

एक ऊँचे बाँस में टाँग कर हाथी के ऊपर दिल्ली की ख़ास गलियों में घुमाया गया। तीन हाथियों और सैनिकों का काफ़िला था वह। जहाँ-जहाँ वे लोग जाते, यह नजारा देखने के लिए सैकड़ों व्यक्तियों की भीड़ इकट्ठा होती। जहाँदार शाह का धड़ पीछे के हाथी पर रखा गया था। तीसरे हाथी पर अपने शाही अन्दाज में बादशाह फ़र्रुख़सियर की सवारी थी। देखनेवालों में ऐसे भी लोग थे जो अपने बादशाह रहे इस इनसान की मौत का बुरा हाल देखकर रो पड़ते थे।

...पर यही उसकी नियति थी, जिसका निर्धारण उसने अपने कर्मों से स्वयं किया था।

बाद में जहाँदार शाह के शरीर के अवशेषों को हुमायूँ के उसी मक़बरे में दफन किया गया, जहाँ मुग़ल ख़ानदान के लगभग 150 वंशजों की अस्थियाँ दफन हैं। हाँ, लालकुँवर की जान बख्श दी गई थी। उसे सुहागपुरा की उस बस्ती के पुनर्वास केन्द्र में भेज दिया गया जहाँ शाही ख़ानदान की बेवाएँ अपनी ज़िन्दगी के बचे-खुचे दिन बिताने को अभिशप्त रहा करती थीं। तैमूर के इस महान कहे जानेवाले वंश के किसी भी व्यक्ति ने अपने इस वंश को तब तक इतना कलंकित नहीं किया था, जितना जहाँदार शाह ने ग्यारह महीनों की अपनी बादशाहत के इस कार्यकाल में कर दिया था।

लगातार चलते षड्यंत्रों और छिछली राजनीति के मध्य फ़र्रुख़सियर को तो बादशाहत मिली, लेकिन इन सैयद भाइयों का संशय कम नहीं हुआ। उन भाइयों को यह विश्वास था कि दिल्ली दरबार में उनके अपने दुश्मनों पर भरोसा नहीं किया जा सकता। बादशाहत के लिए फ़र्रुख़सियर की मदद के प्रयास में मिली सफलता के बाद उन भाइयों का दिल्ली दरबार में रुतबा तो बढ़ा ही, उनके व्यक्तिगत उत्थान के रास्ते भी तेज़ी से खुलते चले गए।

एक कहावत है कि सत्ता भ्रष्ट करती है, और निरंकुश सत्ता पूरी तरह से भ्रष्ट करती है। बस इस कहावत में यह संशोधन करना होगा कि सत्ता का नशा किसी को भी बदलने की ताकत रखता है। वह इनसान इस सत्ता का सुख केवल ख़ुद भोगना चाहता है, पूरी आजादी या बिना रोक-टोक के साथ, चाहे उसके सहयोगियों का योगदान उसके ख़ुद से भी कहीं ज़्यादा हो! ऐसा ही इस मामले में हुआ था।

उत्तराधिकार के युद्ध के एक वर्ष के शासन काल से उपजी जटिलताएँ सामने आने लगीं। सिंहासन पर बैठने के आरम्भिक दिनों से ही लोगों को बादशाह फ़र्रुख़सियर का एक दूसरा ही रूप नज़र आने लगा। आकर्षक व्यक्तित्व का स्वामी, यह बादशाह अब लगातार अपने चापलूसों और स्वार्थी सलाहकारों से इस कदर घिरा रहने लगा था कि उसका स्वतंत्र व्यक्तित्व कभी उभरकर ही सामने नहीं आया। धीरे-धीरे समझ में आने लगा कि यद्यपि वह मन और चरित्र का बुरा नहीं था, पर उसके भीतर न तो स्वतंत्र रूप से शासन करने की योग्यता थी, न ज्ञान और इच्छा

शक्ति। वह अकेला ही आगे बढ़ना चाहता था, ऐश करना चाहता था। पर चिन्ता करनेवाली बात यह थी कि लोगों की बातों, क़िस्सों-कहानियों और चुगलियों में भरोसा कर वह उन सैयद भाइयों की भी उपेक्षा करने लगा था, जिनके कारण उसे बादशाहत का सुख नसीब हुआ था।

नए बादशाह की आरम्भिक असमंजसता के बावजूद सैयदों के लिए इस युद्ध के पारितोषिक कम न रहे थे। सैयद अब्दुल्ला को 'क़ुतुब-ए-मुल्क़' की उपाधि से विभूषित करते हुए बादशाह का वज़ीर नियुक्त किया गया था। दूसरे भाई सैयद को अमीर-उल-मामुलिक की उपाधि देकर कमांडर-इन-चीफ तैनात किया गया। देखा जाए तो उनके संघर्ष के परिणाम के रूप में उनको सत्ता की निकटतम स्थिति का सुख तो अवश्य नसीब होता दिखता था, पर उन्होंने इसकी कम कीमत नहीं चुकाई थी। आगरा और सराय आलम चन्द के इलाहाबाद के युद्धों में उनके कई सगे-सम्बन्धियों और परिजनों को जान से हाथ धोना पड़ा था। नज़्म-उद-दीन अली ख़ान, नूर-उद-दीन अली ख़ान और सैफ़-उद-दीन अपने वंश के चर्चित योद्धा थे। इनमें से नूर-उद-दीन को इलाहाबाद में अपनी जान गँवानी पड़ी थी। इस सबके बावजूद अभी भी सैयद बन्धुओं के लिए स्थिति सहज नहीं थी। एक तो क़दम-क़दम पर उनके विरोधी कार्यरत थे, दूसरे उन्हें औरंगज़ेब के समय से ही संशय से देखा जाता था। उनकी बहादुरी का लोहा हर कोई मानता था, उन्हें योग्य और हिम्मती मानने में भी किसी को ऐतराज न था परन्तु न जाने कैसे उनकी छवि अविश्वसनीयता और अति महत्त्वाकांक्षी लोगों-सरीखी बन गई थी। एक समय पर बादशाह औरंगज़ेब ने कहीं कहा था, "बारहा के सैयदों के हाथों में शासन की सत्ता सौंपने का अर्थ होगा पूरी बर्बादी! यानी कि एक ख़राब अन्त, क्योंकि ये लोग थोड़ी सी समृद्धि और प्रोन्नति मिलते ही हवा में उड़ने लगते हैं और बातों को बढ़ा-चढ़ाकर बताने लगते हैं।"

फ़िलहाल जिन दो सैयद भाइयों के कंधों पर सत्ता का स्थायित्व टिका था, और जो इस सत्ता संघर्ष में धुरी बनकर उभरे थे, वे इस वंश के कोई नए खिलाड़ी न थे। उन्हें ये संस्कार घुट्टी में मिले थे। उनके नाम के साथ बारहा सैयदों के वंश के जुड़े होने का अर्थ ही महत्त्वपूर्ण था। वे उन पूर्वजों की औलाद थे जिन्होंने आलमगीर औरंगज़ेब के समय में पहले दक्खिन के बीजापुर में मुग़ल साम्राज्य की सूबेदारी सँभाली थी। बाद में वे लोग अजमेर में भी सक्रिय रहे थे। उनके पिता सैयद अब्दुल्ला ख़ान जिन्हें सैयद मियाँ के नाम से जाना जाता था, औरंगज़ेब के मुख्य बख़्शी रूहुल्ला ख़ान की सेवा में महत्ता पानेवाले अधिकारी रहे थे।

फ़र्रुख़सियर की नज़रें धीरे-धीरे इन भाइयों के ओहदों को कम करने पर आकर ठहर गई थीं। बल्कि वह तो इनसे छुटकारा पाने की भी कोशिशों में जुट गया था, ताकि वह स्वयं पूरी तरह से मुल्क़ की बागडोर सँभाल कर मनमर्जी से राज़ करे।

5

दुश्मनों को सजा, फ़र्रुख़सियर और सैयद भाइयों का साथ

फ़र्रुख़सियर जब दिल्ली के दीवान-ए-ख़ास के उस सिंहासन पर बैठा, जहाँ से वह अब मुल्क़ का हुक़्मरान बना था, तो उसने सबसे पहला काम यह किया कि असद ख़ान और जुल्फ़िकार अली ख़ान को पेश होने का हुक़्म दिया। वह बड़ी उम्र के असद ख़ान के साथ बहुत सौम्यता और सहृदयता से पेश आया। उसे सम्मान का चोगा पहनाया गया और इज़्ज़त के साथ घर भेज दिया गया, पर उसके बेटे जुल्फ़िकार ख़ान के साथ अलग और कठोर तरीक़ा अपनाया गया। उसे बन्दी बनाने का निर्देश दिया गया। उससे एक-एक प्रश्न का उत्तर लिया गया और उसकी सभी हरक़तों के जवाब लिए गए। पिता अज़ीम-उश-शान तथा बादशाह के बड़े भाई अब्दुल करीम की हत्या के विषय में भी गहनता से पूछताछ हुई। अन्त में उसका गला घोंटकर मार डाला गया।[1]

अब बात सैयद बन्धुओं की।

वे परिस्थितियोंवश फ़र्रुख़सियर के साथ आए थे, और इस शहज़ादे की पहल पर आए थे, पर सत्य यह था कि सैयद हुसैन अली और फ़र्रुख़सियर के सम्बन्ध पहले भी अच्छे न थे। अगर उन्हें पहले से ही बिगड़े हुए कहा जाए तो उचित होगा। वे भाई सब कुछ भुला कर काफ़ी प्रयासों के बाद फ़र्रुख़सियर के नज़दीक तो आ गए थे, पर सत्ता प्राप्ति के बाद फिर से फ़र्रुख़सियर की ओर से उनके प्रति कड़वाहट साफ़ तौर पर दिखने लगी थी। दरअसल हुसैन अली बारहा सन् 1708 से ही फ़र्रुख़सियर के पिता अज़ीम-उश-शान का डिप्टी हुआ करता था। तब कई मौकों पर उसका और शहज़ादे फ़र्रुख़सियर का टकराव हो चुका था। अज़ीम-उश-शान के लाहौर में युद्ध में मारे जाने के बाद ये सम्बन्ध और भी ख़राब हो गए थे। अगर इनको सामान्य बनाने के प्रयास हुए तो वे फ़र्रुख़सियर और उसकी माँ ने अपने स्वार्थवश ही किए। फिर भी सुधार की ये स्थितियाँ अस्थायी ही रहीं। सैयद हुसैन अली फ़र्रुख़सियर को अविश्वसनीय प्रवृत्ति का शहज़ादा मानता रहा

1. Yusuf Hussain, The First Nizam—*The life and times of Nizam-ul-Mulk Asaf Jaha I,* 1963, Asia Publishing House, Delhi, pg. 4-5.

था और उससे दूर रहना चाहता था। उनके सम्बन्ध उस घटना से काफ़ी ख़राब हुए थे जब फ़र्रुख़सियर ने धोखे से रोहतास के दुर्ग पर क़ब्ज़ा किया था। उसने वहाँ के क़िलेदार को सुरक्षा का आश्वासन दिया था, पर जब उसने यह किला खाली कर दिया, तब इस सम्बन्ध में किए गए वादों से फ़र्रुख़सियर का यकायक मुकर जाना इस सैयद को बहुत बुरा लगा था।[1]

अब एक गम्भीर परिवर्तन यह हुआ कि सत्ता सँभालने के बाद से ही पहले से तय हुए निर्णयों के विपरीत आरम्भिक रूप से बादशाह फ़र्रुख़सियर, सैयद भाइयों में से एक अब्दुल्ला ख़ान की जगह गाजी-उद-दीन ख़ान को अपना मुख्य वज़ीर बनाना चाहता था। उसने यह बात अब्दुल्ला ख़ान को भी समझाने की कोशिश की थी और बदले में उसे वकील-ए-मुतालिक़[2] की उपाधि से विभूषित करते हुए रीजेंट के पद का प्रस्ताव दिया था। यह उस सैयद योद्धा के लिए अपमानजनक प्रस्ताव था, जिसने बादशाह को युद्ध में विजयी बनाकर यहाँ तक पहुँचाया था। उसका दावा था कि जहाँदार शाह के विरुद्ध सैन्य अभियान का नेतृत्व करने के कारण वज़ीर के पद पर उसी का हक़ बनता है।

मीर जुमला की हर कार्रवाई सैयद बन्धुओं को निर्बल करने के उद्‌देश्य से की जाती थी, ऐसा इस वरिष्ठ दरबारी के काम और तौर-तरीक़ों पर निगाह डालने से लगता था। मीर जुमला ने धीरे-धीरे बादशाह फ़र्रुख़सियर के मन में इस धारणा को बिठा दिया था कि बारहा के ये सैयद इस योग्य नहीं हैं कि बादशाह को उनसे शासन-प्रशासन चलाने में राय लेनी पड़े। उसके पास कुछ अनावश्यक क़िस्से-कहानियाँ और कुछ प्रमाण थे, जिनको वह बादशाह के सामने रखता और परिणामस्वरूप सैयद बन्धुओं के प्रति बादशाह के मन में दूरी बनाता जाता। उसके प्रभाव के कई अन्य अमीरों और दरबारियों ने भी बादशाह को गुप्त सलाह दी कि कोई उपयुक्त अवसर पाकर इन दोनों सैयद भाइयों को कैद कर लिया जाना ही श्रेयस्कर होगा। परन्तु फ़र्रुख़सियर इतना हिम्मती न था कि ऐसा कोई क़दम उठाने की सोचता भी। इसके विपरीत उसकी माँ वचन की पक्की थी जिसने सैयद बन्धुओं को दिए वचन को निभाने का वादा किया हुआ था। अन्ततः उन भाइयों के विरुद्ध तो राजदरबार से कोई कार्रवाई नहीं हुई, परन्तु इस षड्यंत्र की जानकारी और मीर जुमला द्वारा किए गए प्रपंचों की सारी सूचना सैयद भाइयों तक ज़रूर पहुँच गई।

सैयद हुसैन अली दक्षिण की सूबेदारी में रुचि रखता था। इसका लाभ उठाकर मीर जुमला ने बादशाह को समझाया कि यह प्रस्ताव स्वीकार कर लेना हितकर होगा, क्योंकि इस तरह इनमें से एक सैयद भाई से छुटकारा मिल जाएगा। पर

1. Chandra, Satish (July 2007), Medieval India: From Sultanat to the Mughal Empire, Har Anand Publications Pvt Ltd., p. 472
2. यह मुग़लकालीन शासन व्यवस्था में एक उच्च पद था, जिसका कार्यकारी बादशाह और वज़ीर के बाद शासन के कार्यों को संचालित करनेवाला यह सबसे महत्त्वपूर्ण अधिकारी हुआ करता था।

इस प्रस्ताव पर सैयद हुसैन अली ख़ान को अब संशय बन गया था। बदली हुई परिस्थितियों में उसने दक्खिन जाने से इनकार कर दिया। तब तक बादशाह तथा सैयद बन्धुओं में तनाव इतना बढ़ गया था कि सैयद बन्धुओं ने दरबार में जाना तक बन्द कर दिया था। वे अपने निवास की कड़ी सुरक्षा और सैन्य बल की वृद्धि में जुट गए। अस्थिर बुद्धि के स्वामी फ़र्रुख़सियर ने मीर जुमला, मुहम्मद अमीन ख़ान सहित अपने कुछ विश्वासपात्र अमीरों से विचार में समय लगाया, परन्तु कोई भी कार्रवाई किए जाने के सम्बन्ध में एकमत न हो सका। इस ऊहापोह की स्थिति के कारण साम्राज्य में अराजकता बढ़ गई थी। तब इस स्थिति की गम्भीरता समझकर फ़र्रुख़सियर की माँ ने इन दोनों पक्षों का बीच-बचाव भी कराया। तय हुआ कि सैयद बन्धु क़िले में अपनी देखरेख में सुरक्षा व्यवस्था कर लें, तत्पश्चात ही वे दरबार में उपस्थित हों। इस प्रकार क़िले में सैयद बन्धुओं के ही अधिकांशकर्मी तैनात कर दिए गए। इसके बाद सैयद बन्धु दरबार में आए। उन्होंने शिकायत की कि बादशाह की भावनाएँ और दृष्टि उनके प्रति बदल गई हैं। कुछ अप्रिय घटित होने की भी शंका व्यक्त की गई। उनका कहना था कि विरोधी एवं कपटी लोगों के कहने में आकर बादशाह अपने परखे हुए और पुराने स्वामिभक्त लोगों की उपेक्षा करने लगे हैं।

तय हुआ कि हुसैन अली ख़ान को दक्खिन की सूबेदारी पर तैनाती दी जाए तथा मीर जुमला पटना की ओर रवाना हो। इस आदेश के क्रम में मीर जुमला पटना रवाना हो भी गया, पर संशय के बादल नहीं छँटे। पन्द्रह अप्रैल को हुसैन अली ख़ान ने बादशाह को चेताया कि यदि मीर जुमला पटना से वापस आया और मेरे भाई अब्दुल्ला ख़ान को किसी प्रकार की परेशानी हुई तो याद रखिएगा कि मैं दक्खिन से बीस दिन में दिल्ली पहुँच जाऊँगा। सैयद हुसैन अली ख़ान ने यह शर्त भी रखी कि दिल्ली में ज़ागीर वितरण, मनसबदारों की पदोन्नति और क़िलेदारों की नियुक्ति उसके भाई सैयद अब्दुल्ला ख़ान के अधीन की जाएँगी। यह शर्त कठिन थी परन्तु बादशाह ने स्वीकार कर ली। इसके बाद अगले पाँच-छह महीने तक शान्ति बनी रही। बाहरी तौर पर लगता था कि विवादों का अन्त हो गया है।

इसी दौरान दक्खिन के सूबेदार निज़ाम-उल-मुल्क़ ने अपनी सूबेदारी में अच्छी प्रशासनिक व्यवस्था कर ली थी परन्तु एक समस्या थी। वहाँ मराठों द्वारा चौथ की माँग की जाती थी। जब भी निज़ाम-उल-मुल्क़ उनका सशस्त्र सामना करने को आगे बढ़ता था तो वे भाग जाते थे और बाद में फिर सक्रिय हो जाते। जुलाई 1713 ई. में मराठों ने सूरत से औरंगाबाद की ओर जाते एक काफ़िले को लूट लिया था। काफ़िले में सम्मिलित बगलाना के बख्शी मुहम्मद इब्राहीम ख़ान तबरेजी को मार डाला गया। आक्रमणकारी औरंगाबाद से पचास किमी. दूर पनाहगढ़ी में जा छुपे। इसी समय निज़ाम-उल-मुल्क़ को समाचार प्राप्त हुआ

कि हुसैन अली ख़ान को उसकी जगह दक्खिन का सूबेदार नियुक्त किया गया है। फिर भी वह औरंगाबाद से चलकर बुरहानपुर पहुँच गया जहाँ मराठों के एकत्र होने की ख़बर थी। तब निज़ाम-उल-मुल्क़ ने 90 किमी. तक आततायी मराठों का पीछा किया, पर कुछ हासिल न हुआ। अन्ततः वह फिर बुरहानपुर की ओर लौट पड़ा।

सैयद हुसैन अली ख़ान जब दक्खिन की ओर जा कर निज़ाम-उल-मुल्क़ दिल्ली की तरफ़ बढ़ रहा था तो उसके क्षेत्र के काफ़ी क़रीब आने के बाद भी वह बादशाह की भावनाओं का ख़याल कर निज़ाम-उल-मुल्क़ से नहीं मिला। हुसैन अली ख़ान जब नर्मदा नदी के उत्तरी घाट पर पहुँचा तो उसे सूचना प्राप्त हुई कि अहमदाबाद के सूबेदार दाऊद ख़ान को ख़ानदेश का सूबेदार नियुक्त कर दिया गया है। हुसैन अली ख़ान को अपने गुप्तचरों से यह समाचार भी मिल गया कि बादशाह ने दाऊद ख़ान को गुप्त सन्देश भेजा है कि वह हुसैन अली ख़ान से न तो मिले और न उसकी किसी आज्ञा का पालन करे।

यह जानकारी पुष्ट करने के पश्चात हुसैन अली ख़ान ने दाऊद ख़ान को कहलवा भेजा कि अब दक्षिण का सूबेदार मैं हूँ, इसलिए तुम तुरन्त आकर मुझ से भेंट करो वरना दिल्ली रवाना हो जाओ। समाचार पाकर दाऊद ख़ान आगे तो बढ़ा परन्तु उसने हुसैन अली ख़ान से मुलाकात नहीं की। दाऊद ख़ान की अन्दरूनी साँठ-गाँठ मराठों से थी। उस समय मराठों में नीमा सिन्धिया चर्चित था। उसने सोचा कि हुसैन अली ख़ान और दाऊद ख़ान में लड़ाई ज़रूर होगी तथा जो भी जीतेगा, वह उसी के साथ हो जाएगा जिससे उसे पराजित पक्ष को लूटने का मौका मिल जाएगा। हुसैन अली ख़ान के साथ इस समय पन्द्रह हज़ार सैनिक थे जबकि दाऊद ख़ान के पास मात्र तीन-चार हज़ार अफ़गानों की सेना थी। दोनों पक्षों के मध्य जमकर संघर्ष हुआ जिसमें एक गोला लगने से दाऊद ख़ान की मृत्यु हो गई। शत्रु पक्ष यानी सैयद हुसैन अली ने उसका शव हाथी की पूँछ से बाँधकर शहर में घुमाया। हुसैन अली ख़ान की विजय पर नीमा सिन्धिया ने उसे बधाई दी और लूट-पाट में लग गया, परन्तु सैयद हुसैन अली ने कच्ची गोलियाँ नहीं खेली थीं। लूट का असली माल पहले ही उसके हाथ लग चुका था।

इस संघर्ष के परिणामों की सूचना जब बादशाह फ़र्रुख़सियर को मिली तो उसे बड़ा धक्का पहुँचा। वह अपनी भावनाएँ छिपा नहीं पाया। उसने सैयद अब्दुल्ला ख़ान से कहा कि, "अफ़सोस है कि एक नेक और मशहूर अमीर मारा गया!"

तब सैयद अब्दुल्ला ख़ान ने आक्रोशित होकर प्रत्युत्तर दिया कि, "यदि वह अफ़गान मेरे भाई को मार डालता तो क्या यह न्यायपूर्ण होता, और आपको सन्तोष होता?"

सैयद हुसैन अली ख़ान धर्मान्ध मुस्लिम नहीं था, परन्तु दाऊद ख़ान की हिन्दुओं

के प्रति नीति अपेक्षाकृत अधिक उदार मानी जाती थी। उसने अहमदाबाद का सूबेदार नियुक्त होने के पश्चात खुले चौक पर हिन्दुओं को होली जलाने की अनुमति दे दी थी। तभी चौक के क़रीब रहनेवाले किसी मुसलमान ने उसी स्थान पर गौ-वध कर दिया, जिससे हिन्दू-मुस्लिम दंगा भड़क उठा था। इसमें एक गौहन्ता का पुत्र मारा गया था। इसके बाद नगर में हिन्दुओं की दुकानें जला दी गई थीं। मुस्लिम समुदाय के आक्रोशित लोग नगर के धनाड्य जौहरी कपूरचन्द्र के मकान पर हमला करने निकले थे, परन्तु समय से पूर्व सूचना मिल जाने के कारण कपूरचन्द्र ने अपनी सुरक्षा के लिए बन्दूकधारी तैनात कर दिये। इस विवाद और टकराव में दोनों समुदायों के काफ़ी लोग मारे गए।

सैयद बन्धुओं से हुए समझौते के अनुसार बादशाह फ़र्रुख़सियर द्वारा पटना भेजा गया मीर जुमला वहाँ की स्थिति पर नियंत्रण रखने में असफल हुआ। सैनिकों द्वारा लूटपाट और प्रजा पर अत्याचार किए जाने की घटनाएँ आम हो चली थीं। स्थिति उसके नियंत्रण में नहीं रही थी। परिणाम यह हुआ कि मीर जुमला बग़ैर बादशाह की अनुमति के पलायन कर गया। वह बादशाह की अनुमति के बिना पटना छोड़कर दिल्ली आ गया। तब यह अफवाह फैल गई कि अब उसे बन्दी बना लिया जाएगा, परन्तु मीर जुमला ने सैयद अब्दुल्ला ख़ान के पास जाकर चिरौरी की कि वह उसकी आज्ञा पालन को तैयार है। बस, अब्दुल्ला ख़ान बग़ैर अनुमति पटना से दिल्ली चले आने के उसके अपराध को बादशाह से क्षमा करवा दे। सैयद अब्दुल्ला ने दिल्ली दरबार में मीर जुमला की सिफारिश की तो बादशाह ने अनमने ढंग से उसे पंजाब का सूबेदार तैनात कर दिया।

इन दिनों फिर से बादशाह और सैयद भाइयों में तनातनी की ख़बरें आम हो रही थीं। जब भी बादशाह दिल्ली के बाहर शिकार करने को जाता, तो अफवाह फैल जाती थी कि वह वापस आ कर सैयद अब्दुल्ला को बन्दी बनाएगा। स्वयं अब्दुल्ला ख़ान भी सशंकित रहता था, इसीलिए उसने ऐसी किसी स्थिति का दृढ़तापूर्वक मुक़ाबला करने के लिए अपने विश्वस्त परिजनों, बारहा सैयदों की एक अच्छी-ख़ासी फ़ौजी टुकड़ी की घेराबन्दी बना ली थी।

यह वह समय था जब बादशाह फ़र्रुख़सियर दोनों सैयद भाइयों के साथ अपने सम्बन्धों को लेकर बहुत दुविधा और संशय की स्थिति से गुज़र रहा था। उसने इन भाइयों से छुटकारा पाने के लिए औरंगज़ेब तथा बहादुर शाह के वक़्त में वज़ीर रहे उन 94-वर्षीय असद ख़ान से सलाह लेने का निश्चय किया, जिनके बेटे ज़ुल्फ़िकार ख़ान को उसके ही निर्देश पर गला घोंट कर मार डाला गया था। उनसे व्यक्तिगत रूप से मिलकर खेद प्रकट किया गया। फ़र्रुख़सियर ने अफसोस जाहिर करते हुए कहा कि, “हम आपकी कद्र न कर सके, हमें इसका अफसोस है। आपके साथ जो हुआ, वह नहीं होना चाहिए था। फिर भी हमें उम्मीद है कि आप हमें मशवरा

देंगे कि अब सैयद बन्धुओं के साथ कैसा सुलूक किया जाए।"

बूढ़े असद ख़ान ने जवाब दिया कि, "आप लोगों ने अपने पूर्वजों के तौर-तरीक़ों के ख़िलाफ़ जो कुछ किया, वह शायद ख़ुदा की मर्जी थी। मैं जानता हूँ कि मेरे परिवार के पास से वज़ीर पद जाने के बाद तैमूरी वंश पर विनाश की छाया मँडराने लगी है। आपने शासन-सूत्र बारहा के सैयदों के हाथ में दे दिया है, उसके परिणाम तो आपको भुगतने ही थे। अब आपके राज़ के लिए बेहतर यही है कि आप जहाँ तक मुमकिन हो, उन्हें बर्दाश्त करें, उनके साथ हिस्सेदारी बनाए रखें और मामले को ऐसी जगह तक न पहुँचने दें कि कलह इतनी बढ़ जाए कि आपको इस बादशाहत से भी हाथ धोना पड़े।"

असद ख़ान की सोच सटीक थी। वह जानता था कि बादशाह फ़र्रुख़सियर और सैयद भाइयों के विवाद ऐसी स्थिति में पहुँच चुके हैं, जिनका पूर्ववत सौहार्दपूर्ण स्थिति में आ जाना नामुमकिन की सीमा तक मुश्किल है। वह इस बात को समझता था कि इन विवादों का अन्त किसी ऐसी हिंसक परिणति में होगा कि तैमूर वंश की नींव हिल उठेगी। यही सोच कर उसने व्यवहारिक सुझाव दिया था। असद ख़ान यह भी समझता था कि अगर हालात बिगड़े, तो साम्राज्य के टुकड़े-टुकड़े होना अवश्यम्भावी होगा। तभी उसने सैयद भाइयों से टकराव की स्थिति को हर हालत में टालने का मशवरा दिया था।

इसके विपरीत यह बात भी सही थी कि ये सैयद बन्धु तत्कालीन मुग़ल बादशाह के ऐसे दरबारियों से भी बुरे नहीं थे जो अपने व्यक्तिगत हितों की पूर्ति के लिए मुल्क़ के हितों की भी भेंट चढ़ा सकते थे। ये सैयद भाई वे थे जिन्होंने अपने समकालीन दरबारियों की अपेक्षा अपनी विद्वत्ता, कार्यशैली, युद्धकौशल और प्रतिभा को समय-समय पर सिद्ध कर दिखाया था।

मुग़ल बादशाह द्वारा सैयद बन्धुओं को दरबार के महत्त्वपूर्ण पद देने से पहले ही उसके दरबार के ईरानी तथा तूरानी सरदारों की ईर्ष्या भड़क उठी थी। उन्होंने षड्यंत्र करने शुरू कर दिए थे। इन षड्यंत्रकारियों में सबसे प्रमुख मीर जुमला था, जो बादशाह का भी कृपापात्र था। ये दोनों भाई जो क़ुतुब-उल-मुल्क़ और अमीर-उल-उमरा के पदों से जाने जाते थे, अब यह समझने लगे थे कि उनके दबाव के कारण बादशाह के हाथ बँधे हुए हैं। वह अपनी किसी इच्छा या विवेक से अब काम करने के लिए आजाद नहीं है। लगता था कि इसी क्रम में बादशाह अब अपनी बादशाहत के ऐश लेने की ओर अग्रसर होना चाहता था, जिसके लिए अब ये दोनों भाई नहीं, मीर जुमला उसका विश्वस्त सलाहकार बन गया था। वह एक धूर्त तथा खलनायकी प्रवृत्ति का इनसान था और इन भाइयों से छुटकारा दिलाने की सोच में बादशाह के साथ था।

चूँकि सैयद भाई मुल्क़ के दो सर्वोच्च प्रशासनिक और सैन्य पदों पर आसीन

थे, इसलिए उनका मानना था कि मुल्क़ के किसी भी प्रशासनिक और सैन्य पद पर कोई तैनाती अथवा तरक्की उनकी सलाह के बिना नहीं होनी चाहिए। इसमें कुछ भी अनुचित न था। इन मामलों में मीर जुमला का दख़ल सैयद भाइयों को नापसन्द था, पर मीर जुमला इतना धूर्त, तिकड़मी और चुगलखोर था कि उसने बादशाह के कान भर-भर कर उसे इन भाइयों के विरुद्ध करा कर ही दम लिया। उसने बादशाह को यह समझाने में सफलता हासिल कर ली कि इन भाइयों की निगाह मुल्क़ की बादशाहत पर है, और यह कि धीरे-धीरे उसे हटाकर वे बादशाहत हासिल करने की रणनीति पर काम करने में जुटे हैं। कानों के कच्चे और कमजोर रणनीतिज्ञ बादशाह फ़र्रुख़सियर को भी अपने भरोसेमन्द दरबारी की चुगलियों पर भरोसा हो चला।

इस सारे घटनाक्रम में एक पहलू और महत्त्वपूर्ण था। जब फ़र्रुख़सियर को यह समझ आ गया कि सैयद भाई उसका पतन कराने की दिशा में काम कर रहे हैं, और यह कि वे उसके शुभचिन्तक नहीं रहे हैं, तब उसने अपनी चौकड़ी की ताकत बढ़ाने की कार्रवाई की। उसने एक नए समीकरण बनाने के लिए चर्चित और वीर योद्धा सरबुलन्द ख़ान को बुलवाया और कहा कि यदि वह क़ुतुब-उल-मुल्क़ सैयद अब्दुल्ला को ठिकाने लगा देगा तो उसे मुख्य वज़ीर का पद दे दिया जाएगा। उसका स्तर बढ़ाकर सात हज़ार मनसब का कर दिया गया। उसे मुबारिज-उल-मुल्क़ की उपाधि भी दी गई। इस योद्धा ने बादशाह को भरोसा दिलाया कि वह ऐसा कर दिखाएगा, पर कुछ ही दिनों में उसे समझ आ गया था कि यह बादशाह ख़ुद भरोसेमन्द नहीं था। उसे यह भी पता चल गया था कि मुहम्मद मुराद ने इस बादशाह पर अपना प्रभाव जमा रखा है, और उसको तो सिर्फ इस्तेमाल करने के लिए इस खेल में शामिल किया गया है। इसलिए वह सैयद भाइयों के विरुद्ध बादशाह फ़र्रुख़सियर के षड्यंत्र का सक्रिय हिस्सा नहीं बना। उसने ख़ुद को इस मामले से अलग कर लिया।[1]

सैयद भाई अपने साथ एक-एक उस इनसान को लेकर चलने की रणनीति पर काम कर रहे थे, जो तनिक भी उनके काम का हो सकता था, और जो बादशाह से थोड़ी भी अदावत रखता हो। मथुरा का चूड़ामन एक ऐसा ही इनसान था, जो यूँ तो कम भरोसेमन्द था, पर उसके बिना किसी सल्तनत का काम भी नहीं चलता था। उसने किसी तरह बहाने से चूड़ामन से मिलने का तय किया। आमने-सामने की बात हुई तो उस निडर जाट ने अब्दुल्ला से बिना लाग-लपेट के पूछा, "कहो वज़ीर? कैसे याद किया?"

अब्दुल्ला ने कहा, "महाराज, यह बताओ कि दिल्ली से अकबराबाद[2] तक की राहदारी-ए-महसूल आपके सुपुर्द है। पर आप वहाँ तो कानूनी और ग़ैर-कानूनी

---

1. Yusuf Husain, *The First Nizam—The Life and Times of Nizam-ul-Mulk Asaf Jah I*, 1936, rpt 1963, pg. 74-75, Asia Publishing House, New Delhi.
2. आगरा का पुराना नाम

सब तरह की वसूली तो करते ही हैं, दिल्ली तक भी लूटपाट कर आते हैं, यह तो ठीक नहीं!"

चूड़ामन मनमौजी था, उसके पीछे मथुरा और आसपास के लड़ाकाओं की ताकत थी। वह अपने तरीक़े से बोला, "वाह भई वाह, थारी जानकारी तो भोत अच्छी सै, पर भाई यूँ बता कि म्हारी खोपड़ी पै जै सिंह कू क्यूँ बिठाया तैने? वो भला के करेगा म्हारे इलाक़े में, सिवा बदअमनी के! अब आमेर के सिपाही म्हारे थून की तरफ़ आवेंगे, तो कुछ तो खातिर करनी ही पड़ेगी उनकी!"[1]

सैयद अब्दुल्ला बचाव पर उतर आया। उसने कहा, "चौधरी साहब, वो मेरे से पहले का फ़ैसला है। मेरा उसमें कोई हाथ नहीं....।"

चूड़ामन ने बात पूरी होने से पहले ही कहा, "पर मैं तो ख़ुद इस बात का जवाब चाहूँ था, भला हो, तन्ने बुला लिया अब्दुल्ला भाई।"

उसने आश्चर्य से कहा, "जवाब तलब करोगे, भला किससे? मुझसे या बादशाह से?"

"ना, ना तुझसे ना बादशाह से, मुझे तो उस इनसान से कैफियत चाहिए जो दिल्ली की गद्दी पै बिठाया तुम भाइयों नै!"

चूड़ामन ने पूरे आत्मविश्वास से कहा।

अब्दुल्ला से न रहा गया, व्यंग्य से बोला, "उससे तो तुम्हारी शिकायत इसलिए हुई होगी कि उसने तुम्हारी नाक पर नकेल कसी हुई है। वरना सामूगढ़ की लड़ाई में जब तुमने जहाँदार शाह का साथ दिया था, उस शहज़ादे से तुमको उसी समय आरपार की कर लेनी चाहिए थी। और फिर तुमने उस बिचारे बादशाह को भी कहाँ छोड़ा। जब वो हारने लगा तो बिना किसी लिहाज के उसे लूटा। फ़र्रुख़सियर बादशाह की जो टुकड़ियाँ कमजोर पड़ीं, उन्हें भी लूटा, यह कहाँ की भलमनसाहत है!"

चूड़ामन बेफिक्री से बोला, "मालमत्ता और जेवर म्हारी कमजोरी सै!"

"और अपनी ज़ुबान से निकली बात पर मुकर जाना भी?"

सैयद अब्दुल्ला ने दो टूक कहा तो एकबारगी चूड़ामन चुप रह गया। फिर बोला, "सैयद भाई, तुम अपनी बताओ, क्या चाहते हो?"

तब सैयद अब्दुल्ला ने कहा, "चूड़ामन, आज हिन्दुस्तान के शहंशाह की नज़र में तुम सिर्फ एक बागी और उद्दंड जंगली जाट कौम के वाशिंदे हो। पर मैं तुम्हें थोड़ा-बहुत समझता हूँ, तुम्हारी कौम की बहादुरी की मिसालों को जानता हूँ। मैंने अगर तुम्हारी तरफ़ दोस्ती का हाथ बढ़ाया है तो तुम यह समझ लेना कि तुम और हम मिलकर एक और एक दो नहीं, एक और एक ग्यारह होंगे! तुम्हारे

---

1. इस घटनाक्रम का संदर्भ यह है कि इस राजमार्ग का एक भाग राजा जय सिंह की सुपुर्दगी में दिया गया था, जिन्हें वहाँ से राहदारी और चुंगी आदि वसूलने का अधिकार था, परंतु चूड़ामन के होते वह व्यवस्था कभी मूर्त रूप ले ही नहीं पाई।

पीछे एक बहादुर कौम की तवारीख है, मिसालें हैं और कुछ करने का जज्बा है। मैं उम्मीद करूँगा कि निजाम की तामीर में तुम्हें एक ख़ास हिस्सेदारी मिले। फिलहाल राहदारी के अख्तियारात तो तुमको वापस किए ही जा रहे हैं, उनका दायरा बढ़ा दिया गया है। अब तुम सिर्फ आगरा नहीं, चम्बल तक की राहदारी वसूल सकते हो!"

चूड़ामन गद्गद हो उठा, सैयद अब्दुल्ला को बाँहों में भरकर बोला, "भाई अब्दुल्ला, मालमत्ता म्हारी कमजोरी सै, पर दोस्ती भी म्हारी कमजोरी सै! तन्ने तो ख़ुश कर दिया!"

चलते-चलते सैयद अब्दुल्ला ने चूड़ामन को समझाया, "यह मुल्क़ पहले तुम लोगों का है, हमारा बाद में। पर हम सब को इसकी तरक्की के लिए मिलजुल कर काम करना होगा, अपने दायरों को समझना होगा। कई मजहब, और जातियों में बँटे इस मुल्क़ को पहले भरोसे की ज़रूरत है, अपनी जड़ों और हवा-पानी में भरोसा बनाए रखना, इनसानी तहजीब से रहना, और वादों को निभाना। बस इतना ही करना होगा। फिर यह पूरा मुल्क़ तुम्हारी ही जय-जयकार करेगा।"

कहना न होगा कि उस दिन के बाद चूड़ामन सैयद अब्दुल्ला के अति विश्वसनीय लोगों की सूची में शामिल हो गया था, और वह भरोसा बना रहा। सैयद अब्दुल्ला की रणनीति की भी यह बड़ी जीत थी। वह जानता था कि आगरा का रास्ता चूड़ामन के गाँव से निकलता है, और बिना उसकी मर्जी के वे लोग सुरक्षित नहीं निकल सकते। इसलिए चूड़ामन को अपने खेमे में बनाए रखना बेहद ज़रूरी था।

सत्ता पर प्रभुत्व बनाए रखने का दोनों खेमों का संघर्ष अभी ढकी-छुपी तरह से आगे बढ़ रहा था। आरम्भ में संशय बना, पर फिर सत्ता के केन्द्र बनने की लड़ाई के रूप में कभी शीत युद्ध छिड़ता, और कभी वाद-विवाद खुलकर सामने आने आम हो गए। सब दरबारी खेमों में बँट गए थे। कुल मिलाकर यह निश्चित हो गया था कि ये सम्बन्ध अच्छे तो नहीं रह गए थे, और न आगे अच्छे रह सकने की गुंजाइश बची थी। अभी तक सैयद बन्धु सूबेदारी और सैन्य अभियानों से ही सन्तुष्ट रहा करते थे, पर फ़र्रुख़सियर के शासन काल में उनकी महत्त्वाकांक्षाएँ स्वाभाविक रूप से बलवती हो गई थीं। अब वे केवल बाहर से सत्ता के केन्द्र को देखने नहीं, बल्कि पूरी तरह से उस पर काबिज होने की प्रभावी भूमिका में आना चाहते थे। फ़र्रुख़सियर यद्यपि ख़ुद एक बेहतर तथा आदर्श बादशाह जैसे व्यक्तित्व के गुणों से लैस न था, पर वह भी ख़ुद को पूरी तरह स्वतंत्र और सम्प्रभु शहंशाह के रूप में स्थापित करना चाहता था। जो भी व्यक्ति उसके इस ख्वाब के बीच में आता, उसके प्रति वह आक्रोश में भर जाता था। यह टकराव की स्थिति यहाँ तक आ पहुँची कि सैयद बन्धुओं ने अब खुलेआम घोषित कर दिया था कि, 'मुल्क़ के किसी भी हिस्से में कोई कारगुजारी, कोई मनसब, कोई तरक्की और कोई भी

तैनाती बिना हमसे सलाह लिए और बिना हमारी जानकारी के नहीं होनी चाहिए।'[1]

ज़ाहिर तौर पर यह बात बादशाह फ़र्रुख़सियर की शक्तियों में सैयद भाइयों द्वारा इस सीमा तक कटौतियाँ करने का इरादा था, मानो मुल्क़ का वज़ीर बादशाह से अधिक महत्त्वपूर्ण हो गया हो। इससे बादशाह केवल नाममात्र के प्रमुख की स्थिति में दिखने लगा था। फ़र्रुख़सियर ने महसूस किया कि यह दावा किसी भी वज़ीर की परम्परागत शक्तियों का ऐसा अतिक्रमण करने की सोच है जो बादशाह को केवल एक सजावट की वस्तु के स्तर तक समेट देता है।[2]

इस प्रकार वास्तविक मुद्दा वज़ारत की दो एक-दूसरे से पूरी तरह विपरीत अवधारणाओं को मानने के बीच आ फँसा था। पूर्व में जुल्फ़िकार ख़ान के उदाहरण की तरह सैयद बन्धुओं का भी सोचना था कि साम्राज्य का हित इसी में है कि उनके हाथ में प्रभावी शक्तियाँ बनी रहें। वे वज़ीर के कार्यालय को सभी महत्त्वपूर्ण कामों का केन्द्र बिन्दु बनाए रखना चाहते थे। उनकी इच्छा यह थी कि बादशाह के नाम से राज चले, पर उसकी शक्ति वज़ारत में रहे। उनका बार-बार यह दावा होता था कि चूँकि उन्होंने ही अपनी ताकत और रणनीति के बल पर यह सत्ता फ़र्रुख़सियर को जीत कर उपलब्ध कराई है इसलिए सर्वोच्च शक्ति के केन्द्र का उनके हाथों में निहित रहना उनका वाजिब हक़ था।

इस विषय में फ़र्रुख़सियर का दृष्टिकोण भी साफ़ हो चला था। उसकी सोच थी कि वज़ीर को केवल बादशाह के सलाहकार और राजस्व विभाग के प्रमुख की भूमिका का निर्वाह करना चाहिए। उसके पास ऐसी कोई शक्ति नहीं होनी चाहिए जो उसे स्वतंत्र रूप से कोई अधिकार देती हो, पर सत्ता के दोनों केन्द्रों में यह विरोधाभास लगातार और आरम्भिक समय से ही बना आया था[3]। एक-दूसरे के प्रति संशय, दुर्भावना और बादशाह तथा उसके मंत्रियों में अविश्वास इस बात से और भी गहरा हो चला था कि बादशाह के कुछ पसन्दीदा दरबारियों की गतिविधियाँ दोनों पक्षों में सद्भावना बनाए रखने के स्थान पर उन्हें भिड़ाने के अवसर तलाश करने में रहा करती थीं।

फ़र्रुख़सियर के प्रमुख दरबारियों में मीर जुमला मूल रूप से तूरान का रहनेवाला था, जो औरंगज़ेब के समय में ढाका और पटना का काज़ी रहा था। उसने धीरे-धीरे फ़र्रुख़सियर के पिता अज़ीम-उश-शान का विश्वास प्राप्त करने में सफलता हासिल कर ली थी, जो तब बिहार और बंगाल का सूबेदार रहा था। आगरा के युद्ध के बाद मीर जुमला और ख़ान-ए-दौराँ को ज़रूरत से ज्यादा ऊँचे पदों पर प्रोन्नत कर दिया गया था। मीर जुमला ख़ुद एक बहुत महत्त्वाकांक्षी व्यक्ति था जिसे सैयद भाइयों के हाथों में सत्ता का केन्द्रीयकरण बेहद नापसन्द था और ऐसा होना उसके लिए कुढ़न का कारण बना हुआ था। ये दोनों लोग सैयद भाइयों को मुग़ल साम्राज्य के

1. Khafi Khan, p. 379, Maasir-l-Umara, p. 328
2. Satish Chandra, Parties and Politics, p. 142
3. Ibid, p. 143

लिए अपेक्षाकृत नए और अल्प अनुभव वाले लोग मानते थे, जो उनकी निगाहों में इतने बड़े पदों के लायक़ न थे। वे लोग स्वयं भी कम महत्त्वाकांक्षी न थे। इसीलिए वे इन भाइयों के विरुद्ध षड्यंत्र करने और बादशाह के कान भर कर उकसाने में लगे रहते थे, ताकि इन भाइयों का पत्ता साफ़ हो सके। फ़र्रुख़सियर स्वयं इन सैयद भाइयों की शक्ति और प्रभाव से सशंकित रहता था और इनकी तथा अन्य विरोधी दरबारियों की बातों को ध्यान से सुना करता था।

इस प्रकार फ़र्रुख़सियर, ख़ान-ए-दौराँ और मीर जुमला ने एक ऐसा गठबंधन बना लिया था जो खुलकर सैयद भाइयों के विरोध में था, और सिर्फ बादशाह के प्रभुत्व वाले शासन की वकालत करता था। यह स्थिति दोनों पक्षों के विवादों का मुख्य केन्द्र बिन्दु बन गई थी। शेष विवाद इससे इतर और महत्त्वहीन प्रकृति के थे। धीरे-धीरे एक ऐसा समय आया जब बादशाह फ़र्रुख़सियर पूरी तरह ख़ान-ए-दौराँ और मीर जुमला के प्रभाव और उनके आभामंडल में आ कर सैयद भाइयों से दूर होता गया।

इस विवाद या शीत युद्ध की एक ख़ास बात यह थी कि दोनों पक्षों—बादशाह फ़र्रुख़सियर और सैयद बन्धुओं—के मध्य बढ़ती कटुता और संशय के बावजूद अभी तक इन दोनों खेमों ने अपनी-अपनी सीमाओं का अतिक्रमण नहीं किया था। स्थिति तब बिगड़ी जब बादशाह ने अपने मुँहलगे चन्द दरबारियों को सैयद भाइयों को आवंटित कामों में बाधा डालने के लिए परदे के पीछे से समर्थन देना आरम्भ कर दिया। इसका परिणाम यह हुआ कि प्रशासनिक कामों में तरह-तरह से व्यवधान उत्पन्न होने लगे। बादशाह की तरफ़ से पहली बार आधिकारिक रूप से यह अतिक्रमण तब हुआ जब बादशाह ने मीर जुमला को अपनी ओर से सभी सरकारी फरमानों, हुक़्मनामों और अभिलेखों को हस्ताक्षरित करने के लिए अधिकृत कर दिया।[1] फ़र्रुख़सियर ने यह स्पष्ट घोषणा करा दी थी कि, "मीर जुमला के शब्द और हस्ताक्षर मेरे ही शब्द और हस्ताक्षर माने जाएँ।"[2]

हालाँकि इस घटनाक्रम का एक पहलू और भी था, जिसकी ओर किसी का ध्यान नहीं गया। वज़ीर के रूप में सैयद अब्दुल्ला शासन-प्रशासन के कामों में कभी पर्याप्त रुचि लेता हो, ऐसा नहीं दिखता था। वह इन कामों के लिए बना ही नहीं था, इसलिए प्रशासनिक गतिविधियों में ज़रूरी समय और ध्यान नहीं दे पाता था। वह मूल रूप से एक सेनापति था। सैयद अब्दुल्ला को युद्ध के मैदान की रणनीतियों को बनाने और उन्हें लागू कर शत्रु से जूझने में, अपनी मजबूती तथा दिलेरी दिख़ाने का जुनून था। सत्ता का नशा किसे नहीं होता, पर उसकी क़ाबिलियत और उसे सँभालने का ज़ज्बा हर किसी में हो, यह बिलकुल ज़रूरी

1. Khafi Khan, Maasir-ul-Umara iii, p 739
2. Ibid, p 739, Khush-hal, 102

नहीं। इस सबके बावजूद बादशाह द्वारा मीर जुमला को वज़ीर की हद के कामों की ज़िम्मेदारी और उन कामों के लिए अधिकृत कर देना किसी भी प्रकार से तर्कसंगत न था। सैयद अब्दुल्ला जैसे वज़ीर के प्रति ऐसे उपेक्षापूर्ण व्यवहार और प्रतिबन्ध का लागू करना अपमानजनक भी था। महत्त्वपूर्ण बात यह भी थी कि ऐसा करने से सैयद अब्दुल्ला की अतिरिक्त आय के स्रोत भी संकुचित हो चले थे, इसलिए उसे कष्ट होना स्वाभाविक भी था।

सैयद अब्दुल्ला राजकाज के कामों के लिए अपने दीवान रतन चन्द का सहारा लिया करता था। वह उसका भरोसेमन्द था, पर वह कितना क़ाबिल और उचित नीयत का था, इसके अच्छे उदाहरण मौजूद नहीं हैं। उसे थोड़ा लालची इनसान के रूप में जाना जाता है। उसका काम करने का तरीक़ा भी मुग़ल प्रशासन के व्यापक हित में नहीं था। मुल्क़ के अधिकांश हिस्सों से राजस्व उगाही में कमी होने के कारण बादशाह फ़र्रुख़सियर का सैयद भाइयों के विरुद्ध आक्रोश और संशय का होना थोड़ा जायज था। रतन चन्द आमिलों की तैनाती में भी उगाही किया करता था, ऐसी शिकायतें आम हो चली थीं। राजस्व वसूली की स्थिति दयनीय बन गई थी।

ऐसी स्थिति में मीर जुमला को बादशाह फ़र्रुख़सियर के पास सैयद भाइयों की शिकायतों की फेहरिस्त लेकर जाने का बहाना मिल गया था। वे इन भाइयों को नाक़ाबिल घोषित कर उन्हें किनारे करना चाहते थे। मीर जुमला ने माहौल का लाभ उठाकर बादशाह को यह समझाने की कोशिश की कि जब तक प्रशासन चलाने में सैयद भाइयों का हाथ रहेगा, तब तक मुल्क़ में न तो शान्ति की उम्मीद की जा सकती है और न ही ख़ुशहाली की।

अब बादशाह फ़र्रुख़सियर ने सैयदों को नुकसान पहुँचाने के लिए एक नई रणनीति बनाई। वह चाहता था कि इन सैयद भाइयों को इस सीमा तक किनारे कर दिया जाए कि वे स्वयं ही अपने पदों को छोड़ दें। इसके लिए फ़र्रुख़सियर ने अपने पसन्दीदा ख़ास दरबारियों—मीर जुमला और ख़ान-ए-दौराँ की सैन्य शक्तियाँ और भी बढ़ानी आरम्भ कर दीं। उसे लगता था कि ऐसी स्थिति में सैयद भाई स्वाभाविक रूप से आतंकित हो जाएँगे।

सैयद भाई भी बादशाह के क़दमों को बहुत ध्यान से देखते थे। उनका अपना सोचना था कि इन बदली हुई स्थितियों में यदि उन्हें दरबार में अपनी स्थिति सुदृढ़ बनाए रखनी है तो उन्हें मुल्क़ के महत्त्वपूर्ण और बड़े सूबों का नियंत्रण सीधे अपने हाथों में रखना होगा, ताकि वे उनके राजस्व, सेना और सभी संसाधनों का निर्बाध उपयोग कर सकें। इसलिए सैयद हुसैन अली ने अब निज़ाम-उल-मुल्क़ के स्थान पर स्वयं को दक्खिन के सूबे की बागडोर देने की माँग की। वह इस सूबे को अपने भरोसेमन्द दाऊद ख़ान पन्नी के माध्यम से नियंत्रण में रखना चाहता था, जैसाकि मीर जुमला ने एक अनुबंध के आधार पर बिहार के डिप्टी सूबेदार मुर्शिद कुली

ख़ान से किया हुआ था। लेकिन परिस्थितियाँ अब इतनी सरल नहीं रह गई थीं। मीर जुमला के मशवरे पर बादशाह फ़र्रुख़सियर ने सैयद अली की इस माँग को खारिज कर दिया, पर वह इस सैयद को आक्रोशित करने का जोखिम नहीं उठाना चाहता था, इसलिए उसने एक विकल्प दिया। इस विकल्प के अनुसार अगर उसे दक्खिन के सूबे पर नियंत्रण की चाह है, तो वह व्यक्तिगत रूप से वहाँ तैनाती लेकर इस पद को अधिकारपूर्वक ग्रहण कर सकता है।

सैयद बन्धु अपनी गोलबन्दी में लगे थे। इस बादशाह को सिंहासन तो मिल गया था, पर उसका इकबाल बनना बाक़ी था। पिछले महीनों में घटनाओं का चक्र इतनी तेज़ी से घूमा था कि कई सम्बन्ध बिगड़े थे, तो कई नए बने थे। सबको समेटना और बादशाहत को बेहतर बनाए रखना पहली प्राथमिकता थी। इसके लिए राजपूताना की रियासतों को अपने पक्ष में दृढ़ता से बनाए रखना भी ज़रूरी था।

सैयद हुसैन अली ने दक्खिन के सूबे की कमान सँभालने के प्रस्ताव को फिलहाल खारिज कर दिया था, क्योंकि वह अपने भाई सैयद अब्दुल्ला को मीर जुमला और ख़ान-ए-दौराँ के रहम पर छोड़कर जाना उचित नहीं समझता था। वे राजपूतों को साध कर चलना चाहते थे, इसीलिए उन्होंने दबाव डाल कर राणा संग्राम सिंह द्वितीय को सात हज़ार की मनसबदारी और बड़ी धनराशि इनाम के रूप में स्वीकृत करा दी थी। राजपूताना के राजा जय सिंह और अजीत सिंह ने फ़र्रुख़सियर को राजसिंहासन पर बैठने के लिए बधाई पत्र तो भेजे थे, पर वे इस हेतु सम्मान प्रकट करने के लिए व्यक्तिगत रूप से उपस्थित नहीं हुए थे। उल्टे उन्होंने अपने वकील के माध्यम से उच्च मनसबदारी और मालवा तथा गुजरात के सूबों पर अपने प्रभुत्व की पुरानी माँग भी दोहरा दी थी। यह तरीक़ा बादशाह फ़र्रुख़सियर को पसन्द नहीं आया। वह इन दोनों राजपूत राजाओं को सबक सिख़ाना चाहता था। ख़ास तौर से वह अजीत सिंह से बहुत नाराज था, जिसने मुग़ल मनसबदार इंद्र सिंह के दो बेटों की हत्या कर दी थी।

बादशाह के कहने पर सैयद अब्दुल्ला ने जोधपुर के राजा अजीत सिंह के पास जाकर उन्हें बादशाह के मन का हाल सुनाया। उसने कहा, "वक़्त और भरोसा ही हमें एक-दूसरे के साथ जोड़ता है, नजदीक लाता है, हर हाथ बराबर माना जाए, न छोटा, न बड़ा तो दिक़्क़त कैसी?"

राजा जय सिंह भी वहाँ आमंत्रित थे, उन्होंने सैयद की बात के समर्थन में सिर हिलाया तो अजीत सिंह ने कहा, "हम तो दरबार में आना चाहते थे पर..."

"पर क्या?"

सैयद अब्दुल्ला खान की उत्सुकता हो आई थी। उत्तर दिया राजा जय सिंह ने, "पर, लोगों ने सलाह दी कि इस वक़्त दिल्ली का मिजाज ठीक नहीं लगता। ऐसे में क़िले की हदों से दूर ही रहा जाए, तो बेहतर होगा!"

अब्दुल्ला को और भी उत्कंठा हुई, तो अजीत सिंह ने कहा, "बात भरोसे की है। हम तो चाहते हैं कि मुग़ल खानदान मजबूत बना रहे। मुग़लों और राजपूतों का भाग्य एक-दूसरे से जुड़ा है, क्योंकि हम व्यापार नहीं करते, सिर्फ ज़मीन, खेती, वसूली और युद्ध हमारा पेशा है। वही आप लोगों का भी है। ऐसे में अगर मुग़ल साम्राज्य के ऊपर पतन के बादल मँडराएँगे तो हम लोग सुरक्षित कैसे रह पाएँगे। मराठों की वक्र दृष्टि हमेशा इधर ही बनी रहती है। उनका नज़रिया तो बेहद खराब है।"

"तो क्यूँ न इस जुड़ाव को मजबूत किया जाए?"

अब्दुल्ला के इस सुझाव पर अजीत सिंह की आँखों में कुछ प्रश्नों का तैर जाना स्वाभाविक था। लेकिन अब्दुल्ला निश्चिन्तता से बोला, "आप से जुड़ना मुग़ल बादशाह के लिए एक ख़ुशी की बात होगी। आप दोनों को सात-सात हज़ार के मनसब और आमेर को मालवा, जोधपुर नरेश को थट्टा की सूबेदारी भी है।"

"पर यह तो नाइंसाफ़ी है, हम दोस्ती के रिश्तों में सौदा नहीं किया करते। बादशाह को अगर हम पर भरोसा नहीं है, और दबाव डालकर यह प्रस्ताव दिया जा रहा है तो फिर इन सूबेदारियों के भी क्या मायने लगाए जाएँ?"

यह राजा जय सिंह की आपत्ति थी। अजीत सिंह ने तो सीधे कहा, "थट्टा में मेरी कोई दिलचस्पी नहीं है। आपको पता है कितनी दूरी है वहाँ की?"

अब्दुल्ला ने कहा, "दूरियाँ तो नाप ली जाती हैं, जैसा आप सोच रहे हो, ऐसा कुछ भी नहीं है। बादशाह आमेर के राजा को अपना हमदर्द और वक़्त-बेवक़्त का दोस्त मानते हैं, उन्हें आपसे कोई असुविधा नहीं है, पर..."

"पर, उन्हें अजीत सिंह पर भरोसा नहीं है, यह मैं भी जानता हूँ। इस भरोसे को कायम रखने के लिए क्या किया जाए, वह भी तो अर्ज करें।"

यह अजीत सिंह के जोश में कहे हुए वे शब्द थे, जिन्होंने इस विषय को वहाँ पहुँचा दिया था, जहाँ जाना एक ऐतिहासिक गलती थी। अब्दुल्ला के हित दोनों खेमों को साधने में थे, इसलिए उसने सीधा प्रस्ताव दिया, "मेरी सलाह है कि जोधपुर की राजकुमारी का डोला बादशाह के लिए तैयार करा देंगे, तो कोई फसाद बाक़ी नहीं बचेगा, आप भी सुखी और बादशाह भी!"

राजा अजीत सिंह इस सीधे झटके के लिए तैयार नहीं था। उसने आवेश में कहा, "क्या कहा तुमने? ऐसा कहा उस बादशाह ने?"

"हाँ, यह भी कहा कि अगर न मानते हों तो उन्हें धूल चटा कर ही लौटना।" बड़े सैयद ने बहुत ठंडे और सुलझे हुए शब्दों में कहा।

अजीत सिंह ख़ून का घूँट पीकर रह गया, वह आक्रोशित था। बहुत आक्रोशित, पर जय सिंह ने बात सँभाली। बोले, "थोड़ा सब्र करो। कोई बीच का रास्ता निकाला जा सकता है?"

सैयद अब्दुल्ला की आँखों में झाँककर उन्होंने पूछा, तो उससे पहले ही अजीत

सिंह का प्रस्ताव तैयार था। बोले, "मैं पाँच लाख की पेशकश करता हूँ।"

अब्दुल्ला के मौन ने माहौल में तल्खी ला दी थी। इस चुप्पी को तोड़ने की जिम्मेदारी भी जोधपुर के राजा अजीत सिंह की ही थी। उन्होंने अगला प्रस्ताव दिया, "कुँवर अभय सिंह को दिल्ली दरबार में बंधक रख लीजिए।"

बदले में अब्दुल्ला का प्रस्ताव तैयार था। उसने कहा, "हम कुछ देने आए हैं, बदले में सम्बन्ध जोड़ रहे हैं, कबूल करेंगे तो आप, आपका खानदान, शाही खानदान, बादशाह और दोनों अवाम की जनता फायदे में रहेगी, वरना ख़ून-खराबा कौन पसन्द करता है! यह अमन का पैगाम है, वह भी हमेशा के लिए।"

अब चुप्पी का साया अजीत सिंह के दिल-दिमाग़ पर काबिज हो चला था। वह उस विशाल अतिथि कक्ष में उठकर बेचैनी से एक कोने से दूसरे कोने में टहल रहा था। अब्दुल्ला ने एक और पासा फेंका। जोर से बोला, "गुजरात की सूबेदारी...मारवाड़ की स्वतंत्रता कायम रहेगी, इसकी भी जिम्मेदारी मेरी। कुछ और भी चाहिए क्या?"

अब्दुल्ला के उत्तर में व्यंग्य बाण चले राजा जय सिंह की तरफ़ से। अजीत सिंह से बोले, "मान लीजिए भाई-सा, अब पूरा हिन्दुस्तान तो जोधपुर रियासत के नाम करने से रहे ये लोग!"

वह फ़ैसला अभी टल गया था।

सैयद भाइयों के दबाव और मजबूरी में फ़र्रुख़सियर ने इन दोनों राजपूत राजाओं—जय सिंह और अजीत सिंह की मनसबदारी बढ़ा दी थी, पर असलियत यह थी कि उन दोनों को क्रमशः मालवा और थट्टा का सूबेदार बना देने का आदेश इस राजपूत संगठन की एकता में विखंडन उत्पन्न करने के लिए किया गया था।[1]

इनमें से राजा जयसिंह ने तो मालवा का कार्यभार सँभाल लिया था, पर अजीत सिंह ने थट्टा जाने से इनकार कर दिया। तब फ़र्रुख़सियर ने सैयद हुसैन अली को अजीत सिंह के विरुद्ध सैन्य अभियान के जरिए झुकानें के निर्देश दिए थे। इस सैयद भाई ने मारवाड़ से लौटते हुए इस बागी राजपूत राजा अजीत सिंह का दमन करने में सफलता पा ली। यही नहीं, उसने बादशाह फ़र्रुख़सियर के लिए इस राजा की पुत्री का डोला भेजा जाना भी तय करा दिया था।[2]

सैयद भाईयों बादशाह के लिए अपनी सेवाओं को दे रहे थे, पर उनके लिए स्थितियाँ अभी भी सामान्य और सहज नहीं थीं। सैयद भाइयों और बादशाह के बीच तेज़ी से सीधे टकराव की परिस्थितियाँ बन रही थीं। इसी बीच बादशाह ने सैयद हुसैन अली के मारवाड़ के राजा अजीत सिंह से किए गए निजी अनुबंध पर

1. Satish Chandra, *Medieval India, from Sultanate to Mughals,* Har anand Publications Limited, Delhi, p. 473.
2. Syed Kazim Ali, A critical study of the role and achievements of Sayyid Brothers, 2008, p. 71.

आपत्ति व्यक्त की और उसे गुजरात के सूबेदार पद पर तैनाती दिए जाने के फरमान को लम्बित कर दिया। बाद में जब सैयद हुसैन अली मारवाड़ के लिए निकला, तब बादशाह फ़र्रुख़सियर ने राजा अजीत सिंह को गुप्त पत्र भेजकर वादा किया कि यदि वह उसके मीर बख्शी सैयद हुसैन अली को पराजित कर उसकी हत्या कर दे तो वह उसे अतिरिक्त लाभ दिलाएगा और उसकी तरक्की भी की जाएगी।

ऐसा षड्यंत्र किसी मुग़ल बादशाह के स्तर से, वह भी अपने ही ख़ास दरबारी के लिए किया जा रहा हो, यह जानना ही अचरज भरा था, पर यह वास्तविकता थी। अब अजीत सिंह ने एक चाल चली। जब सैयद हुसैन अली मारवाड़ पहुँचा तो जोधपुर के इस राजा अजीत सिंह ने बादशाह फ़र्रुख़सियर के गुप्त पत्र का भेद सैयद हुसैन अली को खोल दिया, ताकि सैयद भाई और मुग़ल मीर बख्शी उसके प्रति शान्ति और सद्भाव बनाए रखने को प्रेरित हो सकें।

यह एक भयावह रहस्योद्घाटन था। आपसी कटुता, विवाद तथा वैमनस्यताओं के बावजूद सैयद हुसैन अली अपने बादशाह के प्रति ऐसी बात नहीं सोच सकता था, पर बादशाह के मन में क्या चल रहा था, इसकी पुष्टि हो गई थी। ऐसे में सैयद हुसैन अली को न केवल अपनी जान बचाने बल्कि बादशाह को इसका परिणाम भुगतने की रणनीति भी बनानी थी। वहाँ से लौटकर सैयद हुसैन अली ने बादशाह को कहलवा भेजा कि वह उनके पास तभी आएगा, जब मीर जुमला वहाँ उपस्थित नहीं हो, क्योंकि उसकी उपस्थिति को वह बादशाह के लिए एक अशुभ लक्षण मानता था।

बादशाह को इस शर्त पर कोई ऐतराज नहीं हुआ क्योंकि वह दोनों की नापसन्दगी और शत्रुता को अच्छे तरीक़े से समझता था, पर उसे इससे आगे की रणनीतियों का कोई आभास न था। उस पर सैयद हुसैन अली के लिए एक सुविधाजनक बात यह थी कि क़िले का पूरा प्रबंधन उसके ही ऐसे आदमियों के हाथों में था, जिनकी निष्ठा प्रमाणित थी।

परिस्थितियाँ ऐसी बनीं कि बादशाह के सामने सैयद हुसैन अली की चली और उसे उसकी शर्तों पर दक्खिन की सूबेदारी दे दी गई। तब 20 मई, 1715 को हुसैन अली अपने दक्खिन अभियान के लिए निकला। बादशाह द्वारा स्वीकृत व्यवस्था के अनुसार उसके पास सूबे में किसी भी ज़ागीरदार को बर्ख़ास्त करने या नई तैनाती करने का असीमित अधिकार था। वह क़िलों की सुरक्षा के लिए तैनात सैन्य अधिकारियों की तैनाती या तब्दीली का भी अधिकार रखता था। अफवाह उड़ी थी कि फ़र्रुख़सियर को सैयद हुसैन अली को शाही मुहर सौंपनी पड़ी थी। ऐसा हुआ होगा, और यह बात इसलिए भी उपयुक्त प्रतीत होती थी कि हर किसी तैनाती या बर्ख़ास्तगी के आदेश के लिए बादशाह के आदेश का इन्तज़ार करना इस सैयद के लिए व्यवहारिक न था।

इस प्रकार सैयद भाइयों और मुग़ल बादशाह के बीच शक्ति परीक्षण का एक चरण पूरा हो गया था, जिसमें बाहरी तौर पर बाजी सैयदों के हाथ लगी थी। बादशाह उन्हें सत्ता के शीर्ष से हटाने में कामयाब तो नहीं ही हुआ था, उसने अपने उन क़िलों के लोगों को भी दूर कर दिया था जो समय-समय पर उसे सम्मान प्रस्तुत करने आया करते थे। फिर भी सैयद हुसैन अली बादशाह को हमेशा संशय की निगाह से देखा करता था। उन भाइयों की यह विजय भी अस्थायी थी और अपना कार्यक्षेत्र सुदृढ़ कर उसे विस्तारित करने भर के लिए थी। वे जानते थे कि उनका कार्यक्षेत्र तभी विस्तार पा सकता था, जब ये उन इलाक़ों का सीधे और व्यक्तिगत रूप से कार्यभार ग्रहण करने की सोचते। सम्भवतः इसी लिए सैयद हुसैन अली ने अपने किसी डिप्टी के माध्यम से दक्खिन पर शासन करने के प्रयास के स्थान पर अब ख़ुद वहाँ जाकर राज़ सँभालने का निर्णय लिया था।

मीर जुमला के शाही दरबार से दूर होने से सैयदों को निश्चित रूप से वहाँ चल रहे षड्यंत्रों से कुछ राहत अवश्य मिली थी, परन्तु सैयदों को अभी भी मीर जुमला के सत्ता के शीर्ष में आने का भय सताता रहता था। इस नए घटनाक्रम से जिसमें सैयद हुसैन अली को दक्खिन भेज दिया गया था, बादशाह के मन में भी सैयद भाइयों के प्रति कोई सौहार्दपूर्ण भावना उत्पन्न हुई हो, ऐसा नहीं लगता था।

एक ओर तो बादशाह फ़र्रुख़सियर और उसके निष्ठा वाले सहयोगियों की सैयद हुसैन अली के विरुद्ध षड्यंत्र की पक्की जानकारी उपलब्ध हो रही थीं, दूसरी ओर उसने अपने विश्वस्त लोगों को अमीन ख़ान, निज़ाम-उल-मुल्क़ और अब्दुल समद ख़ान जैसे शक्तिशाली लोगों के बादशाह समर्थक समूह की गतिविधियों पर भी नज़र रखने का काम सौंपा हुआ था।

एक इतिहासकार ने स्पष्ट उल्लेख किया है कि मुग़ल दरबार के तूरानी दरबारी हर हाल में सैयद हुसैन अली को उसके पद से हटाने के लिए प्रतिबद्ध थे।[1] इस षड्यंत्र और रणनीति की ख़ास बात यह थी कि इसके लिए उनके विरुद्ध किसी साहस और बहादुरी का उपयोग नहीं किया गया, बल्कि कपटपूर्ण व्यवहार किया जा रहा था।

सैयद हुसैन के दक्खिन जाने के बाद उसका भाई अब्दुल्ला ख़ान एक षड्यंत्रकारी दरबार और धोखेबाज बादशाह के बीच में उनकी दिनचर्या और कपट का सामना करने के लिए अकेला रह गया था। आरम्भिक दिनों में सब कुछ व्यवस्थित दिखा, परन्तु मार्च सन् 1717 के आख़िरी सप्ताह के आसपास बादशाह का एक और चेला दरबारी उभर आया। यह मूल रूप से कश्मीरी दरबारी मुहम्मद मुराद था। अब फिर से नित्य प्रतिदिन नए-नए षड्यंत्र और घटनाएँ सामने आने लगीं। मुराद

1. कासिम लाहौरी 'इबादतनामा' में

अभी तक मुख्यतः मुग़ल दरबार का छोटा-मोटा प्रबंधक सरीखा था, परन्तु जनवरी सन् 1718 में उसे हरम के अधीक्षक का पद दे दिया गया था, जो एक बड़ी प्रोन्नति थी। वह जल्दी ही बादशाह का बहुत नज़दीकी और विश्वसनीय बन गया। न जाने यह नज़दीकी और विश्वसनीयता इस सीमा तक कैसे जा पहुँची कि उसने बादशाह के दिल और दिमाग़ पर भी क़ब्ज़ा जमा लिया।

बादशाह से नजदीकी के कारण मुराद नाम के इस छोटे-मोटे राज कर्मचारी को मुग़ल दरबार में बहुत सम्मान मिलने लगा। उसे तीसरे 'मीर तुजुक' के स्थान से पहले स्थान पर प्रोन्नत कर दिया गया। उसे अतिरिक्त रूप से अन्य स्थलों का भी अधीक्षक बना दिया गया। कहा जाता है कि एक समय ऐसा आया कि उसे प्रतिदिन एक नए पद पर प्रोन्नत कर दिया जाता था, तब तक जब तक कि उसकी रैंक पाँच हज़ार जात से बढ़कर पहले छह हज़ार, और फिर सात हज़ार न हो गई।[1]

मुराद नाम का यह दरबारी सत्ता के शीर्ष पर इस तरह क़ाबिज़ हो गया था कि वह बादशाह को हमेशा षड्यंत्रों में उलझाए रखता। रोज़ाना नए-नए क़िस्से, कथानक और षड्यंत्र बनने लगे पर उनकी तामील कराने की काबिलियत न तो मुराद के पास थी और न किसी अन्य दरबारी के। मुराद ऐसे किसी षड्यंत्र को अंजाम तक पहुँचाने के लिए नहीं बना था, बल्कि वह अपनी बड़ी-बड़ी बातों, हवाई दावों और अनिर्णय के लिए अधिक जाना जाता था।

अब तक साबित हो चुका था कि बादशाह के रूप में फ़र्रुख़सियर एक ढीली प्रकृति का इनसान था। फ़र्रुख़सियर ने ईद-उल-फ़ितर के अवसर पर लगभग सत्तर हज़ार सैनिकों का जमावड़ा कर लिया था। इसकी भनक सैयद भाइयों को भी थी। जवाब में सैयद अब्दुल्ला ख़ान ने भी बादशाह की टक्कर की अपनी एक विशाल सेना की तैयारी कर ली। सैयद हुसैन अली को जब अपने भाई और बादशाह के बीच तनावपूर्ण सम्बन्धों का पता चला तो वह भी मराठों की सहायता से दिल्ली पर चढ़ आया। सैयद अब्दुल्ला ख़ाँ ने रणनीति के अन्तर्गत महत्त्वपूर्ण सरदारों को लालच देकर अपने साथ मिला लिया था, जिसमें सरबुलन्द ख़ाँ, निज़ाम-उल-मुल्क़ और अजीत सिंह जैसे प्रमुख व्यक्ति सम्मिलित थे। अजीत सिंह को फ़र्रुख़सियर से शिकायत बनी हुई थी कि उसने उसे दबाव में लेकर उसकी बेटी पर 'डोला' प्रथा के माध्यम से हक़ जमाने का अनैतिक काम किया था। बादशाह अब सैयद बन्धुओं के विरुद्ध षड्यंत्र में अजीत सिंह की सैन्य मदद की दरकार रखते थे, परन्तु अजीत सिंह ने इस पचड़े में पड़ने से साफ़ इनकार कर दिया। वह राजपूत राजा उल्टे सैद्धांतिक रूप से उनके वज़ीर सैयद अब्दुल्ला और मीर बख़्शी सैयद हुसैन अली के साथ आ खड़ा हुआ था, जिन्हें वह मन और क्रम से अपेक्षाकृत बेहतर मानता था।

1. G S Cheema, The Forgotten Mughals, New Delhi, 2002, pp. 122-123.

असलियत यह थी कि निकट रिश्तेदारी बनने के बावजूद जोधपुर के राजा अजीत सिंह और बादशाह फ़र्रुख़सियर के सम्बन्ध कभी अच्छे नहीं रहे थे। पूर्व में भी बादशाह की नाराजगी के बावजूद वह अजमेर और आसपास के इलाक़ों में अपना प्रभाव फैलाने की कार्रवाई करता रहता था। वह इन मामलों में बादशाह और उसके ख़ास लोगों की कोई परवाह नहीं करता था। उसने ऐसे आदेशों की अवहेलना करते हुए मध्य राजस्थान के दिदवाना और सांभर इलाक़ों में काफ़ी क़ब्ज़े कर लिए थे। इससे दरगाह की आमदनी में कमी आई थी। सन् 1712 के दौरान ही अजीत सिंह ने मुग़लिया आदेशों को धता बता कर उन गाँवों से भी राजस्व वसूल करना शुरू कर दिया जो अन्य ज़ागीरों में आते थे। उनमें भिनाई और अन्य वे गाँव भी थे जिनका राजस्व वसूली का अधिकार दरगाह वक्फ को दिया गया था। बसवा और दिदवाना गाँवों से इस वसूली के कारण दरगाह के लंगरख़ाने (सामुदायिक रसोई) को बन्द करना पड़ा था, जिसकी शिकायत भी बादशाह से की गई।[1]

पर अजीत सिंह का मुग़ल बादशाह से आक्रोश नहीं रुका। उसने राजपूताना की अन्य रियासतों की जगहों और संसाधनों पर क़ब्ज़ा करने के अभियानों को जारी रखा। अजीत सिंह की मुस्लिम लोगों से नापसन्दगी जगज़ाहिर थी, इसके बावजूद उसकी सैयद बन्धुओं से अच्छी निभती थी। मारवाड़ में फ़र्रुख़सियर के निर्देश पर अजीत सिंह के विरुद्ध अभियान पर जाते समय सैयद हुसैन अली ख़ान ने जनवरी सन् 1714 में अजमेर में अनासागर झील के मुहाने पर कई दिन के लिए पड़ाव डाला था। उसने चिश्ती की दरगाह और मीर साहब की दरगाह पर भी जाकर नज़र भेंट कीं और अपना सम्मान प्रदर्शित किया। तब नगर की पूर्वी सीमा की दीवार के पास स्थित अपने पुरखों की मजार पर जाकर भी सैयद हुसैन अली ने श्रद्धा-सुमन अर्पित किए थे। एक विचित्र बात यह थी कि बादशाह फ़र्रुख़सियर कभी अजमेर जाकर इस दरगाह पर सम्मान देकर नहीं आया था। उसकी श्रद्धा ख़तो-खिताबत तक भले ही रही हो, पर उसने कभी इस मजार पर व्यक्तिगत आमद दर्ज नहीं कराई थी। यह तब था जबकि फ़र्रुख़सियर के सत्तारूढ़ होने पर इस दरगाह के खादिमों ने उसे 'तबारुक' भेजा था। इसके बदले में ही वह दरगाह के हितों को सुरक्षित रखते हुए अजीत सिंह के विरुद्ध सैन्य कार्रवाई करना चाहता था।

ऐसे ही एक दिन जब बादशाह ने अजीत सिंह की कारगुजारियों के विषय में चर्चा की तो सैयद अब्दुल्ला ने कहा, "आपने उनके मान-सम्मान को जो चोट पहुँचाई है, उसके बाद भी आप उनसे किसी बेहतरी की उम्मीद किस असास पर रखते हैं, यह समझ नहीं आता!"

बादशाह फ़र्रुख़सियर को अब अपनी विरासत पर घमंड हो चला था, जो

1. Elizabeth M. Thelen, *Intersected Communities : Urban Histories of Rajasthan, c. 1500 - 1800, a PhD dissertation,* University of California, Berkeley.

उसकी बातों में भी झलकता था। बोला, "ऐसा कौन-सा जुल्म किया मैंने उसके साथ? हारे हुए राजा से डोला मँगाना तो आम है! यह तो दस्तूर है।"

अब्दुल्ला ने कहा, "और इन्द्रकुँवर को कलमा पढ़वाने का मसला? क्या उसकी राय भी आपकी ही थी? या यह भी दस्तूर था तो जोधाबाई ने इस्लाम कबूल क्यों नहीं किया?"

फ़र्रुख़सियर ने कहा, "अजीत सिंह जब डोला के लिए राजी हो गए तो मजहब की तब्दीली बड़ी बात नहीं है।"

सैयद अब्दुल्ला ने असहमत होते हुए कहा, "है, सोलह आना है। आपके लिए नहीं होगी, पर सच यही है कि हम लोग अजीत सिंह के गुनहगार हैं, इस बात को आज मानिए या कुछ वक़्त बाद, पर सच्चाई यही है।"

फ़र्रुख़सियर इस मसले पर झुकने को तैयार न था, इसलिए फ़ैसला सुनाने की मानिंद बोला, "जिस मजहब की हुक़ूमत होती है, वह बादशाह अगर उसकी अफ्जायश की कोशिश करे, तो उसमें बुरा क्या है!"

सैयद अब्दुल्ला ने भी अपने मन की बात साझा करने में कोई देर नहीं लगाई। बोला, "मैंने विजारत इस हुक़ूमत को पुख्ता बनाने के लिए सँभाली है, इस्लाम की अफ्जायश के लिए नहीं। यह भेद आप नहीं समझना चाहेंगे तो अल्लाह भी आपको समझाने में नाकामयाब रहेगा!"

न जाने क्यों हर दिन ऐसा लगता था कि बादशाह और वज़ीर के बीच दूरियाँ बढ़ती जा रही थीं। दोनों विपरीत ध्रुवों पर खड़े होते थे। मजहब और सियासत को पारिवारिक सम्बन्धों से जोड़ना बादशाह फ़र्रुख़सियर के लिए अनैतिक था, फिर भी वह जिद पर अदा था। सैयद अब्दुल्ला से बोला, "कुरान-ओ-हदीस के मुताबिक हमारा फर्ज बनता है कि अल्लाह के कलाम को जहाँ तक मुमकिन हो, वुसअत[1] दें।"

अब्दुल्ला की सोच साफ़ थी, "नहीं, यह मजहब का फ़रक है, सियासत का नहीं। आपकी सोच और हमारी सोच में यही फ़रक है। और आपका निजाम इस फ़रक को बनाए रखने, उसे और बढ़ाने का काम कर रहा है। पर यह जान लेना आपके लिए भी ज़रूरी है कि हम इस फ़रक के ताबेदार नहीं, हम सबसे पेश्तर अपने जमीर के पाबन्द हैं, अपने अकीदे के!"

आख़िरी वाक्य बोलते-बोलते सैयद अब्दुल्ला की आवाज में तल्खी इस कदर हावी हो चली थी कि माहौल में उसकी बुलन्द आवाज गूँज रही थी। बादशाह अपने कोई तर्क फिर से देते, इससे पहले ही उसने आगे कहा, "याद रखिए वो मंजर, वो वक़्त जब आप मेरे पास आए थे। एक बार नहीं, कई बार। फिर जब मैं झुलसती गर्मियों में और कड़ाके की ठंड, झमाझम बारिशों में आधे हिन्दुस्तान के इलाक़ों में जान हथेली पर लिये भटका करता था, तब आप मसनद से टिके

1. विस्तार

जाम की चुस्कियाँ लेने में मशगूल होते थे। मैंने विजारत ऐशो-आराम का सामान इकट्ठा करने के लिए नहीं सँभाली है। इन दिनों को हासिल करने के लिए मैंने अपना ख़ून बहाकर एक ख्वाब पाला है...वह यह ख्वाब तो नहीं!"

और सैयद अब्दुल्ला शाही दरबार से विदा हुआ।

अब बादशाह फ़र्रुख़सियर समझ गया था कि सैयद अब्दुल्ला के साथ उसकी पटरी बैठना मुश्किल ही नहीं, नामुमकिन होता जा रहा था। उसकी निगाह निज़ाम-उल-मुल्क़ चिंकलिच ख़ान पर गई। वह चाहता था कि निज़ाम खुलकर बादशाहत के साथ खड़ा हो, पर यह कुलीन दरबारी बहुत सतर्क था। वह जल्दबाज़ी में कोई प्रतिबद्धता प्रदर्शित करने की मन:स्थिति में नहीं था। वह इस मुग़ल काल में ख़ुद भी उत्पीड़ित महसूस करता था। उसके पास सिर्फ मुरादाबाद का 'सरकार' था, जो दक्खिन के छह सूबों की अपेक्षा नगण्य था। बादशाह ने अभी इस निज़ाम को एक और बड़ा झटका दिया। उसने मुरादाबाद को सूबे का दर्जा तो दे दिया, पर वहाँ से चिंकलिच ख़ान को बुला कर उसकी जगह अपने एक अन्य मुँहलगे दरबारी को आवंटित कर दिया। इस प्रकार ज़ाहिर तौर पर मज़बूत और अच्छे लोगों के प्रति मैत्री भाव प्रदर्शित करने के स्थान पर बादशाह फ़र्रुख़सियर ने इस महत्त्वपूर्ण अमीर को अपने विरुद्ध उठ खड़ा होने का अवसर दे दिया था।

ऐसी अजीबोग़रीब और प्रतिकूल परिस्थितियों में जनवरी सन् 1716 को मीर जुमला ने सबकी नज़र बचाकर भारी आर्थिक विपदा के दौर में राजधानी में क़दम रखा। उसके अधीन कार्यरत सात हज़ार सैनिकों को पिछले एक साल से तनख़्वाहें नहीं दी जा सकी थीं। मीर जुमला बिहार के ज़मींदारों को सन्तोषजनक ढंग से समझाने और उनसे राजस्व वसूली तथा नियंत्रण में रखने में असफल रहा था। उल्टे वे लोग अपने-अपने इलाक़ों में दमन और उत्पीड़न का आतंक मचाए थे। कहा यही गया कि उसे बिहार के सूबेदार के पद से इसीलिए हटाकर सरबुलन्द ख़ान को तैनात करना पड़ा था। जल्दी ही उससे बंगाल के सूबेदार की अनुपस्थिति में वहाँ के दिए गए चार्ज को भी हटाना पड़ा। इस प्रकार मीर जुमला की ख़ुद की राजनीति और रणनीति बुरी तरह असफल हुई थी। उसने स्थितियों की जैसी कल्पना की थी, वो उस रूप में नहीं बन पाई थीं। इस स्थिति में मजबूर होकर उसे अपने पुराने शत्रु सैयद अब्दुल्ला ख़ान की मदद की दरकार पड़ी। इस सैयद भाई के आदेश पर मीर जुमला को लाहौर का काजी तैनात कर दिया गया था। उसके सात-आठ माह बाद जुमला की पदवी और मनसब भी अब्दुल्ला ख़ान के कहने पर ही बहाल कर दिए गए थे, जो आरम्भ में उससे छीन लिए गए थे।

इस घटनाक्रम का परिणाम यह हुआ कि सैयद अब्दुल्ला के रास्ते से एक ख़तरनाक प्रतिद्वन्द्वी दूर होकर उसका मार्ग निष्कंटक हो गया लगता था। वह अब स्वयं बहुत सुरक्षित महसूस कर रहा था, और निश्चित रूप से उसी अनुपात में

बादशाह फ़र्रुख़सियर की स्थिति बहुत कमजोर हुई थी। इसके बावजूद यह इतिहास का वही कालखंड बन रहा था जब फ़र्रुख़सियर और सैयद भाइयों के बीच सत्ता संघर्ष एक गहरे तथा निर्णायक संघर्ष की ओर बढ़ रहा था।

सन् 1717 के आरम्भ में इनायतुल्ला ख़ान कश्मीरी, जो बादशाह के शासनकाल के आरम्भिक समय में अपने बेटे सादुल्ला ख़ान को फाँसी दिए जाने के बाद मक्का चला गया था, वापस दरबार में लौट आया। अब तक फ़र्रुख़सियर की यह दृढ़ राय हो गई थी कि पुराने आलमगीरी दरबारियों को हटाना एक बड़ी भूल थी। उसे लगता था कि जो अनुभवी दरबारी थे वे ज़रूरत पड़ने पर इन सैयदों के विरुद्ध डट कर खड़े हो सकते थे। इसलिए बादशाह ने अब अपने कुछ दरबारियों की सलाह पर उसे दीवान-ए-तन्वा-खालिश के पद पर तैनात कर दिया। उसे काश्मीर के सूबेदार के अवकाश पर होने की अवधि में वहाँ के पदभार को देखने का भी आदेश जारी किया गया। अप्रैल 1717 माह का समय आते-आते उसे चार हज़ार सैनिकों का मनसब भी दे दिया गया।

राजस्व मामलों में वज़ीर का मशवरा लिये बिना इनायतुल्ला ख़ान ने इस पद को स्वीकार करने से इनकार कर दिया। उसका कहना था कि जब तक वज़ीर सैयद अब्दुल्ला ख़ान से उसकी सलाह और समझ का सामंजस्य नहीं बैठ पाएगा, ऐसे पद को धारण करने का कोई लाभ नहीं होगा, क्योंकि राजस्व के मामलों में अन्तिम रूप से वज़ीर का निर्णय ही अधिकृत निर्णय होता है। कुछ दिन स्थितियाँ ठीक रहीं, पर जल्दी ही गलतफहमियाँ फिर से उभरकर आने लगीं। इनायतुल्ला ख़ान शहंशाह औरंगज़ेब का एक प्रबल समर्थक रहा था। एक दिन उसने मक्का के एक धर्मगुरु का पत्र उद्धृत करते हुए कहा कि जज़िया का कर लिया जाना पूरी तरह से वाजिब है। अब जज़िया कर की पुनर्स्थापना के फ़ैसले से सैयद अब्दुल्ला का आक्रोशित होना वाजिब था। इस प्रकार इनायतुल्ला ख़ान से अनुबंध में दरार आ गई। इसके दो परिणाम हुए—हिन्दू जनता इनायतुल्ला ख़ान के विरुद्ध और सैयद अब्दुल्ला के पक्ष में आ खड़ी हुई। अब सैयद अब्दुल्ला हिन्दुओं और हिन्दुस्तानियों के रहनुमा की भूमिका में आ खड़ा हुआ। पर इसमें सैयद अब्दुल्ला को इससे अधिक कुछ और लाभ मिलने का कारण न बन सका था।

इनायतुल्ला एक प्रभावशाली, किन्तु हिन्दू-विरोधी मानसिकता रखनेवाला अमीर था। उसकी सोच थी कि हिन्दुओं और कश्मीरी लोगों को निरन्तर मनसब तथा ज़ागीरें प्रदान की जा रही हैं जिससे मुसलमानों की स्थिति बदतर होती जा रही है। इसलिए उसकी राय थी कि सारे हिसाब-किताब की जाँच होनी चाहिए। हिन्दुओं के मनसब या तो छीन लिए जाएँ या कम कर दिए जाने चाहिए। इनायतुल्ला के ये प्रस्ताव दीवान राजा रतन चन्द्र व अन्य भूमि कर अधिकारियों को बुरे लगे, पर इससे भी आगे की कार्रवाई हो गई। इनायतुल्ला की सलाह पर सैयद अब्दुल्ला ख़ान की मर्जी के विरुद्ध

पूर्व में ही आदेश हो गया था कि हिन्दुओं से जज़िया कर वसूल किया जाए। अब इनायतुल्ला की सलाह के अनुसार हिन्दुओं के पद भी घटा दिए गए। इस कारण काफ़ी हिन्दू लोग और अधिकारी इनायतुल्ला और बादशाह से रुष्ट हो गए।

हुसैन अली ख़ान दक्षिण के सूबेदार के रूप में जम गया था। वहाँ मराठों की चौथ वसूली जारी थी। जहाँ से उन्हें चौथ नहीं मिलती थी उस स्थान को वे लूट लेते थे। ख़ाँडू नामक एक मराठा सरदार ने सूरत बन्दरगाह के मार्ग में एक मिट्टी का किला बना लिया था। वह मार्ग से गुज़रनेवाले कारवाँओं से चौथ वसूलने लगा। चौथ न मिलने पर लोगों का अपहरण करना और फिर उनके परिजनों से उगाही करना उसका आम कार्य बन गया था।

खाँडू को कुचलने के लिए सैयद हुसैन अली ख़ान ने 10 हज़ार सैनिकों के साथ अपने सहायक जुल्फ़िकार बेग को भेजा। मुग़ल सेना के आने की ख़बर पाकर ख़ाँडू जंगलों में जा छुपा। वहाँ अचानक मराठों ने पीछे से मुग़ल सेना पर आक्रमण कर दिया और मुग़लों की रसद सप्लाई रोक दी गई, जिससे मुग़ल फ़ौज में हड़बड़ाहट फैल गई। इस दौरान जुल्फ़िकार बेग तथा उसके कई साथी भी मौत के घाट उतार दिए गए।

जुल्फ़िकार बेग के मारे जाने की ख़बर पाकर सैयद हुसैन अली ख़ान ने अपने दीवान महक़म सिंह को भाई सैफ़उद्दीन अली ख़ान के साथ मराठों के विरुद्ध कड़ा अभियान चलाने के निर्देशों के साथ भेजा परन्तु ये भी ख़ाँडू का कुछ नहीं बिगाड़ सके। जब भी मुग़ल सेना उनके निकट पहुँचती थी तो ये उपद्रवी मराठे वहाँ से भाग जाते। मुग़ल सेना के हटते ही वे पुनः आकर उस स्थान पर क़ब्ज़ा कर लेते थे। मराठा शासक शाहू भी मुग़लों का साथ नहीं दे रहा था क्योंकि दिल्ली से उसके व अन्य प्रभावशाली लोगों के पास बादशाह का गुप्त फरमान पहुँचा था कि सैयद हुसैन अली ख़ान की आज्ञाओं का पालन नहीं किया जाए। इससे इन सब लोगों को मालूम हो गया था कि सैयद बन्धुओं और बादशाह के मध्य परस्पर कोई सद्भावना शेष नहीं रह गई है। इससे बादशाह की प्रतिष्ठा तथा प्रशासन के कार्यों पर गहरा विपरीत प्रभाव पड़ने लगा। साथ ही इलाक़े में सैयद हुसैन अली का इक़बाल भी घट गया था।

सैयद हुसैन अली के लिए मामले और भी कठिन होते गए जब पता चला कि फ़र्रुख़सियर ने गुप्त रूप से कोल्हापुर के शाहू, ज़मींदारों और रियासतों के दीवान लोगों को पत्र लिख कर वायसराय प्रथा का विरोध करने को भी कहा था।[1] इसका परिणाम यह माना गया कि सैयद हुसैन अली का बीजापुर, हैदराबाद और दोनों कर्नाटकों पर वस्तुतः कोई अधिकार ही नहीं रह गया।[2]

---

1. Khafi Khan,780, Eliot and Dowson viii, 260, Mashir-ul-UmraI 328
2. Ibid, 780, 787-88

यह विचित्र स्थिति थी कि दक्खिन में अपने अमीर-उल-उमरा सैयद हुसैन अली की सेनाओं की लगातार हो रही हार से मुग़ल बादशाह फ़र्रुख़सियर को प्रसन्नता और सन्तोष की अनुभूति हो रही थी। बादशाह मराठा क्षत्रपों को अपने ही अमीर के विरुद्ध जी-जान से उकसाने में जुटा था। वह उनसे साम्राज्य के विरुद्ध बग़ावत करने का अनोखा काम करवा रहा था। उसने दक्खिन के बड़े भूस्वामियों और ज़मींदारों को राजस्व अधिकारियों को भू-राजस्व देने से रोकने के लिए भी कहा। इस प्रकार पूरे दक्खिन तथा ख़ासतौर पर बीजापुर और कर्नाटक में कानून-व्यवस्था और सरकारी वसूलियों की कार्रवाहियों की धज्जियाँ उड़ गई थीं। बादशाह की अपने ही शासन के प्रमुख व्यक्ति को असहयोग और अप्रत्यक्ष विरोध करने की इन अजीबोग़रीब हरक़तों का एक असर यह भी हुआ कि मराठे समझ गए कि उन पर प्रभावी नियंत्रण नहीं लगाया जा सकता। परिणामस्वरूप वे बेलगाम हो चले।

पूर्ववर्ती बादशाह बहादुर शाह और जहाँदार शाह के शासन काल में ही मराठे दुस्साहसी हो गए थे। जब किसी स्थान के फ़ौजदार या ज़मींदार चौथ देने में ढील देते थे तो ये मराठे आक्रमण करके उनके क्षेत्र को लूट लेते थे और जब कभी देखते थे कि घेराबन्दी के बाद भी सफलता नहीं मिल रही है तो दूसरे स्थान पर घेरा डालने और लूटने चले जाते थे। इसी प्रकार उन्होंने बुरहानपुर, जमूद, सुल्तानपुर को घेरा था। इन घेरों में 28 हज़ार सिपाही लगे थे लेकिन सफलता न मिलने पर उन्हें कई स्थानों से अपने घेरे उठाने पड़े थे।

यह ऐसा समय और स्थिति थी जिससे बच निकलने का रास्ता सैयद हुसैन अली को स्वयं ही निकालना था। अतः उसने सैयद अनवार ख़ान की सलाह पर एक चाल चली। उसने सन् 1717 के मध्य में इन बागी मराठों से बातचीत और समझौतों के रास्ते खोल दिए। इस बातचीत की ख़बरें बादशाह फ़र्रुख़सियर तक भी पहुँचीं, पर उसकी ऐसी शक्तिशाली स्थिति न थी कि वह कोई हस्तक्षेप कर पाता। अन्ततः सन् 1718 के फरवरी माह में सैयद हुसैन अली और शाहू में एक समझौता हो गया। इसके अनुसार कतिपय बंधनों के साथ मराठों को स्वराज्य का अधिकार दे दिया गया। उसमें दक्खिन के छह सूबों की चौथ और सरदेशमुखी उसके लोगों से ही वसूलने का अधिकार भी प्रदत्त किया गया। दक्खिन, बरार, गोंडवाना और कर्नाटक की उनकी हाल की विजयों की पुष्टि भी कर दी गई। शाहू को इस सब के एवज में दस लाख रुपये प्रतिवर्ष की भेंट देनी थी और इलाक़े में शान्ति और व्यवस्था बनाए रखने के लिए 15 हज़ार घुड़सवार सेना को रखना था, जिसका उपयोग दक्खिन के वायसराय द्वारा सुनिश्चित किया जाना था। इसके अतिरिक्त किसी प्रकार का कोई कर नहीं वसूला जा सकता था। यह स्पष्ट तौर से कह दिया गया था कि राहदारी (टोल टैक्स) नहीं वसूला जा सकता है।

यह शाहू के पेशवा बालाजी विश्वनाथ का ही प्रस्ताव था कि अमीन, करोड़ी व

राजस्वकर्मी जो भी भूमिकर वसूल करें और जो कर शाही ज़मीनों से मिलें उसका चौथाई हिस्सा चौथ के रूप में शाहू को मिले तथा सरदेशमुखी के रूप में उसे प्रजा से होनेवाली आय में से 10 प्रतिशत दिया जाए। इस प्रकार आय में 35 प्रतिशत हिस्सा शाहू का हो गया। इसमें मराठों का वसूली और प्रशासन पर कुछ व्यय भी नहीं होना था। यानी आय में लगभग आधा मराठों का तय हो गया। इसके अतिरिक्त मराठे एक बैल और एक गाड़ी पर क्रमश: पचास पैसे व एक रुपया अलग से वसूल सकते थे। सैयद हुसैन अली ख़ान ने इस आदेश को थोड़ा संशोधित करते हुए निर्णय लिया कि पहले की भाँति अब प्रति बैल तथा बैलगाड़ियों से कोई कर न लिया जाए। हालाँकि उसका यह आदेश कभी क्रियान्वित न हो सका पर इतना अवश्य हुआ कि गाँवों और कारवाँओं की लूट स्थगित हो गई। जो गाँव उजड़ गए थे, अब पुन: बसने लगे तथा किसान नियमित रूप से खेतों में काम पर लग गए।

इस समझौते से साफ़ था कि सैयद हुसैन अली ने मराठों का दिल जीत लिया था, परन्तु यह समझौता बादशाह के लिए प्रसन्नता का कारण न होकर आक्रोश का कारण बन गया था। हुसैन अली ख़ान ने इस सन्धि को अनुमोदन के लिए बादशाह की सेवा में दिल्ली भेजा था। उसने शाहू के कारिन्दों का विस्तृत विवरण भी भेजा और तय किया कि शाहू के दो सबसे वरिष्ठ अधिकारी बालाजी विश्वनाथ तथा यमुना जी अपने अनुरक्षकों के साथ औरंगाबाद में रहें ताकि कोई भी विवाद होने पर उसे तुरन्त सुलझाया जा सके। बादशाह ने हुसैन अली ख़ान द्वारा मराठों से की गई इस सन्धि को मंजूरी तो नहीं दी, उल्टे दक्खिन में कुछ नियुक्तियाँ और कर दीं, जिन्हें सैयद हुसैन अली ख़ान ने पदभार ग्रहण नहीं करने दिया। उसे सन्देह था कि ये तैनातियाँ उसकी जासूसी करने और उस पर नियंत्रण बनाए रखने के लिए की गई हैं।

बादशाह को उसके लोगों, और तथाकथित सलाहकार मंडली ने समझाया कि मुल्क़ के घोषित शत्रुओं को राज्य की राजस्व वसूली और शासन में हिस्सेदारी देना एक ख़तरनाक और हानिप्रद परम्परा हो सकती है। इस बात से सहमत होते हुए यह प्रस्ताव बादशाह फ़र्रुख़सियर ने पूरी तरह अस्वीकृत कर दिया।

इसके विपरीत सैयद हुसैन अली और मराठों ने इस समझौते पर अपनी-अपनी मुहर लगा दी थी। बादशाह के पुष्टि न करने से यह व्यवस्था संकट में फँस गई। अब सैयद उस शिखर पर आ खड़े हुए थे जहाँ मराठे दृढ़ता से उनके साथ थे। उन लोगों के अगले क़दम की सम्भावना और उन पर निगाह रखने के लिए फ़र्रुख़सियर ने मुहम्मद अमीन ख़ान को नवम्बर 1717 में ही मालवा में तैनात कर दिया था। ज़ाहिर तौर पर इस तैनाती का उसका उद्देश्य मराठों को खदेड़ देना था जो पिछले कई वर्षों से इस प्रान्त में अपना दबदबा बनाए हुए थे। इसके लिए अमीन ख़ान ने राजा जयसिंह से मदद की दरकार की ताकि मराठों के 'उत्पीड़न' से लोगों को बचा कर उन्हें दंडित किया जा सके परन्तु उसकी तैनाती और काम करने का

असली उद्‌देश्य सैयद हुसैन अली की गतिविधियों पर निगाह और नियंत्रण रखना था। बादशाह फ़र्रुख़सियर ने सैयद हुसैन अली के उत्तरी प्रान्त बुरहानपुर में भी तैनातियों के आदेश जारी किए जिनका एकमात्र उद्‌देश्य उस प्रान्त पर भी सैयदों के दबदबे को कमजोर करना था।

यह आसानी से समझा जा सकता था कि मराठों के साथ प्रस्तावित यह समझौता व्यापक परिप्रेक्ष्य में वाक़ई में साम्राज्य के बेहतर हितों के विपरीत था। एक समानांतर शक्ति द्वारा राज्य के राजस्व और चौथ की वसूली करना एक ऐसा अभिनव प्रयोग था, जिस पर संशय होना स्वाभाविक था। पर, ऐसा क्यों हुआ कि सैयद हुसैन अली को मराठों का साथ लेने की ज़रूरत आ पड़ी? कारण साफ़ थे—यह सब फ़र्रुख़सियर की उन ढुलमुल और प्रतिरोधात्मक नीतियों से उपजी उन नीतियों का परिणाम था, जिनसे सैयदों को मराठों के निकट ला खड़ा करने में ज़रूर मदद मिलनी थी।

फ़र्रुख़सियर को यह बात समझ आ गई थी कि उसे इन सैयद भाइयों से खुलकर आर-पार की लड़ाई लड़नी पड़ेगी, तभी उसकी समस्याओं का अन्त होगा और वह वास्तविक मुग़ल बादशाह बन सकेगा, अभी तक का नाममात्र का, और कठपुतली नहीं। उसने उन पुराने दरबारियों को इकट्ठा करना शुरू किया, जो किसी न किसी कारण से पूर्व में सैयद बन्धुओं के विरोधी हुआ करते थे। फ़िलहाल शाही सेना में लगभग 70-80 हज़ार घुड़सवार थे, जबकि सैयद अब्दुल्ला के पास पन्द्रह से तीस हज़ार। यह आकलन करते समय बादशाह यह भूल गया कि उसकी कूटनीति और अव्यवहारकुशलता से उसके ससुर और मारवाड़ के राजा अजीत सिंह, निज़ाम-उल-मुल्क़ और सरबुलन्द ख़ान की सेना का साथ उसे नहीं मिलना था, परन्तु फिर भी उसने हिम्मत नहीं हारी। ऐसी स्थितियों में अपने मुँहलगे दरबारी मुहम्मद मुराद कश्मीरी, जिसे फ़र्रुख़सियर ने बहुत तेज़ी से प्रोन्नत कर आगे बढ़ाया था, को नया वज़ीर बनाना सीधे सैयद हुसैन अली को ललकारना था।

पूर्व में इस बड़बोले तैनात वज़ीर मुहम्मद मुराद ने बादशाह को भरोसा दिलाने में कामयाबी हासिल कर ली थी कि वह सैयदों को बर्बाद करके ही छोड़ेगा। इस हाल ही के शाही हरम के अधीक्षक की डींगों पर बादशाह का भरोसा करना कितना उचित था, इसका आकलन आनेवाला समय करने के लिए तैयार था। असलियत यह थी कि समय आने पर इस नए वज़ीर के षड्यंत्र यूँ ही धरे रह गए, उसकी हिम्मत और सीमाएँ पृष्ठभूमि में चली गईं। उसने सरबुलन्द ख़ान को इस षड्यंत्र का मुख्य कर्ता-धर्ता बनाने का प्रयास किया। पर उसे यह नहीं पता था कि उसकी ख़ुद की ग़ैर-वाजिब प्रोन्नति का उससे वरिष्ठ दरबारियों पर कितना नकारात्मक प्रभाव पड़ा है। ख़ान-ए-दौराँ और अन्य दरबारी इस नए वज़ीर के आदेशों को मानने को तैयार ही न थे। इस प्रकार एक-एक कर अधिकतर दरबारी नए वज़ीर और बादशाह से भी दूरी बनाते गए।

अब फ़र्रुख़सियर ने एक गलती और की। न जाने किसकी सलाह से, उसने ख़ान-ए-दौराँ निज़ाम को मुरादाबाद की फ़ौजदारी से पृथक कर दिया। सरबुलन्द ख़ान को भी बिहार के सूबेदार के पद से हटा दिया। इस समय मुरादाबाद का नाम बदलकर रुकनाबाद कर दिया गया था। वहाँ का प्रशासन एतिकाद ख़ान को सौंप दिया गया था। ऐसे में बादशाह फ़र्रुख़सियर अपने पुराने लोगों से निष्ठा और सहयोग की उम्मीद कैसे कर सकता था? उसने मालवा में सैयद हुसैन अली की बढ़त रोकने में असफल रहे मुहम्मद अमीन ख़ान को सेवा से बर्ख़ास्त कर दिया था, और राजा अजीत सिंह को उसकी 'दमनात्मक' कार्रवाइयों के आधार पर गुजरात से हटा दिया गया था। सैयद अब्दुल्ला ने इन असन्तुष्ट दरबारियों को बिना विलम्ब किए अपनी ओर मिला लिया। इसके लिए उसने उन्हें तत्काल कुछ महत्त्वपूर्ण पदों पर तैनाती के आदेश भी जारी कर दिए। स्पष्ट था कि सैयद-विरोधी गठबंधन एक अपरिपक्व घटनाक्रम में उलझ कर रह गया जिससे फ़र्रुख़सियर को कोई लाभ तो नहीं हुआ, पर अकूत हानि अवश्य हो गई, जबकि सैयद बन्धुओं को कूटनीतिक सफलता मिलती जा रही थी। इस पूरे घटनाक्रम से बादशाह का पक्ष लगातार कमजोर पड़ने लगा।

अब यह बात पुष्ट हो गई थी कि बादशाह फ़र्रुख़सियर अस्थिर चित्त का स्वामी था। उसने सरबुलन्द ख़ान और निज़ाम-उल-मुल्क को क्रमश: मीरबख्शी और वज़ीर का पद देने का आश्वासन दिया था, परन्तु बाद में उसने वज़ीर का पद एतिकाद ख़ान को देने का विचार बनाया, जिसके कारण उच्च स्तरीय अमीरों में असन्तोष फैल गया। जब इस गड़बड़ी की सूचना दक्षिण की सूबेदारी कर रहे सैयद हुसैन अली ख़ान को मिली तो उसने इस मामले को किसी निर्णय पर पहुँचाने के लिए दिल्ली जाने का विचार बनाया। तभी उसे अपने सूत्रों से ज्ञात हुआ कि बादशाह और उसके भाई सैयद अब्दुल्ला ख़ान के बीच सुलह हो गई है। साथ ही राजा अजीतसिंह, जिसकी पुत्री इन्द्र कुँवर के विवाह की रस्म बादशाह फ़र्रुख़सियर के साथ हुई थी, पूरी तरह अब्दुल्ला ख़ान के साथ है तो छोटे सैयद भाई हुसैन अली ने दिल्ली जाने की ज़रूरत नहीं समझी।

अपनी रणनीतियों में चारों ओर से असफल रहे बादशाह ने सैय्यद अब्दुल्ला से समझौता करने का प्रयास किया। सन् 1718 ई. के अन्त में सैयद अब्दुल्ला ख़ान को मनाने बादशाह फ़र्रुख़सियर उसके निवास पर जाकर मिला । वहाँ दोनों के मध्य रही परस्पर दुर्भावनाओं तथा व्यवहार पर लम्बी चर्चा हुई। दोनों ने पिछली बातें भूल जाने का निर्णय लिया। सैयद बन्धुओं के विश्वस्त इखलास ख़ान को दक्खिन में तैनात हुसैन अली ख़ान को आश्वस्त करने के लिए भी भेजा गया, परन्तु बाद की घटनाओं से साबित हो गया कि यह सब ऊपरी तौर पर ही हो रहा था, उनके दिल नहीं मिल पाए थे।

सन् 1718 ईसवी का समय फ़र्रुख़सियर के लिए इस दृष्टि से महत्त्वपूर्ण था कि तब तक यह मुग़ल बादशाह पूरी तरह अलग-थलग पड़ चुका था। केवल आमेर के राजा जय सिंह और कुछ अन्य ख़ास लोग ही उसके पक्षकार थे। अब स्थिति यह आ गई थी कि सैयद भाई अपेक्षाकृत बहुत प्रभावी भूमिका में आ चुके थे। अब विकल्प उनके पास थे, न कि बादशाह के। फ़िलहाल उनके पास तीन विकल्प थे—

बादशाह को अपदस्थ कर दिया जाए, और शाही वंश के रूप में ख़ुद को स्थापित कर लिया जाए। इस विषय पर कोई भी तैयार न था। दूसरा विकल्प था कि फ़र्रुख़सियर को अपदस्थ कर तैमूर वंश के एक नए प्रतिस्थानी को चुन लिया जाए जो उनकी इच्छाओं और विश्वास के अनुरूप शासन करे, अथवा अन्तिम विकल्प था कि फ़र्रुख़सियर को बना रहने दिया जाए, परन्तु उससे शासन-प्रशासन की सभी शक्तियाँ हटा ली जाएँ।[1]

परिस्थितियाँ ऐसी थीं कि सिर्फ दूसरे और तीसरे विकल्प पर ही विचार होना था। पहला विकल्प ख़ुद इन भाइयों ने भी खारिज कर दिया था। अब्दुल्ला ख़ान अब थोड़ा बेहतर राजनीतिक समझ रखने लगा था। यह बात उसके द्वारा भाई सैयद हुसैन अली की दक्खिन में तैनाती के सम्बन्ध में लिए गए निर्णयों से भी सिद्ध होती थी।

बादशाह ने सितम्बर 1718 में मीर जुमला को लाहौर से बुला लिया था। यह सैयद बन्धुओं से किए गए अनुबंध की अवहेलना थी। इससे सैयद हुसैन अली को भी बिना बादशाह की अनुमति के मराठा सेना के साथ दिल्ली की ओर बढ़ आने का बहाना मिल गया, हालाँकि उसका उद्देश्य कुछ और बताया गया था। बुरहानपुर के पास उसे दस हज़ार घुड़सवारों की मराठा सैन्य इकाई का भी साथ मिल गया, जिसका नेतृत्व पेशवा बालाजी विश्वनाथ कर रहे थे। अब सैयद हुसैन अली के पास पाँच हज़ार घुड़सवार सैनिक तथा 10 हज़ार पैदल सैनिकों की फ़ौज थी। इस प्रकार अचानक दक्खिन से दिल्ली की ओर आने का बहाना यह था कि शाहू ने शहज़ादे अकबर के एक बेटे (जो काल्पनिक क़िस्सा था), को उन्हें सौंपा है, जिसे सुरक्षित रूप से दिल्ली दरबार में पहुँचाया जाना है।[2]

बात यह भी थी कि सैयद हुसैन अली ख़ान थोड़ा ग़ुस्सैल स्वभाव का इनसान था। वह पहले ही फ़र्रुख़सियर को अपदस्थ करने का मन बना चुका था। ऐसा उसके निकट रहनेवाले लोग भी उसके दिल्ली पहुँचते-पहुँचते जान गए थे। उसका कहना था कि :

1. According to a Barha tradition (*taarikh-i-Sadat-i-Barha,* Muzaffar Ali Khan Jansath Ms pp 300, 314). One Jalala Khan of Muzaffarnagar or his son Diyanat Khan proposed that one of the two brothers should ascend the throne. Irvine (iP 388) however, considers this story to be of doubtful veracity.
2. By Shiv Das 49-50, Iqbalnamah, Khafi Khan, 793,795. Irvine (i) pp. 357-58.

"मैं अपनी जाति का सम्मान बनाए रखूँगा चाहे मुझे इसके लिए मनसब खोना पड़े, या शाही चेतावनी मिले!"[1]

सैयद हुसैन अली की इस सेना ने रास्ते में खड़ी फसलों को बर्बाद किया और बाजारों को ऐसे लूटा गया जैसे शत्रु पक्ष की कोई सेना किया करती है। ख़ास तौर से राजा जय सिंह (जो अभी भी फ़र्रुख़सियर के साथ थे), के इलाक़े को बुरी तरह से क्षति पहुँचाई गई थी। ये सब मामले बादशाह फ़र्रुख़सियर के सामने प्रस्तुत किए गए, पर वह स्वयं समझ चुका था कि अब उसकी स्थिति कमजोर हो चली थी, किसी स्तर पर उसकी ओर से हस्तक्षेप होगा तो बात आर-पार तक पहुँचेगी, जिसके लिए वह तैयार न था।

वास्तविकता यह थी कि आमेर के राजा जय सिंह ने बादशाह फ़र्रुख़सियर को सलाह दी थी कि वह अपनी सेना का नेतृत्व करे और विद्रोही ताकतों को सख्ती से दबाए। उन्होंने बादशाह को समझाया कि सभी उमरा उसके प्रति निष्ठावान हैं, और वे मदद करेंगे। उनका कहना था कि पूरी शक्ति से राजकाल और सेना की स्थिति एक बार हाथ में लेने से उन अन्य लोगों पर भी सकारात्मक प्रभाव पड़ेगा जो वर्तमान में अनिर्णय और अनिश्चितता की स्थिति में हैं। जब दरबारियों को बादशाह की शक्ति और दृढ़ता का अन्दाजा हो जाएगा, तो उन्हें विश्वास था कि वे दरबारी भी बादशाह के खेमे की ओर लौट आएँगे, जो फ़िलहाल सैयदों के साथ मिले हुए हैं। परन्तु दुविधा में फँसा यह बादशाह ऐसा कोई क़दम उठाने के लिए तैयार नहीं हो पा रहा था। फ़र्रुख़सियर दिमाग़ का कमज़ोर अवश्य था पर वह अब इस उधेड़बुन में रहता था कि कैसे सैयद बन्धुओं, यानी वज़ीर और मीर बख़्शी के नियंत्रण से मुक्त हो सके। उसने उनसे मुक्ति पाने के षड्यंत्रों को अपने हिसाब से रचना जारी रखा। संयोग यह रहा कि अपने विश्वस्त लोगों और गुप्तचर तंत्र की मदद से सैयद बन्धुओं को बादशाह के ऐसे अधिकांश षड्यंत्रों का पता चलता गया।

विपरीत परिस्थितियों और कई जटिलताओं का सामना करने में मिली असफलताओं से धीरे-धीरे बादशाह फ़र्रुख़सियर किंकर्त्तव्यविमूढ़ बन गया। उसे सही और गलत समझ नहीं आ रहा था, परन्तु महज दो दिन बाद ही उसने क़ुतुब-उल-मुल्क़ के सामने हथियार डाल दिए। उसकी सब माँगों को मान लिया गया। बादशाह की ओर से दूसरा अतार्किक क़दम यह उठाया गया कि उन के हाथ का लिखा फरमान राजा जय सिंह और बूँदी के राजा राव बुद्ध सिंह को पहुँचाया गया जिसमें उन्हें निर्देश दिया गया था कि वे अगले ही दिन के शुभ मुहूर्त में अपनी-अपनी रियासतों के लिए निकल जाएँ। उन्हें विदाई की खिलअत भी भिजवा दी गई थी और कहा गया कि विदाई के लिए उन्हें अलग से मिलने आने की कोई ज़रूरत नहीं है।

1. Shiv Das, 58, Khafi Khan, 804, Maasir-ul-Umara, I, 330

बादशाह से मिले इस अपमान भरे खत के कारण ग़ुस्से से आगबबूला राजा जय सिंह ने अपने तम्बू शहर की सीमा से हटाकर बाहर सराय साहिल में लगवा दिए।

जय सिंह के जाने के बाद बुद्ध सिंह की पराजय का समाचार मिला। उसे सैयदों के पक्ष के भीम सिंह ने परास्त कर दिया था। 22 फरवरी, 1719 को सैयद हुसैन अली की बादशाह फ़र्रुख़सियर से भेंट हुई। तब तक उसने क़िले में सब महत्त्वपूर्ण जगहों पर अपने लोगों की तैनाती करवा दी थी। अभी भी दोनों के बीच विवाद थमे नहीं थे। सैयदों का आक्रोश और अधीरता इस बात को लेकर थी कि उनके चयनित जिन लोगों की विभिन्न जगहों पर तैनाती की बात तय हो चुकी थी, उसमें विलम्ब क्यों किया जा रहा था। उन्हें लगने लगता था कि फ़र्रुख़सियर इसमें देर करने के साथ उनके विरुद्ध किसी और योजना पर काम कर रहा था।

इस प्रकार अब सैयद भाई भी अपने तर्कों पर अड़ गए थे। उन्होंने स्पष्ट कर दिया था कि अब उनकी ओर से किसी समझौते की गुंजाइशें शेष नहीं बची हैं। 26 जनवरी, 1719 को सैयद अब्दुल्ला और बादशाह फ़र्रुख़सियर के मध्य एक तूफानी भेंट हुई। इसमें इतनी तल्खियों से बात हुई कि गाली-गलौच तक की नौबत आ गई। मुग़ल बादशाह भी तैश में आ गया था। उसने सख्ती करते हुए साफ़ कहा कि वह अब उन्हें कोई और रियायत देने को तैयार नहीं है। अधिक बहस होने पर बादशाह ने अपने वज़ीर को अपशब्द कहते हुए ख़ुद हरम का रास्ता पकड़ा। इस घटनाक्रम से अवाक् वज़ीर सैयद अब्दुल्ला ख़ान ने अब अन्तिम हथियार के रूप में बादशाह के पसन्दीदा शाही सुरक्षाकर्मी इतिहाद ख़ान और अन्य को वहाँ से अवमुक्त करते हुए क़िले पर अपने आदमियों का क़ब्ज़ा करा दिया।

इससे पहले सवेरे से ही सैयद अब्दुल्ला ख़ान अपने हरकारों से बादशाह के पास यह सन्देश भिजवा रहा था कि वह क़िले में आकर सिंहासन पर बैठे। ज़ाहिर था कि वह अभी भी उसे पदच्युत करने की इच्छाशक्ति नहीं रखता था। बात यह भी थी कि नियमतः सैयद अब्दुल्ला का विरोध करनेवाले दरबारियों अथवा अन्य लोगों की गिरफ्तारी के लिए बादशाह की स्वीकृति होनी आवश्यक थी, जिसको वह देना नहीं चाहता था। असलियत यह थी कि यह डरपोक बादशाह अब सामने ही नहीं आना चाहता था।

इन ऊहापोह की स्थितियों में तरह-तरह की अफवाहें फैलने लगी थीं। एक अफवाह यह भी फैली कि जोधपुर के राजा अजीत सिंह और मुहम्मद अमीन के साथ हुए एक विवाद में सैयद भाइयों—हुसैन अली और अब्दुल्ला ख़ान की हत्या हो गई है। यह सुनकर उन दरबारियों में हिम्मत का संचार हो उठा जो अभी तक सामने आने की हिम्मत नहीं करते थे। वे खुलकर बादशाह के समर्थन में एकत्रित होने लगे थे। सैयद हुसैन अली का साथ दे रही मराठा सेना और मुहम्मद अमीन ख़ान के नेतृत्व की शाही सेनाओं में संघर्ष की स्थिति बन गई थी।

इस टकराव ने सैयदों और तैमूर के वंशजों और उन दोनों समूहों के निष्ठावान लोगों के मध्य एक मजबूत दीवार खड़ी कर दी थी। इस घटनाक्रम से यह भी निर्धारित हो गया था कि अब शीघ्र ही इस सत्ता-संघर्ष का निर्णायक फ़ैसला हो जाएगा। राजा जय सिंह अभी भी दिल्ली से चालीस मील दूर अपने बीस हज़ार घुड़सवारों के साथ पड़ाव डाले हुए था।

यही वह समय काल था जब सैयद अब्दुल्ला ख़ान ने अपने भाई को यह सन्देश भिजवाया कि चूँकि आज की स्थिति में शाही क़िले, महल और अन्य महत्त्वपूर्ण स्थानों पर उनके मित्रों और शुभचिन्तकों की तैनाती हो गई है, इसलिए अब उसे फ़र्रुख़सियर को अपदस्थ करने की आवश्यकता नहीं है। मुहम्मद अमीन ख़ान इस निर्णय से असहमत था। उसका मत अभी भी इसके विपरीत था। उसने सैयद हुसैन अली से इस बात पर पुनर्विचार करने का अनुरोध भी किया। ख़ान-ए-दौराँ, जो अब सैयद भाइयों के साथ था, का सोचना था कि उन्हें तत्काल और बिना कोई वक़्त गँवाए किसी अन्य शहज़ादे को बादशाह के पद पर बिठाने की कार्रवाई सुनिश्चित करनी चाहिए। परिणामस्वरूप, सैयद अब्दुल्ला को एक सन्देश भेजा गया जिसमें अवज्ञापूर्ण बादशाह को भूलकर उसकी जगह किसी अन्य तैमूर वंश के शहज़ादे को बिठाने की बात की गई थी। उनके सहयोगी राजा अजीत सिंह भी फ़र्रुख़सियर के विरुद्ध ठोस कार्रवाई किए जाने का दबाव बनाए हुए थे।

यह बात सर्वविदित थी कि बादशाह फ़र्रुख़सियर के व्यक्तित्व में थोड़ी भी दृढ़ता नहीं थी। सैयद हुसैन अली ख़ान बादशाह के तौर-तरीक़ों से भली-भाँति परिचित था। वह जानता था कि बादशाह के निर्णय अपने दुर्बुद्धि वाले सलाहकारों के परामर्श पर तुरन्त बदल जाते हैं इसलिए उसने अपने छोटे भाई सैफ़ुउद्दीन अली ख़ान को 5-6 हज़ार सवारों सहित बुरहानपुर भेजा कि वह वहाँ जाकर युद्ध के और भी साधन जुटा ले। उसे दिल्ली से अपने बड़े भाई अब्दुल्ला ख़ान के पत्र बराबर मिल रहे थे जिनमें उससे तुरन्त दिल्ली आने का अनुरोध किया गया था। सैयद हुसैन अली ख़ान ने दूरदर्शिता दिखाते हुए पूर्व में ही मराठों का भी साथ पकड़ लिया था। उसने अपने सभी अमीरों को सन्तुष्ट किया। जब वह दिल्ली जाने हेतु नर्मदा नदी पार कर रहा था तो 16 हज़ार मराठे भी अपने सेनापति ख़ाँडू जी सहित उसके साथ थे। नदी के तट पर उसकी भेंट दिल्ली से भेजे गए इखलास ख़ान से हुई। इखलास ख़ान की बातें सुनकर वह और तेज़ी से दिल्ली की ओर बढ़ा। वहाँ उसने जिम्मेदार लोगों के सम्मुख स्पष्ट रूप से कहा कि, "अगर बादशाह के हृदय में हमारे प्रति कोई दुर्भावना नहीं है तो हमारी भी इच्छा है कि हम वफ़ादार रहकर उसकी आज्ञाओं का पालन करें। मैं बादशाह को प्रणाम करके दक्खिन लौट जाऊँगा।"

परन्तु यह सब ऊपरी बातें थीं। सैयद हुसैन अली ख़ान भली-भाँति जानता था कि उसे क्या करना है।

ग्वालियर से आगे बढ़ने पर उसे अपने भाई अब्दुल्ला ख़ान का पत्र मिला जिसमें बताया गया कि उनके हमदर्द सरबुलन्द ख़ान की जागीर छीनकर मीर जुमला को दे दी गई है। सरबुलन्द ख़ान की आर्थिक स्थिति ठीक नहीं है। उसने मनसब भी त्याग दिया है, वह फकीर बनने पर उतारू था इसलिए उसे घोड़े, हाथी व आवश्यक धन देकर अपना और अधिक घनिष्ट बना लिया गया है। निज़ाम-उल-मुल्क़ वज़ीर पद न मिलने के कारण बादशाह से रुष्ट है, मैंने उसे मालवा की सूबेदारी देने का वचन देकर उसकी सहानुभूति अर्जित कर ली है। एत्मादुद्दौला को बग़ैर अनुमति दरबार में आ जाने के कारण बेइज़्ज़त करके उसका मनसब छीन लिया गया है। उसे और शुरू से ही मीर जुमला तथा बादशाह के साथी रहे ख़ान-ए-दौराँ को भी उसने साथ मिला लिया है।

इस समय बादशाह फ़र्रुख़सियर भी अपनी अधकचरी रणनीतियों को मूर्त रूप देने में लगा था। उसने गुप्त निर्णय लिया कि वह शिकार पर जाते समय अब्दुल्ला ख़ान की हवेली पर जाएगा। रास्ते में मारवाड़ के राजा अजीतसिंह की हवेली पड़ेगी, अतः जब राजा अजीत सिंह नज़र पेश करने बाहर आएगा तो उनको कैद कर लिया जाएगा। अजीत सिंह बादशाह का श्वसुर था। उसे शुरू से बादशाह की नीयत पर सन्देह था इसलिए वह पहले ही सैयद अब्दुल्ला ख़ान के निवास पर पहुँच गया। बादशाह ने जब अपनी योजना असफल होती देखी तो बहुत परेशान हुआ। उसने मार्ग बदल कर नाव से वापस लौटने का निर्णय लिया। बादशाह के लौटने की ख़बर पाकर अब्दुल्ला ख़ान तुरन्त नदी के किनारे पहुँचा, परन्तु तब तक बादशाह आगे रवाना हो चुका था। फ़र्रुख़सियर के कई शिकार अभियान मात्र इसलिए आयोजित किए गए कि वहां अवसर पाकर वह अपने वज़ीर सैयद अब्दुल्ला का सर काट कर अलग करा सके। विवरण यह भी मिलते हैं कि फ़र्रुख़सियर ने भरे दरबार और यहाँ तक कि ईदगाह में इबादत के समय भी इन भाइयों की हत्या कराने की योजनाओं पर काम किया।[1]

कौन जाने इस बादशाह को किसी ने सलाह दी अथवा उसने अपने विवेक का इस्तेमाल किया, पर अब वह फिर से सैयद बन्धुओं से समझौता करने की बातें करने लगा। शायद उसे समझ आ गया था कि इन भाइयों से सीधे टकराव का रास्ता अपनाने से उसका ख़ुद का भी अहित हो सकता था। इस समय जयपुर का राजा जय सिंह फ़र्रुख़सियर के पास मौज़ूद था। उसने बादशाह को समझाया कि यह प्रस्ताव ठीक है। मिलकर कार्य किया जाए परन्तु सत्ता के विद्रोहियों को दंडित किया जाए। बादशाह फ़र्रुख़सियर अपनी आदत के अनुरूप फिर से अनिर्णय की स्थिति में रहा। उसके दरबारियों और अमीरों ने जब देखा कि पासे बादशाह के

---

1. Md. Shakeel Akhtar, Composition and role of the nobility, abstract of the thesis at Aligarh Muslim University, Aligarh 2008.

विरुद्ध जा रहे हैं और बादशाह कोई निर्णय नहीं ले पा रहा है, तो वे सैयद भाइयों के खेमे में पहुँचने लगे। सैयद अब्दुल्ला ख़ान ने दक्खिन से आए अपने भाई को दिल्ली की सारी स्थिति से अवगत कराया और मौके पर मौज़ूद आमेर के राजा जय सिंह के प्रति शंका व्यक्त की। बादशाह द्वारा वार्ता हेतु बुलाए जाने पर सैयद बन्धुओं की ओर से शर्त रखी गई कि पहले बादशाह जयपुर के राजा जय सिंह को अपने राज्य से जाने का आदेश दें। उसके जाने के बाद क़िले की सुरक्षा हेतु व्यवस्था उनके आदमियों के हाथ में दी जाए। सैयद अब्दुल्ला के अनुसार ऐसा इसलिए किया जाना ज़रूरी था ताकि बादशाह के सम्मुख प्रस्तुत होते समय उनके लिए कोई ख़तरा मौज़ूद न हो।

इसके बाद का घटनाक्रम इतिहास का वह हिस्सा है, जिससे हम चाह कर भी मुँह नहीं मोड़ सकते। फ़र्रुख़सियर को बन्दी बनाना, अन्धा करना, बदसलूकी और हत्या। यही उसका प्रारब्ध था जो उसने अपनी असफल रणनीतियों से ख़ुद ही बुना था, और स्वयं ही वह उन बेहूदा नीतियों और अनिर्णयों का शिकार होकर बेमौत मारा गया!

फ़र्रुख़सियर ने कोई बेहतर काम किया हो, ऐसा कुछ याद नहीं पड़ता, पर उसने सिखों के एक नायक बन्दा बहादुर के साथ जो लोमहर्षक व्यवहार कर उन्हें मौत के घाट उतारने का काम कराया, वह उसके इतिहास के पन्नों पर एक गहन काला धब्बा है।[1]

सैयद बन्धु फ़र्रुख़सियर की इस कार्यवाही से सहमत न थे, ऐसी चर्चा रही। दरअसल इस काल अवधि में सैयद अब्दुल्ला दिल्ली दरबार में नहीं था। जब वह राजपूताना के अपने अभियान से लौट कर आया तो उसने अपनी आपत्ति दर्ज कराई थी। उसने बादशाह से कहा, "जाने से पेश्तर मैंने अर्ज किया था कि मेरी ग़ैरहाजिरी में सियासती मजहब से तआल्लुक रखनेवाला कोई भी अहम फ़ैसला नहीं लिया जाएगा।"

बादशाह उसके इस प्रश्न से विस्मित थे। बोले, "यह कौन-सा अहम फ़ैसला था?"

अब्दुल्ला को थोड़ा आवेश आ गया था, पर वह अपने जज्बे को जज़्ब कर बोला, "लाखों सिखों के मजहबी रहनुमा और उनके लोगों का कत्ल क्या आप कोई मामूली कारगुजारी समझते हैं?"

पर बादशाह फ़र्रुख़सियर के पास अपने तर्क थे। बोले, "यह तो तुमको मालूम होगा ही कि सिखों ने मुसलमानों पर कितने जुल्म ढाए हैं। फिर सभी अमीरों का भी मेरी राय से इत्तिफ़ाक था।"

---

1. http://naveenldh.blogspot.com/2018/06/blog-post_19.html, visited on November 21, 2020

अब्दुल्ला खान बादशाह के तर्कों से प्रभावित न था। फिर भी उसने राय दी, "हुकूमत के फ़ैसले आपके साथ मेरी भी जिम्मेदारी हैं। हमें यह भी देखना चाहिए कि सियासत में मजहब की क्या जगह है।"

बादशाह तो बादशाहत के घमंड में चूर था, इसलिए बोला, "मुग़लिया सल्तनत ने दोनों में कभी फ़रक नहीं किया। बाबर हुज़ूर से लेकर अकबर हुज़ूर और औरंगज़ेब हुज़ूर तक की तवारीख गवाह है..."

सैयद अब्दुल्ला ने बादशाह के वाक्य पूरा होने से पहले ही कहा, "बराये मेहरबानी, उनसे मुक़ाबला न करें। हम-आप उनके पासंग भी नहीं। वे शहंशाह अज़ीम थे, उनका जाहो जलाल बुलन्द था, इतना बुलन्द कि अपने मजहब को हुकूमत से जोड़ते हुए भी मुल्क़ की अक्सरियत को अपने साथ लिए रहे। दौर-ए-मौजूँ में हम बौने और कमजर्फ हैं, यह मानने में कोई हर्ज नहीं।"

आख़िरकार बादशाह को निगाहें नीची करनी पड़ीं।

6

रफी-उद-दरजात को बादशाहत, फ़रुख़सियर के साथ दुर्व्यवहार

तो बात फिर से फ़रुख़सियर के तख़्ता-पलट की।

हुआ यह कि जब फ़रुख़सियर को अपदस्थ करने के कगार पर थे, तब सैयद पक्ष की ओर से तय हुआ कि अब उसके स्थान पर किसी नए बादशाह को बिठाने में कोई देरी न की जाए। उनके समर्थक ख़ास दरबारियों और राजा अजीत सिंह सरीखे निकटस्थ लोगों की गुप्त बैठकें हुईं। आख़िरकार सैयद अब्दुल्ला ने हरकारों के मुखिया को बुलाया और कहा, "एक भरोसे का काम करना है!"

वह सैयद था, उनका ताबेदार था। बोला, "हुज़ूर, हुक़्म कीजिए!"

उससे कहा गया, "शहज़ादे बिदार बख़्त को लेकर आओ। उसे मुल्क़ का अगला बादशाह बनाना तय पाया गया है!"

उस सैयद की आँखें खुली रह गईं, पर जल्दी ही उसने ख़ुद को संयत कर लिया। बोला, "बस, चन्द घड़ी का वक़्त दीजिए, ले आता हूँ।"

वह जाने को था कि सैयद अब्दुल्ला ने कहा, "कुछ हथियारबन्द सैनिकों और घुड़सवारों को ले जाना। न जाने क्या माहौल हो।"

"जो हुक़्म हुज़ूर का।"

उसने कहा और एक सेना की टुकड़ी को लेकर शहज़ादे के घर का दरवाज़ा खटखटा दिया। पर यह क्या, उन लोगों ने बाहर जमा सैनिकों की आवाजों से ही डर कर दरवाज़ा खोलने से इनकार कर दिया। अब ऐसा कैसे होता कि सैयद अब्दुल्ला के हुक़्म की तामीली न होती। उनके घर की औरतों को बाहर से ही पुचकारकर समझाया गया, "हुज़ूर ने शहज़ादे को किस लिए बुलाया है, जानते हो आप लोग?"

बिदार बख़्त के घर कोहराम मचने की आवाजें बन्द दरवाज़ों के पीछे से बाहर तक आ रही थीं। उसकी माँ ने अन्दर से ही चिल्ला कर कहा, "अरे कमबख़्तो, कुछ तो रहम करो! किस-किस को मारोगे, अल्लाह को कैसे मुँह दिखाओगे। तुम सब दोजख की आग में जलोगे, न ख़ुद बचोगे न लोगों को जीने दोगे!"

वह सैयद अवाक् था, उसने समझाने की कोशिश की, "देखो बड़ी बी, हम लोग यकीन दिलाते हैं कि शहज़ादा बिदार बख्त इस मुल्क़ का बादशाह बनने जा रहा है। उसे बादशाही तख्त पर बिठाने की रस्में की जा रही हैं। ऐसा मौका बार-बार नहीं मिला करता। एहसान मानिए सैयद अब्दुल्ला साहब का!"

पर वहाँ महिलाओं की बुक्का फाड़ रुदन में बाहर से भेजे जा रहे ख़ुशामदी सन्देशों की आवाजों के शब्द भी गुम हो गए थे। कोलाहल माहौल पर हावी था। बस इतना समझ आया कि दरवाज़े नहीं खुलेंगे। उन हरकारों और सिपाहियों पर छत से पत्थरों और लाठी-बल्लमों को फेंककर हमला भी किया गया।

मरता क्या न करता। हरकारों का काम सन्देश देना था, पर यहाँ उस से भी अधिक जिम्मेदारी आन पड़ी थी। इस शहज़ादे को न ला सकना, मतलब हुक़्मउदूली! उस सैयद ने अपने लोगों को हुक़्म दिया, "दरवाज़ा तोड़ दो!"

कुछ समय के बल प्रयोग से, कुल्हाड़ियों के मजबूत प्रहारों से वह दरवाज़ा टूट गया। जब वे लोग सैनिकों के साथ अन्दर गए तो वहाँ रोती-कलपती औरतों ने उन्हें बहुत बुरा-भला कहा। शहज़ादे की माँ ने कहा, "क्यूँ तुम लोग बेगुनाह लोगों की बददुआ ले रहे हो, चैन से जियो और जीने दो। हर किसी को वहीं जवाब देना है, उस अल्लाहताला को!"

उन लोगों ने चुपचाप अपना काम निपटाया। घर का कोना-कोना छान मारा गया, पर अफसोस, कि बिदार बख़्त नहीं मिला।

दरअसल घर की औरतों के दिमाग़ में सिर्फ यह विचार भरा था कि सैयद भाई देश के सिंहासन पर ख़ुद बैठने से पहले मुग़ल वंश के हर उस इनसान का कत्ल करना चाहते थे जो बादशाहत के क़ाबिल हो सकता था। उनका यह डर जायज भी था क्योंकि इस शाही वंश का इतिहास ऐसा ही था। याद कीजिए शाहजहाँ का, जिसने तख्त पर बैठने से पहले ही अपने सब भाइयों-भतीजों की हत्या करवा दी थी, ताकि राज्यारोहण में उसके रास्ते में कोई काँटा न रहे।

हताश होकर सैयद भाइयों के भेजे गए लोगों को रफी-उश-शान के घर का रुख करना पड़ा, जिसके शहज़ादे की क़िस्मत उस दिन शायद पलटनेवाली थी। बाद में पता चला कि बिदार बख़्त को घर की औरतों ने किसी बड़े सन्दूक में छिपा दिया था।

माहौल अपने ख़िलाफ़ देखते हुए, परिस्थितियों के अधीन अब बादशाह फ़र्रुख़सियर ने सैयद भाइयों की शर्तें मंजूर कर ली थीं, पर अब सैयद बन्धु मामले को आर-पार की स्थिति में ले जाना चाहते थे। जयसिंह को आमेर रवाना कर दिया गया था। क़िले पर सैयद बन्धुओं के आदमी तैनात हो गए थे। बादशाह के पास केवल एतिकाद ख़ान व मुशरिफ इमिलियान ख़ान रह गए। इसके अतिरिक्त कुछ नौकर व ख्वाज़ासरे थे। दुर्ग के चारों तरफ़ सैयद भाइयों और मराठों की फ़ौज

तैनात थी। सैयद बन्धु राजा अजीतसिंह के साथ दुर्ग में पहुँचे। उन्होंने दीवान-ए-ख़ास, ख्वाबगाह आदि की चाबियाँ अपने क़ब्ज़े में ले लीं। इसके बाद बादशाह के सम्मुख अपनी शिकायतें रखते हुए सैयद हुसैन अली ने कहा कि, "आपके प्रति हमारी वफ़ादारी और सहयोग का बदला आपने हमें दुर्भावना, कपट तथा सन्देह द्वारा दिया है। आप एक एहसान फरामोश बादशाह हैं। हमारे पास वह फरमान हैं जो आपने हमारे ख़िलाफ़ दाऊद ख़ान तथा अन्य अमीरों को लिखे थे और उन्हें हमारे कत्ल का आदेश दिया था।"

इस वार्ता और सैयद बन्धुओं के व्यवहार से क्षुब्ध बादशाह ने एक बार फिर बहानेबाजी करते हुए काफ़ी ऐसी बातें कहीं जिनसे कोई हल तो निकलना नहीं था, बचा-खुचा सौहार्द भी खत्म हो गया। उसने अपने कार्यों की जिम्मेदारी अभी तक अपने विश्वस्त रहे दरबारी एतिकाद ख़ान के ऊपर डाल दी। सैयद अब्दुल्ला ख़ान ने एतिकाद ख़ान को गालियाँ देकर तत्काल क़िले से बाहर निकाल दिया। इस समय बादशाह अपने भविष्य के प्रति सशंकित हो गया था। दिल्ली में उस सारी रात भय का माहौल बना रहा। मराठा सेना के मुस्तैद योद्धा रात भर घोड़ों पर सतर्क बने रहे। अपमानित होने के बावजूद एतिकाद ख़ान तथा कुछ अन्य अमीर फिर भी अपने जीवन की चिन्ता न कर सैयद भाइयों के विरोध पर रवाना होनेवाले थे कि सामने मराठा फ़ौज दिखाई दी। एतिकाद अहमद इस सेना का नेतृत्व कर रहा था, यह इस बात को पुष्ट करने के लिए काफ़ी है कि उसकी और फ़र्रुख़सियर की साँठगाँठ थी। बिना देर किए यह मुग़ल फ़ौज मराठा सेना पर टूट पड़ी। इस संघर्ष में क़रीब डेढ़ हज़ार मराठा सैनिक मारे गए। यह देखकर अब्दुल्ला ख़ान ने भी अब कड़ाई से मोर्चा सँभाला तो एतिकाद ख़ान ने हिम्मत खो दी। उसने सेना सहित आत्मसमर्पण करने की घोषणा कर दी।

सैयद भाइयों के विरुद्ध यह बग़ावत और सैन्य कार्रवाही निश्चित रूप से दिल्ली में बैठे बादशाह फ़र्रुख़सियर के भड़कावे और निर्देश पर की गई थी, यह बात पूरी तरह साफ़ हो चली थी। मराठों से यह भी कहा गया था कि अमीर-उल-उमरा सैयद हुसैन अली का हर तरह से विरोध किया जाए। इससे हुसैन अली बादशाह के प्रति अब बेहद आक्रोश में भर गया। वह फ़र्रुख़सियर द्वारा दक्खिन में की जा रही तैनातियों से पूर्व से ही नाराज चल रहा था। उसका कहना था कि ये तैनातियाँ सिर्फ उसका विवेक और अधिकार हैं, बादशाह को भी उनमें हस्तक्षेप करने की शक्ति नहीं है। सैयद हुसैन अली का कहना था कि ऐसा करना उसकी शक्तियों और अधिकारों की अनदेखी के साथ-साथ बादशाह और राजमाता से हुए अनुबंध का उल्लंघन भी है।[1]

---

1. Dr Yusuf Hussain Khan, *Nizam-ul-Mulk Asaf Jaha I, Founder of the Hyderabad State,* The Basel Mission Press, Mangalore, 1936, p. 84

इससे पहले अमीर-उल-उमरा सैयद हुसैन अली ख़ान अभी इलाक़े को ठीक से सँभाल ही पाया था कि मराठों के साथ हुए लुका-छिपी के खेल में उसे बहुत हानि उठानी पड़ी। औरंगाबाद में ये मराठे बहुत प्रबल थे और हर तरह से इस प्रमुख सैयद को परेशानी में डालते रहते थे। वह जब भी प्रशासन में कोई कड़ाई करता तो कहीं न कहीं से बग़ावत की ख़बरें आने लगतीं। बागियों को बादशाह की ओर से प्रश्रय मिल रहा था, ऐसा पता चलता रहता था। पहले निजाम-उल-मुल्क़ ने इन मराठों के प्रति बहुत सख्ती से काम लेकर उन्हें दबा दिया था, पर वह इस प्रान्त को सुगठित कर पाता, इससे पूर्व ही उसे वहाँ से बुलवा लिया गया।

7

कठपुतली बादशाह रफी-उद-दरजात और फ़रुख़सियर का अन्त

कोई सोच भी नहीं सकता था कि मुग़लों के वंश का इतना बुरा समय भी आएगा कि योग्य शहंशाहों और शहज़ादों का इस कदर टोटा पड़ जाएगा कि इस वंश का कोई असल वारिस शहज़ादा मुल्क़ की राजगद्दी को सँभालने को ही तैयार न होगा।

अपने भाइयों में सबसे छोटा होने के बावजूद रफी-उद-दरजात अपेक्षाकृत अधिक समझदार और कार्यकुशल था। वैसे तत्कालीन परिस्थितियों में इस बात से किसी को कोई फर्क भी नहीं पड़ता था, उन्हें तो मुग़ल वंश के उत्तराधिकारी की ज़रूरत थी। वह जिन कपड़ों में था, उन्हीं में ले जाया गया। उस समय आभूषण के नाम पर उसकी गर्दन में एक मोतियों का हार लटक रहा था, जिसे बाद में क़ुतुब-उल-मुल्क़ ने अपने गले में डालने के लिए हड़प लिया।[1]

रफी-उद-दरजात को बलैयाँ लेकर राजसिंहासन पर बैठाया गया, पर 'इस पृथ्वी और समुद्र पर बादशाहों का बादशाह' यह बीस वर्षीय मुग़ल शहज़ादा एक लती अफीमची था, जिसके फेफड़े इस व्यसन का शिकार होकर लगभग बर्बाद हो चुके थे। रफी-उद-दरजात को क्षय रोग ने जीते जी ही लील लिया था, बस वह किसी तरह से हाड़-मांस के पुतले के रूप में ज़िन्दा था। अट्ठाईस फरवरी की उस घटना के बाद जब बिदार बख्त को बादशाह के सिंहासन पर बिठाने के लिए बुलाने के प्रयास असफल हो गए थे, तो निहायत मजबूरी में इस मुग़ल वारिस को गद्दी पर बिठाया गया था, यह हर कोई जानता था।

नौरोज़ के त्योहार के लिए लाल क़िले के दीवान-ए-आम में मुग़ल वंश का मोर की आकृति वाला रत्नजड़ित राजसिंहासन दो दिन पूर्व ही स्थापित किया गया था। नए-नवेले बादशाह बने रफी-उद-दरजात को सीधे इस सिंहासन पर ले जाकर बिठा दिया गया। इसके लिए पूरी रस्म अदायगी हुई। क़िले में पहुँचकर

1. William Irvine, Later Mughals, p. 389

एक ओर से वज़ीर और दूसरी ओर से जोधपुर के राजा अजीत सिंह ने उसका हाथ पकड़ा। फिर उसे बादशाह के लिए नियत तख़्त पर बिठाने के लिए ले जाया गया। दरबारियों और उपस्थित लोगों ने मुल्क़ के इस नए बादशाह का अभिवादन किया और नज़र भेंट कीं। रस्म के अनुसार नौबतख़ाना में संगीतकारों ने एक नए दौर के शुरुआत की घोषणा की। 28 फरवरी, सन् 1719 ई. को इन्हीं गहमागहमियों के मध्य औपचारिक घोषणा की गई कि मुग़ल सिंहासन पर फ़र्रुख़सियर के स्थान पर अब अब्दुल बरकत रफी-उद-जात साहब बादशाह के सिंहासन पर आसीन हो गए हैं।

इस शहज़ादे के शाही सिंहासन पर बैठने के बाद ही बादशाह फ़र्रुख़सियर को तलब किया गया, जो फ़िल-वक़्त तक हिन्दुस्तान का बादशाह था। इस हेतु नज़्म-उद-दीन अली ख़ान, राजा रतन चन्द, राजा बख़्त मल, जलाल ख़ान के बेटे दिलदार ख़ान और अफ़गानी प्रमुखों को अपनी देखरेख में अपदस्थ बादशाह फ़र्रुख़सियर को शाही हरम से गिरफ्तार करने के लिए भेजा गया। इस दौरान उसके खेमे के कुछ लोगों ने फ़र्रुख़सियर को गुप्त रूप से भगाने की कोशिश भी की परन्तु वे कामयाब न हो सके।

घटनाक्रम के अनुसार मुख्य रूप से नज़्म-उद-दीन अली ख़ान को फ़र्रुख़सियर को पेश करने का हुक़्म हुआ था। जिस हिस्से में यह पूर्ववर्ती मुग़ल बादशाह छिपा था, ख़ान वहाँ लगभग चार सौ लोगों की टुकड़ी के साथ गया। मुख्य द्वार नहीं खुला तो कुल्हाड़ियों के प्रहार से दरवाज़े को तोड़ डाला गया। अपने ही महल में छिपे हुए इस अपदस्थ बादशाह को मजबूरी में बाहर आना पड़ा। जब फ़र्रुख़सियर निकला, वह अपने हाथ में पकड़ी नंगी तलवार लहरा रहा था। उसकी माँ, बेगमों, बेटियों और नौकरानियों ने उसका कवच बनने की कोशिश की परन्तु उन सब को आसानी से किनारे कर दिया गया। फ़र्रुख़सियर को सरलता से काबू में कर लिया गया। उसे बेहद निर्दयता के साथ घसीट कर बाहर लाया गया। इस मुग़ल बादशाह रहे इनसान की पगड़ी ज़मीन पर गिर गई थी और उसे पूरे समय भद्दी-भद्दी गालियों तथा व्यंग्य बाणों से नवाजा जा रहा था। उसके सारे कीमती सामान, आभूषणों और परिधानों को तो छीन ही लिया गया था, वहाँ की औरतों के व्यक्तिगत सामानों को भी उनसे हथिया लिया गया। उस दौरान फ़र्रुख़सियर की माँ, बेगमें और बहनें रोती-चिल्लाती रहीं, पर जिन कानों को वे रुदन-क्रंदन के स्वर सुन रहे थे वे शायद बहरे हो गए थे, इसलिए कोई नहीं पसीजा। इस प्रकार कुछ घंटों पहले तक मुल्क़ के बादशाह रहे, एक चर्चित तैमूर ख़ानदान के वंशज, जिसकी बादशाहत का दूर-दूर तक सिक्का चलता था, को फटे हुए अव्यवस्थित कपड़ों, बिना पगड़ी और नंगे पैर ले जाकर दीवान-ए-ख़ास में मौज़ूद वज़ीर सैयद अब्दुल्ला ख़ान के सामने पेश किया गया।

फ़र्रुख़सियर के पेश होने के बाद सैयद अब्दुल्ला ख़ान ने अपना डिब्बा खोला और एक सुई निकाली जिसे वह सुरमा लगाने में इस्तेमाल करता था। इस सुई को उसने एक आदमी को देते हुए इशारा किया। अगले ही पल फ़र्रुख़सियर को ज़मीन पर गिरा दिया गया था। कुछ ही क्षण में एक जोरदार चिंघाड़ सुनाई दी। वह अन्धा कर दिया गया था।

फ़र्रुख़सियर को वह मुकम्मिल सजा दे दी गई थी, जिसका मुग़ल ख़ानदान में एक अलिखित चलन-सा बन गया था। अब उसे क़िले के एक हिस्से, त्रिपोलिया के एक छोटे से कमरे में बन्द कर दिया गया। चार-पाँच दिनों तक उसे आवश्यक ज़रूरतों तक के लिए भी पानी नहीं दिया गया। उसके पास कमरे में केवल एक आफताबा (बर्तन) तथा एक पानी पीने का गिलास था। यह वही जगह थी, जहाँ सात साल पहले कैद किए गए तत्कालीन मुग़ल बादशाह जहाँदार शाह की हत्या कर फ़र्रुख़सियर ने मुग़ल बादशाह के रूप में सत्ता हासिल करने में सफलता पाई थी।

जब तक फ़र्रुख़सियर कैद में रहा, उसके साथ बहुत कड़ाई की जाती रही। गद्दी पर बैठने के कुछ दिन बाद ही बादशाह रफ़ी-उद-दरजात को उस पर रहम आया। नए बादशाह ने एक ख्वाजासरा को उसका हाल पता करने के लिए भेजा। अपदस्थ बादशाह ने उस ख्वाजासरा के हाथों मुल्क़ के नए बादशाह को आशीर्वाद भेजा और ये पंक्तियाँ लिखवा भेजीं—

"ओ बुलबुल, इस माली की चालों में न आना,
यह मेरी गलती थी कि मैंने यहाँ अपना घोंसला बनाया।"

उस समय फ़र्रुख़सियर के मुँह से निकली कुछ और पंक्तियाँ भी प्रचलन में थीं। उनमें से एक यूँ थी—

"यह दिल शराब के लिए पागल हुआ जाता है,
इसे शराब दे दो,
यह आग में जलने को बेकरार है,
इसे आग के हवाले कर दो,
वो जो पूछते हैं मेरे दिल का हाल,
उन्हें मेरी एक ठंडी आह ही दे दो।"

चर्चा यह भी थी कि एकबारगी सैयद भाइयों द्वारा कैदी फ़र्रुख़सियर पर नज़र रखने के लिए लगाए गए सुरक्षाकर्मी भी उसकी दयनीय स्थिति से चिन्तित हो गए थे। उसे चार-पाँच दिन में नित्य क्रियाओं के निपटारे के लिए एक ही बार पानी दिया जाता था। अनुपयुक्त भोजन से फ़र्रुख़सियर को दस्त-पेचिश की शिकायत हो चली

थी, पर ख़ुद को साफ़ रखने के लिए उसके पास पर्याप्त पानी नहीं होता था। ऐसे में वह अपने कपड़ों को फाड़ कर, उनके टुकड़ों से ख़ुद को साफ़ रखने के लिए मजबूर होता था। वह दिन-रात कुरआन की आयतों को उच्चारित कर अपना समय काटता था। ख़ास बात यह थी कि उसे ये आयतें दिल से याद थीं, पर वह अकसर उनका उच्चारण करना इसलिए बन्द कर देता था क्योंकि इस्लाम में अस्वच्छ शरीर होने पर कुरआन की आयतों का बोला जाना निषेध है।

बताते हैं कि अन्धा कर देने के बाद भी फ़र्रुख़सियर की एक आँख में कुछ रोशनी शेष थी। उसे जिस कमरे में कैद रखा गया था, उसके बाहर सैयद अब्दुल्ला के एक वफ़ादार अफ़गान पहरेदार की तैनाती थी। वक़्त की मार से दुखी, इस हारे-थके और अंधे हो गए पूर्व बादशाह ने उस पहरेदार से मेल-जोल बढ़ाया। उसने पहरेदार को लोभ दिया कि यदि उसे जयपुर के राजा जयसिंह के पास पहुँचाने का कोई उपाय हो जाए तो वह फिर से बादशाह की गद्दी पर बैठने के बाद उसे मालामाल कर देगा। उस पहरेदार को सात हज़ार का मनसब देने का वादा भी किया गया। पहरेदार ने इस भूतपूर्व बादशाह की आँख में कुछ नेत्र ज्योति शेष रह जाने तथा उसके द्वारा कही बातों की सूचना ईमानदारी से अपने उच्च अधिकारियों को दे दी। अब सैयद भाइयों ने उसके जीवित बने रहने के ख़तरे को समझकर उसके प्राण हरण करने को ज़रूरी समझा। ख़ास तौर से छोटा सैयद भाई हुसैन अली इस बात के लिए अड़ गया था कि फ़र्रुख़सियर का ज़िन्दा रहना उन लोगों के लिए कभी भी संकट का सबब बन सकता था।

सैयद हुसैन अली के पूछे जाने पर उनके गुरु सरीखे हाशिम अली ख़ान दक्खिनी ने साफ़ तौर पर सुझाया था कि, "बीमारी के दो इलाजों में एक ही कारगर होता है—या तो बर्दाश्त करो, या रोगग्रस्त हिस्से को काट दो!"

सत्ता का मजा ले रहे इन सैयदों को इस पंक्ति का निहितार्थ समझ आ गया। हाशिम अली ख़ान का प्रस्ताव स्वीकृत हुआ। अब फ़र्रुख़सियर को भोजन में हल्का-हल्का ज़हर दिया जाने लगा, परन्तु फ़र्रुख़सियर पर उसका कोई प्रभाव नहीं पड़ा तो एक दिन बन्दीगृह में हत्यारों को भेजा गया कि वे गला घोंटकर उसे मार डालें। फ़र्रुख़सियर ने हत्यारों का मुक़ाबला किया लेकिन संख्या में अधिक होने के कारण वे उस पर काबिज होने में कामयाब हो गए। उन्होंने अपने पूर्व बादशाह के गले में फन्दा डाल दिया, जिसे फ़र्रुख़सियर ने हाथों से पकड़ लिया। इस कारण उसे पूरी तरह से कसा नहीं जा सका। अब फ़र्रुख़सियर के हाथों पर प्रहार किए गए। जब उसने रस्सी छोड़ दी तो उसका गला घोंट दिया गया। मृत्यु निश्चित करने के लिए उसके पेट में तलवार घोंप दी गई। आख़िरकार 27-28 अप्रैल की रात्रि में इस अपदस्थ मुग़ल बादशाह की मृत्यु हो गई। उसे हुमायूँ मक़बरे के एक तलघर में दफना दिया गया।

इस प्रकार मुल्क में मुग़ल बादशाहत का एक अध्याय खत्म हो गया था।

एक इतिहासकार ने लिखा था : "अनवरत ख़तरों को सामने पाकर भी यदि सैयद बन्धु अपने शत्रुओं को निर्बल करने, उन्हें भुलावे में रखने अथवा उन पर हावी होने के प्रयत्न न करते तो उन्हें मूर्ख ही कहा जाता।"[1]

हादी कँवर ख़ान का कहना था कि फ़र्रुख़सियर के जनाजे में लगभग पन्द्रह से बीस हज़ार लोग शामिल हुए थे। वे दहाड़ें मार-मार कर रो रहे थे और अपने कपड़े फाड़ कर माथे पर रज लगाते हुए देखे जा सकते थे। शाही घराने की औरतों में चीख़-पुकार मची थी और वे सैयदों के कारिंदों पर पत्थर फेंक रही थीं। यद्यपि इस वर्णन के विपरीत खाफी ख़ान और ग़ुलाम हुसैन ने लिखा था कि अन्तिम संस्कार के इस जनाजे में तीन या चार हज़ार लोग रहे होंगे, जो अधिकतर भिखारी थे।

इस घटनाक्रम से जो बात उभरकर आई वह यह थी कि अब सैयद भाई आम लोगों की नज़रों में घृणा का पात्र बन गए थे। यह घृणा उन लोगों के लिए भी थी जिन्होंने इस भयावह कृत्य में इन भाइयों का साथ दिया था। उदाहरण के लिए जोधपुर के राजा अजीत सिंह की इस बात के लिए कड़ी निंदा हुई कि उसने अपने ही दामाद बादशाह फ़र्रुख़सियर को मारने में खुलकर मदद कर एक नीचता का उदाहरण प्रस्तुत किया था। राजा अजीत सिंह जहाँ भी जाता उसे फ़र्रुख़सियर से संवेदना रखनेवाले लोगों की बददुआएँ और चुन-चुन कर दी गई गालियाँ सुननी पड़तीं।[2]

चूँकि मराठा सेना ने सैयद भाइयों के साथ गठबंधन कर बादशाह फ़र्रुख़सियर की हत्या में परोक्ष रूप से सहयोग किया था, इसलिए जनता का आक्रोश उन लोगों के प्रति भी था। मथुरा का जाट नेता चूड़ामन, जो मुग़लों के काल में हमेशा बग़ावत का नेतृत्व करता रहा था, को फ़र्रुख़सियर के शत्रु के रूप में देखते हुए, उसे भी लोगों की निंदा का भागी बनना पड़ा, पर सबसे अधिक ग़ुस्सा सैयदों के दीवान रतन चन्द पर था, जो सैयदों के माध्यम से उन सभी विभागों और वित्तीय संसाधनों पर प्रभाव और सुदृढ़ नियंत्रण रखता था जो बादशाह और सैयदों के पास थे। उसकी कड़वी भाषा, दुर्व्यवहार और सभी लोगों के प्रति बेहूदगी से हुक़ूमत के कर्मचारी और अधिकारी तो उससे नाराज रहते ही थे, दरबारी भी अच्छा-ख़ासा आक्रोशित रहने लगे थे। ऐसा इसलिए था कि वह दरबारियों और अन्य ज़रूरतमन्द बड़े लोगों को अपने आवास पर लगाए जानेवाले दरबार में आने को विवश करता। वहाँ वह सबके साथ बुरा व्यवहार करने के लिए कुख्यात बन चला था।

रतन चन्द मूल रूप से जनपद मुज़फ़्फ़रनगर के क़स्बा मीराँपुर का रहनेवाला गोयल गोत्र का वैश्य दरबारी था, जिन्हें रघुवंशी शाखा के बनिए कहा जाता है। यह क़स्बा सैयद अब्दुल्ला के पैतृक निवास के बहुत करीब था। रतन चन्द के

1. The crescent in India, S R Sharma, Laxmi Narain Agarwal, 1954
2. Tarikh-iSultanat-i-Farrukh Siyar, f.83, Tabatabai, i.p. 138, Irvine, i.p. 408

पिता जयलाल सिंह गोयल अनाज के थोक विक्रेता थे, जिनके संरक्षण में रतन चन्द ने हिन्दी, उर्दू और प्रचलित मुंडी भाषा का अच्छा ज्ञान प्राप्त कर लिया था। युवा होते-होते रतन चन्द ने अपने पिता के व्यवसाय को कुशलतापूर्वक सँभाल लिया था।

कहते हैं कि रतन चन्द की लेखे-जोखे में पारंगता की ख़बर सुनकर सैयद अब्दुल्ला ने उसे सन् 1701 में जानसठ बुलाकर अपना कोषाध्यक्ष तैनात किया था। जब सैयद भाइयों की मदद से फ़र्रुख़सियर को बादशाहत मिली तो रतन चन्द का प्रभाव और दायरा भी बहुत बढ़ गया। रतन चन्द की शक्ति और कार्यक्षेत्र सैयद बन्धुओं के उत्कर्ष के अनुपात में बढ़ता चला गया। उसको न्याय, प्रशासन और राजस्व विभागों का प्रमुख बना दिया गया, जिससे उसकी शासन में बड़ी पैठ हो गई।

फ़र्रुख़सियर के सत्ता काल में कुछ दरबारियों और कश्मीर के सूबेदार इनायतउल्ला ख़ान ने बादशाह को रतन चन्द के अधिकारों पर अंकुश लगाने को उकसाया था। चूँकि फ़र्रुख़सियर और सैयद बन्धुओं में भी अच्छे सम्बन्ध नहीं रह गए थे, इसलिए इनायतउल्ला ख़ान की बात मानकर बादशाह की ओर से जारी आदेशों में रतन चन्द के अधिकारों में उचित कटौती कर दी गई। इससे सैयद बन्धुओं और बादशाह के बीच तक़रार और बढ़ गई, क्योंकि ऐसा प्रतीत होता था कि यह कार्रवाही सैयद भाइयों को उनकी हैसियत बताने के लिए की गई थी।

रतन चन्द की सैयद भाइयों के खेमे में एक महत्त्वपूर्ण भूमिका रहती आई थी। फ़र्रुख़सियर के पतन के बाद आगरा में राजा जय सिंह की बग़ावत को नियंत्रित कर उनके और सैयद भाइयों के बीच में सौहार्द क़ायम करने में रतन चन्द की मुख्य भूमिका बनी थी। इसी तरह इलाहाबाद के सूबेदार गिरधर बहादुर के विद्रोह को समाप्त कराने में भी रतन चन्द की कूटनीति कारगर हुई थी।[1]

इस समय ख़ास बात यह थी कि वैसे इनसान को पहले ही वारिस घोषित किया जा चुका था, जिसकी सिर्फ वंशावली मुग़ल हो, उसका स्वास्थ्य, बुद्धिमत्ता और अन्य बातें अर्थहीन थीं। रफ़ी-उद-दरजात के नाम के इस मुग़ल बादशाह के सिक्के ढालने का औपचारिक आदेश भी हो गया।

सब जानते थे कि यह मुग़ल बादशाह रफी-उद-दरजात एक कठपुतली बादशाह था, बीमार था, अभी भी अफीम के नशे में रहने का आदी था, सिंहासन पर बैठने से पूर्व अकेलेपन और दुरूह स्थितियों में दिन काट रहा था, पर वह अल्प बुद्धि न था। एक बार उसके समक्ष किसी पद पर तैनाती के आदेश को हस्ताक्षर कर स्वीकृति प्रदान करने के लिए लाया गया। उसे याद आया कि शायद ऐसे ही एक आदेश पर वह कुछ दिन पहले ही अपनी मंजूरी दे चुका था। उसने वज़ीर से पूछा कि क्या यह वही मामला है, या यह उस नाम के किसी व्यक्ति का कोई अलग

1. हितेश राजवंशी, अमर राजा रतन चंद जी का जीवन वृत्त : https://www.abvars.org/sabha-updates/351/, visited on October 29, 2020.

प्रकरण है? वज़ीर को सच्चाई बतानी पड़ी। उसने बताया कि बाद का व्यक्ति इस तैनाती के लिए पहले से अधिक धनराशि देने को तैयार था, इसलिए उसी के नाम पर विचार करना बेहतर होगा। तब बादशाह ने इस आदेश पर हस्ताक्षर करने से इनकार कर दिया। बादशाह का कहना था कि सरकार के फ़ैसलों का इक़बाल बने रहना बेहद ज़रूरी है। पूर्व की तैनाती रद्द कर, दूसरे किसी व्यक्ति को उस पर तैनात करना कोई अच्छा उदाहरण न बनेगा।

विपरीत परिस्थितियों के बावजूद यह मुग़ल बादशाह अपनी प्रतिष्ठा, नियम-कानूनों के पालन और मान-सम्मान के लिए सचेत रहता था। एक बार बादशाह से एक निजी और अनौपचारिक भेंट में सैयद हुसैन अली ख़ान ने बिना संकेत पाए बैठने की गुस्ताखी कर दिखाई थी। बादशाह से बराबरी का और अनौपचारिक व्यवहार करने का तरीक़ा उसे पसन्द नहीं आया, पर उसने समझदारी से काम लिया। बादशाह रफी-उद-दरजात ने अपने पैरों को आगे बढ़ाकर सैयद हुसैन अली को अपने जूतों की ओर संकेत कर बोला, "जरा उतार दो इन्हें!"

दरजात कभी बहुत सबल रहे मुग़ल वंश का प्रतिनिधि था, मुल्क़ का बादशाह भी था, पर उसे स्वयं भी पता था कि वह कठपुतली मात्र है। ऐसे में उसने जो आदेश दिया था, सैयद हुसैन अली ने अपने आंतरिक भावों, मन तथा चेहरे के माध्यम से आक्रोश व्यक्त करने की मन:स्थिति से बमुश्किल काबू पाया। वक़्त का तकाजा था, वह बादशाह से उलझ कर किसी जटिल स्थिति में पड़ने से बचना चाहता था। वह जानता था कि आम लोगों की भावनाएँ अभी भी मुग़ल वंश के साथ जुड़ी थीं, सैयदों के नहीं! इसलिए सैयद हुसैन अली ने कोई आनाकानी नहीं की, आदेशानुसार बादशाह के जूतों को उतार कर अलग रख दिया था।

यह मुग़ल बादशाह रफी-उद-दरजात फिर भी प्रभावी रूप से सैयद बन्धुओं के हाथ का एक गुड्डा मात्र रह गया था, यह कहने में कोई हर्ज नहीं है। शासन व्यवस्था में उसका किसी प्रकार का सम्पर्क, पर्यवेक्षण या कोई नियंत्रण नहीं था। अपनी बीमारी और कई प्रकरणों में आत्मग्लानि के कारण तीव्र गति से बढ़ती उसकी बीमारी शीघ्र ही प्राणघातक बन गई।

8

मुग़ल बादशाह रफ़ीउदौल्ला की बादशाहत

कुछ ही दिनों में बादशाह रफी-उद-दरजात गम्भीर रूप से बीमार हो गया। उसका आख़िरी समय आया देखकर सैयद बन्धु विचार करने लगे कि तैमूर वंश के बचे हुए मुग़ल शहज़ादों में से किसको वारिस बनाकर, वक़्त के गर्त से निकालकर अब मुल्क़ की बादशाहत के तख्त पर बिठाया जाए।

इस बीच बीमार पड़े बादशाह रफी-उद-दरजात ने सैयद बन्धुओं से एक भावुक व्यक्तिगत अनुरोध किया। वह चाहता था कि यदि वे उसके जीवित रहते ही उसके बड़े भाई रफीउद्दौला को गद्दी पर बैठाकर उसके नाम के सिक्के ढलवा दें तो वह अति अनुगृहीत होगा। सैयद बन्धुओं को इसमें किसी प्रकार की आपत्ति नहीं थी। उन्हें तो गद्दी पर मुग़ल वंश के किसी भी शहज़ादे को बैठाकर सत्ता पर अपना नियंत्रण बनाए रखना था, इसलिए तीन दिन बाद, अर्थात 4 जून, सन् 1719 ई. को जब रफी-उद-दरजात का निधन हो गया तो उन्होंने उसके बड़े भाई रफीउद्दौला को सिंहासन पर बैठाने के आदेश जारी करा दिए। वह 6 जून, 1719 ई. को शाहजहाँ द्वितीय की उपाधि के साथ सिंहासन पर बैठा। यह बादशाह अपने भाई रफी-उद-दरजात से डेढ़ साल बड़ा था।

सिंहासन पर बैठने के बाद रफीउद्दौला के नाम का खुतबा पढ़ा गया और सिक्के ढाले गए। नए बादशाह को इक्कीस तोपों की सलामी दी गई। इस सम्मान के अतिरिक्त इस बादशाह के हाथ में कुछ भी नहीं था। उसके ऊपर हर वक़्त सैयद अब्दुल्ला ख़ान के आदमियों की नज़रें रहती थीं। महल में, महल के बाहर, दरबार के वक़्त ही नहीं बल्कि उसे हर क्षण अपने पर एक शिकंजा नज़र आता था। स्थिति इतनी गम्भीर थी कि बादशाह को अपने भोजन और वस्त्रों के लिए भी सैयद बन्धुओं के ख़ास कारिंदे हिम्मत ख़ान से कहना पड़ता था। उसे किसी अमीर से बात करने या शिकार पर जाने की भी अनुमति नहीं थी। जब कभी उसे बाहर जाना होता था अथवा किसी से मुलाकात करनी होती थी तो सैयद भाइयों के नामित आदमी साथ रहते थे।

रफीउद्दौला के शासनकाल की मुख्य घटना मारवाड़ के राजा अजीत सिंह द्वारा मृत बादशाह फ़र्रुख़सियर को ब्याही अपनी पुत्री इन्द्र कुँवर को पुनः मारवाड़ ले जाना था। मुग़ल वंश के इतिहास में ऐसा प्रकरण पहली बार हुआ था। इन्द्र कुँवर अपने साथ जवाहरात व नगद के रूप में एक करोड़ से अधिक की सम्पत्ति जोधपुर (पिता की राजधानी) ले गई थी। उसने इस्लाम त्यागकर पुनः हिन्दू धर्म स्वीकार कर लिया था। इस घटना से उस वक़्त कट्टर मुसलमानों में गहरा आक्रोश उमड़ पड़ा था, परन्तु परिस्थितियों की नज़ाकत के दृष्टिगत सैयद भाइयों ने स्थितियों को अनदेखा ही नहीं किया बल्कि इस कठपुतली बादशाह से अजीत सिंह को अहमदाबाद तथा अजमेर की अतिरिक्त सूबेदारी भी मंजूर करवा दी।

बादशाह रफीउद्दौला अपने शासनकाल में मात्र एक बार दिल्ली से बाहर निकल सका था। वह भी तब, जब आगरा में सैयद बन्धुओं को निकूसियर के विरुद्ध आक्रमण के दौरान चेहरा दिख़ाने हेतु उसकी आवश्यकता थी। बादशाह रफीउद्दौला उर्फ शाहजहाँ द्वितीय का शासनकाल मात्र तीन माह कुछ दिन का ही रहा। अपने सिंहासनारोहण के पश्चात वह स्वयं पर लगी बन्दिशों के कारण और भी तनाव में आ गया था। सत्रह सितम्बर सन् 1719 ई. को मस्तिष्क विकृति और तीव्र दस्त के तात्कालिक प्रभाव के कारण उसकी मृत्यु हो गई। कुछ लोग उसकी मृत्यु का कारण लम्बे समय से चले आ रहे क्षय रोग को भी बताते हैं।

इन दिनों मित्रसेन नागर आगरा क़िले में रहता था, जहाँ वह शहज़ादा मुहम्मद अकबर के पुत्र तथा औरंगज़ेब के पौत्र शहज़ादे निकूसियर की देखभाल के लिए तैनात था। एक तो वह रुपयों की उधारी का काम करता था, दूसरे उसे थोड़ी-बहुत वैद्यक की जानकारी थी। उसने इस दंद-फंद के कारण दरबारियों और शाही लोगों से क़रीबियाँ हासिल कर ली थीं। एक बार जब सैयद हुसैन अली ख़ान दक्खिन से दिल्ली की ओर जा रहा था, तो आगरा क़िले में प्रवास के दौरान मित्रसेन को छोटे सैयद भाई से अकेले में मिलने का अवसर हाथ लग गया। हुआ यूँ कि सैयद हुसैन का एक घाव उसे बहुत कष्ट दे रहा था। उसे दरबारियों ने बताया कि मित्रसेन उसको ठीक कर सकता है, तो उसे बुलाया गया।

मीर बख़्शी के कुछ नज़दीकी लोगों से मित्रसेन को इस भेद की जानकारी मिली थी कि जल्दी ही फ़र्रुख़सियर को अपदस्थ किया जानेवाला है। उसे विचार आया कि मुग़ल बादशाह की खाली होनेवाली गद्दी के लिए क्यों न निकूसियर का नाम चलाया जाए। उस बेख़ौफ़ मित्रसेन ने किसी दरबारी और यहाँ तक कि शहज़ादे निकूसियर को विश्वास में लिए बिना सैयद हुसैन अली के कान में इस बात का इरादा डालने का दुस्साहस कर दिखाया।

मित्रसेन का यह दुस्साहस देखकर सैयद हुसैन अली के क्रोध की कोई सीमा न रही। उसने मित्रसेन को तत्काल दफा होने को कहा। सैयद भाई उससे इतना

क्रुद्ध था कि उसने घोषणा करा दी कि यह इनसान फिर कभी उसकी नज़रों के सामने नहीं पड़ना चाहिए। आख़िर मुग़ल साम्राज्य के इतने गुप्त और गम्भीर राज को एक आम आदमी कैसे जान सकता था, और कैसे वह हिम्मत कर सका कि किसी शहज़ादे के नाम का प्रस्ताव चला दे। यह वाकई सैयद हुसैन अली को विस्मित करनेवाली बात थी।

पर मित्रसेन ने हार नहीं मानी। जिस वक़्त रफीउद्दौला दिल्ली में गद्दी पर बैठा, उसी दौरान आगरा में आमेर (जयपुर) के राजा जयसिंह के प्रोत्साहन देने पर इस मित्रसेन नागर ने शहज़ादे निकूसियर के बादशाह होने की घोषणा करते हुए उसके नाम का खुतबा पढ़वा दिया था। निकूसियर आगरा के क़िले में लम्बे समय से नज़रबन्द था, पर अब आगरा में गुप्त रूप से उसके नाम के सिक्के ढाले गए तथा उसे तोपों की सलामी दी गई। निकूसियर के गद्दी पर बैठने का दुस्साहसिक समाचार पाकर सैयद हुसैन अली ख़ान को बहुत ताव आया। उसने तुरन्त अपने विश्वस्त अधिकारी हैदर कुली ख़ान को सेना सहित आगरा रवाना किया। वह पीछे से स्वयं 25 हज़ार सैनिकों के साथ चल दिया।

आमेर का राजा जयसिंह तथा छबीलाराम नागर पर्दे के पीछे से निकूसियर का समर्थन कर रहे थे। राजा जयसिंह जयपुर से 60 कि.मी. आगे बढ़कर मार्ग में कड़ा (इलाहाबाद के नज़दीक) से आनेवाले छबीलाराम नागर की राह देख रहा था, लेकिन छबीलाराम को आने में थोड़ा विलम्ब हुआ। तभी स्थिति की गम्भीरता को भाँपकर सैयद अब्दुल्ला ख़ान मारवाड़ के शासक अजीत सिंह और 30 हज़ार सैनिकों को लेकर आगरा को चल दिए थे। यह जानकारी मिलने पर जयसिंह ने निकूसियर के साथ खड़े होने का इरादा बदल दिया और अपनी राजधानी की तरफ़ वापस लौट गए।

अब सैयद बन्धुओं ने अजीत सिंह के साथ मिलकर निकूसियर की घेराबन्दी कर दी। उनके सशस्त्र बलों ने आगरा के दुर्ग पर घेरा डाल दिया। क़िले पर भारी तोपों से गोले बरसाए गए जिससे भीतर के कुछ भवन धराशायी हो गए तथा वहाँ त्राहि-त्राहि मच गई। क़िले पर यह घेरा तीन दिन तक पड़ा रहा। अपनी कमजोर स्थिति का ज्ञान होने तथा राजा जयसिंह और छबीला राम नागर के सहायतार्थ न पहुँचने पर निकूसियर ने अपने विश्वासपात्र मुंशी नथमल को घेरा डालनेवालों से सम्पर्क करने को कहा। जब नथमल समझौते की बातचीत करने दुर्ग से बाहर निकला तो उसे गिरफ्तार कर लिया गया।

नथमल के पास से बरामद थैले में कई ऐसे पत्र मिले जो घेरा डालनेवाले कई अमीरों ने निकूसियर को लिखे थे। सैयद बन्धुओं ने इस बात पर पर्दा डालना ही उचित समझा, क्योंकि मामले की जाँच-पड़ताल होने पर परस्पर फूट पड़ने की सम्भावना थी। वैसे दुर्ग के अन्दर खाद्य सामग्री की भारी कमी थी। दुर्गरक्षकों को

अपनी पराजय का स्पष्ट आभास हो रहा था। ऐसे में जब घेरा डालनेवालों ने दुर्ग के लोगों की सम्पत्ति, जीवन और सम्मान की सुरक्षा की गारंटी दी तो क़िले में बन्द लोगों ने 12 अगस्त, सन् 1719 ई. को दुर्ग का क़ब्ज़ा आसानी से सैयद हुसैन अली के लोगों को सौंप दिया। परिणामस्वरूप, निकूसियर और उसके सहायक बन्दी बना लिए गए। वास्तव में इस बवाल का प्रणेता मित्रसेन नागर था। समर्पण के समय उसने स्वयं को शत्रु के हाथों में सौंपने से बेहतर मृत्यु का वरण करना उचित समझा और अपने पेट में एक खंजर घोंपकर आत्मघात कर लिया। निकूसियर को बन्दी बनाकर दिल्ली स्थित सलीमगढ़ क़िले में कैद में रखने के लिए भेज दिया गया जहाँ 11 मार्च सन् 1723 ई. में उसकी मृत्यु हो गई।

सैयद हुसैन अली ने आगरा के इस अभियान के दौरान क़िले की गहन जाँच-पड़ताल के निर्देश दिए थे। आगरा मुग़लों की द्वितीय राजधानी के रूप में जाना जाता था। वहाँ का पुराना ख़ज़ाना अभी तक सुरक्षित और अछूता था। यहाँ एक स्थान पर सिकन्दर लोदी के वक़्त के रु. 35 लाख मूल्य के सिक्के मिले। एक अन्य स्थान से शाहजहाँकालीन 78 लाख रुपया मिला। यहीं से अकबर के वक़्त की 10 हज़ार सोने की मोहरों के साथ हिसाब-किताब के काग़ज़ात भी मिले जिनसे पता चला कि औरंगज़ेब ने यह ख़ज़ाना अपने मामू शायस्ता ख़ान के सुपुर्द किया था परन्तु औरंगज़ेब अपने दक्षिण के अभियानों में उलझ कर रह गया था और फिर कभी उत्तर की ओर लौट ही नहीं सका था। वहीं तीन मार्च 1707 ई. को उसकी मृत्यु हो गई थी। बहादुर शाह और जहाँदार शाह के वक़्त में इस ख़ज़ाने का किसी को पता नहीं था, इसलिए उसे ढूँढ़ने के कोई प्रयास नहीं हुए। एक बक्से में मोतीजड़ित नूरजहाँ का शाल भी मिला। यहीं से जहाँगीर की तलवार और एक रत्नजड़ित चादर मिली थी जिसे शाहजहाँ के समय में प्रत्येक शुक्रवार को मुमताज महल की कब्र पर डाला जाता था। खाफी ख़ान के अनुसार आगरा क़िले से खोज कर बरामद की गई इस समस्त सम्पत्ति का मूल्य उस वक़्त तीन करोड़ रुपये के क़रीब रहा था।

चर्चा यह चली कि सैयद हुसैन अली ख़ान ने यह सारा माल अपने पास रख लिया था। जब बड़े भाई सैयद अब्दुल्ला को यह पता चला तो वह बहुत आक्रोशित हुआ। इस बात को लेकर उन भाइयों की तनातनी हो गई थी। बाद में दीवान रतन चन्द की मध्यस्थता से छोटे भाई सैयद हुसैन अली ख़ान ने इस कुल राशि में से बमुश्किल बीस लाख रुपया अपने भाई सैयद अब्दुल्ला ख़ान को दिया और मामले को शान्त कराया।

सैयद अब्दुल्ला भी दिल्ली के महल और क़िले में अपनी तैनाती का भरपूर लाभ उठा रहा था। कहते हैं कि उसने खोज-खोज कर गड़े हुए सभी ख़ज़ानों को क़ब्ज़े में ले लिया था। यही नहीं, महल में मौज़ूद सब हीरे-जवाहरात, अस्त्र-शस्त्र और ख़ास जगहों पर उसने अपना क़ब्ज़ा सुनिश्चित कर लिया था। इससे भी मन

नहीं भरा तो अब्दुल्ला ने न केवल फ़र्रुख़सियर के दो सौ से अधिक अफ़सरों की ज़ागीरों को अपने अधीन कर लिया था, बल्कि बादशाह आलमगीर औरंगज़ेब तथा बहादुर शाह के समय से उनके रिश्तेदारों को दी गई ज़ागीरों पर भी अधिकार जमा लिया था। ये क़ब्ज़े करने के तीन दिन के भीतर ही सैयद अब्दुल्ला ने उन ज़ागीरों पर अपने भरोसेमन्द लोगों, दरबारियों, कारिंदों और निर्भर रहनेवाले लोगों को नए सिरे से नियुक्त कर दिया था। इस बात पर सैयद हुसैन अली ने आपत्ति भी की। एक समय ऐसा भी आया कि दोनों सैयद भाई एक-दूसरे को खुलकर ललकारने की स्थिति में आ गए।

दोनों भाइयों के मध्य टकराव की स्थिति में सैयद अब्दुल्ला के दीवान, राजा रतन चन्द ने उनका बीच-बचाव कराने की जिम्मेदारी ली। वह पहले भी ऐसी मध्यस्थता कर चुका था। एक अच्छे मध्यस्थ की भूमिका निभाते हुए उसने बड़े सैयद को समझाया कि इन ज़ागीरों को सैयद हुसैन अली के समर्थकों में भी बराबर रूप से बाँटा जाना नियमानुकूल होगा। चूँकि रतन चन्द ही सैयद अब्दुल्ला के आर्थिक फ़ैसलों को सुनिश्चित किया करता था, और ख़ुद अब्दुल्ला उसके अच्छे प्रभाव में था, इसलिए उसने अपने दीवान की बात मान ली और मामला सौहार्दपूर्ण ढंग से निपट गया।

कहते हैं कि दीवान रतन चन्द ने दोनों भाइयों को अलग-अलग समझाया था कि उनका हाल का व्यवहार ऐसा है कि अल्लाह और इनसान, दोनों उन पर क्रोधित हो रहे होंगे। उनके लिए उचित होगा कि दरबारियों के आपसी विवादों में उलझाव से दूर रहा जाए। अपने मतभेदों और विवादों को पहले सच्चे मन से सुलझा लिया जाए और मिल-जुलकर काम किया जाए। यदि वे ऐसा नहीं कर पाएँगे तो मुग़लों के दरबारी नेता जो उनके विरुद्ध घात लगाए बैठे हैं, उनके टुकड़े-टुकड़े करने में कोई देर नहीं लगाएँगे।

9

सैयदों का पतन या उत्तर काल, फ़र्रुख़सियर के साथ किए का प्रभाव

मुग़ल बादशाह फ़र्रुख़सियर को अपदस्थ करने, उसे कैद कर अन्धा करने और अन्ततः हत्या कर देने की घटनाओं के विषय में कई मत हैं। विशेषज्ञों और इतिहासकारों ने इस घटनाक्रम की अपने-अपने ढंग से व्याख्या की है। विशेष रूप से इस प्रकरण में सैयद भाइयों की भूमिकाओं की गहरी पड़ताल करने का प्रयास हुआ है। यद्यपि सैयद बन्धुओं और उनके समर्थकों ने इस मामले में अपनी कार्रवाहियों को न्यायसंगत बताते हुए स्पष्ट किया था कि उनके पास इसके अतिरिक्त कोई अन्य विकल्प नहीं बचा था[1], परन्तु उनके विरोधियों ने इस कांड की भर्त्सना करते कहा था कि ऐसा किया जाना विश्वासघात की पराकाष्ठा थी।

अगर तथ्यों की गहराई में जाएँ, और निष्पक्ष रूप से उन लगभग सात वर्षों के कार्यकाल पर दृष्टिपात किया जाए, जिसमें बादशाह फ़र्रुख़सियर ने मुल्क़ पर शासन किया, तो एकबारगी लगता है कि ऐसे नाकारा बादशाह को सत्ताच्युत करने में कोई हर्ज नहीं था, जो हर क़िस्म से षड्यंत्रकारी और धोखेबाज तो था ही, उसने अपने शत्रुओं से निपटने के लिए नए और निम्न मानदंड प्रस्तुत करने में कोई कोर-कसर नहीं छोड़ी थी। चर्चा यह भी थी कि बादशाह और उसके समर्थकों के रोज-रोज के षड्यंत्रों से दुखी होकर एकबारगी सैयद बन्धु इस राजकाज को छोड़कर अपने गृह जनपद में जाकर अवकाश की ज़िन्दगी जीने पर विचार करने लगे थे। एक ख़बर यह भी फैली थी कि वे जीवन का शेष भाग मक्का जाकर बिताना चाहते थे[2], पर बादशाह फ़र्रुख़सियर उनसे इतना आक्रोश रखने लगा था कि वह उनसे पूरी तरह छुटकारा पाना चाहता था। शायद सपनों में भी उसे सैयद बन्धुओं का ही खौफ़

1. एक बार सैयद हुसैन अली ने फ़र्रुख़सियर के विषय में टिप्पणी की थी कि, "वह कृतज्ञता नहीं जानता, निष्ठा नहीं समझता तथा अपने वचन में न केवल अस्थिर ही है, वरन उसे ऐसा कोई वचन तोड़ने में कोई शर्म नहीं है।"

2. Ibrat Nama, op. cit., ff. 56b, 57a; Muntakhab-ul-Lubab, op. cit. , II, p. 741

दिखाई देता रहता होगा। उसकी बादशाहत के सात सालों के दौरान मुल्क़ एक ख़ास क़िस्म की अस्थिरता से प्रभावित रहा। कोई भी जनकल्याणकारी काम नहीं हुआ। उसके विषय में कहा जाने लगा था कि फ़र्रुख़सियर एक बादशाह के रूप में न तो बुरों के लिए बना था, और न ही अच्छे लोगों को कोई सम्मान दे पाता था। एक प्रमुख लेखक ने उसके इस गुण को इंगित करते हुए ही लिखा था : "उसे पसन्द किया जाए अथवा उस पर अफ़सोस किया जाए, समझ नहीं आता था।"

इसके बावजूद सैयद भाइयों ने अपने बादशाह फ़र्रुख़सियर के साथ जो किया वह उनकी निगाह में बेहद ज़रूरी हो सकता था, पर उसको किए जाने का तरीक़ा बहुत अपरिष्कृत, कठोर, निर्मम और अमर्यादित था। कम से कम ऐसा किया जाना मुल्क़ के एक चर्चित वंश के कार्यरत और गद्दीनशीन बादशाह की व्यक्तिगत मान-मर्यादा और अस्मिता के तो कतई अनुकूल न था। उन दिनों अपदस्थ बादशाह या अन्य उच्च-पदस्थ दुश्मन को अन्धा कर दिए जाने की सजा की प्रथा एक सामान्य बात की तरह से थी और कहा जा सकता है कि सैयद भाइयों ने इसी प्रथा का अनुकरण किया था, पर इस तरीक़े के और भी पहलू रहे थे, जिनको लेकर इन भाइयों की भरपूर निंदा हुई है।

मुल्क़ के एक सम्प्रभु बादशाह का उत्पीड़न कर अन्ततः हत्या कर देने के घटनाक्रम अतिरेक और निर्मम सजा की ओर इंगित करते हैं। सही यह भी है कि फ़र्रुख़सियर की मौत को सैयद भाइयों ने अनावश्यक रूप से निर्दयी परिदृश्य में बदल दिया था। शायद सैयद बन्धु समझते थे कि जब तक वह ज़िन्दा रहेगा, तब तक उनके लिए गम्भीर ख़तरा बना रहेगा। वे बिना उसे रास्ते से हटाए अपने उद्देश्यों को पूरा नहीं कर सकते थे। उन्हें अपने जीवन और सम्मान की भी कहीं अधिक चिन्ता थी, जो हर समय ख़तरे में रहता था। इसीलिए ये सैयद बन्धु मुख्य प्रशासनिक और सैन्य पदों पर सीधे नियंत्रण रखने की नीति के पक्षधर थे, पर बादशाह की हत्या के घटनाक्रम और उनके काम करने के तरीक़े तथा सोच के जो दूरगामी परिणाम हुए, उनकी इन सैयद बन्धुओं ने कल्पना भी नहीं की थी।

बादशाह फ़र्रुख़सियर को अपदस्थ करने की जिम्मेदारी मूल रूप से सैयद हुसैन अली की ही मानी गई थी। इस घटना से अधिकांश दरबारियों के मन में दोनों सैयद भाइयों की नीयत और उनकी सोच पर संशय गहरा हो गया था। इस सन्देह ने उनके अपने काफ़ी उन समर्थकों को भी उनसे अलग कर दिया जो बादशाह के विरोधी होते हुए भी ऐसे अप्रिय क़दम उठाए जाने के पक्ष में नहीं थे। फ़र्रुख़सियर को दर्दनाक मौत देने से सैयदों को एक नुकसान यह भी हुआ कि उन्हें युद्ध के मैदान के क़ाबिल योद्धाओं की जगह अब इस अलग प्रकार की 'बहादुरी' के लिए भी जाना जाने लगा। कुल मिलाकर अब इन सैयद भाइयों की छवि नमकहराम नौकरों की-सी बन गई थी।

28 अप्रैल, 1719 को बादशाह फ़र्रुख़सियर की हत्या करने से काफ़ी पहले

ही सैयद भाइयों ने उसके जीवन को व्यापक उत्पीड़न का केन्द्र बना कर रख दिया था। उसे हर दिन, हर समय कई तरह की पीड़ाओं से गुज़रना पड़ता था। बादशाह फ़र्रुख़सियर के साथ जो निर्दयतापूर्वक और लोमहर्षक व्यवहार किया गया, और कैद में उसे जिन यातनाओं के साथ अन्त में मौत की नींद में सुलाया गया वह किसी के भी रोंगटे खड़े कर देने के लिए पर्याप्त था। इस घटनाक्रम ने हर आम आदमी के दिमाग़ को इस सीमा तक मथ कर रख दिया था कि इन सैयदों के विरुद्ध दिल्ली की जनता में विद्रोह का माहौल हो चला था। जिन लोगों ने पूर्व में सैयद भाइयों का पक्ष लिया था, वे भी अब बादशाह के साथ हुई अमानवीय कार्रवाइयों की निंदा करने लगे थे।

बात यह भी थी कि बादशाह फ़र्रुख़सियर के प्रति की जानेवाली कार्रवाइयों से दोनों सैयद भाई पूरी तरह एकमत न थे। इनमें से सैयद हुसैन अली अतार्किक और गुस्सैल प्रकृति का था। स्वयं उसके बड़े भाई सैयद अब्दुल्ला ने एक पूर्व बादशाह के प्रति किए गए कृत्य को अच्छा नहीं माना था, और सीधे अपने भाई को इस निर्ममता का दोषी ठहराया था। सैयद अब्दुल्ला तो उसे अपदस्थ करना भी नहीं चाहता था। उसकी राय थी कि बादशाह एक नाममात्र का प्रमुख बनकर रहे, पर शासन चलाने की व्यवस्था अलग बनी रहे, जिस पर उन लोगों का नियंत्रण बना रहे। यह बात काफ़ी सीमा तक उचित लगती है कि मात्र एक ख़ास ज़िन्दगी को नष्ट कर इन सैयद भाइयों ने एक बड़ी राजनीतिक और सामरिक भूल कर दी थी। पुराने और अनुभवी दरबारी जो कभी उनके कायल हुआ करते थे, इस कृत्य से उनसे दूर तो होने ही लगे थे, इस स्थिति का लाभ उठाने के लिए प्रतिद्वन्द्वी तूरानी दरबारियों का समूह काफ़ी सक्रिय हो उठा था। वे लोग पूर्ववर्ती बादशाह के परिजनों और शाही परिवार के निष्ठावान बनकर उभरे थे। उन्होंने आम लोगों में सैयद भाइयों के विरुद्ध फैल रहे असन्तोष का लाभ उठाया। दिखने लगा था कि अब सैयदों के लिए बड़ा कठिन समय आने जा रहा था। उन्हें अपना बचाव, सुरक्षा और सौम्यता स्थापित रखते हुए साम्राज्य की समस्याओं का कुशलतापूर्वक निपटारा करना था, परन्तु ऐसा करना दिन पर दिन मुश्किल होता जा रहा था।

बाहरी तौर पर फ़र्रुख़सियर की हत्या के बाद मुग़ल दरबार में पूरी तरह सैयद बन्धुओं का प्रभुत्व स्थापित हो गया था। अब वे ईरानी और तूरानी सरदारों को कुछ नहीं समझते थे, परन्तु इन सैयदों के प्रभाव को ख़त्म करने के लिए उनके विरुद्ध उतनी ही गति से षड्यंत्र होने लगे थे, शायद इसका उन्हें अधिक आभास नहीं रहा होगा। एक ऐसे ही षड्यंत्र के नेता निज़ाम-उल-मुल्क़ (चिंकलिच ख़ाँ) थे। सैयद बन्धु निज़ाम-उल-मुल्क़ की योग्यता और कार्यकुशलता से परिचित थे, अत: उनको मालवा का सूबेदार बनाकर दिल्ली से बाहर भेज दिया गया था। निज़ाम-उल-मुल्क़ को भी इस बात का एहसास था कि फ़िलहाल की परिस्थितियों में बल प्रयोग से

सत्ता परिवर्तन सम्भव नहीं है, इसलिए उसने दक्षिण भारत की ओर रहकर वहाँ की सूबेदारी सँभालने में ही भलाई समझी। रास्ते में उसने असीरगढ़ का दुर्ग जीत लिया तथा दक्षिण भारत के नायब सूबेदार आलम अली ख़ाँ, जो हुसैन अली का दत्तक पुत्र कहा जाता था, को मार डाला।

फ़र्रुख़सियर की मौत के बाद कुछ दिनों तक तूफ़ान के पहले की-सी शान्ति बनी रही थी। प्रमुख लोगों में सैयद भाइयों के कृत्यों के प्रति नाराजगी के बावजूद मुख्य प्रश्न यह था कि उनके विरुद्ध झंडा उठाने की पहल कौन करे? इस बग़ावत और आक्रोश की भावना को सबसे पहले गम्भीरतापूर्वक अभिव्यक्त किया शाइस्ता ख़ान के विद्रोह ने। वह अपदस्थ और मार दिए गए बादशाह फ़र्रुख़सियर का निकट परिजन था। उसने फ़र्रुख़सियर की निर्मम हत्या का बदला लेने के लिए एक जुनूनी सैनिक टुकड़ी तैयार की। वह आक्रमण की तैयारी में था कि इसकी भनक सैयद भाइयों को लग गई। शाइस्ता ख़ान के घर छापा मार कर उसे बन्दी बना लिया गया जिससे कुछ अन्य दरबारी जैसे रोहिल्ला ख़ान तृतीय, तहव्वुर ख़ान तूरानी और सलाबत ख़ान ने अब सैयदों से सीधे न भिड़ने में ही अक्लमन्दी समझी, पर वे इस विरोध की धुरी बने राजा जय सिंह के अभियान में शामिल ज़रूर बने रहे।

आगरा में इन सैयद भाइयों के विरुद्ध एक संयुक्त गठबंधन की बात बहुत जोर-शोर से चलने लगी थी। इसके मुख्य षड्यंत्रकारी राजा जय सिंह, छबीला राम नागर और निज़ाम-उल-मुल्क़ हुआ करते थे। उन्होंने तय किया कि वे हर हाल में उपयुक्त समय पर सैयदों को धूल चटाएँगे। तब तक वे इस हेतु अपने ज़रूरी संसाधनों को एकत्रित करने और रणनीतियों को वृहद और मूर्त रूप देने में लगे रहे।

सैयद हुसैन अली ख़ान को भनक लग गई थी कि यहाँ उनके विरुद्ध बग़ावत की तैयारी की जा रही है। उसने दिल्ली से 23 जून, 1719 को आगरा के लिए रवानगी की। वहाँ पहुँचकर इस सैयद ने ऐसे लोगों को ढूँढ़ कर उनकी धर-पकड़ करानी शुरू की जो उसके विरुद्ध किसी भी प्रकार के षड्यंत्र में लिप्त पाए गए। उन पर कठोर दंडात्मक कार्यवाहियाँ की गईं। इस प्रकार तात्कालिक रूप से इन विद्रोहियों की गतिविधियों का न तो आगरा की भौगौलिक सीमा से हटकर कहीं और विस्तार हो पाया, और न ही समय पर ऐसे असन्तुष्ट लोगों के साथ और लोगों का समर्थन जुड़ पाया। यहाँ तक कि निज़ाम-उल-मुल्क़, जो उस समय मालवा जाने के रास्ते के लिए आगरा में ही मौज़ूद था, ने भी बागियों की कोई मदद नहीं की। केवल आमेर के राजा जय सिंह ने अपना वचन निभाया और वह सैयदों को चुनौती देने आगरा से 80 कोस दूर तोड़ा टोंक तक आ पहुँचे, पर उनकी सीमा बस यही थी। उन्होंने भी इससे आगे आने का ख़तरा मोल लेने से इनकार कर दिया।

10

मुहम्मद शाह की बादशाहत

बादशाह रफीउद्दौला यानी शाहजहाँ द्वितीय जब गम्भीर रूप से बीमार था और उसके बचने की कोई उम्मीद नहीं बची थी तो सैयद बन्धुओं को सत्ता अपने हाथ से निकल जाने की आशंका व्यथित करने लगी। तब बहुत सोच-विचार कर सैयद अब्दुल्ला ख़ान ने फ़तेहपुर-सीकरी में बुरे हाल में दिन काट रहे औरंगज़ेब के पौत्र तथा जहाँशाह के पुत्र शहज़ादे मुहम्मद रोशन अख़्तर को दिल्ली बुलवा भेजा। तब उस शहज़ादे की आयु मात्र अठारह वर्ष की रही होगी। शाही ख़ानदान का वैध वारिस होने के बावजूद यह शहज़ादा फ़तेहपुर-सीकरी में बेहद साधारण जीवन व्यतीत कर रहा था कि सैयद बन्धुओं ने उसे उठाकर मुहम्मद शाह के रूप में हिन्दुस्तान के तख़्त पर बैठा दिया। असलियत यह थी कि इस शहज़ादे के दिल्ली पहुँचने से एक सप्ताह पूर्व ही बादशाह रफीउद्दौला की मृत्यु हो गई थी, परन्तु नए बादशाह के राज्याभिषेक तक इस समाचार को आम जनता से छिपाकर रखा गया था।

14 सितम्बर, सन् 1719 ई. को इस शहज़ादे के दिल्ली पहुँचने पर मृत बादशाह रफीउद्दौला के शव को दफनाया गया और 15 सितम्बर, 1719 ई. को नए बादशाह के सिंहासनारोहण की घोषणा करने के उपरान्त उसे तोपों की सलामी दी गई। शहज़ादे से बादशाह बने रोशन अख़्तर के नाम का खुतबा पढ़ा गया और सिक्के ढाले गए जिसमें उसका पूरा नाम मय उपाधि 'अबुल मुज़फ़्फ़र नासिरुद्दीन मुहम्मद शाह बादशाह गाजी' उत्कीर्ण किया गया। मुहम्मद शाह की माँ एक समय मालवा के सूबेदार रहे जहाँशाह की पत्नी होने के कारण राजकाज और कूटनीति को खूब समझती थी, पर सम्भवतः सैयद बन्धुओं को इस विषय में अधिक ज्ञान न था। उल्टे उन भाइयों ने उदारता दिखाते हुए रोशन अख़्तर की माँ की सुख-सुविधाओं का ध्यान रखने के लिए निजी ख़र्च के रूप में उसके लिए 15 हज़ार रुपया प्रति माह की धनराशि दी जानी भी नियत कर दी।

इस शहज़ादे के मुहम्मद शाह के रूप में मुल्क़ की गद्दी पर बैठने के बाद सैयद बन्धुओं ने अपनी आदत के अनुसार उसकी गतिविधियों पर कड़ा नियंत्रण

रखा। बादशाह को जब कहीं बाहर जाना होता था तो वह सैयद बन्धुओं के वफ़ादार सुरक्षाकर्मियों और कारिंदों से घिरा रहता था। साथ रहनेवाले ये लोग देखने में बादशाह के अंगरक्षक लगते थे लेकिन उनका वास्तविक कार्य उस बादशाह की पल-पल की जासूसी करना था। यहाँ तक कि शिकार पर जाते वक़्त भी उस पर पूरी नज़र रखी जाती थी।

सैयद भाइयों ने बादशाह मुहम्मद शाह से मीर जुमला को देश का प्रधान न्यायाधीश नियुक्त करवाया था। दीवान रतन चन्द पूर्व की भाँति अधिकार सम्पन्न रूप से अपने पद और जिम्मेदारियों के निर्वहन के लिए कार्य करता रहा। उसका भूमि कर और कानूनी मामलों पर पूरा नियंत्रण बना हुआ था। पूरी बादशाहत में न्यायिक अधिकारियों और काजियों की नियुक्ति के अधिकार भी उसी के पास थे।

धीरे-धीरे स्थितियाँ असहज होने लगीं। कोई विश्वास से नहीं कह सकता कि ऐसा कब से हुआ, पर सैयद भाइयों के प्रभुत्व के विरुद्ध शाही पक्ष से कई स्तरों पर षड्यंत्र रचा जाने लगा। विस्मित करनेवाली बात यह थी कि षड्यंत्रकारियों में सबसे प्रमुख बादशाह मुहम्मद शाह की माँ सदरुन्निसा महल थी। मुहम्मद शाह के शासन काल के आरम्भिक दिनों में ही सैयद बन्धुओं के विरोधी पक्ष की सूची बढ़ने लगी थी। दरबार के बहुत से अमीर सैयद बन्धुओं से उनके बढ़ते प्रभाव के कारण ईर्ष्या करते थे तो कुछ लोगों की चिढ़न उनके शिया होने के कारण भी थी। कई प्रमुख दरबारी सैयद बन्धुओं को हिन्दुओं का पक्षपाती समझकर उनसे नफ़रत करते थे। असलियत यह थी कि बारहा के ये सैयद विदेशी नस्ल के ज़रूर थे परन्तु वे लोग पीढ़ी-दर-पीढ़ी भारत में रहने के कारण उसे अपना वतन मान चुके थे। अफ़गान तथा पठानों में यह क्षमता थी कि उन्होंने भारत को अपना देश मान लिया था जबकि ईरानी व मुग़ल लम्बे समय तक भारत में रहने के बाद भी ऐसा न कर सके थे। यह एक कारण था कि उनका बादशाह व दरबार के अधिकांश अमीरों से, जो अधिकतर सुन्नी थे, तालमेल नहीं बैठ पा रहा था। इस दरबार में जबरदस्त गुटबन्दी थी, अगर यह कहा जाए तो कुछ गलत न होगा। एक पक्ष बादशाह के मित्रों का बन गया था और दूसरा पक्ष सैयद भाइयों का समर्थक था। प्रारम्भ में बादशाह मुहम्मद शाह का पक्ष मज़बूत नहीं था, परन्तु धीरे-धीरे उसके समर्थक बढ़ते गए।

इस प्रकार परिस्थितियाँ ऐसी बनने लगीं कि अभी तक गुमनामी में रह रहे इस मुग़ल वंशज के वारिस मुहम्मद शाह ने तश्तरी पर परोसी गई बादशाहत मिलने के कुछ दिनों के भीतर ही गुपचुप ढंग से अपना अलग स्थान बनाने की कवायद शुरू कर दी। उसने सत्ता संचालन के मुख्य मामलों में सैयद भाइयों से किनारा करना शुरू कर दिया था। उसकी माँ एक सलाहकार के रूप में हमेशा उसके साथ रहा करती थी। निजाम-उल-मुल्क़ को बादशाह की माँ सदरुन्निसा महल और मुहम्मद अमीन खाँ पत्र लिखवा भेजते थे कि बादशाह को सैयद भाइयों ने अपने चंगुल में

फँसा रखा है। बादशाह किसी को कोई आदेश नहीं दे सकता है। वह दुर्ग से केवल शुक्रवार को नमाज़ पढ़ने हेतु निकल पाता है। इस स्थिति में निजाम-उल-मुल्क़ को उनकी सहायता करनी चाहिए।

बादशाह मुहम्मद शाह भी मन से सैयद बन्धुओं का पतन चाहता था परन्तु वह हिम्मती प्रकृति का नहीं था। वह किसी भी दशा में खुलकर सामने नहीं आना चाहता था। इस कारण योजना को इस तरह गुप्त रखा गया कि बादशाह और स्वयं एत्मादुद्दौला के पुत्र कमरुद्दीन को भी कुछ नहीं बताया गया। स्त्रियों में केवल मुग़ल बादशाह की माँ तथा आश्चर्यजनक रूप से सैयद अब्दुल्ला ख़ान की एक रखैल को ही होनेवाली घटना का पता था।

इन लोगों ने ऐसा सटीक ताना-बाना बुना कि पहले नाटकीय ढंग से छोटे भाई सैयद हुसैन अली की हत्या हुई, जिसका विवरण प्रथम अध्याय में ही दिया जा चुका है।

11

सैयद हुसैन अली ख़ान की हत्या के बाद का घटनाक्रम

हत्या की तारीख़ मुकर्रर ज़रूर हुई थी। यह 8 अक्टूबर, 1720 का दिन था, पर इसके लिए स्थितियाँ रातों-रात नहीं बनी थीं। छोटे सैयद भाई हुसैन अली की यह हत्या की घटना पूर्ववर्ती मुग़ल बादशाहों और इन सैयद भाइयों के मध्य कई बरसों से चल रहे शीत युद्ध और टकरावों की एक तार्किक और निर्णायक परिणति के रूप में बनकर उभरी थी। उसका ऐसा ही कोई प्रारब्ध लिखा था।

सैयद हुसैन अली की लोमहर्षक हत्या के बाद भी मुग़ल बादशाहत पर सैयदों का प्रभाव और उनकी ओर से ख़तरा तत्काल टला न था। सैयद ग़ुलाम अली ख़ान, जो मुग़ल दरबार की जन-सुनवाई का अधीक्षक था, और मुल्क़ के वज़ीर तथा मुख्य बख़्शी का भतीजा था, अपने एक ग़ुलाम इस्लाम कुली और कुछ हज़ारियों (सैन्य बल के लोग) के साथ संयोग से उस समय शाही डेरे के परिसर में मौज़ूद था। स्थिति को तेज़ी से समझते हुए उसने डेरे के उस हिस्से को तलवारों और छुरों से से काटकर अन्दर घुसने का प्रयास किया जहाँ बादशाह मुहम्मद शाह जाकर छिप गया था। वह तेज़ी से बदलते इस घटनाक्रम और ख़ून-ख़राबे के माहौल में डर कर शाही हरम के एक कोने में दुबका मिला। वह वाक़ई भयाक्रान्त था और हरम की अधीक्षक सदरुन्निसा की आड़ में छिपा था।[1] तभी शम्सुदौल्ला ख़ान-ए-दौराँ भी सैयदों की ओर से लड़ाई में शामिल हो गया। इस बीच घेरात ख़ान एक तीर लगने से घायल हो चुका था। अब एक गोली उसके सीने में लगी और वह मर गया। उसकी मृत्यु के साथ ही बारहा के सैयदों का मनोबल टूट गया और वे इधर-उधर भागने लगे। मुहम्मद अमीन ख़ान और कुछ मुग़लों ने उन्हें वहाँ से खदेड़ दिया। बाद में सआदत ख़ान ने उन सैयद समर्थकों को क़ब्ज़े में लेकर बन्दी बना लिया।

जब यह लोमहर्षक घटना हुई थी, सैयद खेमे के सैनिक अपने खेमों में दिन की शुरुआत कर रहे थे। उनके यहाँ रोज़ाना के सामानों की आवाज़ाही हो रही थी। गोलियाँ चलने की आवाजें ज़रूर सुनी गई थीं, पर उस पर किसी का विशेष

1. William Irvine, Later Mughals,ii, Sang-e-Meel Publications, 2007, p. 63.

ध्यान नहीं गया। सैनिकों ने सोचा कि यह बादशाह के डेरे से निकलने के समय दी जानेवाली सलामी की कार्रवाई रही होगी। इस हत्या की सूचना सबसे पहले घेरात ख़ान ने आ कर उसके भतीजे को दी थी। सैयद हुसैन अली की हत्या के वक़्त उसका यह भांजा सैयद घेरात ख़ान[1] अपने खेमे में पहुँचकर नाश्ते के लिए बैठा ही था कि उसे इस अप्रिय घटना की सूचना मिली।

"नहीं! ऐसा नहीं हो सकता!"

उसने चीख़ कर कहा। पर जो सच था, हरकारे ने वही बताया था। घेरात ख़ान ने तब तक बमुश्किल दो कौर ही मुँह में डाले होंगे। वह फुर्ती से उठा, एक हाथ को दूसरे से पोंछा और लगभग दौड़ते हुए अपने हाथी पर सवार हो गया। वह अपने तन पर सिर्फ एक सूती सदरी पहने था, पर उसने चलते-चलते लोहे का कवच भी डाल लिया था।

घेरात ख़ान के साथ ही कुछ अन्य लोग भी दौड़ पड़े। कुल मिलाकर चालीस-पचास हथियारबन्द लोगों का एक समूह उसके पीछे-पीछे चला। निकलते समय एक बूढ़े सैयद परिजन ने उसे सलाह दी, "बेटा, ठंडे दिमाग़ से और थोड़ा सोच-समझकर काम लेना। कुछ फ़ैसले बहुत तसल्ली के बाद लिए जाने ही बेहतर होते हैं...!"

पर, उस बुजुर्ग की आवाज़ क्या वाक़ई घेरात ख़ान के पास तक जा पाई भी थी, यह सन्देहास्पद था। दरअसल वह अभी किसी की बात सुनने की मनःस्थिति में नहीं था, उसकी आँखों में सिर्फ ख़ून उतरा हुआ था...ख़ून का बदला ख़ून, न कम न ज़्यादा! घेरात ख़ान इस समय एक घायल चीते के समान था। वह रह-रहकर उन लोगों के नाम लेकर दहाड़ें मार रहा था, जो इस हत्या के कृत्य में संलिप्त थे।

उस आक्रोशित सैयद का हाथी शाही शिविर तक पहुँच गया था। उसके कई साथी ताकतवर मुग़ल सेना के प्रहारों से मार दिए गए थे, पर घेरात ख़ान अभी भी हाथी पर बैठकर शाही महल परिसर में आ पहुँचा था और वहाँ मौजूद लोगों पर बाणों से निशाना लगा रहा था। स्वयं उसके भी दो बाण आ लगे थे, पर उसका ज़ज्बा अभी भी कम नहीं हो पा रहा था। अचानक उसका हाथी हैदर कुली ख़ान के हाथी के सामने आ गया। उसे देखते ही घेरात ख़ान अपना आपा खो बैठा। वह क्रोधित स्वर में चीख़ते हुए बोला, "हरामजादे, यह सब तेरा ही करा कराया है, तुझे आज इसी मिट्टी में मिला देता हूँ!"

1. सैयद घेरात ख़ान को कई जगह हरकारे के रूप में इंगित किया गया है, और सैयद हुसैन अली के भांजे का नाम इज्ज़त ख़ान बताया गया है। Later Mughals के लेखक विलियम इरविन ने 'तारीख़-ए-मुहम्मदी' के हवाले से बताया है कि घेरात ख़ान के पिता सैयद नसरुल्ला ख़ान बहादुर बारहा थे। उसकी माँ सैयद हुसैन अली ख़ान की बहन थी, जिस रिश्ते से वह ही सैयद हुसैन अली का भांजा हुआ। यद्यपि खाफी ख़ान ने इस प्रसंग की अलग ढंग से व्याख्या की है। उन्होंने घेरात ख़ान के बच जाने और हरकारे इज्ज़त ख़ान की मृत्यु होने की बात लिखी है।

पर हैदर कुली ख़ान भी कम आक्रोशित न था। वह उसी आवेश में बोला, "ओ बेग़ैरत इनसान, अगर तूने वाक़ई में अपनी माँ का दूध पीया है, तो हाथी से उतर आ। या तो मुक़ाबला कर, या माफी माँग ले। मैं बादशाह हुज़ूर से तुझे माफी दिलवा दूँगा! वैसे तुम लोग इसके लायक़ हो नहीं...जिसका नमक खाते हो, उसकी ही नमकहरामी करते हो...!"

घेरात ख़ान उसी क्रोध में चिल्लाया, "देर किस बात की...तेरे सामने ही तो हूँ। कर जो करना है कुत्ते! तू अपना तरीक़ा देख, जिस दोस्ती का दम भरता रहा, उसकी दगाबाजी देख...छिः, धिक्कार है...लानत है ऐसी दोस्ती पर, बहुत दिन बाद मौक़ा मिला है तुझे औकात बताने का!"

घेरात ख़ान ने हैदर कुली ख़ान को सटीक निशाना लगा कर जो तीर मारा, वह उसके धनुष से जाकर हैदर कुली के शरीर में इस कदर धँस गया कि बाद में भी बहुत मुश्किल से निकाला जा सका। कुली ख़ान के ठीक पीछे ही एक लगभग सवा छह फुट कद का काला-भसंड हब्शी, जो अफ्रीका के इथोपियन मूल का एक ग़ुलाम था, ताबेदारी और मज़बूती से एक बन्दूक को सँभाले खड़ा था। हैदर कुली ख़ान ने घूम कर उसकी ओर देखा और चिल्ला कर कहा, "तुम खड़े-खड़े किस बात का इन्तजार कर रहे हो जी?"

उसे वह इशारा हो गया था, जिसकी इस यमदूत-सरीखे व्यक्ति को प्रतीक्षा रही होगी। उसने घेरात ख़ान को निशाना लगा कर जो गोली चलाई, वह उसके शरीर के नाजुक भाग पर लग कर उसके हृदयस्थल को चीरने में कामयाब हो गई। घेरात ख़ान 'धम्म' की आवाज़ करता हाथी से नीचे आ गिरा। वह मर चुका था।

तब तक एक और सैयद, सैयद करीमउल्ला ख़ान भी सैयद हुसैन अली की हत्या के विरोध में अपने सैनिकों के साथ शाही दरवाज़े के निकट तक पहुँच गया था, पर वे लोग पूरी तरह सक्रिय हो पाते, इससे पूर्व ही ख़ुद तथा साथ के लोगों सहित मार डाले गए। अदालत के अधीक्षक शेख़ नजमुद्दीन ने भी अपने पाँच-छह घुड़सवारों के साथ शिविर में घुस कर अमीर-उल-उमरा के मृत शरीर को ले जाने की कोशिश की, पर नाकामयाब रहे, क्योंकि उनकी दोनों बाँहों पर इतने घाव हो गए थे कि वह किसी संघर्ष करने की स्थिति में नहीं रह गए थे। वह बेहोश होकर घोड़े से गिर पड़े, जिन्हें कुली हैदर अली ख़ान के लोगों ने वहाँ से हटाया।

इस समय मोहक्रम सिंह शाही शिविर में अपने सैन्य बल सहित मौज़ूद ज़रूर था, पर वह सिर्फ एक मूक दर्शक की भाँति वहाँ के घटनाक्रम को देखता रहा। उसका किसी पक्ष की ओर से हस्तक्षेप करने का कोई इरादा न था, परन्तु इस अवसर पर जिस एक व्यक्ति ने अपनी निष्ठा दृढ़तापूर्वक निभाई, वह चूड़ामन[1] हज़ारी था, जो

1. निश्चित रूप से यह चूड़ामन मथुरा के उस चूड़ामन जाट से भिन्न व्यक्ति था जो सैयद बंधुओं का प्रबल समर्थक हुआ करता था।

बहुत पहले से सैयद भाइयों की सेवा में रहा था। वह बादशाह की देहरी तक पहुँचने में सफल हो गया था, पर इससे अधिक कुछ नहीं कर पाया और धर लिया गया।

मारे गए सैयद भाई हुसैन अली ख़ान के नाजिर ख्वाज़ा मकबूल अहमद, एक भिश्ती और मेहतर नंगी तलवारें लहराते हुए बहुत हिम्मत से शाही डेरे के काफ़ी नजदीक तक ज़रूर पहुँच गए थे परन्तु वहाँ तक जाना उन्हें भारी पड़ा। भारी संख्या में मौज़ूद मुग़ल सुरक्षाकर्मी उन पर टूट पड़े। उनकी बोटी-बोटी काट दी गई। ख्वाज़ा अहमद बुरी तरह घायल होने के बावजूद चार दिन तक ज़िन्दा रहा। राजा मोहक्रम सिंह के खजांची मुस्तफा ख़ान अपने मालिक से विचार किए बिना अपने लोगों के साथ शाही महल के मुख्य द्वार की ओर तक पहुँच गया था। जब वह आगे नहीं बढ़ पाया, और वहाँ से वापस भेज दिया गया तो उसने दरबार हॉल के एक हिस्से को भेदने की कोशिश की। वहाँ वह मुग़लों को नाम ले-ले कर गालियाँ देता और कोसता रहा, पर जल्दी ही उसके कई सैनिकों को मार कर और उसे पकड़ कर बाहर निकाल दिया गया। कहा जाता था कि ठीक इसी गुत्थमगुत्था के समय मुग़ल बादशाह मुहम्मद शाह इस समय डर के मारे सदर-उन-निसा जहाँदार शाही रजा कुली ख़ान की पत्नी के पीछे जा छिपा था।[1]

इसके बावजूद अभी भी सैयद भाइयों का खौफ बरक़रार था। यह इस बात से ज़ाहिर होता है कि बड़े स्तर का कोई दरबारी या कमांडर सामने नहीं आया। वहाँ केवल मुहम्मद अमीन ख़ान स्वयं, कमर-उद-दीन ख़ान, उसका बेटा हैदर कुली ख़ान और सआदत ख़ान ही मुख्य लोग थे, जो मौज़ूद थे। शाही तोपख़ाने के मौज़ूद सिपाही सैयद खेमों की लूटपाट करने में जुट गए थे। यद्यपि ख़ान-ए-दौराँ इस घटनाक्रम से थोड़ा पहले ही अपने कुछ सैनिकों के साथ घटनास्थल पर पहुँच चुके थे परन्तु जफर ख़ान, तुर्रा-ए-बाज इस पचड़े से दूरी बनाए रहे। स्थिति इतनी संशयपूर्ण थी कि बादशाह मुहम्मद शाह और उसकी माँ के सीधे षड्यंत्र और इस कृत्य की सहमति के बावजूद अब वे दोनों घबरा गए थे। किसी सम्भावित कहर से बचने के लिए राजमाता अपने बेटे और मुल्क़ के बादशाह को हरम की ओर खींच ले गई थी। उसे अपनी, बेटे तथा शाही महल के वाशिंदों की सुरक्षा का पहले ख़याल था, शेष स्थिति पर बाद में विचार किया जा सकता था।

राय सूरत सिंह मुल्तानी और उसके बेटे लाला आनन्द सिंह उस काल के मुअज्जिज लोग थे। पर उनको कुछ और नहीं, बस अपनी और अपनी सम्पत्ति की सुरक्षा की चिन्ता थी। साहिब राय मुंशी के बेटे लाला जसवन्त राय ने अपनी और अपने पिता की सम्पत्ति को उसी हाल में लुटेरों के हाथों छोड़कर भाग खड़े होने में ही भलाई समझी। अन्य भाग खड़े होनेवाले लोगों में सैयद अब्दुल्ला ख़ान की

1. Qasim 354, K. K. 910, Khush-hal 1009h.as mentioned by William Irvine in "later Mughals", pg. 537, Edition Oriental Books Reprint Corporation.

ओर से मौज़ूद रहनेवाला वकील राय सरोमन दास कायस्थ भी था। मुअज्जम ख़ान बड़े पद पर तैनात था, पर उसने सैयदों की तरफ़ से कुछ नहीं किया। अस्तबल के रखरखाव के अधीक्षक और मीर अली ख़ान के भाई सैयद जान अली ने मज़बूती से लड़ाई की, पर अन्तत: अपनी जान गँवा दी जबकि उसके भाई ने भागने में ही अपनी भलाई समझी। हालाँकि उसे बाद में बन्दी बना लिया गया।

यह सब कुछ दस से बारह घंटे चला होगा। इस मध्य न जाने कितना ख़ज़ाना लूट लिया गया होगा, और कितनी सम्पत्ति क्षतिग्रस्त हुई होगी, कोई नहीं जानता। मुग़ल सेना के लोगों, आवारा और फ़ालतू के लोगों तक ने सैयद हुसैन अली के मृत शरीर की वो दुर्गति की जिसको बयान भी नहीं किया जा सकता। एक ओर बारहा के सैयद सेनानी साहस दिखा रहे थे दूसरी ओर मुग़ल भी पीछे नहीं थे। लुटेरों ने दुकानें लूटना शुरू कर दीं।

सैयद हुसैन अली ख़ान के खेमों को ध्वस्त करने और उसके ख़ज़ाने को लूटने का आदेश दे दिया गया था, पर उनमें पहले ही आग लगा दी गई थी। सब तरफ़ बादशाह मुहम्मद शाह के नाम की विजय ध्वनि गूँजने लगी। वहाँ मुहम्मद अमीन ख़ान के चालीस या पचास घुड़सवार और दो सौ के क़रीब सैनिक मौज़ूद थे। हैदर कुली ख़ान ने अपने लोगों को ज़रूरी सन्देशे भेजकर पहले शीघ्रता से हाथी, घोड़ों और लोगों को इकट्ठा किया जबकि मुहम्मद अमीन ख़ान ने अपने कमांडरों को भेजने के लिए परवाने तैयार किए। इन परवानों में लिखा गया था :

"अब आपको मित्रता और सद्भाव दिखाने का अवसर मिला है। अब जो साथ आएगा, वह बड़ी सेवा करनेवाला माना जाएगा, और उसको उसी के अनुरूप पुरस्कार मिलेगा।"

सैयदों का विरोधी खेमा जानता था कि और विलम्ब अब घातक हो सकता था। सआदत ख़ान ने नियम और व्यवस्थाओं तथा सामान्य शिष्टाचार के प्रतिबन्धों को दरकिनार कर अपने सिर के ऊपर एक चादर डाली, और रास्ता बनाते हुए शाही हरम की ओर चल पड़ा। वहाँ से वह बादशाह मुहम्मद शाह को लगभग खींचता हुआ उस स्थान पर ले आया, जहाँ सैयद हुसैन अली की हत्या हुई थी। सआदत ख़ान ने बादशाह की बाँह पकड़ी हुई थी, फिर उसे मुहम्मद अमीन ऐत्मादुद्दौला के बेटे कमरुद्दीन ख़ान के हाथी पर बिठाया गया। मुहम्मद अमीन उनके पीछे चढ़कर जा बैठा। उसके साथ बुलन्द बख़्त और मुहम्मद अमीन ख़ान पीछे की ओर बैठे। एक मस्तूल पर सैयद हुसैन अली के कटे हुए सिर को टाँगा गया था। इस विजय उत्सव को ढोल-नगाड़ों के साथ बाजार और आसपास के इलाक़ों में निकाला गया। सैयद हुसैन अली ख़ान की मौत के वक़्त उसकी उम्र 52 साल की थी।

बाद में घटनाक्रम में मारे गए सैयद हुसैन अली, घेरात ख़ान और नुरुल्ला के मृत शरीरों को ताबूत में रखकर दफनाने के लिए अजमेर भेज दिया गया। सैयदों

का एक और ख़ास आदमी राय सिरोमन दास कायस्थ अपनी दाढ़ी-मूँछ मुँड़वा, शरीर पर भभूत मलकर अपना ज़रूरी धन और जेवरात आदि लेकर फरार हो गया। उसका पीछे छूटा शेष सामान लुटेरों ने लूट लिया।

तूरानी अमीरों की ओर से हर दिशाओं में हरकारे भेजकर यह महत्त्वपूर्ण सन्देश भेजे गए, जिनमें सुनिश्चित किया गया कि सैयदों की ओर से अपनी शक्ति बढ़ाने का कोई प्रयास न होने पाए, और अगर हो तो दृढ़ता से कुचल दिया जाए, जिससे वे फिर से अपना बल इकट्ठा करने का प्रयास न करें।

यह लूट इस कदर हुई कि कुछ ही घंटों में सैयद हुसैन अली ख़ान के डेरे का नामोनिशान ही मिट गया था। लोगों ने डेरे को लगाई जानेवाली कीलों तथा रस्सियों तक को नहीं छोड़ा था। वहाँ की एक-एक चीज़, महत्त्वपूर्ण, कीमती, अथवा साधारण—सब लूट ली गई। कहते हैं कि इस लूट में भिखारियों और कूड़ा बीननेवालों तक के हाथों में औसत रूप से कम से कम तीन-तीन हज़ार अशर्फियाँ लगीं और वे मालामाल हो गए।[1]

ख़ास बात यह भी थी कि इस मौके पर लुटेरों को रोकने के लिए शाही खेमे की तरफ़ से कोई कार्रवाई करनी उचित नहीं समझी गई। उन लोगों ने इस लूटमार करनेवाले लोगों के अनुशासनहीन झुंड से दूर रहने में ही भलाई समझी। मजे की बात यह थी कि लूटमार करनेवाले लोगों में दुश्मन भी थे और दोस्त भी। इसलिए इन्हें रोकने का कोई लाभ न था।

इस लूट की घटनाओं के फलस्वरूप आभूषणों और मुद्रा बदलनेवाले लोगों की चाँदी बन आई थी। उन दिनों एक क़िस्सा बहुत प्रचलित था, कि इस लूट में एक सैनिक के हाथ दो सिक्कों से भरे बैग लगे। वह इनको लेकर सुनार के पास गया कि इनके बदले में उसे स्वर्ण मुद्राएँ दे दी जाएँ। पर, जब उस स्वर्णकार ने इनकी जाँच की तो पता चला कि उन दोनों थैलों में स्वर्ण मुद्राएँ ही भरी थीं। कहते हैं कि उन दिनों सभी स्वर्णकारों की दुकानों में सैयद हुसैन अली की स्वर्ण मुद्राएँ और जेवरात अट गए थे, जिनके बदले में लोगों ने अपनी ज़रूरत की कीमती चीज़ें ले ली थीं। सौभाग्यवश इस मृत मुख्य बख़्शी के स्वर्ण आभूषणों से भरे कुछ बक्से और जवाहरात आदि शाही पक्ष के हाथ लग गए थे। इन्हें जब्त कर शाही ख़ज़ाने में जमा करा दिया गया।

इस हत्या के बाद राजा रतन चन्द की स्थिति बड़ी विचित्र हुई थी। वह सैयदों का जितना प्रिय था, आम लोगों के बीच उतना ही अलोकप्रिय था। उसे समझ नहीं आया कि अब वह किधर का रुख करे। हालात देखकर वह एक हाथ में माला लेकर जपने लगा और दूसरे हाथ में रूमाल से अपने आँसू पोंछता रहा। पता नहीं

1. Past Present: Kingmakers, The Dawn, Karachi, 1 November, 2009.visited on October 14, 2020.

उसने दो पंक्तियों का क्या सन्देशा सैयद अब्दुल्ला के नाम लिख कर एक ऊँट सवार को दिया, यह कोई नहीं जान पाया। थोड़ी ही देर में मुहम्मद अमीन का एजेंट राजा दयाराम आ गया। रतन चन्द उसके पैरों में गिर पड़ा, पर उसके हाथों में कुछ न था। वह उसे ले चला। रास्ते में बाजार में जाते समय लोगों ने रतन चन्द को ज़ी भर के गालियाँ दीं, उसे कई बार पालकी से खींचकर निकाला गया। लातों-घूँसों से स्वागत हुआ, कपड़े भी फाड़ डाले गए। लगभग नग्न और दयनीय स्थिति में उसे नए वज़ीर के सामने पेश किया गया। वहाँ वह गिड़गिड़ाता हुआ अपनी जान की भीख माँगता रहा।

मुहम्मद अमीन ख़ान ने उसके लिए नए कपड़े मँगवाने का आदेश दिया, पर साथ ही उसे बेड़ियों में बाँध कर कैद करने के भी निर्देश दिए गए। यह उसके कर्मों के प्रति बहुत छोटा दंड था, उस समय लोगों ने ऐसा ही कहा। उससे बहुत पूछताछ की गई, पर राजा रतन चन्द ने सैयद भाइयों के मौज़ूद या गड़े हुए ख़ज़ानों की कोई जानकारी नहीं दी। कुछ समय बाद जब मुहम्मद अमीन बाहर निकल आया तो उसने अवसर पाकर भागने की कोशिश की। जो मुग़ल सुरक्षाकर्मी उसकी निगरानी में लगे थे, उन्होंने उसे दौड़कर पकड़ लिया। उसकी बोटी-बोटी कटने में देर न थी, पर कुछ और बुरे समय तक के लिए उसे ज़िन्दगी बख़्श दी गई थी।

चूड़ामन जाट का बेटा मुखमा एक कैदी के रूप में लाया गया था। कहते हैं कि मौत की सजा से बचने के लिए वह इस्लाम धर्म स्वीकार करने को तैयार था, पर बादशाह मुहम्मद शाह ने उसे बिना किसी शर्त के क्षमादान दे दिया। न ज़ाने क्यों उस पर दयालुता दिखाते हुए उसे रिहा कर दिया गया।[1]

सैयद असद-उल्ला-ख़ान को भी गिरफ्तार कर लिया गया था। उसे लम्बे समय तक हिरासत में रखा गया, तब तक, जब तक कि उसे मक्का में हज करने की स्वीकृति प्रदान नहीं कर दी गई। ग़ुलाम अली ख़ान की ज़िन्दगी इसलिए बख़्श दी गई थी, और उसे सुरक्षा प्रदान की गई क्योंकि वह वो शाही दूत था, जिसे पूर्व में सैयद भाइयों द्वारा भेजकर मुहम्मद शाह को बादशाह के सिंहासन पर बैठाने का उपक्रम किया गया था, लेकिन ग़ुलाम अली सैयद भाइयों के प्रति बहुत वफ़ादार था, इसलिए कुछ दिन बाद ही, उचित अवसर मिलते ही वह भाग कर सैयद अब्दुल्ला के खेमे में जा मिला।

सैयद हुसैन अली ख़ान जैसे शक्तिशाली और अजेय योद्धा और दरबारी की लोमहर्षक हत्या को लेकर बरसों तक लोग तरह-तरह के क़िस्से-कहानियों में उसे ज़िन्दा रखते रहे। लोग यहाँ तक कहते थे कि वह उनके ख़्वाबों में इमाम हुसैन के दरबार में मौज़ूद पाया गया है। कहा गया कि वह रक्तरंजित परिधान में इमाम

William irvine, "Later Mughals", chapter IV, pg. 66,

हुसैन के दरवाज़े पर आया था, जहाँ इमाम साहब ने उससे सम्मानपूर्वक अन्दर आने का आग्रह किया।

समझा जाता है कि सैयद हुसैन अली ख़ान बारहा की हत्या करने के लिए मीर हैदर बेग को उस जमाने की एक बड़ी रकम—एक लाख रुपये अग्रिम रूप से दिए गए थे।

छोटे सैयद भाई की हत्या के बाद फैली अफरा-तफरी को नियंत्रित कर अगले दिन मुहम्मद शाह का दरबार लगा। इसमें घोषणा की गई कि ऐत्मादुद्दौला का मनसब बढ़ाकर आठ हज़ार जात व आठ हज़ार सवार कर दिया गया है। उसे डेढ़ करोड़ रुपया नगद पुरस्कार देते हुए सल्तनत का नया वज़ीर भी नियुक्त कर दिया गया। शम्सुदौल्ला को बख्शी के पद सहित सात हज़ार जात और इतने ही सवारों का मनसब मिला। कमरुद्दीन खाँ को नायब बख्शी बनाया गया। हैदर कुली ख़ान को छह हज़ार जात और सवार, सआदत ख़ान को नगाड़े की अनुमति सहित पाँच हज़ार जात और सवार का मनसब हासिल हुआ। मुग़ल बादशाह ने इस अवसर पर अपने सभी समर्थकों को किसी-न-किसी रूप में पुरस्कृत किया, यह बात दर्शाती थी कि सैयद हुसैन अली से छुटकारा पाकर वह कितना प्रसन्न रहा होगा।

12

सैयद भाइयों के विरुद्ध कैसे बना था माहौल

इसकी पृष्ठभूमि यूँ थी—

दोनों सैयद भाइयों का गुप्तचर तंत्र काफ़ी विकसित था। वे विभिन स्त्रोतों से प्राप्त जानकारियों पर ध्यान देते हुए मुल्क़ की स्थिति का गहनता से जायजा लिया करते थे। इन जानकारियों से उन्हें समझ आने लगा था कि फ़र्रुख़सियर की हत्या के बाद माहौल उनके विरुद्ध बन गया है, और यह कि उन्हें अब बहुत धैर्यपूर्वक तथा हमेशा सतर्क रहकर अपने शत्रुओं पर निगाह तो रखनी ही होगी, अपनी शक्ति लगातार बढ़ानी होगी। इसके लिए ज़रूरी यह भी था कि विरोधी पक्ष को कमजोर करने की नीति पर चलना होगा।

इसीलिए जहाँ तक सम्भव हुआ उन्होंने लोगों से मिल-जुल कर काम करते रहने और सौहार्द कायम रखने की नीति के अनुसार काम किया। उनकी सतर्कता के बावजूद लगभग हर दिन अलग-अलग जगहों से उनके अधिकार क्षेत्र को चुनौती मिलने की ख़बरें बढ़ती जा रही थीं। ऐसा घटनाक्रम भी बन रहा था, जिससे ज़ाहिर होता था कि स्थिति कभी भी विस्फोटक हो सकती है। जब आगरा के विद्रोह को दबा दिया गया तो इलाहाबाद से बग़ावत की ख़बरें आने लगी थीं। इनका केन्द्र वहाँ का तत्कालीन सूबेदार छबीला राम नागर रहा था, जो बादशाह फ़र्रुख़सियर का पुराना और विश्वसनीय दरबारी था।

छबीला राम को पूर्व में ही सन्देह हो गया था कि सैयद भाइयों की नीयत उसके प्रति ठीक नहीं है और वे कभी भी उसे इलाहाबाद के उसके पद से हटाने की कार्रवाई कर सकते हैं। उसका अनुमान तब सही साबित हुआ, जब सैयद हुसैन अली ने शाह अली ख़ान को एक फ़ौज की टुकड़ी के साथ इलाहाबाद भेजकर वहाँ के क़िले पर क़ब्ज़ा करने के निर्देश दिए। बाद की स्थितियों से स्पष्ट हुआ कि सैयद बन्धुओं का छबीला राम को उसके पद से हटाने का कोई इरादा न था। वे केवल इलाहाबाद के उस सामरिक महत्त्व के क़िले की सुरक्षा को सुदृढ़ करना चाहते थे जो छबीला राम के अधीन था। इसका कारण यह था कि यह दुर्ग

उस महत्त्वपूर्ण मार्ग पर स्थित था जहाँ से बंगाल का ख़ज़ाना दिल्ली जाया करता था। यह वह ख़ज़ाना था जो औरंगज़ेब के समय में भी मुग़ल अर्थव्यवस्था का एक महत्त्वपूर्ण भाग हुआ करता था। जब छबीला राम ने विद्रोह किया, तब भी रु. 90 लाख का ख़ज़ाना वहाँ से गुज़रने के लिए पटना में मौजूद था। इन सैयद भाइयों को मुग़ल शासक के महत्त्वपूर्ण सिपहसालार के नाते जो ख़ज़ाना मिला था, वह मुल्क़ को बेहतर रूप से चलाए जाने के लिए कारगर न था। ऐसा उस पत्र के आधार पर कहा जा सकता है जिसमें सैयद अब्दुल्ला ने छबीला राम को निर्देश दिए थे कि उस ख़ज़ाने को अपनी सीमाओं से सुरक्षित रूप में पार कराना उसकी व्यक्तिगत जिम्मेदारी है, क्योंकि शाही फ़ौज के लोगों तक को बरसों से पूरी तनख़्वाहें नहीं मिली हैं।[1]

सैयद भाइयों की रणनीति के अनुसार छबीला राम की तैनाती अवध के सूबेदार के रूप में की जानी उनके लिए उपयुक्त और तार्किक थी। उन्होंने उसे इस आशय का प्रस्ताव भी भिजवाया, पर छबीला राम सैयद भाइयों के इरादों से सशंकित था और इस परिवर्तन के लिए तैयार न था। इसे दूसरे शब्दों में यूँ परिभाषित किया जा सकता था कि छबीला राम को सैयदों की बातों पर भरोसा न था। जब अधिक दबाव पड़ा तो उसने बग़ावत कर दी, पर दुर्भाग्यवश उन्हीं दिनों छबीला राम की मृत्यु हो गई। बाद में उसके भतीजे और उत्तराधिकारी गिरधर बहादुर ने भी इस बग़ावत का झंडा मज़बूती से थाम लिया।

सैयद बन्धु तब भी सौहार्द बनाए रखना चाहते थे, वह इस बात से भी ज़ाहिर था कि उन्होंने छबीला राम के भतीजे को भी एक संशोधित सन्धि प्रस्ताव भेजा था। जब उसकी ओर से कोई सन्तोषजनक उत्तर नहीं मिला तो हैदर कुली ख़ान के नेतृत्व में इस विद्रोह को दबाने के लिए अतिरिक्त सैन्य बल भेजा गया। दिक़्क़त यह थी कि पिछले नौ महीने से बग़ावत की छिटपुट और अनंतिम घटनाओं ने ऊहापोह की स्थिति बना रखी थी। अगर आर-पार की लड़ाई होती तो दोनों पक्षों को राहत मिलती, पर ऐसा नहीं हो पा रहा था। एक बार फिर प्रयास हुए, जिसमें सैयदों के विश्वस्त दीवान रतन चन्द ने मध्यस्थता की, जिसे गिरधर बहादुर बहुत मान दिया करता था। यहाँ यह बात उल्लेखनीय है कि गिरधर बहादुर भी अपने चाचा छबीला राम की तरह सैयद भाइयों की बातों को विश्वास योग्य नहीं मानता था। उसका कहना था कि यदि वह (रतन चन्द) स्वयं इस बात की गारंटी ले और मध्यस्थ बने, तभी वह सैयद भाइयों के प्रस्ताव पर विचार कर पाएगा।

यह बताना अप्रासंगिक न होगा कि सैयद भाइयों की ओर से इलाहाबाद की इस सूबेदारी के विवाद को शान्तिपूर्वक निपटाने के लिए पहल करते हुए अन्ततः एक समझौता कर लिया गया। इसके अन्तर्गत उसे अब अवध की सूबेदारी के साथ

1. Balmukund Nama, 7, 27.

गोरखपुर की फ़ौजदारी के अधिकार भी प्रदान कर दिए गए। सैयदों ने गिरधर बहादुर को पाँच हज़ार मनसब और राजा की उपाधि से अलंकृत करने पर भी स्वीकृति प्रदान की। सौहार्द बनाए रखने के लिए उसे तीस लाख रुपयों की नक़द भेंट भी दी गई।

इलाहाबाद का मामला तय होने के बाद सैयद भाइयों के लिए आमेर के राजपूत राजा जय सिंह के आक्रोश और विद्रोह की चुनौतियों को हल करने की समस्या लगातार होनेवाले सिरदर्द की भाँति मौजूद थी। इस प्रभावशाली राजा के विरुद्ध कोई व्यापक सैनिक अभियान किया जाना उनके राज्य की सुदृढ़ व्यवस्था और मुल्क़ के नाजुक हालात को देखते हुए व्यवहारिक न था, यह बात सैयद भाई समझते थे। इसके लिए हुसैन अली ख़ान ने अजीत सिंह को मध्यस्थ के रूप में अधिकार दिए कि वह राजा जय सिंह को समझा-बुझा कर विद्रोह करने से मना करें, इसी में सबका हित है।

बादशाह फ़र्रुख़सियर को सत्ताच्युत करने के आरम्भिक सवा साल में सैयद भाइयों को अपनी पकड़ बनाए रखने और इन विद्रोहों को शान्त करने के लिए जो शक्ति, ऊर्जा, समय और अतिरिक्त धन लगाना पड़ा, वह उनके लिए स्रोतों का बहुत बड़ा अपव्यय था। अकेले आगरा के विद्रोह का दमन करने में उन्हें तीन महीने लगे थे। तब भूख, षड्यंत्रों और विश्वासघात की घटनाओं से परेशान होकर इन विद्रोहियों ने तो समर्पण कर दिया था, पर आगामी नौ महीनों तक उन्हें इलाहाबाद को बागियों से मुक्त कराने में अपनी ऊर्जा लगानी पड़ी। गिरधर बहादुर ने बहादुरी दिखाते हुए शाही सेना के विरुद्ध कड़ा प्रतिरोध बनाए रखा था। इससे इलाहाबाद के उन सैनिकों में खोया हुआ विश्वास फिर से क़ायम हो गया था जो छबीला राम की असामयिक मृत्यु से उसके सैन्य बल में उत्पन्न हो गया था। इस माहौल में सैयदों की स्थिति थोड़ा कमजोर हुई थी।

सैयद भाइयों ने एक अनुचित काम और किया। ऐसी तैयारियाँ आरम्भ कर दी गईं और चर्चा फैल गई कि अजमेर के ख्वाज़ा मुईन-उद-दीन चिश्ती की दरगाह में बादशाह के भ्रमण कार्यक्रम के दौरान राजा जय सिंह को सबक सिखाया जाएगा। ज़ाहिर तौर पर इन तैयारियों और ऐसे सन्देश का अर्थ था कि राजा पर इतना दबाव बनाया जाए कि वह ख़ुद ही भयभीत होकर समर्पण कर दे। आश्चर्यजनक तौर पर यह तरीक़ा काम कर गया। असलियत यह थी कि राजा जय सिंह सैयदों के विरुद्ध विद्रोह और सैन्य अभियान में फ़िलहाल अलग-थलग पड़ गया था। अगर वह इस समय बुद्धिमत्ता से काम न लेता तो वास्तव में उसे बहुत ख़राब परिणामों को भुगतना पड़ता। पर अब हुए एक समझौते के इनाम के रूप में राजा जय सिंह को गुजरात के सोरांठ के दक्षिण क्षेत्र की फ़ौजदारी और बीस लाख रुपये नक़द की भेंट भी अतिरिक्त रूप से मिल गई थी। जिन मुग़ल दरबारियों ने राजा जय सिंह के पास आमेर में शरण ली थी, उनको भी वहाँ बने रहने की स्वीकृति दे दी गई। परन्तु

यह भी सही है कि इतना उदार रुख अपनाने और ऊपरी तौर पर सारी व्यवस्थाओं के सुचारु दिखने के बाद भी सैयदों और राजा जय सिंह के सम्बन्ध शायद कभी सौहार्दपूर्ण नहीं रहे। यह राजपूत राजा फिर भी मन से सैयदों को नापसन्द करता रहा और अवसर मिलने पर उनके विरोधी खेमे के साथ खड़ा रहा।

अगर मुग़ल दरबार की बात की जाए तो यह सर्वविदित था कि इन सैयद भाइयों ने पूर्ववर्ती और अपदस्थ बादशाह फ़र्रुख़सियर के ख़ास-पसन्द दरबारियों का बहुत उत्पीड़न किया था। मुहम्मद मुराद कश्मीरी, अमीन-उद-दीन सँभाली, गाज़ी-उद-दीन अहमद बेग और बादशाह के नजदीकी रिश्तेदारों जैसे सआदत ख़ान, शाइस्ता ख़ान आदि के मनसब से तो उन्हें मुक्त कर ही दिया गया था, उनकी व्यक्तिगत सम्पत्तियाँ भी जब्त कर ली गई थीं। ऐसे सब लोगों के साथ एक-सा ही सलूक किया गया हो, ऐसा भी न था। बहुत से उन लोगों को बख्श भी दिया गया था जो तत्कालीन बादशाह के बहुत निकट थे। मौत की सजा किसी को नहीं दी गई थी। यह आश्चर्यजनक था कि बादशाह के सबसे नज़दीक रहनेवाले मुँहलगे दरबारियों ख़ान-ए-दौराँ और मीर जुमला के मनसब को न केवल अछूता छोड़ दिया गया था, उनकी सम्पत्ति को भी हाथ नहीं लगाथा गया। इतना ही नहीं, उनमें से कुछ को अतिरिक्त अधिकार और काम भी दिए गए। यह किस रणनीति के अन्तर्गत किया गया, उन सैयद भाइयों के अलावा कोई नहीं जानता।

इन सैयद भाइयों ने इतना अवश्य किया कि उन्होंने सरकार के अधिकतर ऊँचे पदों को अपने ख़ास लोगों या रिश्तेदारों को सौंपने अथवा इस प्रशासनिक व्यवस्था को केन्द्रीकृत करने का प्रयास नहीं किया। उन्होंने मुहम्मद अमीन ख़ान को दूसरे बख्शी के पद पर बने रहने दिया। एक अन्य तूरानी रौशन-उद-दौला ज़फर ख़ान को तीसरे बख्शी का पद दिया गया था। यहाँ तक कि अपनी नीतियों के लिए इन सैयदों के धुर विरोधी छवि के इनायतुल्ला ख़ान को भी ख़ान-ए-सामान और कश्मीर के सूबेदार के प्रतिस्थानी के पद पर बनाए रखा गया। सद्र का पद पहले अमीर ख़ान को दिया गया, जो पुराना आलमगीरी दरबारी था, और उसके बाद मीर जुमला को। इन दो उच्च पदों के अलावा सैयदों ने केवल दक्खिन के वायसराय के पद को अपने पास बनाए रखा। बारहा के इन सैयदों के निकटस्थ सम्बन्धियों को जो नए पद या तैनातियाँ मिली थीं, वे आगरा और इलाहाबाद की सूबेदारियाँ और मुरादाबाद की फ़ौजदारियाँ मात्र थीं।[1]

सैयद बन्धु भी जानते थे कि जिन शक्तियों के समूह और सम्मिलित प्रयासों से फ़र्रुख़सियर को अपदस्थ किया गया है, उनका सुदृढ़ बने रहना बहुत ज़रूरी था। वे चाहते थे कि इस समूह को इतना मज़बूत रखा जाए कि उनकी सत्ता के

1. Chandra, Satish (July 2007), Medieval India: From Sultanat to the Mughal Empire, Har Anand Publications Pvt Ltd, p. 472.

विरुद्ध मुल्क़ में कहीं से कोई विद्रोह न उठ सके। इसके लिए मराठा और राजपूत राजाओं के साथ को और भी विस्तारित किया जाना एक बेहतर सोच समझी जा रही थी। एक तात्कालिक समाधान यह भी था कि आलमगीरी दरबारियों की तथाकथित समस्याओं का निपटारा कर उनका व्यापक रूप से समर्थन प्राप्त कर लिया जाए।

महाराजा जय सिंह को मनाने के लिए सैयद भाइयों ने महाराजा अजीत सिंह की सेवाओं का लगातार उपयोग किया था। सैयदों की रणनीति और कृपा से राजा जय सिंह अब सोरांठ का फ़ौजदार भी थे। साथ ही उनके पास अजमेर और गुजरात का भी प्रान्त था। इस प्रकार ये दो राजपूत राजा जो एक बड़े समुदाय का महत्त्वपूर्ण हिस्सा थे, उन सैयद भाइयों के पाले में थे, जिन्हें बादशाह विरोधी समूह कहा जाता था। मुग़ल साम्राज्य और सैयद भाइयों के साथ उनके बने रहने से उनके विरोधियों में एक सकारात्मक सन्देश फैलता, परन्तु राजा अजीत सिंह के उदार और लगनशील प्रयासों के बावजूद राजा जय सिंह ने खुलकर सैयदों के साथ आने से इनकार कर दिया। उन्होंने निज़ाम के विरुद्ध अभियान में भी इन भाइयों का साथ नहीं दिया। राजपूत राजाओं में सैयदों के पास सिर्फ अजीत सिंह का साथ रहा। किसी और राजपूत राजा ने उन भाइयों का साथ नहीं दिया, न खुलकर और न ही अप्रत्यक्ष रूप से।

अन्य छोटे राजपूत राजा इन सैयदों के साथ किस सीमा तक आए, यह तो बताया नहीं जा सकता, पर इतना ज़रूर कहा जा सकता था कि इस संक्रमण काल की अवधि में हिन्दुओं ने स्वयं को अच्छी स्थिति में महसूस करना शुरू कर दिया था। यद्यपि सैयदों ने गौ-वध को प्रतिबन्धित करने के लिए कोई औपचारिक आदेश नहीं निकाला था, परन्तु अजीत सिंह ने अपनी जिम्मेदारी पर उन दोनों सूबों में, जहाँ वह तैनात था, इस पर रोक लगा दी थी। तभी खाफी ख़ान ने इस कृत्य पर प्रतिक्रिया व्यक्त करते हुए अपना आक्रोश दिखाया था, और कहा था कि, "मुल्क़ की राजधानी से नर्मदा के तट के माहौल तक काफिर लोग सिर्फ मन्दिरों की मरम्मत करने और गौ-वध को रोकने के लिए जुट गए हैं।"

इन्हीं दिनों सैयद भाइयों ने सन् 1718 ईसवी के पुराने आदेश को मुल्क़ के बादशाह के हस्ताक्षर से जारी आदेश में निहित कई नए प्रावधानों को शामिल कर तथा अधिक धनराशि की व्यवस्था कर सुदृढ़ बनाया। दक्खिन में उनका टिकाव इन मराठों के समर्थन पर ही निर्भर था। सैयद हुसैन अली का दत्तक पुत्र आलम अली का सतारा के दरबार से उनके एक मंत्री के माध्यम से कुछ सम्बन्ध बना हुआ था, और इसी कारण इन लोगों के शाहू से बेहतर सम्बन्ध निभते रहे।

ऐसा नहीं था कि सैयद भाई केवल राजपूत और मराठों से ही सम्बन्धों के प्रयास कर शान्त बैठ गए हों। उन्होंने अपने सम्बन्धों को विस्तार देने की कड़ी में जाटों को भी लगातार साथ रखने की कोशिश की। उनकी इस मुल्क़ में मूल

बसावट जाट-बहुल मुज़फ़्फ़रनगर जनपद में थी, जहाँ जाटों से उनके सौहार्दपूर्ण सम्बन्ध थे। अब उन्होंने मथुरा में जाटों का प्रतिनिधित्व कर रहे चूड़ामन जाट को काफ़ी रियायतें देकर इस सहयोग को सुदृढ़ बनाने के प्रयत्न किए। उसे दिल्ली से ग्वालियर तक के शाही राजमार्ग का प्रमुख बनाया गया था। चूड़ामन ने आगरा की घेराबन्दी में भी भाग लिया था जिसके लिए सैयद बन्धु उसके कृतज्ञ थे।

पुराने आलमगीरी और बहादुर शाही दरबारियों को साधे रखना भी एक बड़ी समस्या थी। सैयदों की नीति न तो शक्ति और सत्ता के केन्द्रीयकरण और एकाधिकार की थी, और न वे धार्मिक तथा किसी ख़ास समुदाय की उच्चता की नीति में विश्वास रखते थे। उन्होंने पूर्व की तरह इन दो क़िस्म के लोगों और उनके समूहों को भी प्रशासनिक व्यवस्था का सक्रिय हिस्सा बनाते हुए उनके सहयोग की अपेक्षा बनाए रखी। उन्हें उच्च पदों पर तैनात किया गया तथा समय-समय पर वेतन वृद्धि भी की गई। निज़ाम-उल-मुल्क़ के नाम लिखे गए एक पत्र में सैयद अब्दुल्ला ख़ान ने इस नीति को यूँ व्यक्त किया था, "हिन्दुस्तान की प्रशासनिक व्यवस्था को कोई एक इनसान, चाहे वह कितना भी सबल क्यों न हो, सुचारु रूप से सिर्फ अपने बूते पर बिना राज्य के प्रख्यात दरबारियों और अधिकारियों की सहायता के चलाने का ख़तरा मोल नहीं ले सकता। इन परिस्थितियों में मेरे लिए यही उचित होगा कि मुझे ऐसे नए लोगों पर भरोसा कर उन्हें आगे लाना चाहिए, या उन लोगों की मदद लेने का सोचना होगा जो कभी मेरे मित्र रहे ही नहीं।"

कहा जाता है कि यह पत्र सैयद अब्दुल्ला ख़ान ने सन् 1720 में निज़ाम-उल-मुल्क़ को तब लिखा था जब वह मालवा का सूबेदार हुआ करता था। यह बात सच है कि इस नीति को सफलतापूर्वक कार्यान्वित करना वाक़ई सम्भव न था। उसके जो दुष्परिणाम होते उनका राजनीतिक व्यवस्था पर व्यापक विपरीत प्रभाव पड़ना अवश्यम्भावी था। जब से बादशाह फ़र्रुख़सियर का अपदस्थ होना और फिर उसकी लोमहर्षक हत्या का मामला सामने आया था, तब से सैयदों को दरबारी और अधिकारी वैसे भी संशय तथा अविश्वास की निगाह से देखते थे। ऐसे भी लोग थे जो इन दोनों भाइयों के उत्कर्ष पर पहुँचने से ईर्ष्या रखते थे। वे इस बात को समझने को तैयार नहीं थे कि मुग़लों से पूर्व भारत को अपनी कर्मस्थली बनाए इन लोगों ने बड़े श्रम और सैन्य पराक्रम से अपनी जगह बनाई थी। निज़ाम और मुहम्मद अमीन ख़ान जैसे लोग ख़ुद भी उच्चता पर पहुँचने की दौड़ में शामिल थे। वे लोग यह भी समझते थे कि सैयद बन्धुओं के आसपास रहते हुए अपनी स्वतंत्र रियासत बनाना या उनका कोई प्रभुत्व स्थापित होना, एक कोरा स्वप्न मात्र ही रहेगा। इसलिए वे चाहते थे कि इनसे हट कर दूर किसी जगह के अधिकार उन्हें मिल सकें। मराठा क्षत्रप भी बीच-बीच में अपनी महत्त्वाकांक्षाओं को लेकर चर्चा में बने रहते थे।

निज़ाम की सैयद भाइयों के प्रति शंका अपनी जगह पर क़ायम थी। वह सैयदों के प्रति बिलकुल आश्वस्त न था। उसका कहना था कि वह लम्बी अवधि के लिए मालवा जाने को तैयार है और उसका बेटा भी दरबार में नहीं रहेगा। सैयदों और निज़ाम के सम्बन्ध तब बिलकुल भी सौहार्दपूर्ण नहीं रह गए थे। लगता था कि उन पक्षों के मध्य जल्दी ही आमने-सामने के टकराव की परिस्थितियाँ बन सकती हैं। तूरानी और ईरानी दरबारी न तो हिन्दुस्तानी लोगों को पसन्द करते थे और न ही भारत में जन्मे मुस्लिमों के प्रति उनमें सहानुभूति थी। वे राजशाही के समर्थक थे और हिन्दुस्तानी दरबारियों का पत्ता काटकर सत्ता के सुख को केवल अकेले ही भोगना चाहते थे। ऐसे लोगों की भी कमी न थी जो सैयदों और भारत के स्थानीय लोगों—मराठों तथा राजपूतों के साथ गठबंधन को नापसन्द करते थे। उन्हें जज़िया और ऐसे ही अन्य करों को हटाने और उनमें रियायत देने से भी नाराजगी थी। कुछ ऐसे लोग थे जो अपनी महत्त्वाकांक्षाओं को पूरा करने के लिए उचित समय के इन्तज़ार में थे, जब वे हल्ला बोल सकें।

यह कम दुर्भाग्य और विस्मय की बात नहीं थी कि जो बादशाह सैयद भाइयों की पहल से मुल्क़ की बादशाहत पाया था, वह बादशाह मुहम्मद शाह भी सैयदों के संरक्षण का जुआ अपने सिर से उतार फेंकने को बेहद बेचैन होने लगा था, और एक उचित अवसर देख रहा था। उसे जल्दी ही इन सैयद भाइयों के विरोधी पक्ष के समूह में शामिल लोगों का सहयोग मिलने लगा था। इन शत्रुओं में सबसे प्रमुख और मज़बूत नाम तूरानी निज़ाम का था। अभी तक कोई भी ऐसा अवसर नहीं आया था कि कभी सैयदों और निज़ाम के मध्य आमने-सामने की टकराहट हुई हो, परन्तु सन् 1714 में जब उसे दक्खिन के वायसराय के पद से वापस बुलाया गया था और वहाँ सैयद हुसैन अली ख़ान की प्रतिस्थापना कर दी गई थी, तब से वह उन भाइयों से चिढ़ा रहता था। निजाम और उसके पिता गाज़ी-उद-दीन ख़ान फ़िरोज़ जंग ने अपना कार्यक्षेत्र दक्खिन से ही आरम्भ किया था। वे लोग औरंगज़ेब के समय से ही मुग़लों के पसन्दीदा दरबारियों में से थे।

यूँ सैयदों के पास भी निज़ाम के विरुद्ध शिकायतों का पुलिंदा था। उनके पास इस बात के सबूत थे कि निज़ाम दक्खिन पर क़ब्ज़ा करने के उद्देश्य से मालवा में ज़रूरत से अधिक संसाधन और सैन्य शक्ति इकट्ठा कर रहा है। इस बात की जब निज़ाम से कैफियत माँगी गई तो उसका जवाब था कि मराठों की बढ़ती शक्ति को नियंत्रित रखने के लिए ऐसा किया जाना ज़रूरी है, जो कभी भी अपने पचास हज़ार घोड़ों की मदद से इलाक़े को तबाह करने की क्षमता रखते हैं। परन्तु सैयदों का भी निज़ाम पर अविश्वास करने का एक और ठोस कारण था। वह हमेशा उनके विरोधी खेमे के अगुआ आमेर के राजा जय सिंह का मित्र बना रहता था। निज़ाम ने उस क़िलेदार मरहमत ख़ान को भी अपने यहाँ काम पर तैनात किया था, जिसे सैयद

हुसैन अली ने पूर्व में माँडू के क़िले से बर्ख़ास्त किया था। निज़ाम ने परगना नीलम के कुछ गाँवों को लूट लिया था और सैयदों की इच्छा के विपरीत इसके ज़मींदारों को स्थानांतरित कर दिया था। सैयद भाइयों को यह भी शक था कि निकूसियर को सत्ता के दावेदार के रूप में भड़का कर प्रस्तुत करने के पीछे भी मुख्यतः निज़ाम का हाथ रहा था।

अब गहन षड्यंत्रों और गुप्त मंत्रणाओं का दौर चल पड़ा था। 14 अक्टूबर, सन् 1719 को बादशाह की माँ सदरुन्निसा फ़तेहपुर सीकरी के पास शाही पड़ाव में रुकी हुई थी। वहाँ सैयद विरोधी दरबारियों की मंत्रणा और भेंटों का सिलसिला जारी हुआ। वह एक चतुर, दूरदर्शी और विलक्षण प्रतिभा की धनी महिला थी। ऐसे षड्यंत्र के संजालों को गढ़ने और उनके महीन जाल बुनने में उसका कोई तोड़ न था। वह अपने बेटे को अब इन सैयद भाइयों के चंगुल से बाहर निकालने के लिए दृढ़ प्रतिज्ञ थी, पर उसने मन की थाह किसी को नहीं दी थी। उसकी अगुआई में जल्दी ही वह खाका बना लिया था, जिसके अन्तर्गत उसे अपने षड्यंत्र को अंजाम देना था। उसने इस काम के लिए मुहम्मद अमीन ख़ान को तय किया, जो तूरानी समूह का प्रभावशाली नेता था और षड्यंत्रों तथा छल-प्रपंचों के कारनामों में प्रवीण था। इन सैयद भाइयों के तख़्ता पलटने की सूक्ष्म योजना बनाने की जिम्मेदारी इसी अमीन ख़ान को सौंपी गई।

सैयदों के प्रति मुहम्मद अमीन ख़ान की नापसन्दगी, आक्रोश और घृणा भी जगज़ाहिर थी। एक समय वह भी था कि जब बादशाह फ़र्रुख़सियर से विवाद के मौके पर उसने इन सैयद बन्धुओं का साथ दिया था, पर जब परिणाम सामने आया तो उसका कोई लाभ नहीं मिला। जो मिला वह सैयद भाइयों की शक्ति और प्रभाव में बढ़ोत्तरी के रूप में दिखता था। स्थिति यह हो गई थी कि अब वह जुनून की हद तक उनके ख़िलाफ़ था और ऐसे अवसर की तलाश में था कि उनकी शक्ति का ह्रास कर अन्ततः उन्हें बर्बाद किया जा सके। इन सैयद भाइयों के होते हुए उसका स्वयं मंत्रिपरिषद में न तो कोई प्रभाव शेष बचा था, और न ही उसके पास कोई विशेष शक्ति रह गई थी। यह महत्त्वाकांक्षी और दुस्साहसी दरबारी वैचारिक रूप से सैयद भाइयों से बहुत दूर चला गया था। अब वह मुहम्मद शाह और उसकी माँ को विश्वास में ले चुका था। उसका लक्ष्य अपने षड्यंत्र में निज़ाम-उल-मुल्क़ का समर्थन और सक्रिय सहयोग हासिल करना था।

मुग़ल बादशाह और मुहम्मद अमीन ख़ान की इस विषय में निज़ाम-उल-मुल्क़ से गुप्त रूप से ख़तो-खिताबत होने लगी थी। उन्होंने निज़ाम को लिखे गए इन पत्रों में इस योजना का उद्देश्य और तरीक़ा विस्तार से समझाया। उन्होंने यह भी समझाया कि अगर अभी इस योजना को अमल में नहीं लाया गया तो शीघ्र ही सैयद बन्धु ऐसी किसी योजना को अमली जामा पहना देंगे जिससे इस मुल्क़ के तूरानी लोगों को नेस्तनाबूद कर दिया जाएगा।

यह कोई नहीं जान सका कि निज़ाम ने इन पत्रों के जवाब में किस तरह की प्रतिक्रिया दी परन्तु इतना निश्चित था कि उसने सैयद बन्धुओं के विरुद्ध संघर्ष का बिगुल बजाने में अब कोई विलम्ब करने का इरादा छोड़ दिया था। निज़ाम-उल-मुल्क़ को अब सिर्फ दो चिन्ताएँ थीं—एक उसकी व्यक्तिगत सुरक्षा और दूसरी मुहम्मद शाह को एक सम्प्रभु और शक्तिशाली मुग़ल बादशाह के रूप में स्थापित करना।[1]

पूरे दावे से यह नहीं कहा जा सकता कि निज़ाम-उल-मुल्क़ की इन गतिविधियों की सैयद हैदर अली ख़ान को अच्छी तरह से जानकारी थी भी या नहीं, पर इतना निश्चित था कि हुसैन अली का मन अब दक्खिन पर शासन करने का था। वह साथ ही मालवा, गुजरात, अजमेर और आगरा पर भी अपना प्रभाव चाहता था। उसके कारण कुछ अलग थे। उनमें से एक मुख्य कारण यह भी था कि सतारा को नियंत्रित रखा जा सके, मालवा और गुजरात में मराठों के विस्तार और प्रभाव को सीमा में रखा जा सके और निज़ाम को दक्खिन को जीतने के किसी गुप्त इरादे को कामयाब न होने दिया जाए।

दरअसल घटनाक्रम पर दृष्टि डालने से ज़ाहिर होता है कि सैयद भाई चाहते थे वे भारत के इस मुग़ल साम्राज्य को आपस में दो भागों में बाँट लें—उत्तरी और दक्षिणी। कहते हैं कि यह सुझाव इसलिए भी आया था कि दिनों-दिन दोनों सैयद भाइयों के मतभेद बढ़ते जा रहे थे, जिसको दूर करने का यही एक कारगर उपाय शेष बचा था। इस रणनीति के अन्तर्गत पहला काम यही था कि मालवा से निज़ाम को हटाया जाता। सैयद हुसैन अली ने बातचीत के जरिए इसके बदले में निज़ाम को आगरा, इलाहाबाद, बुरहानपुर और मुलतान के सूबेदार के पद पर तैनाती का प्रस्ताव दिया। उनको यह भी कहा गया कि वह जिस सूबे की सनद चाहेंगे, उन्हें मिल जाएगी, लेकिन निज़ाम का उनके प्रति संशय कायम था। वह सैयद भाइयों की नीति को खूब अच्छे से समझता था। उसको इन सैयद भाइयों का हर प्रस्ताव उनकी छिपी हुई रणनीति का एक हिस्सा लगता था। वह यूँ भी उनके हर क़दम को शंका की दृष्टि से देखता था। उसने अपने स्थानान्तरण का यह विकल्प उस अनुबंध के प्रावधान के विपरीत महसूस किया जो इन भाइयों ने उसके साथ किया हुआ था। उसकी सोच पूरी तरह तार्किक थी, यह कहा जा सकता था। सैयद भाई भी उसके इरादों से कम सशंकित नहीं थे और सतर्क रहा करते थे। चूँकि निज़ाम स्वयं बादशाह और उसकी माँ के सम्पर्क में बना हुआ था, जो इन भाइयों से छुटकारा चाहते थे, और उससे इस स्थिति का नेतृत्व करना चाहते थे, इसलिए उसने अब सैयद भाइयों की अवहेलना कर उनके विरुद्ध बग़ावत का झंडा थाम लिया। वह स्वयं को राजदरबार में जाने का बता कर उज्जैन से निकला ज़रूर, पर उसका

1. Ahwal-ul-Khwaqin, f. 194a, Khafi Khan II, 855.

काफ़िला दक्षिण की ओर निकल पड़ा। जब नर्मदा नदी पार हुई तो उसके लोगों को समझ आया कि यह रवानगी दक्खिन के लिए है।

परिस्थितियाँ ऐसी बनीं कि बरार और ख़ानदेश के सूबेदारों ने भी निज़ाम का साथ देने का निश्चय कर लिया था। इन नए समीकरणों और ख़ास दरबारियों, सूबेदारों तथा लोगों की विद्रोह की तैयारियों से पता चला कि सैयद भाइयों के प्रति मुल्क़ के सत्ता के केन्द्र के रूप में काम कर रहे लोगों में कितना आक्रोश बन गया था। लोगों की इन भावनाओं को भुनाने के लिए निज़ाम फिलहाल स्वाभाविक रूप से इस विरोधी समूह के केन्द्र बिन्दु के रूप में उभर आया था, तो इसमें कुछ भी अस्वाभाविक न था। उसने ख़ुद को राजशाही और इस्लाम का रखवाला घोषित कर दिया। वह साथ ही तूरानी और ईरानी लोगों के भी बचावकर्ता के रूप में काम कर रहा था। दोनों सैयद भाइयों की अजीत सिंह और चूड़ामन जाट से मित्रता, रतन चन्द जैसे आदमी का प्रशासनिक व्यवस्था पर प्रभाव, जज़िया का समाप्त किया जाना, उनके इस तरह के काम थे, जिससे उनके विरोधी लोगों को एकजुट होने का अवसर आसानी से मिल गया था।

इस विद्रोह की पहली कड़ी के रूप में निज़ाम-उल-मुल्क़ ने बुरहानपुर पर विजय प्राप्त कर ली थी। उसने अपने भरोसेमन्द और मुअज्जिज लोगों को एकत्रित कर अपने मन की बात साझा करते हुए कहा था, "मेरे इस कृत्य का एकमात्र उद्देश्य मुग़ल बादशाह को उन स्वार्थी लोगों के आतंक से मुक्त कराना है जिन्होंने उसकी आज़ादी पर भी ऐसे प्रतिबन्ध लगा दिए हैं कि वह जुम्मे की नमाज़ के लिए भी बाहर नहीं आ सकता है!"

इस नई स्थिति की जानकारी मिलने से भयाक्रान्त और विचलित सैयद भाई तत्काल किसी सटीक कार्रवाई की योजना पर सहमत न हो सके। इन भाइयों का भी मुग़ल ख़ानदान पर अब कोई विश्वास नहीं बचा था। उनका क्रोध विशेष रूप से तूरानी दरबारियों के प्रति था। सैयद हुसैन अली इतना ग़ुस्से में था कि वह इस सबके लिए मुहम्मद अमीन ख़ान को जिम्मेदार मानता था और उसकी हत्या करना चाहता था, पर बड़ा भाई सैयद अब्दुल्ला ख़ान इस विचार को मूर्खतापूर्ण तथा बेईमानी से भरा मानता था और पूरी तरह असहमत था। वह निज़ाम से बातचीत कर उसे दक्खिन की बागडोर सौंपने को एक दूरदर्शी क़दम मानता था। दीवान रतन चन्द और ख़ान-ए-दौराँ ने भी सैयद अब्दुल्ला की नीति का समर्थन करते हुए समझौते को ही बेहतर रास्ता बताते हुए कहा था कि, "युद्ध सैयदों का अन्त कर देगा।"[1]

यह अच्छा हुआ कि छोटे सैयद भाई—सैयद हुसैन अली को जल्दी ही स्थिति की गम्भीरता समझ में आ गई थी, इसलिए उसने मुहम्मद अमीन ख़ान को हटाने

1. Khafi Khan, 855. Hadiqat ii, 98.

का विचार त्याग दिया था, पर वह अभी भी निज़ाम पर हमले की तैयारी में जुटा था। वह निज़ाम मराठा सेनाओं की मदद से उस पर दोतरफ़ा आक्रमण करना चाहता था। इसके लिए उत्तरी ओर से दिलावर ख़ान के नेतृत्व में सेना तैयार की गई थी, जबकि दक्षिण दिशा की ओर से सैयद हुसैन अली ने दक्खिन में अपने सहयोगी आलम अली को तय किया था। शाहू और बालाजी विश्वनाथ को भी इस युद्ध में आलम अली की सहायता करने के अनुरोध पत्र भेजे गए। आख़िरकार यह युद्ध हुआ और निज़ाम की सेना ने 19 जून, 1720 को बुरहानपुर के निकट सैयदों की उत्तरी भाग की सेना को परास्त कर दिया।

इस पराजय की ख़बर जब आगरा पहुँची तो वहाँ हड़कम्प मच गया। सेना का एक बड़ा हिस्सा इस युद्ध में खत्म हो गया था। अमीर-उल-उमरा सैयद हुसैन अली ख़ान की योजना थी कि वह निज़ाम को धूल चटाने के लिए सीधे दक्खिन में जाकर शाही सेना का नेतृत्व करेगा, पर अब उसे समझ आ गया था कि ऐसा करना कितना अनौचित्यपूर्ण और भयावह हो सकता था। इसलिए उसने निज़ाम से समझौते में ही भलाई समझी और इस आशय का एक पत्र लिख भेजा।

दूसरे ओर इन जानकारियों से घबराए बड़े सैयद भाई अब्दुल्ला ख़ान की भी यही राय थी। वह समझौता चाहता था, परन्तु व्यापक विमर्श के दौर चले और जो बातें तय हुईं, वे द्वि-अर्थी थीं। इनके अनुसार निज़ाम को औपचारिक रूप से दक्खिन के सूबेदार की तैनाती दी जानी थी। उसे आलम अली और मीर बख्शी के परिवार को दक्खिन से निकालने में सहयोग करना होगा, पर साथ ही दक्खिन के लिए सेना की एक बड़ी टुकड़ी भी भेजने की तैयारी हो रही थी, आलम अली को जिसका इन्तज़ार करना था।

निज़ाम अपने विरुद्ध चल रही गतिविधियों से बेख़बर न था। उसने कच्ची गोलियाँ नहीं खेली थीं। वह इस खेल के पीछे छिपी चालों को आसानी से समझ गया। उसने ख़ुद आलम अली को बागी घोषित कर दिया, बकौल उसके जिसने शाही आदेशों के विरुद्ध उसे दक्खिन का चार्ज नहीं दिया था। निज़ाम की सेना ने आलम अली और उसकी सेना को उसके मराठा सहयोगियों के साथ 10 अगस्त, सन् 1720 को शकेर खेड़ा में परास्त कर दिया।

दक्खिन में एक के बाद एक हार के समाचार मिलना सैयद बन्धुओं के लिए आघातकारी थे। इससे उनकी शक्ति और प्रतिष्ठा तार-तार होने की स्थिति में आ गई थी। निज़ाम-उल-मुल्क़ की बारम्बार विजय अभियानों से सैयदों के खेमों में मायूसी का माहौल बना था। इस अवसर पर मुहम्मद अमीन ख़ान ने उन्हें सलाह भी दी कि उनके लिए सबसे उपयुक्त तरीक़ा यही होगा कि वे निज़ाम के साथ हाथ मिला लें और वास्तविकता तथा समय की माँग को देखते हुए उनको बिना किसी शर्त दक्खिन प्रान्त का सूबेदार बनाने का आदेश जारी

कर दिया जाए। यदि इस पर सहमति हो, तो उसने अपने बेटे कमरुद्दीन को दक्षिण भेजकर सैयद हुसैन अली के परिजनों को दौलताबाद से सुरक्षित लाने की पेशकश भी की। सैयद भाइयों ने इस प्रस्ताव को खारिज कर दिया और निज़ाम के विरुद्ध पूरी शक्ति के साथ युद्धरत होने तथा उसके 'कारनामों' की सजा देने की मंशा ज़ाहिर कर दी।

असलियत भी यह थी कि मालवा में निज़ाम-उल-मुल्क़ की तैनाती के समय से ही सैयद हुसैन अली ख़ान उसके विरुद्ध अभियान की तैयारी कर रहा था। उम्र और अनुभव में बड़े और अपेक्षाकृत समझदार सैयद अब्दुल्ला ने उसे इस सम्बन्ध में थोड़ा ठहरने को कहा था। तब उसे उम्मीद थी कि दिलावर अली ख़ान और आलम अली की सेना निज़ाम को परास्त करने में सफल हो जाएगी, परन्तु यह पासा उल्टा पड़ गया था। इसलिए अब सैयद हुसैन अली ख़ान ने निश्चय किया कि वह स्वयं ही दक्खिन के लिए तत्काल अभियान पर निकलेगा। इसके लिए उसने शीघ्रता में पचास हज़ार सैनिकों की एक सेना को खड़ी कर उसका नेतृत्व करने का निश्चय किया, जिसमें बारहा के सैयदों और अफ़गानियों का प्रभुत्व था।

इस सारी अवधि में सैयद भाइयों का मुहम्मद अमीन ख़ान पर इस बात का शक गहराता रहा कि उसकी और निज़ाम-उल-मुल्क़ की गुप्त वार्ताएँ हुआ करती हैं। वे यह भी मानते थे कि इस सब विवाद की जड़ और निज़ाम का भड़कना अमीन ख़ान के कारण ही हुआ है। वह उसे अपने खेमे का भेदिया और द्रोही समझते थे और सबक सिख़ाना भी चाहते थे, पर मुग़लों की ओर से व्यापक बग़ावत की सम्भावनाओं को देखते हुए इसे टालते आ रहे थे। उनकी दुविधा बहुत थी। वे समझ नहीं पा रहे थे कि अमीन ख़ान से कैसे निपटा जाए। उनकी सोच थी कि यदि अमीन ख़ान को दिल्ली में छोड़ दिया गया तो वह बग़ावत पर उतारू हो जाएगा। परन्तु साथ ही उनकी चिन्ता यह भी थी कि उसे अगर सेना के साथ दक्खिन अभियान पर ले जाया गया तो वह उनका साथ छोड़कर शत्रु पक्ष से मिलने से भी बाज नहीं आएगा। अन्ततः सैयद हुसैन अली ने उसे अपने साथ खेमे में रखकर उसकी गतिविधियों पर निगाह रखने का निर्णय लिया। कोई शक न हो, इसलिए छोटे सैयद भी ने इस मुग़ल नेता के साथ बाहरी तौर पर सौम्य और सौहार्दपूर्ण सम्बन्ध बनाए रखे। मुहम्मद अमीन ख़ान के सैनिकों को उदारतापूर्वक तनख़्वाहें मिलना जारी रहा। उसमें कोई कमी या रोक-टोक नहीं हुई।

इस सबके बावजूद, और यह देखते हुए भी कि सैयद भाइयों का उसके प्रति सौहार्द बना हुआ है, मुहम्मद अमीन ख़ान ने भी सिर्फ दिखावटी तौर पर उन लोगों से बेहतर और दोस्ताना सम्बन्ध बनाए रखे। अन्दर से वह भी ऐसे अवसर की तलाश में था जब इन पर किसी भी तरह से ऐसी गहरी चोट पहुँचाई जा सके जिससे उनका

तंत्र ध्वस्त हो जाए। उसे यह भी विश्वास था कि वह जब भी कमजोर पड़ेगा, और उन्हें उचित अवसर हाथ लगेगा, ये सैयद भी उसकी जान नहीं बख़्शेंगे।

यह वह समय था जब सैयदों के पास हमेशा लगभग पचास हज़ार अनुशासित और प्रशिक्षित सैन्य बल मौज़ूद रहा करता था। उनके पास बेहतरीन हथियारों का विशाल जखीरा भी था। वे साम्राज्य के विभिन्न प्रान्त के सूबेदारों की सैन्य शक्ति को भी इस्तेमाल करने की व्यवस्था रखते थे। उनके पास विशाल वित्तीय संसाधन थे और सैन्य बलों को अपेक्षाकृत बेहतर तथा नियमित वेतन देने में वे पूरी तरह से सक्षम थे। इसके साथ ही उनकी तरफ़ बादशाह की उपस्थिति भी थी, भले ही वह सजावट के तौर पर हो। वे उसकी शक्तियों का उपयोग निज़ाम-उल-मुल्क़ के सैनिकों को तोड़ने और उसके खेमे के दरबारी मनसबदारों को अपनी ओर खींचने में कर सकते थे। यही वह चाभी थी जिससे सैयदों की सफलता के रास्ते खुलने की गारंटी थी।

अब सैयद हुसैन अली सितम्बर माह में मुहम्मद अमीन ख़ान और बादशाह के साथ दक्खिन के अभियान पर निकल पड़ा। उसने अजमेर के रास्ते वहाँ जाने का विकल्प चुना था। वह अजमेर में राजा अजीत सिंह से मिल कर उनसे अभियान के विस्तृत बिन्दुओं पर चर्चा करना चाहता था। लेकिन वह एक बात भूल गया। उसके इस अभियान से अमीन ख़ान को वह अवसर मिल गया था, जिसकी तलाश में वह लम्बे समय से था। वह योजनाबद्ध तरीक़े से दोनों भाइयों को एक-एक कर निपटाना चाहता था। उसने अपने इस गुप्त अभियान में प्रभावशाली मुग़ल दरबारियों सआदत ख़ान और हैदर कुली ख़ान को भी शामिल कर लिया, जो व्यक्तिगत रूप से और कौम की तरफ़ से सैयद-विरोधी भावनाओं को हवा दिया करते थे।

दीवान रतन चन्द ने गंगाजल हाथ में लेकर गिरधर के साथ विश्वासघात न करने का वचन दिया था। इस भरोसे पर गिरधर इलाहाबाद के स्थान पर अवध की सूबेदारी स्वीकार करने को तैयार हो गया था। वह अप्रैल 1920 ई. माह में इलाहाबाद से अवध की ओर प्रस्थान कर गया। समय और परिस्थितियाँ कभी एक-सी नहीं रहतीं, न ही यह पता चलता है कि कब कौन आपके साथ कैसा व्यवहार कर बैठे, पर अब स्थितियाँ ऐसी बन गई थीं कि राजनैतिक परिदृश्य का सटीक आकलन किसी के पास न था कि इतिहास के गर्भ में क्या छिपा है।

सैयद भाइयों ने अभी तक निज़ाम-उल-मुल्क़ के प्रति अपने तेवर ढ़ीले नहीं किए थे। एक दिन निजाम के लोगों ने अपने अनुयायियों की एक गुप्त बैठक की जिसमें मुहम्मद अमीन ख़ान ने कहा कि, "अब समय आ गया है कि हमें अपनी जान की परवाह नहीं करनी चाहिए। यह वह समय है जब सबको अपनी मर्जी से अपने जीवन का मोह छोड़कर सैयद भाइयों को हटाने की जद्दोजहद में आगे

आना होगा। अगर ऐसे में किसी की जान जाती है तो यह एक नेक काम में दी गई कुर्बानी होगी और अल्लाह उसे जन्नत देगा।"

कुछ लम्हे सन्नाटा छाया रहा। अमीन ख़ान ने कहा, "मैं जानता हूँ कि आप लोगों को अपने कुनबे का, बीवी-बच्चों का ख्याल आ रहा होगा। यकीन रखिए ऐसा वक़्त अगर हुआ तो उस इनसान के एक-एक सदस्य का पूरा ख़याल रखा जाएगा। यह मेरा ख़ुदा को हाजिर-नाजिर जानकार किया गया वादा है।"

इस पर भी कोई नहीं बोला। सन्नाटे को भंग किया मीर हैदर बेग दुग्लाल कश़गरी ने। बेग ने कहा, "आप लोग जानते हैं कि मैं एक सैयद हूँ, और वे भी। मैं इस काम के लिए अपना नाम देता हूँ। अगर भाई भाई को मारता है तो इसमें अचरज कैसा?"

बेग एक पुराने सम्मानित परिवार का सदस्य था। उसके पूर्वज मिर्ज़ा हैदर मुग़ल बादशाह हुमायूँ के समय में कश्मीर के सूबेदार रह चुके थे, जिन्होंने 'तारीख़-ए-रशीदी', यानी चुगतास और तैमूर वंश का इतिहास भी लिखा था।

सैयद हुसैन अली ख़ान दक्षिण का सूबेदार अवश्य था, पर वह आम तौर पर दिल्ली दरबार में ही रहा करता था। दक्षिण में सूबेदारी का कार्य उसका दत्तक पुत्र व भतीजा आलम अली ख़ान सँभालता था। जबकि इन दिनों मालवा की सूबेदारी निज़ाम-उल-मुल्क़ के पास थी।

सैयदों को भी यह पता था कि उनको चुनौती कहाँ से मिल सकती है। निज़ाम-उल-मुल्क़ को अपने प्रतिद्वन्द्वी के रूप में पाकर जब हुसैन अली ख़ान ने उसे मालवा के स्थान पर बुरहानपुर, आगरा, मुल्तान या इलाहाबाद की सूबेदारी लेने को कहा था तो निज़ाम-उल-मुल्क़ को उस पर बड़ा क्रोध आया था। वह फ़ौज सहित उज्जैन से आगरा की ओर रवाना हुआ परन्तु कुछ सोचकर फिर दक्षिण की ओर मुड़कर उसने असीरगढ़ के दुर्ग पर क़ब्ज़ा कर लिया तथा मुहम्मद गियास को बुरहानपुर पर अधिकार करने भेज दिया। बुरहानपुर पर निज़ाम द्वारा अधिकार करने के बाद जब दक्षिण से आगरा आते हुए सैयद हुसैन अली ख़ान के भाई सैफ़ुद्दीन अली ख़ान के बच्चे तथा परिजन बुरहानपुर के निकट पहुँचे तो निज़ाम-उल-मुल्क़ को उसके निकटवर्ती लोगों ने सलाह दी थी कि वह उन्हें लूट ले, परन्तु निजाम ने ऐसा न करते हुए सैफ़ुद्दीन अली ख़ान के सभी लोगों को अपने आदमियों की सुरक्षा में नर्मदा नदी पार करवा दी थी।

अब्दुल्ला ख़ान ने राजधानी में एक कठपुतली बादशाह इब्राहीम ख़ान को सिंहासन पर बिठाने का यत्न किया और अपने समर्थकों को इकट्ठा करने लगा। बारहा सैयद उसके साथ आख़िर तक खड़े रहे, और ऐसे ही चूड़ामन जाट भी। अफ़गानी जुझारू यायावर सैनिक भी साथ आ मिले थे, परन्तु उस समय का एक प्रमुख अफ़गानी दरबारी मुहम्मद ख़ान बंगश, मुहम्मद अमीर ख़ान और मुग़ल

बादशाह मुहम्मद शाह की ओर हो गया। फ़र्रुख़सियर के समय के कतिपय पुराने दरबारी जो अब आराम की ज़िन्दगी बिता रहे थे, वे भी सक्रिय हो उठे। इनमें से गाज़ी-उद-दीन बेग और मुहम्मद मुराद कश्मीरी ने सैयद अब्दुल्ला के पक्ष में रहने का निर्णय लिया।

इस घटना से पूर्व में सैयद हुसैन अली की हत्या के कई और भी प्रयास किए गए थे। दाऊद ख़ान पन्नी को दक्षिण में सूबेदार के पद पर काम सँभाल रहे हुसैन अली ख़ान के विरुद्ध गुप्त सन्देश भेजा गया था कि अगर वह किसी भी प्रकार हुसैन अली ख़ान के जीवन का अन्त कर दे तो उसे पुरस्कृत किया जावेगा। यह भी भरोसा दिलाया गया था कि ऐसा होने पर हुसैन अली ख़ान के स्थान पर उसे दक्षिण का सूबेदार नियुक्त कर दिया जाएगा, परन्तु बादशाह का यह तीर भी खाली चला गया था।

लेकिन इस बार कार्ययोजना सटीक बनी थी और सैयद हुसैन अली ख़ान का आसानी से प्राणांत कर दिया गया था।

अब दिल्ली में उपस्थित होने पर दूसरे सैयद बन्धु अब्दुल्ला ख़ान को मार डालने की योजना बनाई गई। योजना यह थी कि नौरोज़ के त्यौहार के अवसर पर वज़ीर पद पर क़ाबिज़ अब्दुल्ला ख़ान को बन्दी बना लिया जाए या उसे मार डाला जाए, लेकिन समय रहते अब्दुल्ला ख़ान को षड्यंत्र की भनक मिल गई। शाही नौकरों में उसके जासूस बहुतायत में थे। इस कारण उसे न गिरफ्तार किया जा सका और न कोई उसे हाथ लगा सका बल्कि अब्दुल्ला ख़ान ने ही अपने आदमियों को भेजकर बादशाह को खौफजदा कर दिया था।

अपने भाई हुसैन अली ख़ान की हत्या का समाचार पाकर सैयद अब्दुल्ला ख़ान का दिल हाहाकार कर उठा था। उसके शोक की सीमा न थी। वह अभी दिल्ली से दूर था। उसने सोच-विचार कर दिल्ली पहुँचने का निर्णय लिया ज़रूर था पर उसका मनोबल टूट चुका था। स्थिति इतनी ख़राब थी कि हुसैन अली ख़ान की हत्या की जानकारी पाकर मेवाती लोगों ने अब्दुल्ला ख़ान के कारवाँ को घेर लिया और उसके पिछले भाग की परिसम्पत्तियों को लूटने लगे। उत्साहहीन सैयद अब्दुल्ला ख़ान से कुछ न करते बना। इसी समय दिल्ली से सैयद हुसैन अली ख़ान की सम्पत्ति को लेकर जा रहे दूसरे कारवाँ को जहानाबाद की सराय के निकट हमला कर लुटेरों ने लूट लिया जबकि इस वक़्त सैयद अब्दुल्ला ख़ान घटना-स्थल से मात्र 5-6 मील की दूरी पर सैन्य बल के साथ मौज़ूद था। लुटेरों ने काफ़िले की सारी सम्पत्ति ही नहीं लूटी, बल्कि काफ़िले में शामिल सैयद परिवार की कई औरतों को भी उठा ले गए।

सैयद अब्दुल्ला ख़ान अभी भी दिल्ली से दूर था। उसने दिल्ली में सत्ता सँभाल रहे अपने भाई नजमुद्दीन अली ख़ान को तेज ऊँट सवार भेजकर सन्देश प्रेषित

किया कि वह जल्दी से फ़ौज में वृद्धि करे तथा सलीमगढ़ में बन्दी शहज़ादों में से किसी एक को निकालकर गद्दी पर बैठा दे। नजमुद्दीन अली ख़ान ने उसके अनुसार कार्रवाई करते हुए अपने वकील मुर्तजा ख़ान को सलीमगढ़ भेजा परन्तु वहाँ युवक शहज़ादों और उनके परिजनों ने दरवाज़े बन्द कर किसी को भीतर नहीं आने दिया। कोई शहज़ादा गद्दी पर नहीं बैठना चाहता था। मुर्तजा ख़ान फिर निकूसियर के पास गया परन्तु उसने भी किसी पचड़े में पड़ने से इनकार कर दिया। तब अगले दिन मुर्तजा ख़ान को शहज़ादे रफी-उश-शान के दूसरे पुत्र सुल्तान इब्राहीम के पास भेजा गया। सुल्तान इब्राहीम ने सिंहासन पर बैठने के लिए अपनी सहमति दे दी।

इस प्रकार 1 अक्तूबर, 1720 ई. को बादशाह मुहम्मद शाह की अनुपस्थिति में सुल्तान मुहम्मद इब्राहीम को सिंहासन पर बैठा दिया गया। उसे 'अबुल फतह जहीरउद्दीन मुहम्मद इब्राहीम' के नाम से सिंहासनारूढ़ किया गया। दो दिन बाद दिल्ली पहुँचने पर सैयद अब्दुल्ला ने इस नए बादशाह को सलाम किया। इस अवसर पर उसे अमीर-उल-उमरा की उपाधि मिली और आठ हज़ार जात तथा आठ हज़ार सवार का मनसब भी मिला। उसके भाई नजमुद्दीन अली ख़ान को नायब बख्शी बनाया गया। बादशाह रफी-उद-दरजात के समय के जो दरबारी इस वक़्त कैद में थे, उन्हें निकालकर मनसब तथा धन बाँटा गया। उनसे सेना एकत्र करने को कहा गया। निज़ाम-उल-मुल्क़ के चचा हामिद ख़ान को उनकी ज़ागीर वापस दे दी गई। अन्य लोगों को भी बख्शीशें दी गईं और भविष्य के सुनहरे सपने दिखाए गए। सैयद अब्दुल्ला ने अपना पूरा ख़ज़ाना इस संघर्ष की तैयारियों में यह कहक़र बाँट दिया कि ज़िन्दा रहा तो फिर हासिल कर लूँगा, वरना इस दौलत का उपयोग ही क्या है!

इसके पश्चात सैयद अब्दुल्ला ख़ान सुल्तान इब्राहीम के साथ ईदगाह गया जहाँ शाही सेना के ग़ुलाम अली ख़ान तथा आगरा से आए तहावर अली ख़ान आदि ने उससे भेंट की। तभी समाचार प्राप्त हुआ कि आगरा से मुहम्मद शाह ने दिल्ली की ओर प्रस्थान कर दिया है तो सैयद अब्दुल्ला ख़ान ने फरीदाबाद जाकर मोर्चा बाँध लिया। आश्चर्य की बात है कि सैयद अब्दुल्ला ख़ान द्वारा किए गए भारी धन वितरण के पश्चात भी उसकी सेना के लोग आधी-अधूरी तैयारियों से थे। उनमें से काफ़ी सैनिक बग़ैर जीन के घोड़ों पर सवार थे। मोर्चे पर स्वर्गीय सैयद हुसैन अली ख़ान के अधिकांश तीन हज़ार सैनिक, जो मुहम्मद शाह की फ़ौज में शामिल हो गए थे, मौका देखकर सैयद अब्दुल्ला ख़ान की फ़ौज से आ मिले। तब उत्साहित अब्दुल्ला ख़ान फरीदाबाद से आगे बढ़कर होडल नामक स्थान पर आ डटा। यहीं अब्दुल्ला ख़ान का एक अन्य भाई सैफ़ुद्दीन 12 हज़ार लोगों की फ़ौज लेकर उससे आ मिला। इस तरह एक नवम्बर 1720 ई. तक

तथाकथित बादशाह इब्राहीम के नेतृत्व वाली इस फ़ौज में एक लाख से अधिक सैनिक हो गए, जिनमें लगभग 15 हज़ार रंगरूट थे जो अपने छोटे-छोटे घोड़ों या खच्चरों पर सवार थे।

मथुरा का चर्चित जाट नेता चूड़ामन भी सैयद अब्दुल्ला ख़ान की सहायतार्थ उससे आ मिला था। अब्दुल्ला ख़ान द्वारा खुले हाथों से धन वितरण होते देख उसके सैनिक दो माह का अग्रिम वेतन माँगने के लिए लालायित हो गए। वे बाजार ख़र्चों का कर्जा चुकाने तथा सर्दी के मौसम में गर्म कपड़े ख़रीद सकने के लिए यह अग्रिम धनराशि चाहते थे। विपरीत परिस्थिति में भी सैयद अब्दुल्ला ख़ान ने अपनी सेना को एक माह का अग्रिम वेतन देकर मना लेना उचित समझा।

बादशाह मुहम्मद शाह की शाही सेना सैयद अब्दुल्ला ख़ान की सेना से लगभग आधी थी परन्तु उसमें अपार उत्साह था। इस सेना में मुहम्मद ख़ान, अजीज ख़ान रुहेला, बायजीर ख़ान एवं सादिक ख़ान आदि अपनी सैनिक टुकड़ियों के साथ शामिल थे। मोहक़्म सिंह जाट तथा कुछ अन्य लोग भी इस शाही सेना में थे जिन्होंने सैयद अब्दुल्ला ख़ान को भरोसा दे रखा था कि वे ऐन वक़्त पर उससे आ मिलेंगे। सैयद अब्दुल्ला ख़ान ने चूड़ामन जाट को चुपचाप शाही तोपख़ाने में आग लगा देने को कहा। उसने कोशिश भी की, लेकिन शाही तोपख़ाने पर हैदर कुली ख़ान की सजगता के कारण ऐसा न हो सका।

मुहम्मद शाह और शहज़ादे सुल्तान इब्राहीम की सेनाएँ मैदान में जब एक-दूसरे के सामने आईं तो ख़ुदादाद ख़ान, मोहक़्म सिंह और ख़ान मिर्जा अपने सैनिकों को लेकर विरोधी पक्ष, यानी सुल्तान इब्राहीम की फ़ौज से जा मिले। जब मुहम्मद शाह हाथी पर चढ़कर रणभूमि के लिए रवाना होने लगा तो उसने यह हुक़्म भी दिया कि 'काफिर रतन चन्द' का सिर काटकर उसके हाथी के आगे रख दिया जाए, जिसे पहले ही गिरफ्तार किया जा चुका था। ऐसा ही किया गया। इसे शुभ मानकर मुहम्मद शाह रणभूमि में पहुँचा। शाही फ़ौज की सटीक निशानेबाजी शुरू होते ही बादशाह इब्राहीम और सैयद अब्दुल्ला की फ़ौज के नौसिखिए सैनिक भागने लगे जिससे बाक़ी सेना का भी मनोबल टूटने लगा। हालाँकि सैयद अब्दुल्ला ख़ान के बारहा सैनिक इस मौके पर वीरतापूर्वक लड़े। रात्रि हो जाने पर सैयद नज़्म-उद-दिन अली ख़ान ने पेड़ों के पीछे तोपें ले जाकर शाही सेना पर ऐसा हमला किया कि उसमें हड़बड़ाहट फैल गई, लेकिन जल्द ही शाही फ़ौजों ने उसके तोपख़ाने पर क़ब्ज़ा कर लिया। रात्रि में जब शाही तोपख़ाने ने अपनी सधी हुई गोलाबारी शुरू की तो सैयद अब्दुल्ला ख़ान की अधिकांश फ़ौज भाग निकली। तब केवल 17-18 हज़ार पुराने वफ़ादार सैनिक ही टिके रहे। कहते हैं कि ऐसे मौके पर आसपास के जाट और मेवाती दोनों पक्षों को मौका पाकर लूटने का अवसर ढूँढ़ रहे थे, उनकी

बन आई थी। सैनिक पेयजल के अभाव में तड़प रहे थे, पर उनका पुरसा हाल लेने की किसी को फिक्र न थी। पास में पानी का स्रोत होते हुए भी दोनों तरफ़ के सैनिक प्यास से परेशान थे।

शाही सेना बनाम सैयद अब्दुल्ला का यह युद्ध सारी रात चलता रहा। प्रातःकाल होने पर शाही सेना के आगे बढ़ने का प्रयास करते ही एक बार फिर से आमने-सामने का भयानक युद्ध छिड़ गया। बारहा के सैयदों के निरन्तर कड़े संघर्ष के दौरान नजमुद्दीन को कई घातक चोटें लगीं। इस समय एक बार शाही खेमे को कमजोर होता देख चूड़ामन जाट ने इस बादशाही फ़ौज के खेमों में लूटमार करना शुरू कर दिया। वह अपने आदमियों की मदद से लगभग एक हज़ार बैल और ऊँटों को उन पर लदे माल समेत यमुना नदी के उस पार हाँक ले गया।

युद्ध के अन्तिम दौर में सैयद अब्दुल्ला ख़ान ने शाही सेना पर ऐसा कड़ा प्रहार किया कि वह रणस्थल से भागने को तैयार हो गई थी, परन्तु आख़िरी वक़्त पर हैदर कुली ख़ान और शम्सुद्दौला के कड़े प्रयासों के बाद स्थिति सँभली। तब सैयद अब्दुल्ला ख़ान जोश में आकर हाथी से उतर पैदल लड़ने लगा। उसके साथ लगभग तीन हज़ार सैनिक थे। उसकी बाक़ी फ़ौज दिल्ली की ओर भाग निकली थी। लड़ते-लड़ते अब्दुल्ला ख़ान के हाथ में तलवार का एक घाव लगा। उसके माथे पर भी एक तीर का प्रहार हुआ। मुग़ल सैनिक जब उसके प्राण लेने को आगे बढ़े तो उसने चिल्लाकर कहा कि, "मैं सैयद अब्दुल्ला हूँ!"

इसी क्षण हैदरकुली ख़ान ने आगे बढ़कर उसे गिरफ्तार कर लिया।[1] सैयद अब्दुल्ला के गिरफ्तार हो जाने के बाद भी गाजीउद्दीन पाँच घंटे तक संघर्षरत रहा, फिर जाटों और मुग़लों की लूट से बचा सामान लेकर पीछे हट गया।

मुहम्मद शाह की सेना अब विजय ध्वनि की ललकार करने लगी। बन्दी सैयद अब्दुल्ला ख़ान को मुहम्मद शाह के सामने लाया गया जिसने उसे कैद में रखे जाने का आदेश दिया। सैयद अब्दुल्ला ख़ान की हार और बन्दी होने का समाचार जब दिल्ली पहुँचा तो उसके हरम की कुछ औरतें माल-मत्ता बटोरकर भाग निकलीं परन्तु उनमें कुछ ऐसी भी थीं जो हार के बाद तक भी अपने स्थान पर बनी रहीं।

इस अफरातफरी के माहौल में 'बादशाह' बने शहज़ादे इब्राहीम ने जंगल में शरण ली थी, लेकिन उसे जल्दी ही पकड़कर मुहम्मद शाह के सम्मुख प्रस्तुत किया गया। उसका जंगल में पहुँचने और पकड़े जाने का क़िस्सा अलग है। यही गनीमत थी कि मुहम्मद शाह ने उसके प्राण नहीं लिये। उसे बन्दी बनाकर सलीमगढ़ में रहने भेज दिया।

---

1. इस युद्ध का और सैयद अब्दुल्ला के परास्त होकर मुग़ल सेना द्वारा बंदी बनाने तक का पूरा विवरण अन्यत्र इसी पुस्तक में उपलब्ध है।

अब बादशाह मुहम्मद शाह सेना के साथ दिल्ली की ओर बढ़ा। कैसा विपरीत समय था कि सैयद अब्दुल्ला की हार हो चुकी थी परन्तु उस समय तक दिल्ली के लाल क़िले पर सैयद पक्ष के ग़ुलाम अली ख़ान का क़ब्ज़ा था। वह स्थिति में विपरीत परिवर्तन की सूचना मिलने पर जो कुछ जेवरात उसके हाथ लगे, उन्हें लेकर भाग निकला। कुछ अन्य लोगों ने भी ऐसा ही किया। दिल्ली दुर्ग से सैयद अब्दुल्ला ख़ान के चौदह वर्षीय दत्तक पुत्र नजावत अली ख़ान को गिरफ्तार कर लिया गया। बाद में उसे भी बादशाह मुहम्मद शाह के आदेश पर सैयद अब्दुल्ला के पास कारागार में भेज दिया गया।

लगभग दो साल तक जेल में रखने के बाद 11 अक्टूबर, 1722 को इस सैयद को ज़हर दे दिया गया। कहा जाता है कि ऐसा मुग़ल बादशाह मुहम्मद शाह के स्पष्ट निर्देश पर किया गया था। इस प्रकार 57 वर्ष की उम्र में इस बड़े सैयद भाई की मृत्यु से उन दोनों भाइयों का नामोनिशान मिट गया, जो कभी 'किंगमेकर्स' कहलाते थे।

13

सैयदों का अन्त

दिल्ली में ऐत्मादुद्दौला सआदत अली ख़ाँ और हैदर ख़ाँ ने मिलकर सैयद बन्धुओं के विरुद्ध एक षड्यंत्र रचा था। इस षड्यंत्र में शाही परिवार के लोग भी शामिल थे। हैदर ख़ाँ ने हुसैन अली को मारने का बीड़ा उठाया था। जैसाकि पहले अध्याय में बताया गया है कि एक शिकायती अर्जी पढ़ते समय मीर हैदर बेग द्वारा सैयद हुसैन अली की छुरा घोंपकर हत्या कर दी गई थी। लेखक विलियम इर्विन ने इस पर कहा था, "भारतीय कर्बला में दूसरे याज़ीद ने दूसरे हुसैन को शहीद कर दिया।"

अब्दुल्ला ख़ान तक भाई की हत्या की जानकारी पहुँचने में अठारह घंटे लग गए। यह दुर्भाग्यपूर्ण ख़बर उसे उस ऊँट सवार ने लाकर दी, जिसे राजा रतन चन्द ने पर्ची लिख कर दी थी। इस दर्दनाक कांड ने बड़े सैयद को हिला कर रख दिया था परन्तु उसके मन में डर नहीं, बदला लेने का जुनून हावी था। उस समय सैयद अब्दुल्ला ख़ान दिल्ली वापसी के रास्ते में था, परन्तु सराय चौथ नामक यह जगह दिल्ली से 64 मील दूर थी।

सैयद अब्दुल्ला ने उसी समय अपने काफ़िले के ख़ास लोगों को इकट्ठा कर इस हृदयविदारक घटना के विषय में अपने लोगों को बताया था। स्पष्टतः उसके भीतर बदले की आग धधक रही थी। चूँकि अब बादशाह मुहम्मद अमीन ख़ान के प्रभाव में था, इसलिए सैयद अब्दुल्ला ने पहले इस बादशाह को हटाकर ऐसे शहज़ादे को गद्दी पर बिठाने का प्रयास किया, जो उसके प्रभाव में रह सके। बिना सत्ता परिवर्तन किए सेना का विश्वास हासिल करना उचित न होगा, ऐसा अन्य दरबारियों का भी मत था। संकट के इस समय में अब्दुल्ला खेमे के सब लोग उसके साथ थे, कुछ दिल से, कुछ दिखावे के रूप में तो कुछ दिमाग़ से।

उसने अपने काफ़िले को जल्दी बढ़ने के निर्देश दिए। साथ ही सैयद अब्दुल्ला ने बादशाह मुहम्मद शाह को एक पत्र लिख कर उस अपराध के लिए भला-बुरा कहा, जिसमें उसके भाई की हत्या कर दी गई थी। उसने पत्र में यह भी स्पष्ट किया कि वह जानता है कि यह अपराध उसके खेमे के लोगों ने किया है, परन्तु

उसका अभी भी यह विश्वास क़ायम है कि बादशाह सलामत की इस हत्या में कोई भूमिका नहीं है। उसने बादशाह से अपील की कि इस अपराध के दोषियों को गिरफ्तार किया जाए।

इस पत्र के जवाब में बादशाह ने सौगंध लेकर स्पष्ट किया कि वाक़ई यह षड्यंत्र उसकी जानकारी में नहीं था, परन्तु हत्यारा हैदर बेग मौके पर ही मारा जा चुका है, और यह पता नहीं है कि क्या उसका कोई साथी भी इस षड्यंत्र में संलिप्त था अथवा नहीं। अगर वज़ीर को इस सम्बन्ध में कोई जानकारी हो तो वह उससे साझा कर सकता है। लच्छेदार और औपचारिक भाषा में लिखे गए इस पत्र में मुग़ल बादशाह की ओर से लिखा गया था कि, "अति निष्ठा और राज्य के स्तम्भ (सैयद अब्दुल्ला ख़ान) की सोच की स्पष्टता चमकते सूरज से भी कहीं अधिक साफ़ है और इस सबका मेरे दिल पर अंकन है। अल्लाह की मदद से मैं भी उस स्थान (दिल्ली) पर जल्दी ही पहुँचनेवाला हूँ। सभी निष्ठावान लोगों से वहाँ पहुँचने की उम्मीद की जाती है। अगर अल्लाह को यही कबूल है तो इस मसले का हल बहुत तरीक़े से और सन्तोषजनक ढंग से अल्लाह के बनाए कानून और न्याय से किया जाएगा।"[1]

एक लेखक ने उस समय की स्थिति का वर्णन करते हुए लिखा था, "कोई भी कसाई, ख़ानसामा या रुई धुननेवाला जो भी मिला, उसने ख़ुद को एक घोड़ी या कामचलाऊ खच्चर पर बिठाया और सैयद अब्दुल्ला की सेना में भर्ती होने चल दिया। उन्हें अस्सी रुपये महीने की पगार पर रख लिया गया।"

जैसाकि बादशाह ने लिखा भी था, शाही पक्ष की ओर से भी दिल्ली वापस लौटने का निर्णय ले लिया गया था। उनके निकटवर्ती लोगों के समूह में तय यह हुआ था कि वज़ीर को औपचारिक रूप से अपदस्थ किया जाए और उसको माकूल सजा दी जाए। बादशाह ने निजाम-उल मुल्क़ के भतीजे मुहम्मद अमीन ख़ान को द्वितीय बख्शी के पद की तैनाती के साथ ही ऐत्मादुद्दौला की उपाधि दी। उन काफ़ी दरबारियों को भी माकूल इनाम और पदवियाँ दी गई थीं, जिन्होंने सैयद हुसैन अली के विरुद्ध अभियान में कोई भी भूमिका निभाई थी। कई को छह से सात हज़ार मनसब का पुरस्कार दिया गया। प्रान्तीय सूबेदारों को भी सन्देश भिजवा दिए गए थे कि अब वे सीधे बादशाह के ही प्रति जवाबदेह होंगे, और उन्हीं के निर्देशों का पालन करेंगे।

मुहम्मद अमीन ख़ान ने सैयदों की कमर तोड़ने के लिए एक चालाकी का काम और किया था। उसने सेना के उन लोगों पर निगाह रखने के लिए अपने विश्वस्त मुग़ल सैनिकों और दरबारियों की टुकड़ियाँ तैनात कर दीं, जो सैयदों के प्रति सहानुभूति रखते थे, और शाही पक्ष का साथ छोड़कर विरोधी खेमे में जाना

1. Shiv Das, Munawar-ul-Kalam, f.55a, Irvine, ii.p.73

चाहते थे। इस काम के लिए आसपास के ग्रामीणों की भी मदद ली गई, और उन्हें कहा गया कि ऐसे लोगों को रोकने में सफल होने पर उन्हें इनाम मिलेगा। इस प्रकार सैन्य बल के जो लोग सैयदों से लगाव रखते थे, और यह समझते थे कि उनके साथ अन्याय हुआ है, चाहते हुए भी उनका साथ देने की स्थिति में नहीं रह गए थे। मुहम्मद अमीन ख़ान ने उनमें से काफ़ी लोगों से व्यक्तिगत सम्पर्क कर उन्हें शाही खेमे का साथ देने का अनुरोध भी कर लिया था। यह निश्चित रूप से शाही पक्ष की बड़ी कूटनीतिक विजय थी।

अपनी धर्मांधता के लिए कुख्यात अमीन ख़ान ने सैयदों के एक अन्य मुख्य विश्वस्त मोहक़म सिंह से स्वयं बढ़कर बातचीत की थी। जब इस जमींदार ने देखा कि शाही पक्ष का सबसे नज़दीकी दरबारी ख़ुद चलकर उसके पास आया है, वह बिना शर्त उसके साथ खड़ा होने को वचनबद्ध हो गया। उसे तत्काल छह हज़ार मनसब के पद पर प्रोन्नति मिल गई। लखनऊ का मीर मुशरिफ़ भी सैयदों का बहुत भरोसेमन्द अधिकारी हुआ करता था। हालाँकि पहले वह शाही पक्ष से मिलने को तैयार न था, उसने पहली बार में ऐसे प्रस्ताव को खारिज भी कर दिया था, परन्तु बदलते माहौल में उसने शाही पाले के साथ आने के निर्णय में ही भलाई समझी। ख़ानसामा इनायत उल्ला कश्मीरी, राजा गोपाल सिंह भदौरिया और ऐसे ही 21 अन्य उन दरबारियों ने, जो सैयदों के पाले में रहा करते थे, उनसे नाता तोड़ कर बादशाह मुहम्मद शाह के प्रति अपनी निष्ठा व्यक्त करने में कोई विशेष विलम्ब नहीं किया।

बादशाह इस सारे प्रकरण में मुहम्मद अमीन की भूमिका से प्रभावित था, और मानता था कि इस जीत की रणनीति का नायक वही था। इसलिए मुहम्मद अमीन की पदवी को आठ हज़ार मनसब में उच्चीकृत कर दिया गया। उसे ख़ास तोहफ़ों से भी नवाजा गया। ध्यान देने की बात यह है कि अभी तक सात हज़ार घुड़सवारों का मनसब किसी भी अधिकारी के लिए सर्वोच्च पदवी की तरह हुआ करती थी। उससे अधिक की पदवियाँ और सम्मान सिर्फ शाही परिवार के लोगों के लिए ही सुरक्षित था। कमर-उद-दीन ख़ान, हैदर कुली ख़ान और सआदत ख़ान को क्रमश: सात, छह और पाँच हज़ार की रैंक से नवाजा गया था। जफर ख़ान और राजा गोपाल सिंह भदौरिया को भी यथोचित प्रोन्नति दी गईं।

मथुरा का चूड़ामन जाट सैयद हुसैन अली और उसके भाई सैयद अब्दुल्ला का बहुत विश्वसनीय व्यक्ति था। इनमें आपस में गहरी छनती थी, यह हर कोई जानता था। वह स्वयं भी उनके सम्पर्कों से बहुत कृतज्ञ था। शाही पक्ष की ओर से अब इस चूड़ामन से सम्पर्क किया गया। उसे कई तरह के प्रस्ताव और प्रलोभन दिए गए। मुहम्मद अमीन चाहता था कि वह अपनी पूरी सेना के साथ शाही पक्ष की तरफ़ आ जाए। इसलिए उसने चूड़ामन से कहा, "मैं जानता हूँ कि तुम सैयदों के खड़े किए

हुए व्यक्ति हो, पर मैं अब तुम पर भरोसा करना चाहता हूँ। क्या ऐसा हो पाएगा?"

चूड़ामन इस कूटनीति का चतुर खिलाड़ी था, पर जाट बुद्धि के अनुरूप खुले दिल का भी था। बोला, "नवाब साहब, सौगंध है उस ईश्वर की, असलियत यह है कि इन दोनों भाइयों ने मेरा इतना लाभ किया है कि अगर मैं एक हज़ार बार जन्म लूँ, और अपनी सारी दौलत हज़ारों-हज़ार बार भी उनके क़दमों में न्यौछावर कर दूँ, अपने बच्चों और परिवार को भी समर्पित कर दूँ, तो भी उनका अहसान नहीं चुकाया जा सकता। पर अब मैं शाही झंडे के तले आ चुका हूँ। मेरा विश्वास कीजिए कि अब मैं वैसा ही समर्पण बादशाह के लिए भी रखूँगा, जिसे किसी भी युद्ध में आज़माया जा सकता है!"

उसकी बात वाक़ई सही थी।

दरअसल चूड़ामन से समझौता करना मुग़ल पक्ष के लिए बेहद ज़रूरी इसलिए भी था, कि दिल्ली जाने का रास्ता चूड़ामन के गाँव और प्रभाव के इलाक़ों से होकर गुज़रता था। उसे अपने पक्ष में मनाए बिना वहाँ से शाही काफ़िले का जाना किसी तबाही के मंजर से कम न होता क्योंकि वहाँ की रणनीति वही तय करता था, चाहे पक्ष में हो या विपक्ष में!

पर चूड़ामन अभी भी अपनी कूटनीति के साथ बना हुआ था। उसने शाही काफ़िले के मार्ग को अपने गाँव से नहीं, बल्कि परिवर्तित गाँव के मार्ग से जाने के लिए मना लिया क्योंकि उसे लगता था कि गाँव के लोगों के आक्रोश का कोई भरोसा न था। उसका गाँव दाहिनी ओर था, जबकि वह मुग़लों के शाही काफ़िले को राजा जय सिंह के पहाड़ी और जंगली इलाक़े की तरफ़ से ले गया। पूरा रास्ता जंगली झाड़ियों से भरा था, जहाँ पानी की भी किल्लत थी, पर ऐसा समय काट लेना समय की माँग थी।

मेवात का फ़ौजदार सैयदों का विश्वसनीय नुसरत यार ख़ान बारहा था, जो सैयद हुसैन अली ख़ान के सन्देश पर दिल्ली के रास्ते में था, पर अब उसने शाही शरण में आना बेहतर समझा। उसे सम्मानपूर्वक शाही पक्ष में शामिल करते हुए सात हज़ार सैनिकों के मनसब पर प्रोन्नति दे दी गई। ख़ान-ए-दौराँ का एक शिष्य साबित जंग उर्फ़ जफर बेग भी बादशाह के पक्ष के साथ आ मिला। उसका आना शाही पक्ष के लिए बेहद मूल्यवान था।

दोस्त अली ख़ान, आबिद ख़ान और ग़ालिब ख़ान, जो मुग़ल सेना में सैयद हुसैन अली के समूह का प्रतिनिधित्व करते थे, भी शाही शरण में आ गए थे, जिन्हें उचित प्रोन्नतियाँ दिये जाने के आदेश दिये गए।

ग्यारह अक्टूबर का दिन अजीब दिन था। एक ओर लोगों को नई तैनातियाँ और प्रोन्नतियों से नवाज कर ख़ुशनुमा माहौल बनाया जा रहा था, तो दूसरी ओर सैयद हुसैन अली ख़ान, घेरात ख़ान और नुरुल्ला ख़ान की लाशों को स्वर्ण-कफन

में लपेट कर ताबूतों में रखा जा रहा था। उन्हें अजमेर ले जाया जाना था, जहाँ उनको अजमेर शहर के बाहरी इलाक़े अब्दुल्लागंज में सैयद हुसैन अली के मरहूम पिता सैयद अब्दुल्ला के मक़बरे के परिसर में दफनाया जाना था।

दुर्भाग्य देखिए कि जिस सैयद हुसैन अली के नाम से बादशाहत चला करती थी, उसकी जहाँ नज़र घूमती थी, वहाँ चट्टान को भी काटकर रास्ता बनाने के लिए लोग तैयार रहते थे, उसके और अन्य लोगों के ताबूतों को ले जाने के लिए निर्धारित समय पर कोई ढूँढ़े नहीं मिला। बहुत मुश्किल से कुछ लोगों को तैयार किया गया तो रास्ते में एक और विकट समस्या आन खड़ी हुई। लुटेरों ने समझा कि इन ताबूतों में कोई ख़ज़ाना जा रहा है, और उन्होंने इन्हें ले जा रहे लोगों को मार-पीट कर भगा दिया तथा इन पर क़ब्ज़ा कर लिया। बहुत खोज-परख के बाद जब उनको इन ताबूतों में लाशों के अलावा कुछ न मिला, तो उन आक्रोशित लुटेरों ने लाशों की दुर्गति कर इन्हें जंगल में फेंक दिया। कुछ समय बाद इलाक़े के फ़ौजदार ने इन्हें खोज कर अजमेर भिजवाने की व्यवस्था कराई जहाँ इनको दफनाया गया।

बादशाह का काफ़िला दिल्ली की ओर बढ़ रहा था। रामगढ़ और गोपालपुर में सआदत ख़ान को छह हज़ारी मनसब से प्रोन्नत किया गया। इसी तरह मान्डूगढ़, मल्खारी, खोडी, सलगाँव, क़स्बा कामा और नंदगाँव तथा बरसाना के बीच के गाँवों से गुज़रते हुए इन इलाक़ों का प्रबंधन दुरुस्त किया गया। नारनौल, तिजारा, अलवर और ऐसे ही कुछ बड़ी जगहों से बच कर निकाला गया।

शाही काफ़िले को बरसाना पहुँचे के दिन दो नवम्बर की तारीख़ हो चुकी थी। वहाँ मुहम्मद ख़ान बंगश लगभग तीन हज़ार सैनिकों के साथ प्रकट हुआ। अजीज ख़ान बहादुर चंगताई भी उसके साथ था। अभी तक शाही पक्ष का इन लोगों के प्रति संशय बना हुआ था, क्योंकि ये लोग सैयद भाइयों के क़रीबी थे। बात यह भी थी कि अगर बंगश चाहता तो वह बादशाह का दिल्ली जाने का रास्ता रोककर उन्हें कड़ा प्रतिरोध दे सकता था। यह बात सब जानते थे कि सैयद अब्दुल्ला ख़ान मुहम्मद ख़ान बंगश का संरक्षक है। इसीलिए इन लोगों को लेकर शाही खेमे में इतनी दुविधा थी कि हैदर कुली ख़ान और कमर-उद-दीन ख़ान को बंगश के मन की थाह लेने को भेजा गया।

आश्चर्यजनक रूप से उनको भेजा जाना लाभ का सौदा हुआ। दोनों प्रमुख अफ़गान योद्धा शाही पक्ष के खेमे में आ मिले। उन दोनों को तत्काल भरपूर सम्मान दिये जाने के आदेश कर दिये गए। दोनों को महत्त्वपूर्ण इलाक़े इनाम में दिये गए। एक को इलाहाबाद के सूबे के हिस्सों का राजस्व तो दूसरे को अवध के सूबे के संडीला क़स्बे के अधिकार सौंप दिये गए।

सूबे इलाहाबाद के कोरा और जहानाबाद के फ़ौजदार शेर अफ्कान ख़ान

पानीपती ने भी शाही खेमे का साथ देने का निश्चय किया। अपनी ज़ागीर के लिए लौटते समय सिकन्दरा इलाक़े में दो शाही हरकारों ने उसे ख़बर दी थी कि दो दिन पूर्व ही सैयद हुसैन अली ख़ान की हत्या हो गई है, तब वह अपनी प्रसन्नता छिपा नहीं पाया था। उसने तब कहा था कि, "चलो अच्छा हुआ कि मेरे मालिक (जहाँ शाह) का बेटा अब सही मायनों में बादशाहत कर सकेगा...उसे इन सैयदों के जाल से मुक्ति तो मिली!"

अभी कुछ दिन पूर्व ही तो राजमाता सदरुन्निसा ने उसे अपने हाथ से लिखा एक पैगाम भेजा था, जिसमें उसे 'भाई' कह कर संबोधित किया गया था।

इलाक़े के एक शक्तिशाली तथा महत्त्वपूर्ण व्यक्ति बाय्ज़ाद ख़ान मेवाती तथा चूड़ामन के ख़ास अधिकारियों में से एक, खेमा जाट भी शाही पक्ष में आ मिला था। बाद में उसे इस काफ़िले की विशिष्ट जिम्मेदारी से भी नवाजा गया।

अब मुहम्मद शाह का पहला काम यह था कि उसे मुल्क़ के अलग-अलग हिस्सों में अपना इक़बाल बुलन्द करना था। उसे प्रान्तीय क्षत्रपों और सूबेदारों को दिख़ाना था कि वह दृढ़तापूर्वक शासन की बागडोर सँभाले हुए है, तथा सैयद बन्धुओं के किसी समूह से अब किसी को कोई ख़तरा नहीं है। जिन लोगों के नाम पत्र भेजे गए उनमें निजाम-उल-मुल्क़, राजा गिरधर बहादुर, राजा जय सिंह सवाई और लाहौर के सूबेदार अब्दुल समद शामिल थे। कुछ मामलों में ये पत्र एक से ही थे और जैसी कि उम्मीद थी, इनमें एक विजय और हर्ष की भावना उत्पन्न होती थी। इन पत्रों में यह भी लिखा गया था कि : "उस अल्लाह की तारीफ करनी होगी, कि सैयद हुसैन अली ख़ान के कृत्यों की सजा दंड के साथ उसे मिल गई है। जैसा कि मेरी इच्छा थी, उसका दमन और उसे हटाने की कार्रवाई बहुत सहजता से हो गई...!"

पत्र में अन्य बातों के साथ-साथ सैयद हुसैन अली की मृत्यु की स्थिति, दिन और स्थान का विवरण भी दिया गया था। पता नहीं इस बात में कितनी सच्चाई थी पर कहा यह भी जाता था हुसैन अली ख़ान का कटा हुआ सिर पत्र के साथ निजाम-उल-मुल्क़ के पास भेजा गया था, और उसे तत्काल बादशाह हुज़ूर के पास बुला लिया गया था। इसी प्रकार गिरधर बहादुर, राजा जय सिंह और अब्दुल समद ख़ान को भी जल्द से जल्द पहुँचने को कहा गया था।

इन कार्रवाइयों के क्रम में राजा जय सिंह स्वयं तो हाजिर न हो सके, पर उन्होंने अपने दीवान को तीन से चार हज़ार पैदल सिपाहियों और घुड़सवारों के साथ भेजा। उन्होंने यह पैगाम भी भिजवाया था कि वह वर्तमान में अपनी सेना के लिए पदों की भर्ती में व्यस्त हैं, इसलिए उन्हें उपस्थिति से छूट दे दी जाए। उन्होंने यह भी कहलवाया कि जैसे ही वह इस भर्ती अभियान से मुक्त होंगे, वह स्वयं दरबार में चले आएँगे। अब्दुल समद ख़ान बिना विलम्ब किए राज-दरबार के लिए निकल

पड़ा। गिरधर बहादुर और निजाम-उल-मुल्क़ भी बदली हुई परिस्थितियों में राज दरबार के लिए शीघ्रता से निकल पड़े।

इस प्रकार देखते-देखते ही बादशाह मुहम्मद शाह का पलड़ा भारी होता चला गया। सितारे उसके पक्ष में थे। तभी किसी ने सच ही कहा था,

"वह एक चमकता सितारा (रौशन अख्तर) था,
जो अब चाँद बन गया था,
जोसफ की तरह
उसने त्यागी थी जेल-सी कोठरी
एक शहंशाह बनने के लिए!"

स्वयं सैयद बन्धु भी अच्छी तरह से जानते थे कि उनके दुश्मनों की कोई कमी नहीं है। वास्तव में सैयद हुसैन अली ख़ान की हत्या के कई प्रयास पूर्व में भी किए गए थे। इस काम के लिए मुख्य रूप से एक दरबारी को ही लगाया गया था। दक्खिन में तैनात दाऊद ख़ान पान्नी को इस हेतु गुप्त रूप से सन्देश भेजा गया था कि अगर वह किसी भी प्रकार हुसैन अली ख़ान के जीवन का अन्त कर दे तो उसे पुरस्कृत किया जाएगा और उसे तोहफ़े के रूप में सैयद हुसैन अली ख़ान के स्थान पर दक्खिन का सूबेदार नियुक्त कर दिया जाएगा, परन्तु ऐसा न हो सका। उस दरबारी के असमंजस से बादशाह का यह तीर खाली चला गया था। ऐसे एक अन्य षड्यंत्र के असफल हो जाने पर मीर जुमला ने घटना से कुछ दिन पूर्व सम्भावित ख़तरे की ओर इस सैयद भाई का ध्यान दिलाया था, परन्तु आत्मविश्वास से लबरेज सैयद ने उसकी बात को कोई महत्त्व न देते हुए, अट्टहास कर कहा था कि, "मैं कोई खरबूजा नहीं हूँ जिसे जो चाहे काट ले।"

लेकिन सच्चाई यह थी कि इस बार कार्ययोजना सटीक बनी थी और कुछ ही लम्हों में सैयद हुसैन अली ख़ान का प्राणांत हो गया था।

अब्दुल्ला ख़ाँ को जैसे ही भाई की हत्या की ख़बर मिली थी, उसने एक ओर तो अपने भाई का बदला लेने के लिए एक विशाल सेना एकत्रित कर ली थी, पर उसने शाही पक्ष से भी समझौते के रास्ते खुले रखे थे। नए सैनिक कौन थे, और कैसे थे इसका विवरण पूर्व में दिया जा चुका है। ये रंगरूट कितने उपयोगी थे, यह वे भी नहीं जानते होंगे। हरेक किसी को तैनाती दी जा रही थी, चाहे अनुभवी और प्रशिक्षित वफ़ादार हों, या बिलकुल नए। जिसके पास दो घोड़े थे, उसे रु. 150 तक भी दिए गए। ज़ाहिर तौर पर इस अफ़रा-तफ़री से पुराने और वफ़ादार सैनिक आहत हो गए थे, पर जो नए आए थे, वे भी कम न थे। उनमें से कई ने अग्रिम धनराशि की माँग की, और मिलने पर पलटकर नहीं आए। हाँ, सैयद परिवार और बिरादरी के लोगों ने ज़रूर पूरी निष्ठा दिखाई, क्योंकि वे

जानते थे कि उन्होंने अगर यह अवसर खो दिया, तो उन लोगों का समय शायद फिर कभी नहीं आएगा।[1]

सैयद अब्दुल्ला जानता था कि बिना तैमूर लंग के किसी वंशज को प्रतीक की तरह इस्तेमाल किए, वह लोगों के मन में बादशाहत का ज़ज्बा पैदा नहीं कर पाएगा, इसलिए उसने अपने एक दूसरे भाई को ख़बर भेज दी थी कि किसी शाही परिवार के सदस्य को गद्दी पर बिठाने की व्यवस्था की जाए, भले ही अभी चोरी-छिपे ही।

अन्तिम विकल्प के रूप में शहज़ादे इब्राहीम से सम्पर्क किया गया था। आश्चर्यजनक रूप से यह शहज़ादा इस दुविधा भरी और नाममात्र की बादशाहत को तैयार हो गया, जिसके विषय में हर किसी का मानना था कि यह बादशाह कभी मुल्क़ का वास्तविक बादशाह नहीं बन सकता।

अभी तक न तो बादशाह मुहम्मद शाह और उसका लाव-लश्कर राजधानी दिल्ली में आ पाया था, और न ही सैयद अब्दुल्ला अली ख़ान वहाँ आ सका था। ऐसे में 15 अक्टूबर सन् 1720 को चुपचाप इस नए बादशाह को सिंहासन पर बिठाने की कार्रवाई तो ज़रूर पूरी हो गई। उसके नाम का खुतबा भी पढ़ा गया, और सिक्के भी ढाले गए। मुल्क़ का यह तथाकथित बादशाह बहादुर शाह प्रथम के तीसरे बेटे रफी-उश-शान का सबसे बड़ा बेटा था। इस प्रकार यह 23 वर्षीय शहज़ादा मुल्क़ के बादशाह रहे रफ़ी-उद-दरजात और रफ़ी-उद-दौला का भाई हुआ।

क़िस्मत का एक और खेल देखिए। सैयद भाइयों ने पहले ही रौशन अख्तर उर्फ़ बादशाह मुहम्मद अख्तर की जगह इस शहज़ादे इब्राहीम को मुल्क़ का बादशाह घोषित करने की तैयारी की थी, पर दिल्ली के सूबेदार सैयद ख़ान जहाँ ने इस शहज़ादे के ग़ुस्सैल और हिंसक स्वभाव के कारण इसको नापसन्द बता कर रौशन अख्तर को बादशाह की गद्दी पर बिठवा दिया था। यही रौशन अख्तर अब मुहम्मद शाह के नाम से सैयद भाइयों पर कहर ढा रहा था।

इस बादशाह इब्राहीम के गद्दी पर बैठने के दो दिन के बाद सैयद अब्दुल्ला दिल्ली पहुँचा। वहाँ उसने सीधे शाही ख़ज़ाने पर क़ब्ज़ा करने का रुख किया। वहाँ से जो भी ख़ज़ाना मिला, अब्दुल्ला का अपना और राजा रतन चन्द का ख़ज़ाना मिला कर एक करोड़ रुपयों से अधिक मूल्य की मुद्राएँ इकट्ठा कर ली गई थीं। अब इस ख़ज़ाने का उपयोग नई भर्तियों को करने में किया गया। हर बारहा सैयद इस काम में योगदान देना अपना सम्मान समझ रहा था, चाहे वह सैन्य तरीक़ों में प्रशिक्षित रहा हो अथवा नहीं। जाट, मेवाती और राजपूतों को दिल्ली लौटने के रास्ते में पूर्व में ही इकट्ठा कर लिया गया था। सैनिकों के हर नेता को तीस से चालीस हज़ार रुपये तक की भारी अग्रिम राशि तनख़्वा या ख़र्चे के रूप में दे दी गई थी।

1. Eliot and dowson, vii, p. 509. Tabatabai, i. pp.186-7.

कहते हैं कि जब सैयद अब्दुल्ला से उसके किसी ख़ास आदमी ने इस बेहताशा ख़र्चे किए जाने को फिजूलख़र्च बताते हुए अप्रसन्नता व्यक्त की तो उसने जवाब दिया था, "यदि इस स्थिति में मैं विजयी रहा, तो मुल्क का ख़ज़ाना मेरा ही रहेगा, और यदि ऐसा नहीं हो पाया, तो इस ख़ज़ाने को दुश्मन के हाथ पड़ने देने से बेहतर हो कि वह अपने ही समर्थक लोगों के काम आ सके!"

पर सब कुछ अपने मन का कहाँ होता है! लगता था कि पैसे की इस उदार लूट ने सैयद अब्दुल्ला ख़ान का भला कम और नुकसान ज़्यादा कर दिया था। इसमें पुराने और नए सिपाहियों को एक ही स्तर पर रख दिया गया था। अगर कहा जाए कि घोड़ों और खच्चरों को एक ही तरह का मान कर व्यवहार किया गया, तो कोई गलत न होगा। उन पुराने सैनिकों को बुरा लगना स्वाभाविक था, जिन्होंने बरसों से दृढ़तापूर्वक और निष्ठा के साथ अपनी सेवाएँ दी थीं, व्यापक प्रशिक्षण भी लिया था। अब सालों बाद अगर उनको किन्हीं ऐसे सिपाहियों के बराबर रखा जाए जिनको हथियार पकड़ने की तमीज न हो, जो अभी तक कसाईगीरी करते हों, या रुई धुनते रहे हों, और दस-पन्द्रह रुपये का एक खच्चर ख़रीदकर उस पर बैठकर चले आए हों, तो उनके दिल पर क्या गुजरेगी, यह उसके प्रशिक्षित, अनुभवी और निष्ठावान लोगों के अलावा कोई और कैसे जान सकता था।

वाक़ई में यह एक विद्रोह की-सी स्थिति थी। इससे भी अधिक गड़बड़ यह हुई कि अग्रिम धन प्राप्त होते ही उनमें से काफ़ी तथाकथित सैनिक ऐसे गायब हुए जैसे गधे के सिर से सींग। फिर भी, जल्दी ही पचास हज़ार सैनिकों की एक फ़ौज तैयार हो गई थी। दुर्भाग्य से इनके पास लड़ने के लिए पर्याप्त हथियारों का जखीरा नहीं था। बस थीं तो कुछ बन्दूकें, हैंड ग्रेनेड और गोले। पता नहीं सैयदों को यह बड़बोला ख़याल कहाँ से आया था कि उन्हें तोपों की ज़रूरत ही नहीं है। उन्हें लगता था कि उनकी शुरुआती भिड़ंत ही आमने-सामने की होगी।

तत्कालीन समय के रिकार्ड्स पर दृष्टिपात कर खाफ़ी ख़ान ने, सैयद अब्दुल्ला ख़ान की जानकारी के आधार पर दावा किया था कि उस समय वहाँ पर लगभग 90 हज़ार घुड़सवार रहे होंगे। यह ज़रूर था कि उनमें से 14-15 हज़ार खच्चर वाले सैनिक भी अवश्य रहे थे, जो समय पर गायब हो गए थे। इन लोगों में मथुरा के चूड़ामन जाट और मोहक़म सिंह के लोग शामिल न थे, और न ही सैयद हुसैन अली की सेना और ज़मींदारी के भगोड़े सैनिकों की इस संख्या में गणना की गई थी। अनुमान यह था कि कुल मिलाकर सैयद अब्दुल्ला के पक्ष में तब भी एक लाख से लेकर एक लाख 35 हज़ार सैनिकों की मौजूदगी रही होगी।

फ़र्रुख़सियर की मृत्यु के बाद से अवकाश की ज़िन्दगी बिता रहे गाजी-उद-दीन ख़ान ग़ालिब जंग को भी सैयद अब्दुल्ला ने मनाने में सफलता प्राप्त कर ली थी। सैयद ने उसे 'भाई' का दर्जा देकर यथोचित सम्मान देने की कोशिश की। उन्हें

सात हज़ार घुड़सवारों का मनसब और अमीर-उल-उमरा तथा प्रथम बख्शी का पद प्रदान किया गया। शाही खेमे द्वारा ग़ालिब जंग को सैयदों से दूर रखने के लिए बहुत प्रयास किए गए। अमी-उद-दीन ख़ान सम्भावली ने उसे लम्बे खत लिख कर इस बात की उपयोगिता बताई कि इन लोगों से दूरी बनाए रखने में ही भलाई है। उसका कहना था कि अधिक से अधिक अब्दुल्ला ख़ान उतनी ही सेना को इकट्ठा कर सकता है, जितनी हुसैन अली ख़ान की मौत के समय रही होगी, और जिसमें से काफ़ी लोग कायरों की तरह भाग खड़े हुए थे। उसने एक कहावत का जिक्र किया कि, "एक बार हारा इनसान, बार-बार हारा करता है!"

आम व्यक्तियों की सोच यह हुआ करती है कि जब एक भाई का हाल ख़राब किया गया, तो वैसा ही कहर दूसरे भाई पर भी बरपेगा। यह समझना स्वाभाविक भी है। पर इतना सब समझाने के बावजूद गाजी-उद-दीन ख़ान साहब को कोई फर्क नहीं पड़ा। उन्होंने एक बार सैयद अब्दुल्ला का दामन थामा तो मज़बूती से उसे पकड़े रखा। सैयद अब्दुल्ला के साथ मज़बूती से खड़ा रहने वाला दूसरा महत्त्वपूर्ण इनसान हामिद ख़ान था, जिसे 'जंगली शहज़ादे' के नाम से अधिक जाना जाता था। वह निजाम-उल-मुल्क़ का चचा और नए वज़ीर मुहम्मद अमीन ख़ान का ही परिजन था। हालाँकि वह इन लोगों का निकटस्थ सम्बन्धी था, पर फिर भी अपने लोगों के विरोधी पक्ष के साथ इसलिए खड़ा हुआ था कि उसके अपने चचाओं के साथ अच्छे सम्बन्ध न थे। वह इस प्रकार दुश्मन का दुश्मन ख़ुद का दोस्त की सूक्ति को चरितार्थ कर रहा था।

सैयद अब्दुल्ला द्वारा नज़्म-उद-दीन अली ख़ान को सात हज़ार घुड़सवारों के मनसब पर प्रोन्नत कर दिया था। उसे द्वितीय बख्शी का पद भी दिया गया। सआदत ख़ान के बेटे सैयद सलाबत ख़ान को तृतीय, रूहुल्ला ख़ान नेमत इलाही के बेटे बैरम ख़ान को चतुर्थ बख्शी का पद दिया गया। मुरादाबाद से आए सैफ़-उद-दीन अली ख़ान को पाँच हज़ार घुड़सवारों के मनसबदार के पद पर प्रोन्नत किया गया। इसी प्रकार शाहमत ख़ान, सैयद रफात ख़ान, इतिबार ख़ान, दरिया ख़ान, शेख़ सिबाहत ख़ाँ उर्फ़ शेख़ू लखनवी अपने चार बेटों के साथ सैयद अब्दुल्ला के समर्थन में आ गया था।

फ़िलहाल जिन लोगों से सैयदों के सम्बन्ध अच्छे नहीं चल रहे थे, उन्हें भी बुलाकर अच्छे पद देने में कोई कोताही नहीं की गई। इनमें इतिकाद ख़ान (मुहम्मद मुराद कश्मीरी), दिल्ली का भूतपूर्व सूबेदार मुहम्मद यार ख़ान, शाइस्ता ख़ान और सैफ़ुल्ला ख़ान बड़े नाम थे। इस्लाम ख़ान और शफी ख़ान जो आख़िरी समय में आगरा क़िले का कमांडेंट भी रहा था, सैयद अब्दुल्ला के खेमे में आ गया था।

28 अक्टूबर, 1720 तक सैयद अब्दुल्ला का पड़ाव दिल्ली के बाहरी हिस्से में पड़ गया था। वह मुहर्रम की पहली तारीख़, यानी पहली नवम्बर, 1720 को

सराय साहिल से क़ुतुब की ओर बढ़ चला। उससे अगले दिन वह सराय बख़्तावर ख़ान पर था। उस समय तक सैयद अब्दुल्ला ख़ान का इरादा था कि वह राजपूत राज्यों की ओर से बढ़ी आ रही शाही सेना पर हमला करने के लिए नगर के इस ओर ही प्रतीक्षा करेगा, परन्तु उसे पता चला कि बादशाह इस लौटती सेना के साथ नहीं आ रहा है। दूसरे, शहर के नज़दीक रहकर सैनिकों के अपने घर के लिए भागने की सम्भावनाएँ ज़्यादा थीं। इसलिए सैयद अब्दुल्ला ने आक्रमण करने की दिशा बदल दी। ग़ुलाम अली ख़ान ने बादशाह मुहम्मद शाह के खेमे से पलायन कर सैयद अब्दुल्ला के डेरे में आमद करा दी थी। उसे दिल्ली को सँभालने की जिम्मेदारी दी गई थी। सैयद अब्दुल्ला का दत्तक पुत्र 14-वर्षीय नजाबत अली ख़ान उसी के पास था।

दस नवम्बर के दिन यह पड़ाव फरीदाबाद के पास था। उसके बाद सैयद अब्दुल्ला और उसके लोग पलवल की ओर बढ़ चले। वहाँ उन्हें सैफ़-उद-दीन अली ख़ान, शाहमत ख़ान, उसके बेटे और रिश्तेदार, असद-उल्ला ख़ान का बड़ा बेटा सैयद मुहम्मद ख़ान, नवाब औलिया और जुल्फ़िकार अली ख़ान भी आ पहुँचे थे। नवाब औलिया और जुल्फ़िकार अली ख़ान को सैयद हुसैन अली ने दक्खिन में बारहा सैयदों की सैन्य टुकड़ियों की स्थापना की जिम्मेदारी सौंपी थी। उनके पास बारह हज़ार घुड़सवार थे। इन घुड़सवारों में वो सब जुझारू बारहा सैयद थे, जो इन सैयद भाइयों की तरह ख़ुद को बहुत स्वाभिमानी मानने लगे थे। उनमें से अधिकांश वे भी थे जो कभी हाथियों पर चढ़कर निकलने के स्वप्न भी देखा करते थे। पर यह थोड़ा हास्यास्पद था कि इनमें वो सैयद भी थे जो सही से घुड़सवारी करने लायक़ भी नहीं थे।

पहले पड़ाव को ईदगाह के पास डाला गया था, परन्तु यहाँ उनके रंगरूटों के भारी संख्या में छोड़कर जाने से बचने की स्थिति के लिए अब इस पड़ाव को उठा कर पलवल परगना के बिलोचपुर गाँव में डाला गया। यह यमुना नदी के तट वाला गाँव था जहाँ वास्तविक युद्ध होना था। पर बाद में जब परिस्थितियाँ बनीं तो छह मील आगे हसनपुर में मोर्चा लगा लिया गया। वहाँ के निवासियों को गाँव से खदेड़ दिया गया था।

यह दिन नज़दीक आते-आते सैयद अब्दुल्ला का दिल, दिमाग़ और शरीर मानसिक रूप से बहुत निर्बल हो चला था। वह अब दिग्भ्रम का शिकार हो चला था। वह स्वयं इस बात को समझता था कि वह कहना कुछ चाहता था, पर मुँह से कुछ और निकल जाता था। वह जो चाहता था, वह कर नहीं पा रहा था, और जो नहीं करना चाहता था, वह होने की परिस्थितियाँ बन रही थीं, स्वत: ही! कई बार तो ऐसा भी हो जाता था कि उसकी सुनने को भी कोई तैयार न होता था। बीते दिनों का यह शक्तिशाली 'किंगमेकर' सैयद सब अपनी ढफली-अपना राग वाली स्थिति

के लोगों से घिर गया था। अब उसके पास काम के कम तथा सिरफिरे लोगों का जमावड़ा अधिक हो चला था।

इसे समझने के लिए एक उदाहरण काफ़ी होगा—

शहज़ादे इब्राहीम को पारम्परिक रूप से पहले परिधान और पगड़ी धारण कर दरगाह में ले जाने की रस्म अदायगी की गई थी। यही रस्म सैयद अब्दुल्ला के लिए की गई थी। शहज़ादे-बादशाह की कमर में तलवार खोंसी गई और ऐसे ही रस्म अदायगी के लिए सैयद अब्दुल्ला को तैयार किया गया! उन दोनों और उनके पक्ष के मौज़ूद लोगों ने दरगाह में श्रद्धा स्वरूप साष्टांग प्रणाम किए। यह एक सामान्य प्रथा थी कि जब कोई बादशाह युद्धरत होने के लिए अपनी सेना के साथ निकलता था, तो वह अपने धनुष को दरगाह में रखकर विजय की कामना किया करता था।

इन युद्धरत पक्ष की सेनाओं का आमना-सामना होने से पूर्व बादशाह मुहम्मद शाह की सेना में एक क़िस्म की भगदड़ भी मची। यह सैयद अब्दुल्ला पक्ष के लिए एक सकारात्मक संकेत था। सैयद हुसैन अली के जो सैनिक उसके मरने के बाद भाग कर मुग़ल पक्ष से जा मिले थे, उनमें से कई फिर से बड़े सैयद से मिलने की होड़ में थे। कमाल तो तब हुआ, जब राजा मोहक़म सिंह अर्धरात्रि के समय बादशाह के पक्ष का खेमा और अपनी सब सम्पत्ति छोड़कर सैयद अब्दुल्ला से जा मिला। वह जितने लोगों को साथ ले जा सकता था, उनको भी साथ ले आया था। गौस ख़ान, सैयद कमाल ख़ान, सैयद मुहम्मद ख़ान और अन्य लोग उसके साथ आ मिले थे। चूड़ामन जाट को पहले ही सैयद अब्दुल्ला ने पत्र लिखा था। वह तभी बादशाह मुहम्मद शाह से अलग हो गया था। उसे लूटपाट में आनंद आ रहा था। वह किसी के साथ नहीं था, पर इतना अवश्य समझता था कि यदि सैयद अब्दुल्ला विजयी रहा, और वह उसके विरोध में खड़ा रहा तो उसके कहर से बचना बहुत मुश्किल होगा। बादशाह मुहम्मद शाह के जीतने की स्थिति में उनसे क्षमा याचना मिलना फिर भी आसान था।

यह जाट योद्धा अपने साथ हाथी-घोड़ों और सवारों का वो जखीरा भी लेकर आया था, जो उसने पूर्व में लूट लिया था। यह लूट का माल उसने सैयद अब्दुल्ला को नज़र किया पर इस (सैयद) ने यह चूड़ामन की सुपुर्दगी में देना ही उचित समझा। उसे इस बात का ही सूकून था कि यह जाट उसके पाले में आ खड़ा हुआ है। चूड़ामन को इस बात की जिम्मेदारी भी दी गई कि वह शाही सेना को दिक़्क़त में डाले और मौक़ा पड़ने पर उनके खेमों को लूट ले। उसके लिए एक ख़ास जिम्मेदारी और थी। उसे दुश्मन के गोला-बारूद की खेप को नष्ट करना था। चाहे जैसे भी। यह थोड़ा दुरूह काम ज़रूर था, पर नामुमकिन न था। दरअसल यह सब बारूद उन बैलों से खींचनेवाली बुग्गियों पर लदा था, जो कम पानी पिए भी मौसम का सामना कर सकते थे। चूड़ामन अपने इस प्रयास में सफल नहीं हो पाया, सिर्फ

इसलिए कि हैदर कुली ख़ान की निगाहें बहुत सतर्क बनी थीं। उसने यह सामग्री दुश्मन की निगाहों से बचा कर रखने की जिम्मेदारी पूरी दृढ़ता से निभाई।

मुग़ल बादशाह मुहम्मद शाह यमुना नदी से लगभग बीस मील दूर, नंदगाँव और बरसाना के मध्य डेरा डाले हुआ था। इलाक़े में पानी की समस्या तो थी ही, भारी सामान को ढोते हुए चलने की भी दिक़्क़तें बनी हुई थीं। इसलिए पाँच-छह मील पीछे बिलोचियों के गाँव शेरगढ़ में यह सामान रखवा दिया गया। केवल ज़रूरी सामान साथ रखा गया। 12 नवम्बर, 1720 तक मुहम्मद शाह की यह सेना हसनपुर तक आ पहुँची थी। सैयद अब्दुल्ला यहाँ से लगभग छह मील दूर अपनी शाहपुर के निकट और फिर थोड़ा सैयद अब्दुल्ला के पड़ाव के और भी नज़दीक पहुँच गया। ये दोनों ही सेनाओं के पड़ाव पलवल परगना में यमुना के दाहिने तट पर थे।

मुहम्मद शाह की फ़ौज की कमान मुहम्मद अमीन ख़ान और उसके बेटे कमर-उद-दीन ख़ान, आर्टिलरी के प्रमुख हैदर कुली ख़ान, ख़ाने-दौराँ, शेर अफ्कान ख़ान, हिज्बर ख़ान, हिज्बर अफ्कान ख़ान और अमीन-उद्दीन सम्भावली के हाथों में थी। हैदर कुली ख़ान फ़ौज के कई मील आगे अग्रिम पंक्ति दल के रूप में चल रहा था। उसकी तोपों की दिशा विरोधी पक्ष की ओर मज़बूती से सधी हुई थी। पड़ाव में अभी भी काफ़ी सामान छोड़ना पड़ा था, जिसकी रखवाली के लिए राजा गोपाल सिंह भदौरिया, किशनगढ़ के राजा बहादुर राठौर, राजा जय सिंह सवाई के दीवान जगराम, मीर जुमला, मीर इनायत-उल्लाह ख़ान, इखलास ख़ान, जफ़र ख़ान, रौशन-उद-दौल्ला, मुहम्मद ख़ान बंगश, अजीत ख़ान चंगताई और मीर मुशरिफ़ को तैनात किया गया था। इन लोगों के पास 37 हज़ार घुड़सवारों का बल था। शाही पक्ष के सत्ताइस हज़ार घुड़सवार मैदान में थे। पर कुल मिलाकर बात यह थी कि यह पूरी सेना सैयद अब्दुल्ला के पास मौज़ूद सेना के आधे से भी कम बल की थी। असद अली ख़ान, सैफ़ उल्लाह ख़ान, महमिद ख़ान, अमी-उद-दीन ख़ान और राजा जय सिंह सवाई के काफ़िलों को शाही हरम की सुरक्षा के लिए बाईं और दाईं ओर सुरक्षात्मक पंक्ति के रूप में तैनात किए जाने की व्यवस्था रखी गई थी।

सैयद अब्दुल्ला ख़ान की तरफ़ भी इस युद्ध के लिए व्यापक तैयारियाँ चल रही थीं। उनकी सेना और कमांडरों की जिम्मेदारियों में बार-बार परिवर्तन किया जा रहा था ताकि कहीं से कोई चूक न रह जाए। इस भूतपूर्व वज़ीर के साथ उसके समुदाय, यानी बारहा के सैयदों का जमावड़ा लग गया था, जो जीने-मरने को परे रख उसके साथ मन से जुड़े थे। जिनके पास घोड़े नहीं थे, वे हाथियों के साथ चलने को तैयार थे। पर इन लोगों के होने से एक जटिलता उत्पन्न हो गई थी। वह यह थी कि इन सैयदों को किसी के अधीन नहीं रखा जा सकता था। कोई सैयद ऐसा न था जो अपने आपको दूसरे से कम समझता हो। उनमें से हर इनसान अपनी

सुविधा से तैनाती लेना चाहता था, सामरिक दृष्टिकोण और कमांडर की ज़रूरत के अनुसार नहीं।

अगर इस नए बादशाह इब्राहीम और सैयद अब्दुल्ला के पक्ष की बात की जाए तो उनकी ओर से मोर्चा सँभालने वालों में से प्रमुख थे हामिद ख़ान, सैफ़-उल्ला-ख़ान, बैरम ख़ान, निमत उल्ला ख़ान, अमीर ख़ान, सैयद सलाबत ख़ान, अब्दुल गनी ख़ान, इखलास ख़ान अफ़गान, उम्र ख़ान रुहेला, दिलदार ख़ान, अब्दुल कादिर ख़ान, सिबाहुत-उल्लाह ख़ान उर्फ़ शेख़ू, ग़ुलाम मुहि-उद-दीन ख़ान, दिलेर ख़ान, शुजा ख़ान पलवली और अब्दुल्ला ख़ान तरीन[1]।

ये सब वे योद्धा थे जो हाथियों पर सवार होकर सैयद अब्दुल्ला के पक्ष से युद्ध के मैदान में उतरे थे। अब्दुल्ला ख़ान की अपनी कमांड में 25 हज़ार से अधिक घुड़सवार शामिल थे, जो विभिन्न बख्शियों, अबुल हसन ख़ान, सैयद अली ख़ान और हीरामन के नियंत्रण में थे। तब चालीस हज़ार घुड़सवार और अठारह हज़ार पैदल सैनिकों की उपस्थिति मानी गई थी। इस सेना का एक हिस्सा सामान और शहज़ादे इब्राहीम की सुरक्षा में भी लगा दिया गया था। राजा मोहक्रम सिंह खत्री, जो पिछली रात ही शाही खेमे से पलायन कर सैयद अब्दुल्ला से आ मिला था, को सैन्य बल के उस पार्श्व भाग की जिम्मेदारी के लिए तैनात किया गया था, जहाँ निर्बलता का अहसास हो रहा था। ख़ुदादाद ख़ान, ख़ान मिर्जा और सात-आठ हज़ार घुड़सवार भी यहाँ इस नए बादशाह के साथ मज़बूती से मौजूद थे।

उसी रात को एक मजेदार क़िस्सा हुआ। सैयद अब्दुल्ला ने तहव्वर अली ख़ान और सैयद जुल्फ़िकार अली ख़ान को दुश्मन के खेमे की टोह लेने भेजा था। उन्हें वहाँ से कुछ दूरी पर रोहिल्ला घुड़सवार दिखाई दिए। पास आने पर तहव्वर अली ने ख़ुद को शाही सेना के जासूस बताया और कहा कि वह तो ख़ान-ए-दौराँ के निर्देश पर सैयद अब्दुल्ला की स्थिति की जासूसी करने निकला था। वह तब तक उन्हें अपनी बातों में उलझाए रहा जब तक कि जुल्फ़िकार अली ख़ान वहाँ अन्य लोगों के साथ नहीं आ गया। इनमें से तीन रोहिल्लाओं को पकड़ कर बन्दी बना लिया गया, जबकि दो भागने में कामयाब हो गए। उन्हें पीछा किए जाने का डर था, अतः इन पकड़े गए शाही पक्ष के लोगों को सैयद खेमे में ले जाया गया। उन्हें आधी रात को सैयद अब्दुल्ला के समक्ष पेश किया गया। प्रश्नों के जवाब में उन्होंने बताया कि वे लोग अजीज ख़ान चंगताई के खेमे के सैन्य बल से हैं और यह कि सैन्य शक्ति के पिछले हिस्से तथा शाही खेमे की जिम्मेदारी बाय्ज़िद ख़ान मेवाती के जिम्मे है।

हुआ यह था कि पिछली रात को जाटों ने पड़ाव के पिछले खेमों को लूट कर उनका सामान और हाथियों तक को खदेड़ ले जाने का दुस्साहस कर दिया था,

1. William Irvine. "Later Mughals" pg. 83 of chapter IV.

इसलिए अब मुहम्मद अमीन ख़ान ने इस भाग में अफ़गानी सैनिकों की तैनाती की थी जो बारी-बारी से गश्त किया करते थे। उस रात अजीज ख़ान की इस बात के लिए तैनाती थी कि किसी भी जाट बल को आता देखे तो वह सेना को सतर्क कर दे। पर अब्दुल्ला ख़ान उन पकड़े गए लोगों से मिली इतनी जानकारी से सन्तुष्ट न था। उसने इन लोगों को उम्र ख़ान रोहिल्ला को इस निर्देश के साथ सौंपने की हिदायत दी कि इनसे और गहन पूछताछ की जाए। आख़िरकार कुछ और ख़ास जानकारियाँ मिलीं। इनमें मुख्य यह थी कि अजीज ख़ान को बहुत भेंट और पैसा सिर्फ इस बात के लिए मिला था कि वह ऐसे छह हज़ार मेवाती अफ़गानियों को ले आया था। इनके होने से शाही पक्ष को जाटों की लूट से थोड़ी सुरक्षा मिलने की उम्मीद थी। अफ़गानी भाषा में बात कर उनसे और भी जानकारियाँ निकलवा ली गईं और बाद में उन्हें इनाम देकर ससम्मान विदा कर दिया गया।

अगले दिन के लिए उस युद्ध की तैयारी हो चुकी थी, जिसे इतिहास में हम लोग हसनपुर के युद्ध के नाम से जानते हैं। 13 नवम्बर की भोर मुहम्मद शाह ने अपने प्रिय हाथी 'पादशाह पसन्द' पर बैठने की तैयारी की, जो सैन्यबल के बीच में खड़ा किया गया था। उनके आसपास लाल और पीले रंग की वेशभूषा में सज्जित सेना की दो रेजिमेंट्स अपने सैन्य प्रमुख सैयद इकराम अली ख़ान और शेख़ गफ्फार-उल्ला के नेतृत्व में आगे बढ़ने को तैयार थीं। हैदर कुली ख़ान के पास तोपों से सज्जित सैन्य बल की जिम्मेदारी थी, जिसको अग्र बल के रूप में चलते जाना था। इसी तरह ख़ान-ए-दौराँ और साबित ख़ान को इन तोपों की सेना को सुदृढ़ता प्रदान करने की जिम्मेदारी निभानी थी। मुहम्मद ख़ान बंगश और सआदत ख़ान को क्रमश: नदी की ओर तथा सेना के पार्श्व भाग की तरफ़ तैनाती दी गई।

शाही पक्ष की युद्ध सम्बन्धी यह रणनीति सुदृढ़ थी। मुग़ल साम्राज्य के नए वज़ीर मुहम्मद अमीन ख़ान और उसके बेटे कमर-उद-दीन ख़ान के साथ ही दिलेर ख़ान, शेर आफ्कान ख़ान, हिज्बर अफ्कान ख़ान और अन्य योद्धाओं की जिम्मेदारी थी कि वे लोग बादशाह मुहम्मद शाह के लिए सुरक्षात्मक घेरा प्रदान करें। जफर ख़ान, फख्र-उद-दीन ख़ान, और उसके भाई तथा राजा गोपाल सिंह भदौरिया को मुख्य पड़ाव की जिम्मेदारी सँभालने को कहा गया। युद्धस्थल का वह इलाक़ा जहाँ बादशाह की स्थिति थी, मुख्य पड़ाव से लगभग एक कोस की दूरी पर था।

चूड़ामन जाट ने अब नदी के पश्चिम मुहाने पर पड़ाव डाले शाही खेमों तक अपनी पैठ बना ली थी और सैनिकों को अपनी तरफ़ खींचने में कामयाब हो गया था, परन्तु इस स्थल की रक्षा पंक्ति के लिए जिम्मेदार योद्धाओं ने उसका कोई बड़ा इरादा सफल नहीं होने दिया, और अन्तत: उसे खदेड़ बाहर करने में सफलता

प्राप्त कर ली। वह बात अलग थी कि इसके बाद इन जाटों ने दक्षिण के पड़ावों पर हमला किया और वहाँ से शाही सामान की लूट करने में सफल हो गए। जफर ख़ान, मुज़फ़्फ़र ख़ान और मुहम्मद ख़ान बंगश के सम्मिलित प्रयासों से एक बार फिर से उन्हें दूर तक दौड़ा लिया गया। पड़ाव के पूर्वी हिस्से में उनको टक्कर देने के लिए मीर मुशरिफ़ और लखनऊ के अल्वी ख़ान तरीन ने मिल कर उन्हें परास्त तो कर दिया, परन्तु एक विचित्र स्थिति उत्पन्न हो गई थी। उनका आक्रमण इतने जोरदार ढंग से हुआ था कि मौके पर मौजूद शाही पक्ष के कई सैनिक और व्यापारी घबरा कर यमुना नदी में कूद पड़े थे। वे तैर कर दूसरी ओर सुरक्षित पहुँचना चाहते थे, परन्तु इस हड़बड़ाहट में जान गँवा बैठे।

सैयद अब्दुल्ला ख़ान की अग्रिम सैन्य पंक्ति के नेता नज़्म-उद-दीन ख़ान को दूर से देखते ही शाही मीर आतिश ने एक नई रणनीति पर काम किया। उसने अपनी तोपों और हथगोलों से उसकी ओर लगातार बिना रुके गोलाबारी करने के आदेश दिए। यह गोलाबारी इतनी जोरदार हुई थी कि शत्रु पक्ष की सारी तैयारी धरी की धरी रह गई। हैदर कुली ख़ान हर एक गोलाबारी के राउंड के पश्चात अपने जाँबाज सैनिकों का हौसला बढ़ाने के लिए उन पर सोने-चाँदी के सिक्कों की वर्षा करता। इससे उनमें अतिरिक्त जुनून पैदा हो चला। जैसे-जैसे शाही सेना आगे बढ़ी, सैन्य बल भी उसी अनुपात में आगे बढ़ चले। वे लोग इतनी फुर्ती से गोलाबारी करते चल रहे थे कि एक राउंड पूरा होने से पहले ही दूसरे राउंड की तैयारी हो जाती थी। ख़ान-ए-दौराँ की सेना शाही सेना के तोपख़ाने को मजबूती प्रदान करते हुए उसके साथ चल रही थी। संजार ख़ान और दोस्त अली ख़ान भी साथ थे। दोस्त अली के पैर में घाव हुआ था, परन्तु उसने न तो अपनी बन्दूक छोड़ी और न ही नेतृत्व देने में कोई कोताही की। सैयद नुसरत यार ख़ान और साबित ख़ान भी शाही खेमे की ओर से मज़बूत स्तम्भ की तरह अग्रणी भूमिका में थे। सआदत ख़ान और मुहम्मद ख़ान बंगश ने सैयद सेना को चकमा देकर बाईं ओर से जाल में फँसा लिया था। इसी बीच एक सटीक निशाना लगा और सैयद अब्दुल्ला के कुछ ही निकट एक गोला आ कर फट पड़ा। इसमें उनके पक्ष के काफ़ी लोगों की जानें गईं, और हताशा का माहौल अलग बना।

इस प्रकार तेरह नवम्बर सन् 1720 के इस दिन जो भी लड़ाई थी, वह मुख्य रूप से तोपों और गोलों से लड़ी जा रही थी। सैयद अब्दुल्ला के पक्ष से मुख्य रूप से इस युद्ध का शिल्पकार उसका भाई नज़्म-उद-दीन अली ख़ान था, जो उसकी सेना के अग्र भाग का नेतृत्व कर रहा था। सैयद वैसी किसी विशिष्ट रणनीति के अन्तर्गत नहीं लड़ रहे थे, जैसी कि शाही पक्ष से तैयारी हुई थी। वे तो एक आम हल्ला बोल या गुरिल्ला युद्ध में भरोसा रखते थे। यहाँ भी वे ऐसा ही करने की इच्छा रखते थे। पर मोहक़्म सिंह, जो शाही पक्ष छोड़कर सैयद अब्दुल्ला से जा मिला

था, ने उन्हें चेतावनी दी कि शक्तिशाली तोपों के सामने ऐसी रणनीति का उपयोग करना ख़ुद को बर्बादी की तरफ़ ले जाना होगा। यूँ भी उनके स्वयं के पास सीमित संख्या में ही तोपें उपलब्ध थीं। उनकी नदी के पास ऐसी जगह तैनाती कर दुश्मन की प्रतीक्षा की जा सकती थी, जहाँ वे प्रतिकूल परिस्थितियों में घिरे हों। मोहक्रम सिंह ने दक्खिन में विजय पताकाएँ फहराई थीं। वह एक अच्छा रणनीतिकार और योद्धा था, परन्तु सैयद पक्ष ने उसकी सलाह को दरकिनार कर दिया। उन्होंने अपनी तोपों को एक उजाड़ गाँव के टीले पर पेड़ों और झाड़ियों के झुंडों में छिपाकर तैनात कर दिया।

युद्ध के मैदान में दिन भर फुटकर आक्रमण हुए और दोनों पक्षों ने अपनी क्षमता के अनुसार उनका जवाब दिया। एक बार स्थिति ऐसी बनी कि शायद शाही पक्ष की हालत पतली हो चली है, और वे लोग मैदान छोड़कर भाग खड़े होंगे। परन्तु ख़ान-ए-दौराँ, सैयद नुसरत यार ख़ान, साबित ख़ान, दोस्त अली ख़ान, सैयद हामिद ख़ान और असद अली ख़ान ने स्थिति को बिगड़ने से सँभाल लिया। लखनऊ के शेख़ सिब्ग़त-उल्ला और उसके तीन बेटों ने अपनी जानें दे दी थीं। इसी प्रकार अब्दुल कादिर ख़ान, अब्दुल गनी ख़ान, ग़ुलाम मोहि-उद-दीन ख़ान और शुजा ख़ान पलवली के बेटे की भी इन झड़पों में मौत हो गई। इसके अलावा भी बहुत से सैनिक मारे गए।

कहा जाता था कि सैयद अब्दुल्ला ने अपनी रणनीति इस प्रकार बनाई थी कि वह सैयद नुसरत अली ख़ान की कमांड के सैन्य बल पर बहुत शक्ति से ऐसा आक्रमण करे कि उसे सँभलने का भी अवसर न मिले। इसी सैन्य बल ने बादशाह मुहम्मद शाह को सुरक्षित रखने की जिम्मेदारी ली हुई थी। इस व्यक्ति से उन्हें एक बहुत बड़ी शिकायत भी थी—वह उनकी बिरादरी और कुल का होते हुए भी संकट के समय विरोधी पक्ष के साथ जा खड़ा हुआ था। दुर्भाग्यवश सैयद अब्दुल्ला ने अपनी अग्रिम टुकड़ी को अन्य सैन्य टुकड़ियों की अपेक्षा नदी के तट से काफ़ी दूर ला खड़ा किया था, यानी कि अन्य सैन्य बल उसकी पहुँच से मीलों दूर हो गए थे। यह संघर्ष दोपहर बाद तक चलता रहा। स्वयं अब्दुल्ला के उत्साह में कोई कमी न थी, पर उसके लोग, ख़ास तौर से वे नए रंगरूट जो बिलकुल अनुभवहीन थे, इस स्थिति से थक चुके थे, उनका मन भी असहज हो चला था। अब वे इस युद्ध से भागने के बहाने खोजने लगे। कुछ ने घोड़ों और ऊँटों को पानी पिलाने के लिए नदी के किनारे पर जाने का बहाना बनाया, और वहाँ से भाग निकले। ऐसे भगोड़े बढ़ते जा रहे थे। इस स्थिति पर एक तत्कालीन लेखक ने ठीक ही लिखा था कि :

"ये लोग ऐसे गायब हुए जैसे कोई ग़ौरैय्या फुर्र हो जाती है!"

पर वे भगोड़े भी समस्याओं का शिकार होने से बच न सके। नदी के किनारों पर शत्रु पक्ष का क़ब्ज़ा था। कहते हैं कि दोपहर से लेकर दिन छिपने तक ही नहीं,

अँधेरा होने के बाद भी इन भगोड़ों का आने का क्रम नहीं टूट रहा था। बाराहपुला के पास दिल्ली जानेवाली सड़क पर इन भगोड़ों की भीड़ लगी थी। उसके ये नए रंगरूट बहानों और रात के अँधेरे का लाभ उठाकर थोक में भाग खड़े हुए थे। यह एक विचित्र क़िस्म का युद्ध था। दोनों ओर से डराने के लिए अधिक और मारने के लिए कम गोले चलाए गए, पर भारी संख्या में सैन्य बल होने के बावजूद डरनेवाला पक्ष सैयद अब्दुल्ला का था।

पहले अब्दुल्ला ख़ान ने रात को अपने लिए एक ऊँची जगह छोटा डेरा लगवाने का आदेश दिया, जहाँ से वह सारी गतिविधियों को नियंत्रित कर सके, परन्तु बाद में इस विचार को त्याग दिया गया क्योंकि उससे दुश्मन को उनकी इस ख़ास जगह पर गोलाबारी करने में आसानी हो सकती थी। वैसे भी यह एक चाँदनी रात थी और शाही खेमे से गोलाबारी रुकने का नाम ही नहीं ले रही थी। सैयदों के इलाक़े में अगर किसी भी इनसान की छवि भर दिखती तो उन पर बारूद की वर्षा हुआ करती थी। एक ओर से 'गाजी ख़ान' और 'शाह पसन्द' नाम की शाही पक्ष की तोपों का गरजना जारी था, तो दूसरी ओर सैयद पक्ष के सैनिकों का पलायन भी रुका नहीं था। पुराने लोग कहते थे कि इन विशाल तोपों का इतना व्यापक इस्तेमाल उनकी याददाश्त में तो शायद ही कभी हुआ हो। हैदर कुली ख़ान अपने सैन्य बलों को उपहारों से मालामाल कर रहा था, जिससे उनके भीतर दृढ़ता से लड़ने की अतिरिक्त ऊर्जा दिखाई पड़ती थी। बादशाह मुहम्मद शाह की हिम्मत की भी दाद देनी पड़ेगी कि पूरी रात उसने सैन्य बलों के अग्रिम हिस्से में अपने हाथी पर बैठे ही गुजारी। यह वही जगह थी जहाँ बार-बार गोलाबारी हो रही थी।

जब उजाला हुआ तो सैयद अब्दुल्ला को समझ आया कि उसके पक्ष के जो लोग बचे थे वे अधिकांशतः या तो उसके बारहा सैयदों के कुल के थे, अथवा निकट के रिश्तेदार और परिजन थे। बमुश्किल कुछ हज़ार घुड़सवार सैनिक ही अब उसके पास शेष बचे थे जो अभी भी शाही सेना से टक्कर ले रहे थे। एक समय में 'किंगमेकर' या बेताज बादशाह की-सी पदवी रखनेवाले सैयद अब्दुल्ला के दो छोटे भाई नज़्म-उद-दीन अली ख़ान और सैफ़-उद्दीन अली ख़ान, सैयद अफजल ख़ान, राय टेक चन्द, बाली खत्री, गाजी-उद-दीन ख़ान उर्फ़ अहमद बेग, नवाब अल्लायार ख़ान शहजानी, सैयद सलाबत ख़ान और रुहिल्ला ख़ान उन चन्द योद्धाओं में से थे जो शाही सेना के विरुद्ध पूरी रात हाथियों पर सवार होकर इस तरह से युद्धरत रहे थे कि न उन्हें भोजन की सुध रही थी और न ही पानी तक की। नदी की ओर जानेवाला रास्ता ज़रूर जाटों ने रोका हुआ था, जिन्होंने लूट के लिए न दोस्तों को बख्शा और न ही दुश्मनों को छोड़ा। भोर की किरणों के प्रभावी होते-होते मोहक्रम सिंह के हाथी के निकट एक भारी गोला आकर गिरा। उसने घायल स्थिति में किसी तरह हाथी से उतरकर एक घोड़े पर सवार होने की हिम्मत दिखाई। उसके बाद

मोहक़्म सिंह का पता नहीं चला, कि वह जीवित बचा भी या नहीं।

थोड़ा और समय होते ही सैयद अब्दुल्ला ख़ान, नज़्म-उद-दीन अली ख़ान और बारहा सैयदों ने फिर से एक बड़े आक्रमण की कार्रवाई की, जिसका केन्द्र बादशाह की सैन्य पंक्ति थी, पर शाही पक्ष सतर्क था। उसको इस ख़तरे का अनुमान रहा होगा। वे लोग बहुत दृढ़ता से प्रतिरोध पर उतर आए। उनके लोग घोड़ों और हाथियों से उतरकर इन सैयदों को पैदल ही कड़ी टक्कर दे रहे थे। इस दुस्साहस का सैयदों को भारी नुकसान उठाना पड़ा। उनकी ओर से शाहमत ख़ान और उसका बेटा पीरजादा, फ़तेह मुहम्मद ख़ान, तहव्वर अली और अन्य लोगों की जानें चली गईं। दरवेश अली ख़ान के पास तोपों की इकाई की जिम्मेदारी, पर उसकी भी मौत हुई। दोस्त अली ख़ान और नुसरत यार ख़ान भी गम्भीर रूप से घायल हुए। मुग़ल पक्ष से केवल अब्दुल नबी ख़ान और माया राम की जानों का नुकसान हुआ। ये दोनों हैदर कुली ख़ान के विश्वस्त अधिकारी थे।

स्थिति अब सैयद अब्दुल्ला के पक्ष में तो नहीं ही थी, परन्तु क़ुतुब-उल-मुल्क़ सैयद अब्दुल्ला उनमें से नहीं था, जो चाहे जितनी भी विपरीत परिस्थितियाँ हों, बिना लड़े हार मान ले। वह युद्ध के मैदान में अभी भी दृढ़ता से मौज़ूद था, अगली पंक्ति में, पर उसके साथियों ने ऐसी वीरता नहीं दिखाई। वे भाग खड़े हुए थे। भाई नज़्म-उद-दीन लड़ते-लड़ते आगे निकल आया था, पर जब उसने पीछे मुड़ कर सैयद अब्दुल्ला के हाथी का खाली हौदा देखा, तो वह घबरा गया। वह असलियत जानने को वापस आया, तो यह देखकर सन्तोष हुआ कि भाई सैयद अब्दुल्ला हाथी से उतरकर शत्रु पक्ष से पैदल ही युद्धरत था। दरअसल भारतीय युद्ध के क्षेत्रों में यह परम्परा रही है कि अगर युद्धरत पक्ष कमजोर पड़ने लगता है तो नेतृत्व करनेवाला योद्धा हाथी से उतरकर युद्ध करता है। यही अब्दुल्ला कर रहा था। वह वाक़ई कमजोर हो चला था, ऐसा वह मान चुका था।

कुछ समय के भीतर ही उसे ख़ान-ए-दौराँ, हैदर कुली ख़ान, सआदत ख़ान और मुहम्मद ख़ान बंगश के सैनिकों ने घेर लिया। न जाने कहाँ से आकर एक तीर सैयद अब्दुल्ला के माथे को घायल करता हुआ निकल गया। नज़्म-उद-दीन ख़ान ने जब नंगी तलवार लेकर अपने भाई सैयद अब्दुल्ला की तलाश की तो वह उसे मुग़ल सैनिकों की ऐसी भीड़ से घिरा मिला, जहाँ वह अकेला शेर की भाँति मैदान में था, और बाक़ी लोग उसे घेरने की फिराक में थे। परन्तु अभी तक एक भी सैनिक ऐसा न था, जो उसे टक्कर देने की हिम्मत करता, जबकि उन सैनिकों की संख्या पल-पल में बढ़ती जा रही थी। ख़ून बह रहा था, पर अचानक अपने छोटे भाई को देखकर सैयद अब्दुल्ला में जोश आ गया। वह चिल्लाया, "हिम्मत बनाए रखना भाई, दोज़ख़ या जन्नत का दरवाज़ा यहीं से मिलेगा, कहीं और से नहीं!"

पता नहीं उसे युद्ध के मैदान में इतना समय कैसे मिल गया था पर चर्चा थी

कि सैयद अब्दुल्ला ने सादी की एक आयत भी सुना डाली। वह नंगे सिर था, और थोड़ा घायल भी। पर अब और कोई उसकी बात सुनने को तैयार न था। सबको अपनी सुरक्षा और भागने की चिन्ता थी, अपने मालिक या सैयद पक्षों के प्रति उनके वफ़ादारों का ज़ज्बा हवा हो चला था। शत्रु पक्ष के सैनिकों ने आगे बढ़कर सैयद अब्दुल्ला को घेर लिया। वे उसे कैदी बनाना चाहते थे, पर वह वाक़ई में अभी तक उसी जुनून से भरा था, जिसके लिए उसे जाना जाता था। उसने जोरदार छलाँग के साथ चारों दिशाओं में अपनी तलवार इस प्रकार लहराई कि वे सब आतंकित हो गए। वह चीख़ पड़ा था, "सबको मार कर ही मरूँगा, यह याद रखना!"

इसी बीच सैयद अब्दुल्ला की तोपों की इकाई को सँभालने वाले एक योद्धा को मुग़ल सैनिकों ने मार डाला। उसकी लाश को शाही खेमों की तरफ़ ले जाया गया। नज़्म-उद-दीन ख़ान और गाजी-उद-दीन ख़ान ने एक आख़िरी बार अपने सैनिकों के भीतर जोश पैदा करने की कोशिश की परन्तु अब कोई उनकी बात पर ध्यान ही नहीं दे रहा था। शुजात-उल्ला ख़ान, जुल्फ़िकार अली ख़ान और अब्दुल्ला ख़ान तरीन मौके से उड़न-छू हो गए थे। यह देखकर सैफ़-उद-दीन अली ख़ान की समझ में भी आ गया था कि अब उनका समय फिर नहीं आनेवाला। वह इस मौके पर अपने ढाई-तीन सौ सैनिकों के साथ शहज़ादे इब्राहीम को ले उड़ा। उस समय तक यह शहज़ादा हाथी से उतरकर एक घोड़े पर सवार हो चुका था। बाद में शहज़ादे इब्राहीम का शाही छाता और हाथी लावारिस हालत में मिला, जिन्हें बादशाह हुज़ूर मुहम्मद शाह के सामने पेश कर दिया गया। सैयदों की निर्बलता अन्ततः उन पर हावी हो चली थी।

इतने में ही एक हाथी पर सवार मीर आतिश हैदर कुली ख़ान उसकी ओर बढ़ा। उसने पूर्व में ही सैयद बन्धु के हाथी के खाली हौदे को देखकर समझ लिया था कि अब उसका खेल खत्म हो गया होगा, या खत्म होने को था। उसने सम्मानपूर्वक, झुक कर विनम्रता के साथ विनती की, "हुज़ूर, अब वक़्त आपके अनुकूल नहीं रह गया है। हवा का रुख बदल गया है, इसलिए कोई अलहदा कोशिश छोड़कर हथियार डाल दीजिए। वही बेहतर होगा!"

तब तक और सैनिकों ने भी सैयद अब्दुल्ला और भाई नज़्म-उद-दीन को आ घेरा था, पर मीर कुली ने संकेत से उनको रोके रखा। एकबारगी नज़्म-उद-दीन ने कुछ कसमसाहट की कोशिश की, पर भाई सैयद अब्दुल्ला ने उसे रोक लिया। वह जान गया था कि अब कोई तर्क या प्रतिरोध व्यर्थ है। इन सैयद भाइयों के पास शाही सेना के सामने समर्पण करने के अलावा कोई विकल्प शेष न था।

सैयद अब्दुल्ला ने भविष्य का परिदृश्य सोचने में कुछ लम्हे ज़रूर लिए, पर अगले ही पल उसने अपने भाई का हाथ थाम लिया और दोनों अपने हथियार फेंक कर, हाथी की पीठ पर सवार हो चले। हैदर कुली ने अपने इन दोनों बन्दियों

के सिर पर एक शाल ओढ़ा दिया था, जो उनके आत्मसमर्पण कर कैद होने की स्वीकृति प्रदान करने का संकेत था।

बेहद चर्चित और एक समय के विख्यात दरबारियों में से एक सैयद अब्दुल्ला को सुरक्षा घेरे की कैद में लेकर यह काफ़िला भारी दल-बल के साथ मुग़ल शहंशाह मुहम्मद शाह के दरबार की ओर चल पड़ा था।

इस प्रकार सैयद अब्दुल्ला की बादशाह से आमने-सामने की सुनवाई की इच्छा ज़रूर कबूल हो गई थी, पर थोड़ा अलग तरीक़े से। इस मुलाक़ात की परिस्थितियाँ, तरीक़ा और समय उसने तो नहीं चुना था। वह उसके उलट स्थिति थी और उसका प्रारब्ध था, जो इस प्रकार उसे मुल्क़ के उस बादशाह के सामने ले जा रहा था, जिसे उसी ने इतिहास के कूड़ेदान से उठा कर बादशाहत के पद तक पहुँचाया था। सैयद अब्दुल्ला और उसके भाई को जब बादशाह मुहम्मद शाह के सामने पेश किया गया, तो उसने कहा, "तुम्हें शान्ति हासिल हो!"

सैयद अब्दुल्ला के पास उत्तर के रूप में कोई शब्द न थे। वह जानता था कि अब वह सिर्फ श्रोता बनकर ही रहने की नियति में है। यह जानते हुए भी मुग़ल बादशाह ने कहा, "सैयद, तुमने अपने लिए यह इन्तहा की स्थिति ख़ुद ही पैदा की है..."

इस घटनाक्रम से एक तरह से शर्मिंदा हुए सैयद अब्दुल्ला को बादशाह के सामने स्वीकार करना पड़ा, "सब अल्लाह की मर्जी है!"

अन्दर से वह कितना दुखी रहा होगा यह वही 'राजनिर्माता' जानता था, जो इस अधकचरी उम्र और फटेहाल स्थिति के मुग़ल शहज़ादे को फ़तेहपुर से उठा कर सीकरी के दुर्दिनों से मुल्क़ की बादशाहत के लिए मुल्क़ के सिंहासन पर बिठाने का जिम्मेदार था। भला उसे इस का सिला क्या मिला? यह हर कोई जान गया था।

ऐत्मादुद्दौला मुहम्मद अमीन ख़ान सबसे ज़्यादा ख़ुश हुआ। वह महत्त्वपूर्ण ख़बर सुनकर दौड़ा-दौड़ा आया। उसने नजारा देखते ही ख़ुशी से उछलते हुए कहा, "इस नमकहराम को इसके पुरखों के पास ही पहुँचा दिया जाए!"

उसकी इच्छा थी कि बादशाह इन कैदियों की बागडोर उसके हाथ में दे दें, परन्तु ख़ान-ए-दौराँ ने इस अवसर पर समझदारी का परिचय दिया। उसने गम्भीरता से कहा, "कभी नहीं, बिलकुल नहीं! इस सैयद को मुहम्मद अमीन ख़ान के हाथों में बिलकुल नहीं सौंपा जा सकता, क्योंकि मैं जानता हूँ कि वह उसे घृणित ढंग से मार डालेगा। ऐसे किसी कृत्य की इजाजत नहीं दी जा सकती! जुल्फ़िकार ख़ान की हत्या से फ़र्रुख़सियर को भला क्या हासिल हुआ था? मेरी राय है कि उसे हैदर कुली ख़ान के अधीन ही रहने दिया जाए, या फिर बादशाह ख़ुद अपने नौकरों में शामिल कर लें!"

ख़ान-ए-दौराँ को पूरा शक था कि वह तुर्की दरबारी इन भाइयों की ज़िन्दगी के साथ खिलवाड़ करने की सोचे बैठा होगा। उसने अन्तत: बादशाह से हस्तक्षेप कर यह मनवा लिया कि सैयद अब्दुल्ला और उसके भाई नज़्म-उद-दीन को मीर आतिश की देखरेख में ही रहने दिया जाए।[1]

इस प्रकार दोनों कैदियों को हैदर कुली ख़ान को सौंप दिया गया। सैयद अब्दुल्ला ख़ाँ की स्थिति तो ठीक थी, पर नज़्म-उद-दीन ख़ान इतनी बुरी तरह घायल था कि उसके बचने की सम्भावनाएँ नहीं के बराबर रही थीं। हामिद ख़ान को भी बन्दी बना लिया गया था। उसे भी नंगे सिर और नंगे पैर उसके भतीजे मुहम्मद अमीन ख़ान और ख़ान-ए-दौराँ के सामने लाया गया। नए वज़ीर ने उसके संशयों को दूर करते हुए उसे विश्वास दिलाया कि उसके साथ अच्छा व्यवहार किया जाएगा। सैयदों के पक्ष के और भी लोग थे जिन्हें बन्दी बनाया गया था। उनमें से महत्त्वपूर्ण थे अबुल मुहसिन ख़ान का भाई सैयद अली ख़ान और अब्दुल-नबी ख़ान।

सैयद अब्दुल्ला का खेल खत्म होने के बाद भी गाज़ी-उद-दीन ख़ान और अन्य लोगों ने पूरे एक घंटे तक उसकी तरफ़ से शाही पक्ष से मुक़ाबले का मोर्चा लगाए रखा था। जब अन्तत: उनको यह बात समझ आ गई कि अब वाकई उनका दिन नहीं रहा, तब उन्होंने हार मानी। गाजी-उद-दीन उस सामान के साथ खेतों के रास्ते निकल लिया जिसे उसने ऐसे वक़्त के लिए बचा रखा था। वह अल्लाहयार ख़ान और अन्य लोगों के साथ दिल्ली की राह पर था। बचे-खुचे सैयद पक्ष के लोगों ने यमुना नदी पार करने की जुगत लगाई ताकि वे अपने गाँव की राह पकड़ सकें।

15 नवम्बर, सन् 1720 की रात होते-होते सैयद पक्ष की पराजय और अब्दुल्ला के बन्दी बनाने की ख़बरें दिल्ली पहुँच चुकी थीं। उसकी अनेक पत्नियों, रखैलों, बच्चों और नौकर-नौकरानियों की फ़ौज में हड़कम्प मच गया। उन काफ़ी औरतों ने अपने बेहतरीन लिबास के ऊपर पहने बुर्के और नक़ाबों को हड़बड़ाहट में यूँ उतार फेंका, मानो उनमें काँटे लगे हों। उन्होंने जो लूट मचाई वह विस्मयकारी घटना थी। जिसके जो हाथ लगा, उसने वही अपने क़ब्ज़े में कर लिया। वहाँ पर अधीक्षक के रूप में अब्दुल्ला ख़ान कशी की तैनाती थी, जिसने अपने कर्तव्यों के निर्वहन में कोई रुचि लेने का प्रयास ही नहीं किया।

इसी उलटफेर की स्थिति में नज़्म-उद-दीन ख़ान की दस वर्षीया बेटी भागकर एक मिरासिन[2] के अहाते में छिप गई, पर शाही सैनिकों और मुहम्मद शाह के लोगों ने उसे पहचान कर वहाँ से निकाल लिया। उन्होंने लड़की को बादशाह मुहम्मद

1. G S Cheema, The Forgotten mughals, A history of the later emperors of the house of Babar, p. 155 (1707-1957), 2017, Manohar, New Delhi.
2. गायिका

शाह की माँ सदरुन्निसा बेगम के सामने पेश किया। उसने इस लड़की को अपने बेटे मुहम्मद शाह के साथ निकाह के लिए सजाने को कहा। सैयद अब्दुल्ला को कैद में ही जब इस बात की ख़बर लगी तो उसने हैदर कुली ख़ान से विरोध प्रकट करते हुए शिकायत की कि किसी बारहा सैयद कुल के इनसान के साथ ऐसा कभी नहीं हुआ है। आख़िरकार हैदर ने इस लड़की को वहाँ से लाकर नज़्म-उद-दीन ख़ान के परिजनों की सुपुर्दगी में देने में सफलता प्राप्त कर ली।

युद्ध का निर्णायक रूप से फ़ैसला हो चुका था। मुहम्मद शाह की मुग़ल गद्दी की बादशाहत क़ायम रही थी। उसके सलाहकार ख़ुशियाँ मना रहे थे, और उसके सैनिक अपने उसी तरीक़े में आ गए थे, जिसके लिए वे जाने जाते थे। वे लुटेरे बन गए थे। इस लूट में जो भी उनके हाथ लगा, वह उनका हो गया—हाथी, घोड़े, ऊँट और सामान भी। चूड़ामन जाट का इलाक़ा नज़दीक ही था, इसलिए उसने दोनों पक्षों के साथ बराबर की ईमानदारी निभाई। यानी दोनों को शिद्दत से लूटा! हारनेवाले सैयद पक्ष को भी और विजयी शाही पक्ष को भी। ख़ास तौर से उसने उन एक हज़ार के क़रीब बैलगाड़ियों और ऊँटों की पीठ पर लदे शाही पक्ष के उस सामान को भी लूटने में कोई कोताही नहीं की जो धार्मिक कार्यों और भिक्षुकों आदि के मध्य वितरित होने के लिए एक ऊँची रेतीली पहाड़ी पर सुरक्षित रखकर छोड़ा हुआ था।

शहज़ादे इब्राहीम को सैफ़-उद-दीन अली ख़ान ने पहले ही युद्ध मैदान से छिपाकर लाने में सफलता प्राप्त कर ली थी, परन्तु किसी साधन और काफ़िले के अभाव में वह उसे नेकुपुर गाँव के पास के एक बाग़ में छोड़ने को मजबूर था। उसके बाद शहज़ादे के साथ क्या और कैसे घटित हुआ, उसके विषय में बहुत-से क़िस्से और कहानियाँ प्रचलन में हैं, जिससे यह अनुमान लगाना कठिन है कि क्या सच है, और क्या झूठ रहा होगा। ऐसी ही एक कथा के अनुसार :

"जब सब उसे छोड़ गए थे, ऐसे समय में गाँव नेकुपुर के खेतों और जंगलों में भटकता हुआ शहज़ादा इब्राहीम एक फकीर के तकिए के पास पहुँचा। उसे प्यास लगी थी सो शहजादे ने उसे चार सोने के सिक्के दिए और चुल्लू भर पानी पिलाने का अनुरोध किया। इस उदारता से अभिभूत बैरागी फ़कीर ने शहज़ादे से नाश्ता करने के बाद आगे जाने का अनुरोध किया। वह नाश्ते की तैयारी कर ही रहा था कि उसे ढूँढ़ते हुए शाही सैनिक आ पहुँचे और क़ब्ज़े में कर ले चले।"[1]

एक और क़िस्सा यूँ है—

जब सैयद सैफ़-उद-दीन अली ख़ान को यह समझ में आ गया कि युद्ध के मैदान से लाकर अब इस मुग़ल शहज़ादे को अधिक सुरक्षित रखना उसके लिए सम्भव न हो सकेगा, तो उसने नेकुपुर के सैयदों से इस हेतु अनुरोध किया, पर उनमें से कोई तैयार न हुआ। उन लोगों के साथ अमीर ख़ान भी था, जो उस वंश में से

1. Khush Hal, The Bayan-e-Waki, pg. 448, fol. 1020a.

था, जो लोग पीढ़ी-दर-पीढ़ी शाही परिवार के लिए समर्पित रहते आए थे। वे लोग घर से थोड़ी दूर क़ुतुब-उद-दीन अली ख़ान के बाग़ में बैठे। उन्होंने तय किया कि इस शहज़ादे को यूँ ही, बिना किसी सुरक्षा में छोड़ना उचित नहीं होगा। तब उस शहज़ादे इब्राहीम ने जवाब दिया, "मेरे लिए यह युद्ध मेरी क़िस्मत के फ़ैसले की तरह रहा है, और आख़िरी फ़ैसला हो चुका है। अगर मुझ पर अल्लाह की इनायत होती तो वह कुछ अलग रूप में ही दिखती। यही सच्चाई है। और अब मेरे पास कहीं जाने की कोई जगह नहीं है...!"

दुर्भाग्य यह था कि तब तक मुग़ल गुप्तचरों और सैनिकों को इस जगह का पता चल चुका था। हैदर कुली ख़ान, जफर ख़ान और कमर-उद-दीन ख़ान ख़ुद इस जगह तक आए और उसे संरक्षा में ले लिया गया।

कहा यह भी जाता है कि जब ये लोग मौके पर पहुँचे, तो शहज़ादा उनके सम्मान में उठ खड़ा हुआ था और बिना किसी प्रतिरोध के उनके साथ चल दिया।

उसी रात को जब उसे बादशाह मुहम्मद शाह के सम्मुख प्रस्तुत किया गया तो बड़ा विचित्र नजारा था।

बादशाह मुहम्मद शाह ने देखते ही शहज़ादे इब्राहीम को गले लगा लिया और बोले, "यहाँ तक कैसे आए तुम, मेरे भाई?"

शहज़ादे इब्राहीम ने संयत स्वर में जवाब दिया, "ठीक ऐसे, जैसे तुम आए थे!"

पर, बादशाह को शायद थोड़ा और जानने की उत्कंठा थी। इसलिए पूछा, "मतलब, तुम्हें यहाँ कौन लाया है?"

अब शहज़ादे इब्राहीम ने फिर से वही बात दोहराई जो उस बादशाह पर भी उतनी ही सटीक बैठती थी। बोला, "वही, जो इनसान तुम्हें यहाँ तक ले आया था!"

इस शहज़ादे का व्यंग्यात्मक इशारा सैयद अब्दुल्ला की तरफ़ था, जिसने मुहम्मद शाह को गद्दी पर बिठाया था, और जो शहज़ादे इब्राहीम को भी गद्दी पर बिठाना चाहता था।

सैफ़-उद-दीन अली ख़ान जल्दी से सैयदों के मुज़फ़्फ़रनगर के अपने मूल स्थान जानसठ चला आया। वहाँ आ कर उसने बाकिर अली ख़ान और खिज्र ख़ान को दिल्ली भेजा, ताकि वह सैयदों की औरतों और उन पर निर्भर रहनेवाले लोगों को साथ ला सके। सौभाग्य से ये लोग बादशाह मुहम्मद शाह के राजधानी पहुँचने से पहले ही दिल्ली पहुँच गए थे। इस प्रकार सैयद परिवार की महिलाओं और बच्चों को सुरक्षित उनके वतन पहुँचा दिया गया।[1]

जिस शहज़ादे इब्राहीम को सैयद अब्दुल्ला ने सत्ता संघर्ष के इस युद्ध में मुल्क़ का कठपुतली बादशाह घोषित कर दिया था, यह उस 'बादशाह' का सौभाग्य था कि उसे मुहम्मद शाह ने न तो अन्धा किया और न ही मृत्युदंड दिया। उसे सलीमगढ़

1. William Irvine, Later Mughals, pg. 93, section 21.

क़िले की उस जेलनुमा कोठरी में ही ज़िन्दगी के शेष दिन काटने के लिए भेज दिया गया, जिसके लिए वह अभिशप्त था। विस्मित करनेवाली बात यह थी कि उसे रु. 40 प्रतिदिन का भरपूर भत्ता भी मंजूर किया गया, जो उस समय के हिसाब से एक विलासितापूर्ण व्यय था। यह शहज़ादा इस कैद में सन् 1746 तक ज़िन्दा रहा।[1] तीस जनवरी सन् 1746 को अपनी मृत्यु के समय उसकी अनुमानित आयु पचास वर्ष रही होगी।

तत्कालीन इतिहासकार ख़ुशहाल चन्द ने इस अभिशप्त शहज़ादे की ज़िन्दगी की स्थिति पर कहा था, "उसका जीवन बस उतना ही था, जितना घास के तिनके पर एक ओस की बूँद का होता है!"

बादशाह मुहम्मद शाह ने अपने इस विजय अभियान की समाप्ति के उपरान्त अपने शाही सम्पत्ति विभाग के इस प्रस्ताव को सहमति दे दी कि सैयदों की सारी सम्पत्ति पर क़ब्ज़ा कर लिया जाए। इसमें सैयद अब्दुल्ला, हुसैन अली के साथ ही उनके कई रिश्ते-नातेदारों और निर्भर लोगों की सम्पत्तियों को भी क़ब्ज़े में लिया जाना था। इस काम के लिए इनायतुल्ला ख़ान को अधिकृत किया गया था, जो उस विभाग का मुखिया था। सैयद ग़ुलाम अली ख़ान सैयदों का एक ख़ास व्यक्ति था, जिसे महत्त्वपूर्ण अधिकार प्राप्त थे। उसकी दूरदृष्टि ने मौके की नजाकत और ख़तरे की गम्भीरता को गहनता से समझ लिया था। उसने बिना कोई वक़्त गँवाए हर मूल्यवान हीरे-जवाहरात, स्वर्ण मुद्राएँ और आभूषण इकट्ठे किए, वेश बदला और निकलने में कामयाब हो गया। जब शाही सैनिकों ने वहाँ की खोज-ख़बर ली तो सिर्फ पराजित वज़ीर सैयद अब्दुल्ला का भतीजा और दत्तक पुत्र सैयद नजाबत अली ख़ान ही वहाँ मिला। उसे गिरफ्तार कर सैयद अब्दुल्ला की कोठरी में ही कैद में डाल दिया गया।

इस धरपकड़ और लूटमार के बाद सैयदों का दिल्ली में कोई नामोनिशान नहीं रह गया था। अभी तक न तो उनके गाँव की सम्पत्तियों को हाथ लगाया गया था, और न ही वहाँ इन भगोड़े सैयदों के बचे सामान की कोई लूटपाट की गई थी। इस सहिष्णुता या क्षमा का कारण शाही पक्ष की तरफ़ सैयदों के कुल के नुसरत यार ख़ान के प्रभाव और उसकी रणनीति का होना था। सैयदों के एक गाँव कैथोड़ा का निवासी यह बारहा सैयद मुहम्मद शाह की तरफ़ से भी बहुत सम्मानित माना जाता था। उसने उस समय बादशाह का साथ दिया था, जब उनके पक्ष को एक-एक इनसान की बहुत ज़रूरत थी। वह बात अलग थी कि मुहम्मद अमीन ख़ान ने इस बात को पसन्द नहीं किया कि इन सैयदों को एक आम क्षमादान दे दिया जाए।

1. G S Cheema, The Forgotten Mughals—A history of the later emperors of the house of Babur (1707-1857), Manohar Publishers and Distributors, New Delhi, 2017, p. 155.

उसने अपने आमिल या प्रबंधक अब्दुल लतीफ़ बेग को आदेश दिया कि पाँच हज़ार घुड़सवारों की एक टुकड़ी के साथ गंगा नदी पार कर बारहा लोगों की मिल्कियत वाले दोआब के गाँवों में पहुँचा जाए। तब वह अपनी ज़ागीर बदायूँ और सम्भालका के प्रबंधन में लगा था। पर कुछ उसका दुर्भाग्य और कुछ सैयदों का सौभाग्य कि इस आदेश का पालन न हो सका। सैयदों को भी इस ख़तरे का आभास हो चला था। बकौल उनके, "मुग़लों के लालच के जवाब की पूरी तैयारी रखी गई थी, वे आए होते तो उनके दाँत खट्टे कर दिए जाते!"

उनके लिए राहत की बात यह भी थी कि कुछ ही दिनों के भीतर सैयदों से नफ़रत करनेवाले मुग़ल बादशाह के पक्ष के इस महत्त्वपूर्ण इनसान मुहम्मद अमीन की मृत्यु हो गई।

मुहम्मद अमीन ख़ान की मौत के बाद हैदर कुली ख़ान बादशाह मुहम्मद शाह और मुग़ल सत्ता के शीर्ष के बहुत नज़दीक बना रहा। कैद के आरम्भिक दिनों में सैयद अब्दुल्ला को हैदर कुली ख़ान के अधीन उसके स्तर के अनुरूप एक आरामदेह व्यवस्था के कैदी के रूप में रखा गया था। उसे उत्कृष्ट भोजन, पहनने के लिए बेहतर वस्त्र और सारी ज़रूरी सुविधाएँ मुहैया रहा करती थीं। उसका सम्मान भी यथोचित सीमा तक बरक़रार रहा, परन्तु उसके जीते जी मुग़ल दरबारियों को एक सुलभ सहजता नहीं रह पाई। उनको हर दिन लगता था कि सैयद अब्दुल्ला के स्तर से शायद कोई षड्यंत्र रचा जा रहा है। वे लोग लगभग हर रोज़ बादशाह के कान भरते रहे।

कहते हैं कि इससे पूर्व एक बार मारवाड़ के राजा अजीत सिंह ने बादशाह मुहम्मद शाह से सैयद अब्दुल्ला को रिहा किए जाने का अनुरोध भी किया था। उसकी शर्त यह भी थी कि वह ऐसा करने पर ही पूरी तरह मुग़ल बादशाह के प्रति वफ़ादार बना रह पाएगा, पर उसका यह अनुरोध स्वाभाविक रूप से सैयद अब्दुल्ला के प्रति एक सहानुभूति और बादशाहत के ख़िलाफ़ संशय के रूप में देखा गया। ऐसी ही अन्य ख़बरें अफवाहों के रूप में खूब उड़ा करती थीं। आख़िरकार बादशाह ने तय किया कि अब सैयद अब्दुल्ला की कैद की जिम्मेदारी हैदर कुली ख़ान से हटाकर शाही महल के निकट के एक कक्ष में ही रखी जाए। हालाँकि यहाँ भी उसकी देखभाल पूर्व की भाँति बेहतर तरीक़े से की जाती रही।

इसी प्रकार दो साल बीत गए, परन्तु सैयद अब्दुल्ला को लेकर षड्यंत्रों की अफवाहें और आधारहीन ख़बरें नहीं रुकीं। उल्टे वे इतनी चर्चा में आने लगीं कि मुहम्मद शाह भी आजिज आ गया। तब तक, जब तक कि बादशाह मुहम्मद शाह ने उसे जहर दिए जाने की स्वीकृति प्रदान नहीं कर दी। जब भी इन ख़बरों का स्रोत जानने की कोशिश की गई तो लोग सिर्फ यही कहते थे, "असलियत सिर्फ अल्लाह ही जानता है!"

सैयद अब्दुल्ला को पहले मुहर्रम यानी 11 अक्टूबर, सन् 1722 को ज़हर दिया गया था। कहते हैं कि सैयद अब्दुल्ला को जब इस ज़हर का सेवन करने के लिए कहा गया तो उसने ख़ुदा को याद कर कहा था, "ऐ ख़ुदा, तू जानता है कि यह हराम चीज़ मैं अपनी ख़ुशी से नहीं खा रहा हूँ।"

ज़हर के गले से उतरते ही सैयद अब्दुल्ला के चेहरे, फिर शरीर का रंग बदलने लगा था। आख़िरकार उसका शरीर निष्प्राण हो गया।

सैयद अब्दुल्ला का स्मारक आज की पूर्वी दिल्ली के इलाक़े पटपड़गंज में है। यह वह इलाक़ा था, जहाँ पानी की हमेशा कमी रहती थी। सैयद अब्दुल्ला ने अपने व्यक्तिगत प्रयासों से बादशाह शाहजहाँ की नहर को काटकर यहाँ तक पानी लाने का बड़ा काम किया था।

मीर अब्दुल जलील बिल्ग्रामी ने इस नहर के विषय में सैयद अब्दुल्ला की प्रशंसा करते हुए कहा था, "क़ुतुब-उल-मुल्क़ सैयद अब्दुल्ला ख़ान के दान और औदार्य का समुद्र। उस वैभवशाली मंत्री ने भलाई की नहर जारी की।"

अब्दुल लजीज वासिती ने उसकी प्रशंसा में कहा था—

"नहरे कुतुबुल मुल्क़ मद भरे एहसानो करम!"

अल्लामा ने उसकी तारीफ़ में मसनबी कही है, जिसका अर्थ यूँ है—

"वह बुद्धिमानी में अरस्तु और सुलेमान बादशाह के मंत्री का चिह्न है। अब्दुल्ला ख़ान राज्य का दाहिना हाथ है। जब दीवान में बैठा हो, तो नव बहार है, और जब मैदान में आया तो अली की तलवार है।"

जब उसकी मौत हुई, तब सैयद अब्दुल्ला 57 वर्ष का था। उसके अपनी कोई औलाद न थी। उसे पुरानी दिल्ली के एक उद्यान के पुम्बा द्वार के बाहर केसर माही[1] नाम की गायिका, जो उसकी प्रेमिका कही जाती थी, की कब्र के बगल में दफना दिया गया। यह बाग़ संत निजाम-उद-दीन औलिया की दरगाह के निकट एक ऊँचे मार्ग पर स्थित है जिसे क़ुतुब-उल-मुल्क़ को खालसा के दीवान राजा बख़्त मल ने भेंटस्वरूप प्रदान किया था।

बादशाह मुहम्मद शाह इन दोनों सैयद भाइयों से इस कदर ख़फ़ा था कि उसने उनके मरने के बाद भी एक बार निजाम-उल-मुल्क़ को बुला कर कहा था कि, "इन दोनों सैयदों को अल्लाह ने अपने पास बुला लिया है...पर इन्हें हमारी तरफ़ से ख़ास पदवियाँ मिलनी बाक़ी हैं!"

चकित निजाम बादशाह के इस व्यवहार से अचंभित था। पर बादशाह ने दूसरे पल ही जो मन की बात को समझाया, उससे दुविधा दूर हो गई। उसने कहा, "एक

1. The name Kesar Mahi seems of doubtful accuracy, but the words are so written most plainly in the Persian text. See Rustam Ali. Tarikh-i-Hind. fol. 2S0a; Qasim; Kamwar. p. 255; and Tarikh-i-Muhammadi (year 1135 H.).

हुक़्मनामा जारी करो जिसमें इनमें से एक को 'नमक-हराम' और दूसरे को 'हराम नमक' की पदवी जारी की जाए!"

अब निजाम-उल-मुल्क़ को समझ आया। उसने अपने चेहरे के भावों को यथास्थिति सामान्य रखते हुए कहा, "जो अल्लाह के पास चला गया, उस इनसान को और सजा देना अब हमारे हाथों में कहाँ रहा बादशाह हुज़ूर! फिर ये पदवियाँ, ये नाराजगियाँ और अदावतें, सब का लेखा-जोखा बन्द हो जाया करता है। मैं कतई नहीं समझता कि आपको इस खेल में और अधिक बने रहना चाहिए। तवारीख के कुछ बाब[1] वक़्त के साथ-साथ बन्द हो जाया करते हैं। तवारीख़ का काम तवारीख़ को करने दीजिए। वैसे भी अल्लाह की मर्जी में दख़ल देनेवाले हम कौन होते हैं!"

बादशाह मुहम्मद शाह हँस कर रह गया। ज़ाहिर था कि उसने अपने मुशीर[2] की बात पर पूरा ध्यान दिया था। बादशाह ने अपना इरादा त्याग दिया।

1. हिन्दी में जिसे 'अध्याय' कहते हैं।
2. हिन्दी का अर्थ 'सलाहकार'।

14

कुछ ऐश और भलमनसाहत के क़िस्से-कहानियाँ भी

नकारात्मक ख़बरें पहले उड़ा करती हैं, भलनसाहत की बातें लोग आसानी से भूल जाते हैं। तो पहले बात इन सैयदों के ऐश और चारित्रिक अवगुणों की। कहा जाता है कि सैयद अब्दुल्ला ख़ान को ख़ूबसूरत महिलाओं का साथ पसन्द था। उसने कई सुंदर और गोरी रंग की महिलाओं को रखैलों के रूप में साथ रखा हुआ था। तत्कालीन समय के एक विशिष्ट लेखक़ ने लिखा था,

"अब्दुल्ला ख़ान ख़ूबसूरत औरतों का साथ पसन्द करता था। वह एक तरह से भोग-विलासी प्रवृत्ति का व्यक्ति था। उसने अपनी पसन्द की दो या तीन बेहद ख़ूबसूरत महिलाओं को मृत बादशाहों के शाही हरम से लाकर अपने हिस्से में रख लिया था। उसकी मज़बूत स्थिति के कारण किसी की हिम्मत ही नहीं थी कि कोई उसे टोक पाता। हो सकता है कि ये औरतें वहाँ की दयनीय स्थिति के कारण सैयद अब्दुल्ला के हरम में रहने को बेहतर मानती हों। कुल मिलाकर उसके हरम में 70 से 80 के बीच खूबसूरत महिलाएँ हुआ करती थीं। वह उनके साथ समय गुजारते हुए नाना प्रकार की जानवर-सरीखी क्रियाएँ किया करता।"

सैयद अब्दुल्ला के चरित्र और दुराचार के विषय में एक बहुत ख़राब बात भी सुनने को आई थी। वह यह थी कि उसकी कुदृष्टि मुग़ल बादशाह रफ़ी-उद-दरजात की विवाहिता बेगम इनायत बानो पर भी बनी हुई थी। यह एक निंदनीय और अशोभनीय कृत्य था। इस सैयद वज़ीर ने हरम के प्रबंधक सदर-उन-निस्सा को बुला भेजा और कहा, "मेरा एक पैगाम है। पहुँचा पाओगे?"

"जी हुज़ूर! कहाँ देना है?"

थोड़ा सशंकित और कुछ उलझन भरे स्वर में सदर-उन-निस्सा ने डरते-डरते पूछा। तब सैयद अब्दुल्ला ने उसे पुचकारते हुए कहा, "डरो मत। बेगम इनायत बानो तक जाना है पैगाम!"

एकबारगी सदर-उन-निस्सा वाक़ई डर गया। बात ही ऐसी थी। उसका दायरा सीमित था। अधिकार और भी सीमित थे। उसका काम केवल हरम की महिलाओं की सुख-सुविधाओं का ध्यान रखना, बादशाह के आने का इन्तजाम करना ही था।

कोई पैगाम देना, और वह भी मुल्क के एक बादशाह की बेगम को देना...वाक़ई एक दुस्साहसी तथा अनैतिक काम था। वह इस पचड़े में पड़ना नहीं चाहता था, पर क्या सच में उसके पास ऐसा कोई अवसर मौज़ूद था? शायद नहीं, क्योंकि तभी सैयद अब्दुल्ला की कड़क आवाज़ उसके कानों में पहुँची, "क्या सोच रहे हो सदर? कुछ दिक़्क़त है क्या?"

हड़बड़ाए सदर ने सैयद अब्दुल्ला की आँखों में जो जुनून देखा, वह किसी योद्धा का नहीं था। न ही मुग़ल वंश के किसी निष्ठावान दरबारी का भाव था। वह वाक़ई एक कामांध इनसान की ग़ैर-वाजिब हिम्मत या दुस्साहस का इशारा था। ऐसा दुस्साहस जिसका नैतिकता से कोई लेना-देना न था, पर उसने तेज़ी से अपने मन को समझा लिया था, सो बोला, "नहीं हुज़ूर, आपका पैगाम पहुँच जाएगा।"

...और बेगम के पास पैगाम पहुँच गया। बेगम को काटो तो ख़ून नहीं। यह कोई मज़ाक़-खेल न था। मुल्क के बादशाह की बेगम पर कुदृष्टि की बात थी। बात ढकी-छिपी थी, पर थी निंदनीय। बेगम ने इस तरफ़ से घृणात्मक अस्वीकृति दिखा दी थी, पर वह दुस्साहस की अति थी कि सैयद अब्दुल्ला के पैगामों का आना नहीं थम रहा था।

एक बार इस सैयद ने लिख भेजा, "आपके ख़ूबसूरत और लम्बे बालों को देखता हूँ तो मेरे मन में जो लहर उठती है, उसे कैसे बयाँ करूँ! समझ नहीं आता। अल्लाह ने आपको जो नूर बख्शा है, उसको देखकर कोई भला आपका आशिक कैसे न बन जाए!"

यह गज़ब बात थी! ज़ाहिर था कि सैयद अब्दुल्ला खूबसूरत औरतों पर निगाह रखा करता था, पर अब वह बादशाह की बीवी और शाही ख़ानदान की स्त्रियों तक को काम-पिपासा का शिकार बनाना चाहता था, यह घटनाक्रम जानना हर किसी को असहज कर सकता था।

झुंझलाई बेगम ने एक युक्ति भिड़ाई। उसने अपने बालों को कटवाया और थैले में उन लटों को रखकर उसे भेज दिया। सोचा कि न रहेगा बाँस, न बजेगी बाँसुरी! यह अब्दुल्ला के बेहूदा इजहार के प्रति उस महिला की अस्वीकार्यता का एक आक्रोश भरा प्रत्युत्तर भी था।

कहा यह भी जाता था कि सैयद अब्दुल्ला की इन चारित्रिक दोषपूर्ण, लम्पटता की हरक़तों और शाही परिवार की स्त्रियों में ज़रूरत से ज़्यादा रुचि लेने की चर्चाओं को ध्यान में रखते हुए ही मारवाड़ के राजा अजीत सिंह ने अपनी बेवा बेटी को वापस ले जाने का इरादा किया था। यह स्थिति तब थी जबकि वह ख़ुद सैयद बन्धुओं के साथ रहा करते थे, हर काम में उनके सहयोगी और मुग़ल बादशाह, अपने दामाद फ़र्रुख़सियर के विरोध में खड़े रहा करते थे। वह अलग बात थी कि अजीत सिंह का तर्क था कि चूँकि उसके पति की हत्या हो चुकी है,

तो ऐसी स्थिति में बेटी का शाही परिवार में बने रहना उचित नहीं है, पर कहते हैं कि उसे वापस ले जाने के पीछे असली कारण सैयद अब्दुल्ला के चारित्रिक दोष के क़िस्से थे। इससे पहले ऐसा कभी नहीं हुआ था। यह घटना मुग़ल शाही परिवार की शान के ख़िलाफ़ भी थी, क्योंकि ब्याही गई स्त्री मरने से पहले अपने जन्म के घर रहने के लिए नहीं लौट सकती थी, पर यह अपवाद था। ऐसा मुस्लिम शासकों ने ही नहीं, हिन्दू राजपूत और अन्य जातियों के परम्परागत तरीक़ों को मानने वाले लोगों ने भी कभी नहीं किया था। हिन्दुओं में भी एक अच्छी पत्नी की अर्थी उसकी ससुराल से उठनी ही बेहतर मानी जाती थी। इसके विपरीत की कोई भी स्थिति एक कलंक के रूप में देखी जाती है। इस मामले की परिस्थितियाँ कुछ अलग बयान करती थीं। बहुत से लोगों, मौलवियों-मौलानाओं ने इस मामले में विरोध किया और अपना आक्रोश दर्ज कराया, किन्तु राजा अजीत सिंह की दृढ प्रतिज्ञा के सामने किसी की न चली। वह अपनी बेटी इंद्र कुँवर को क़िले-ए-मुहाल से वापसी करा ले ही गए। यही नहीं, वह अपने हिस्से का सब मूल्यवान सामान और आभूषण तथा जवाहरात भी ले गई, जिनकी कीमत उस समय के अनुसार एक करोड़ रुपयों से अधिक बैठती थी।

इस घटना का एक और पहलू भी था, जिससे मौलवियों और उनके ख़ानदानी लोगों का आक्रोश चरम पर पहुँच गया था। राजा अजीत सिंह ने बेटी को अपने साथ ले जाने से पहले व्यापक तौर पर उसका शुद्धिकरण कराया था। उसके बाद ही उसे हिन्दू धर्म अंगीकार करने योग्य बनाया जा सका था। फिर से इस्लाम छोड़कर हिन्दू धर्म में शामिल होना तब एक ऐसा अपराध था जिसकी सजा मृत्युदंड होती, पर चूँकि मामला अजीत सिंह और उसकी बेटी का था, इसलिए प्रकरण को रफा-दफा कर दिया गया। दरअसल इस समय सैयद भाइयों को मौलाना-मौलवियों जैसे धार्मिक लोगों के आक्रोश की अपेक्षा अजीत सिंह जैसे सहयोगी, साहसी तथा निडर राजा की अधिक ज़रूरत थी, जो समय पड़ने पर उनकी मदद के लिए अपने सैन्य बल के साथ मौजूद रहे। बात यह भी थी कि अजीत सिंह बेटी को लेकर जल्दी से निकलना चाहते थे क्योंकि इस दिल्ली प्रवास के दौरान वह जब भी शहर की गलियों से गुज़रा करते, सड़क छाप लोग तक उन्हें हिकारत की निगाह से देखते। कुछ लोग तो मुँह पर ही उन पर व्यंग्य बाण छोड़ने से भी बाज नहीं आते। लोग उनको 'दामाद कुश', यानी अपने दामाद का हन्ता कहते। जगह-जगह पर ऐसा सुनना अजीत सिंह के लिए वाक़ई अपमानजनक था।

राजा अजीत सिंह के विरुद्ध लोगों का इस कदर आक्रोश था कि एक दिन उनके महल के बाहर अपशब्द लिखे पर्चे चस्पाँ पाए गए। एक अन्य दिन उस घोड़ा-गाड़ी में गाय की हड्डियाँ रख दी गई थीं जिसमें बैठकर वह पूजा करने जाया करते थे। वज़ीर ने उनको अपमानित करने के अपराध में दो कश्मीरी युवाओं को

गिरफ्तार करा कर उनकी गधों पर बैठाकर परेड कराई थी, पर वे दोनों यही कहते रहे कि ऐसे इनसान को यही गालियाँ और अपशब्द सुनाए जाने चाहिए और यह कि ऐसे कृतघ्न तथा पैशाचिक प्रवृत्ति के इनसान (अजीत सिंह) का क़दम-क़दम पर अपमान किया जाना चाहिए।

इन परिस्थितियों में अजीत सिंह जल्दी से जल्दी दिल्ली छोड़ना चाहते थे।

कहते हैं कि अमीर-उल-उमरा सैयद हुसैन अली ख़ान के पास बेइन्तहा दौलत थी। उसकी हत्या के बाद उसके घर से इतने सोने और चाँदी के सिक्के बरामद हुए थे कि उन्हें ले जाने के लिए 300 छकड़ा गाड़ियाँ मँगानी पड़ीं। वह अपने घर की देखभाल और नाचने वाली सुन्दरियों तथा गीत-संगीत की महफ़िलों पर इतना ख़र्च किया करता था कि कई बार उसकी आमदनी कम पड़ जाती थी। सैयद हुसैन अली ख़ान गायिकाओं और नृत्यांगनाओं की टोलियों को रखा करता था और उन पर बेशुमार दौलत ख़र्च किया करता था।

इस समय के दरबारियों का सामान्य चरित्र बहुत जटिल था। उनमें अगर अच्छाइयाँ थीं, तो बुराइयाँ भी असीमित थीं। वे धर्म के प्रति भीरुता तथा सांसारिकता को साथ-साथ निभाने के आदी हो चले थे, ऐसा उनकी हरक़तों से अन्दाज लगाया जा सकता था। अगर बात करें सैयद हुसैन अली ख़ान और सैयद अब्दुल्ला ख़ान की, तो वे धार्मिक दावतों का नियमित रूप से आयोजन किया करते थे। यह भी उल्लेख मिलता है कि सैयद हुसैन अली अधिकतर शहरों में सूफियों और संतों के नियाज[1] के लिए बड़ी रकम भेजा करता था। उसने सभी प्रान्तीय सूबेदारों को निर्देश दिए थे कि वे हर महीने की ग्यारह तारीख़ को पीर दस्तागीर के फातिहा[2] के लिए एक सौ ग्यारह रुपयों का व्यय किया करें। ऐसे ही उसका निर्देश था कि हर महीने की बारह तारीख़ को पवित्र पैगम्बर साहब के फातिहा के लिए एक सौ बारह रुपये व्यय किए जाएँ।

वह स्वयं भी इन अवसरों पर एक हज़ार ग्यारह और एक हज़ार बारह रुपयों का ख़र्च प्रतिमाह किया करता था। इस उद्देश्य के लिए शाही ख़ज़ाने से इतनी ही धनराशि की व्यवस्था की जाती थी। तब दिव्य ज्ञान वाले लोग, और उलेमाओं को आमंत्रित किया जाता था। जो लोग इन दावतों में आने से मजबूर होते, उनके आवागमन का प्रबंध किया जाता था। हर किसी को बहुत प्रेम, सद्भाव और सौम्यता से भोजन परोसा जाता। उन पर हवा करते रहने और मक्खियों को दूर भगाने के लिए लोग पंखा झलते रहते।

बहुत से ऐसे अभिलेख हैं जो सैयद भाइयों का अजमेर में ख्वाज़ा मोईउद्दीन चिश्ती की दरगाह के प्रति श्रद्धा को दर्शाते हैं। इनमें से एक दस्तावेज़ से पता चलता

1. प्रार्थना
2. कुरआन की पहली आयत

है कि सैयद अब्दुल्ला ख़ान ने दरगाह में चढ़ाए जाने की सुविधा के लिए गुलाब की खेती के लिए 100 बीघा ज़मीन दी थी। इससे उर्स के दिनों में फूलों की निर्बाध आपूर्ति बनी रहा करती थी।[1]

अजमेर दरगाह के लिए सैयद भाइयों की श्रद्धा अगाध और वंशानुगत थी। सैयद हसन अली और हुसैन अली के पिता सैयद अब्दुल्ला मियाँ ने वहाँ एक बगीचा बनवाया था और अब्दुल्लापुरा नाम का एक मुहल्ला भी बसाया था। यहाँ अना सागर झील से पानी की व्यवस्था की जाती थी। उनकी पत्नी का मक़बरा वहाँ का संगमरमर में बना एक ख़ूबसूरत संरचना का स्मारक था। हसन अली और सैयद परिवार के अन्य प्रमुख लोगों के मक़बरे उनके अजमेर शरीफ से स्नेह और श्रद्धा की गवाही देने के लिए पर्याप्त हैं।

दिल्ली दरबार के प्रमुख दरबारी और प्रान्तीय सूबेदार, जब भी किसी गम्भीर बीमारी से ठीक होते, तो यहाँ उत्सव का-सा माहौल मनाया करते थे। इस अवसर पर उनके लिए एक स्नान की क्रिया को भी आयोजित किया जाता था। उनके अधीनस्थ अधिकारी उन्हें इस अवसर पर नज़र भेंट दिया करते। वे सदका[2] और खिरात के रूप में लोगों में पैसे बाँटा करते। उस समय के लोगों के लिए यह अनुमान लगाना कठिन था कि यह ख़र्च दिखावे के लिए किया जा रहा था या उदारतापूर्वक ज़रूरतमन्द लोगों की मदद करने के लिए, पर इतना अवश्य था कि उस समय के दस्तावेज़ों को पढ़ने से यह बात ज़रूर समझ आती है कि तत्कालीन समय के दरबारी निर्धन लोगों, उलेमा, सूफियों, विद्यार्थियों, विद्वानों, कवियों, कलाकारों और सैनिकों तथा योद्धाओं के प्रति बहुत उदार हुआ करते थे। हुसैन अली ख़ान की लोगों की खुले दिल से मदद करने के लिए एक अच्छी छवि बनी थी। कहा जाता है कि उनका कोई सैनिक ऐसा नहीं था, जिसके पास ज़रूरत भर का सोना और चाँदी न हो। उसके जत्थे के लोग हर खेमे के सैनिकों के पास जाकर उनसे कहा करते कि वे लोग अपनी ज़रूरत का सोना-चाँदी दरबार से ले सकते हैं। उनके दरबारी कहा करते थे कि उनके पास बहुत है, और इतना है कि उसके रखने के लिए अधिक जगह भी शेष नहीं है।

कहते हैं कि एक बार सैयद अब्दुल्ला ने उसी तरह निर्धनों में छह लाख रुपया बाँटने का निश्चय किया, जैसा बादशाह फ़र्रुख़सियर किया करता था। तब वह बादशाह के कहने से यह धन बाँटा करता था। सैयद अब्दुल्ला ज़रूरतमन्दों को रोज़ाना भत्ता भी दिया करता था। लोग उसकी उदारता का खुलकर लाभ उठाया करते थे।

सैयद बन्धुओं के प्रभुत्व की अवधि में दरबार में विद्वानों और पढ़े-लिखे लोगों का बहुत सम्मान किया जाता था। एक बार मिर्ज़ा अब्दुल कादिर बेदिल ने हुसैन

1. S L H Mohini, Chishti Shrine of Ajmer, Pir Pilgrims Practice, Jaipur, 2004.
2. खैरात

अली ख़ान नाम के एक विद्वान को तीन लाख रुपए, एक हाथी और इस हाथी बाँधने के लिए सोने की बनी विशिष्ट साँकल भेंट की थी। सैयद अब्दुल्ला ख़ान मिर्जा बेदिल का बहुत सम्मान किया करते थे। जब भी मिर्जा बेदिल उनसे मिलने जाते तो सैयद भाई अपनी गद्दी से उठकर उनके प्रति सम्मान व्यक्त किया करते थे। हर अवसर पर उनको बहुत स्नेह मिलता और गर्मजोशी से हाथ मिलाया जाता। इसी तरह से दोनों सैयद भाई इखलास ख़ान वामिक के प्रति भी बहुत श्रद्धा रखते थे जिसे वे अपना मुर्शिद मानते थे।

ऐसा ही व्यवहार निज़ाम-उल-मुल्क़ असफ जाह का था। उसके दरबार में कई कवि और विद्वान हुआ करते थे। वह भी अजमेर की दरगाह के लिए दान दिया करता था। पुराना वज़ीर ज़ुल्फ़िकार ख़ान भी कवियों के प्रति बहुत उदार-मना माना जाता था। कहा जाता है कि एक बार शेख़ नासिर अली सरहदी नाम के एक नज़्मकार ने ज़ुल्फ़िकार ख़ान के सम्मान और प्रशंसा में एक रचना पढ़ कर सुनाई। वह इससे इतना प्रसन्न हुआ कि सरहदी को 30 लाख रुपये और एक हाथी इनाम के रूप में दे दिया। उस पर भी तुर्रा यह कि ज़ुल्फ़िकार ख़ान को यह दुःख रहा कि वह उसकी और अधिक मदद नहीं कर पाया।

सैयद भाइयों के समय और उत्तर मुग़ल काल के समय में ही नवाब मुहम्मद ख़ान बंगश ने फ़र्रुखाबाद में उपनगरीय इलाक़ों का सृजन किया था, जिन्हें शाहपुर, मुहम्मदाबाद, ख़ुदागंज, दरियागंज, अलीगंज, याकूब गंज, शमशेर गंज और काशी गंज के नाम से जाना गया।

15

सैयद भाइयों का आकलन

इतिहास में दर्ज है कि आलमगीर औरंगज़ेब बारहा के सैयद वंशजों का प्रशंसक ज़रूर था पर उनके प्रति कोई ख़ास अच्छी राय नहीं रखता था। अगर कहें कि नापसन्द करता था, तो उचित न होगा, पर वह उनको पसन्द भी नहीं करता था। उसने दुनिया देखी थी, कई लड़ाइयों और कूटनीतियों का खिलाड़ी रहा था, इसलिए उसका आकलन सटीक था।

सैयद अब्दुल्ला ख़ान ने एक बार अपने भाई के साथ हनवन्त नाम के एक ज़ागीरदार के इलाक़े को तहस-नहस कर दिया था। उसने जानाजी के भांजे को भी पकड़ कर मुस्लिम धर्म में शामिल करने की कार्रवाई की थी। जुल्फ़िकार ख़ान और नुसरत जंग तब एक अभियान पर थे। उन्होंने बादशाह से इस कारगुजारी के लिए दोनों भाइयों की पदोन्नति करने की सिफारिश की थी। बड़े भाई को आठ सौ सवारों से बढ़ाकर एक हज़ार और छोटे को सात सौ से बढ़ाकर आठ सौ का मनसब देने की बात थी। जब यह प्रस्ताव औरंगज़ेब के सामने लाया गया तो उसने लिखा—

"ऐसा कोई कारण नहीं बनता कि मैं उन्हें बधाई न दूँ! उनका सैयद होना ही इस बात के लिए पर्याप्त है कि वे मजबूती और सख्ती से काम करने के काबिल हैं। मुझे उनके पूर्वजों में भी यक़ीन है। इन दोनों भाइयों को मेरे निजी संग्रह से चोगे लाकर सम्मान से पहनाए जाएँ और दोनों को स्वर्ण तथा मोती-जड़ित मूठ वाली तलवारें भी मेरी ओर से दी जाएँ। जमाद-उल-मुल्क़ से उम्मीद की जाती है कि वह इन्हें भेजते समय उनकी प्रशंसा में कुछ अच्छे शब्द लिखते हुए उन्हें मुबारक़बाद दें।"

परन्तु यह बात भी उतनी ही सही है कि इस सम्बन्ध में जुल्फ़िकार अली के एक प्रतिवेदन पर उस महान बादशाह ने अन्य बातों के अलावा यह भी लिखा था—

"...सैयदों के प्रति मेरा प्रेम उनके उच्च कुल के प्रति मेरे सम्मान का प्रतीक है और ऐसे सम्माननीय लोगों के विषय में कुछ भी बुरा सोचना मेरे लिए न्यायपूर्ण नहीं होगा, पर फिर भी इन बारहा सैयदों को ज़रूरत से ज़्यादा लाभ देना किसी भी प्रकार से अच्छा नहीं कहा जा सकता...।"

औरंगज़ेब ने इस विषय पर प्रकाश डालते हुए आगे लिखा था कि—

"उन्हें जब भी प्रोन्नत किया जाता है, अथवा उनकी प्रशंसा की जाती है तो वे ऐसी भावना से भर जाते हैं कि बस उनसे बेहतर कोई और नहीं होगा! वे अपनी निगाहें इतनी ऊँची कर लेते हैं कि दिक़्क़तें होने लगती हैं। यदि ऐसे तौर-तरीक़ों की अनदेखी की जाए तो कोई काम सही तरीक़े से चलना सम्भव ही न रहे, और यदि ऐसे लोगों को सजा दी जाए तो जैसे संसार के हर कोने से विरोध के स्वर उठ खड़े होंगे!"

इन घटनाओं के अतिरिक्त कोई और ऐसी घटना प्रकाश में नहीं आई जिससे पता चलता हो कि सैयद भाई हिन्दुओं का उत्पीड़न किया करते थे। कहा जाता है कि सैयदों के पतन के बाद आम धारणा के विपरीत उनके प्रति फैले विरोध के स्वरों को दरकिनार करते हुए निजाम-उल-मुल्क़ ने सैयद अब्दुल्ला को सुरक्षा प्रदान करने की पूरी कोशिश जारी रखी। कहते हैं कि सैयद भाइयों के मुग़ल बादशाह फ़र्रुख़सियर से तनावपूर्ण सम्बन्धों के लिए अन्य कारणों के साथ सैयद अब्दुल्ला के दीवान राजा रतन चन्द का बुरा प्रभाव भी काफ़ी सीमा तक जिम्मेदार था।

सैयद अब्दुल्ला खाँ दिल्ली के लोगों के मध्य अपने सौम्य और अच्छे व्यवहार के लिए लोकप्रिय था। वह आमतौर पर निर्धनों की मदद करने के लिए हमेशा तत्पर रहता था, इसलिए आम जनता उससे बहुत स्नेह करती थी। वह विद्वान लोगों को संरक्षण देने के लिए ख्याति रखता था। फ़र्रुख़सियर की हत्या और उससे पूर्व इस मुग़ल बादशाह के साथ किए गए लोमहर्षक व्यवहार के लिए उसका नहीं उसके भाई सैयद हुसैन अली का दोष अधिक था। उसका इतना दोष अवश्य माना जा सकता है कि सैयद अब्दुल्ला ने उसे कड़ाई से नहीं रोका। यह बात भी काफ़ी सीमा तक ठीक है कि जनता और व्यापारियों को सैयद हुसैन अली से कोई शिकायत न थी। हुसैन अली ने लोगों की पेयजल की ज़रूरतों को पूरा करने के लिए औरंगाबाद में एक बड़ा तालाब बनवाया था। इवाज ख़ान ने इसे व्यापक रूप दिया जो पेयजल आपूर्ति के लिए एक सराहनीय पहल थी। इस सैयद भाई ने सराय, पुल और जन सुविधाओं के उपयोग की अन्य कई संरचनाओं का निर्माण भी कराया।

ऐसा कोई उदाहरण नहीं मिलता कि सैयद अब्दुल्ला भ्रष्ट हो अथवा किसी के प्रति दुर्भावना रखता हो। इसके विपरीत छोटा भाई सैयद हुसैन अली ख़ान कम लोकप्रिय था, क्योंकि वह स्वभाव से ग़ुस्सैल था, परन्तु वह निश्चित रूप से अधिक फुर्तीला, त्वरित और संवेदनशील था। कुछ लोगों ने सैयद अब्दुल्ला के अपेक्षाकृत ढीली प्रवृत्ति को उसके धैर्य और मानवीयता के रूप में परिभाषित किया है। इसके लिए एक उदाहरण दिया जाता है—

हैदर कुली ख़ान जब सूरत का फ़ौजदार हुआ करता था, तो उसने कानूनी वारिसों के होने के बावजूद अब्दुल गफ्फार बोहरा नामक एक सम्पन्न व्यापारी

की मृत्यु के बाद उसकी जायदाद जब्त कर ली गई थी। शिकायत मिलने पर सैयद अब्दुल्ला ने इस सम्बन्ध में जो कार्रवाई की वह वास्तव में प्रशंसनीय थी। उसने न केवल इस जायदाद को उसके अधिकृत वारिसों को हस्तगत कराया बल्कि सजा के रूप में हैदर कुली ख़ान को सूरत की तैनाती के पदभार से भी अवमुक्त करा दिया। यह इलाक़ा तब सैयद हुसैन अली के क्षेत्र में आता था, और उसकी कई रातें इसी मुद्दे को लेकर जाया हो चुकी थीं। इसी तरह सैयद हुसैन अली ने दुकानदारों की शिकायत पर अपने महावत को उनके उत्पीड़न का दोषी मानते हुए उस पर भी दंडात्मक कार्रवाई की थी।[1]

ईस्ट इंडिया कम्पनी के दूत के प्रति बादशाह फ़र्रुख़सियर के दरबार में किया जानेवाला व्यवहार भी इन सैयदों की सौम्यता को दर्शाता था। एक व्यापारिक मामले को लेकर विदेशी दूत ने किसी के बहकावे में आकर वज़ीर से बात न कर द्वितीय बख्शी ख़ान-ए-दौराँ से व्यवहार बढ़ाया था। दो साल तक चले इस सम्बन्ध का जब वह बख्शी काफ़ी लाभ उठा चुका था, तो उसने इस मामले से अपने हाथ खींच लिए थे। तब इस दूत को लोगों ने सैयद अब्दुल्ला के पास जाने की सलाह दी थी।

सैयद अब्दुल्ला ने न केवल इस मसले को नियमानुसार और उस दूत की सन्तुष्टि के अनुरूप निपटाने में मदद की, बल्कि कुछ ही दिनों में तत्सम्बन्धित फरमान आदि जारी कर कार्रवाई सुनिश्चित कराई। जब दूत उसे प्रसन्नतापूर्वक कुछ भेंट देना चाहता था, तो अब्दुल्ला ने इसके लिए सौम्यतापूर्वक मना कर दिया। इस व्यवहार से अभिभूत उस डच दूत जॉन सरमन ने सैयद अब्दुल्ला के लिए कहा था, "वह एक अच्छा वज़ीर था!"

इस डच दूत की डायरियों में अंकित एक घटना से पता चलता है कि सैयद अब्दुल्ला ख़ान मुस्लिम और इस्लामिक रीति-रिवाजों का कड़ाई से पालन करने पर ध्यान नहीं देता था। एक बार यह पता चलने पर कि सैयद अब्दुल्ला को शराब से कोई परहेज नहीं है, उसने वज़ीर के लिए एक उम्दा क़िस्म की शीराज़ वाइन और ब्रांडी की भेंट भिजवाई थी। चूँकि इस भेंट को वापस किए जाने का कोई उल्लेख नहीं मिलता है, इसलिए यह माना जा सकता है कि सैयद भाई को इस भेंट को स्वीकार करने में कोई आपत्ति नहीं रही होगी या उसने कोई अपमान महसूस नहीं किया होगा।

जॉन सरमन की डायरी में एक और घटना का वर्णन है, जिससे सैयद अब्दुल्ला की सकारात्मक प्रकृति और अच्छे दिल के इनसान होने का पता चलता है। हुआ यूँ कि एक बार गम्भीर रूप से बीमार हुए बादशाह फ़र्रुख़सियर की

1. William Irvine, Later Mughals, chapter Saiyyad Abdulla's kindness to English merchants, pp. 1719-1720, 98-99, Orient Books Reprints Corporation, New Delhi-55.

सर्जरी एक यूरोपियन विलियम हैमिल्टन ने की थी। जब उसके वापस जाने का समय आया तो फ़र्रुख़सियर उसे मुल्क़ से बाहर न जाने देने पर अड़ गया। उसे चिन्ता थी कि यदि वह मौज़ूद नहीं रहेगा, तो फिर से बीमारी की दशा में उसका हाल देखनेवाला कौन होगा। तब सैयद अब्दुल्ला ने ही हैमिल्टन का पक्ष समझाते हुए बादशाह फ़र्रुख़सियर को उसे जाने की अनुमति देने के लिए राजी किया था। सैयद अब्दुल्ला ने इस स्थिति के लिए एक हृदयविदारक पत्र लिख कर बादशाह को उस काल्पनिक स्थिति समझाने की कोशिश की थी कि हैमिल्टन की पत्नी और बच्चे स्कॉटलैंड में उसकी राह तक रहे होंगे, और जिसके न आने पर वे किस तरह की स्थिति से गुज़रेंगे[1]।

सैयद अब्दुल्ला के समझाने पर बादशाह ने अनमने ढंग से विलियम हैमिल्टन को अपने देश जाने की इज़ाज़त दे दी, पर इस शर्त पर कि ज़रूरत पड़ने पर वह फिर लौट आएगा।

इन बारहा सैयदों के विषय में एक सकारात्मक बात और थी। वे आचार-विचार और व्यवहार, रहन-सहन, परिवेश और पहनावे तथा परम्पराओं के अनुसार हम लोगों, यानी मूल भारतीयों जैसे लगते थे। ऐसे में तत्कालीन इतिहासकारों के लेखन में सैयद अब्दुल्ला का हिन्दू समुदाय के साथ पूरे मन से वसंतोत्सव और होली के त्यौहार को मनाने का, लोगों के साथ गुलाल-रंग खेलने का जिक्र हो, तो कुछ भी असहज नहीं है। वह हिन्दुओं की तरह ही कई प्रकार के अंधविश्वासों में भी यक़ीन रखता था। आनंद राम मुखलिस ने ऐसी ही एक घटना का उल्लेख करते हुए बताया था कि सैयद अब्दुल्ला के दरबार में सुनवाई के समय कुछ व्यक्ति ब्राह्मी के बीजों का जलता धूपदान का पात्र लेकर खड़े रहा करते थे। इसका उद्देश्य बुरे लोगों की कुदृष्टि से बचाव रखना होता था।

सैयद अब्दुल्ला के विषय में जानने का जितना प्रयास किया जाए तो यही समझ आता था कि वह एक प्रशासक कम, सैनिक अधिक था। वह कुल मिलाकर सांसारिक और इन्द्रिय सुखों, यानी भोग-विलास की प्रवृत्ति का इनसान था, जिसे दैनंदिन कामों के निष्पादन में कम सुकून मिलता था। इसीलिए उसके सारे प्रमुख प्रशासनिक कामों को उसकी ओर से विश्वस्त दीवान रतन चन्द[2] देखा करता था।

सैयद अब्दुल्ला अली ख़ान का दिल्ली की पटपड़गंज नहर के निर्माण में योगदान भी चर्चा में रहा था, जो तब दिल्ली का एक बाहरी और उपेक्षित हिस्सा हुआ करता

---

1. C. R. Wilson's Early Annah, Vol. 11, Part 2, "The Surman Diary, PP. 74, 131, 133, 142, 143, 200, 202, 203, 205.
2. Kamwar Khan, entry of 3rd J Rabi, II. 1.32H; Anand Ram Mukhlis,Mirai-tu-isiilah jol, 248a. Herklots, Qanoone Islam, Glossary, p. xxxiv, says the seed used is that of mehndi (Lawsonia inermis), mixed with benzoin or mustard-seed.

था। सन् 1715 में बादशाह फ़र्रुख़सियर के समय में इस नहर के निर्माण का आरम्भ बड़े जोर-शोर से किया गया था, जिसे सन् 1716 यानी एक वर्ष के आसपास पूरा कर लिया गया। इस सम्बन्ध में सैयद-अब्दुल-बिल्ग्रामी ने लिखा था—

"बहार-ए-जुद ओ फैज़, क़ुतुब-उल-मुल्क, अब्दुल्ला ख़ान,
नाहर-ए-खैरी कर्द जारी एन वज़ीर-ए-मुहताशाम,
बहार-ए-एन, अब्दुल-जलील-ए-वासिती तारीख़ कर्द;
"नाहर-ए-क़ुतुब-ए-मुल्क़ मदद-ए-बहार-ए-आशन ओ करम।"

(1127 हिजरी)

अपनी मनसवी में इस तत्कालीन शायर ने लिखा था कि—

अरस्तु-फ़ितरते, के असफ-निशान अस्त,
यामीन-उद-दौल्ला, अब्दुल्ला ख़ान अस्त,
बा दीवान चुन नाशीनाद नौ बहार अस्त,
बा मैदान चुन दरयाद जुल्फ़िकार अस्त!"

जब भी सैयद भाइयों की चर्चा होती है, हर जगह यह उल्लेख अवश्य मिलता है कि दोनों भाइयों में से सैयद हुसैन अली ख़ान, अली-उल-उमरा दूसरे भाई सैयद अब्दुल्ला से काफ़ी भिन्न प्रकृति का था। वह निर्णय लेने में जितना तेज-तर्रार और फुर्तीला था, चीज़ों को बढ़ा-चढ़ाकर देखने और बदतमीजी भरी असंयत भाषा का इस्तेमाल करने लिए उतना ही कुख्यात भी था। इस आदत से सम्बन्धित उसके क़िस्से-कहानियाँ चर्चा में रहा करते थे। उदाहरण के लिए उसके ख़र्चे पर रखे गए भाँड़ कई बार बादशाह की मौज़ूदगी में भी ऐसे गीतों को गाया करते थे जिनमें अपने मालिकों की अनावश्यक प्रशंसा और चापलूसी भरी होती थी। ऐसी ही फारसी भाषा की दो पंक्तियाँ कुछ यूँ हुआ करती थीं—

"यह सारा संसार और सारी सृष्टि
आपकी ही छत्रछाया में पनपा करती है,
संसार की सभी बादशाहतें
आपके ही इक़बाल से
चला करती हैं![1]"

एक बार दक्खिन के एक अभियान पर जाते समय सैयद हुसैन अली ने डींग हाँकते हुए कहा था—

1. Ahwaf-ul-khawaqin, fol. 176a. In the original they are :
Panah-i-chatr bigirand jamlah-i-alam o khalq,
Kalahdar-i-jahan ra klah az muqdam-i-tu.

"जिस किसी के सिर पर मैं जूती रख दूँगा, वह बादशाह आलमगीर के बराबर का रुतबा पा सकता है!"

हालाँकि उसका दक्खिन का यह अभियान असफल रहा था, पर अपनी महानता का भूत शायद छोटे सैयद के सिर से उतर नहीं सका, क्योंकि वह अक्सर इसी तरह की बड़बोली बातें किया करता था। जिन लोगों की उपस्थिति में ऐसा कहा गया था, वे सिर्फ अपमान का घूँट पी कर रह गए, पर ज़ाहिर तौर पर उसका यह तरीक़ा किसी को पसन्द नहीं आया था।[1]

यद्यपि सैयद हुसैन अली समय और शुभ मुहूर्त जैसी धारणाओं में विश्वास नहीं करता था, न ही ताबीज़-गंडों की कला को प्रश्रय दिया करता था, पर किसी अशुभ सूचना को जानकर चिन्तित अवश्य हुआ करता था। हक़ीम नकी ख़ान शीराज़ी ने एक बार किसी को बताया था कि अपने जीवन के अन्तिम सप्ताह में सैयद हुसैन अली इन पंक्तियों का नया अर्थ जानकर प्रशंसा के भावों में भर जाया करता था—

"हम छू मनबे-कसे शाहिदे हेच काफिर ना बद,
सुबह-ए-महशर ख़ुद दामिद, वा खुन-ए-मन खबिदा अस्त!"

सैयद हुसैन अली ख़ान अपने गुस्से के साथ-साथ बहुत अहंकारी और कड़क मिज़ाज था। समय पड़ने पर वह निर्लज्जता की सीमा तक धूर्त भी हो जाता था। तब वह सौम्यता की सभी सीमाएँ पार कर जाता था। इसका परिणाम यह हुआ कि धीरे-धीरे उसके सहयोगी तथा आम जन समान रूप से उसको नापसन्द करने लगे थे।

1. Yahya Khan, Tazkirat~ul-muluk, fol. I25a.

16

पूरा हुआ सैयद वंश के पतन का चक्र

सन् 1721 में, जब एक भाई हुसैन अली की हत्या हो चुकी थी और सैयद अब्दुल्ला कैद में था तब इस चर्चित ख़ानदान के लोगों को बहुत बुरा वक़्त देखना पड़ा। फिर भी इस वंश के काफ़ी लोग उस समय तक शाही प्रकोप से बच गए थे। इनमें से जो अपेक्षाकृत रूप से महत्त्वपूर्ण पदों पर बने रहे, उनमें सैयद असद उल्लाह, सैयद जांनिसार ख़ान, सैयद इखलास ख़ान, सैयद असद अली ख़ान लँगड़ा, सैयद दिलावर ख़ान और सैयद फ़िरोज़ अली ख़ान का नाम प्रमुखता से लिया जा सकता है।

इस पराजय के बाद दोनों सैयद भाइयों की मुज़फ़्फ़रनगर की मुख्य जायदादें मुहम्मद अमीन ख़ान को सौंप दी गई थीं जिसने इस जनपद में अपना प्रभुत्व क़ायम करने में कोई समय नहीं गँवाया। इस चुनौतीपूर्ण समय में कमर-उद-दीन ख़ान सैयद भाइयों के बचे-खुचे ग़ौरव का प्रतिरोध करने के लिए लगातार जुटा रहा। बाद में भी उसे सैयद वंश के एक मज़बूत, सक्रिय और दुस्साहसी विरोधी के रूप में जाना गया।

जीवित बचे सैयद भाइयों में से सबसे छोटे नज़्म-उद-दीन अली ख़ान को सन् 1722 में सैयद अब्दुल्ला के अवसान के दो वर्ष उपरान्त, यानी सन् 1724 में कुछ समय तक गुजरात के सूबेदार सरबलन्द ख़ान के अधीन रोज़गार मिल गया था, लेकिन यह अवधि बहुत अल्प थी। वह इसमें अपना कोई प्रभाव भी नहीं छोड़ पाया था। इस वंश के अन्य लोग साम्राज्य के विभिन्न हिस्सों में किसी न किसी काम-धन्धे में लगे रहे, पर कमर-उद-दीन ख़ान, जो इन सैयदों का धुर विरोधी था, उनके पूरे पतन न होने से चिन्तित हो उठा। उसने कहा भी कि, “साँप का फन कुचल दिया गया है, पर वह अभी भी मरा नहीं।”

उसने प्रण लिया था कि अवसर मिलते ही ऐसी व्यवस्था कर दी जाए कि मुज़फ़्फ़रनगर जनपद में हर उस चीज़ से सैयद बन्धुओं का नाम मिटा दिया जाए, जिस पर उनका कभी वर्चस्व रहा होगा। कमर-उद-दीन ख़ान बारहा सैयदों के नाम

को मुज़फ़्फ़रनगर के सरकारी अभिलेखों और इतिहास से हमेशा के लिए मिटा देने के लिए प्रतिबद्ध था। इतिहास में ऐसी नकारात्मक प्रतिबद्धता कम ही देखने को मिलती है। दरअसल उसका यह वैमनस्य उसकी व्यक्तिगत शत्रुता के कारण नहीं था, बल्कि उसकी जड़ें दोनों वंशों की साम्प्रदायिक भिन्नता की नफ़रत में छिपी थीं। सैयद भाई मुस्लिम शिया थे, जबकि कमर-उद-दीन ख़ान धार्मिक रूप से कट्टर कहे जानेवाले सुन्नी सम्प्रदाय का प्रतिनिधित्व करता था।

इस वज़ीर ने ही लम्बे समय तक मुख्य धारा में रहे सैयद वंश के बचे हुए लोगों को शहंशाह के नज़दीक रहने योग्य कोई रोज़गार नहीं मिलने दिया। सन् 1737 में उसने एक चाल और भी चली। यह बात सर्वविदित थी कि सैयद अब्दुल्ला की मौत के बाद से सैयद सैफ़-उद-दीन अली ख़ान जानसठ में अपनी पारिवारिक जायदाद में रहकर अवकाश की ज़िन्दगी बिता रहा था। कमर-उद-दीन ख़ान का इरादा बना कि सैयद सैफ़ को अप्रत्यक्ष रूप से इस कदर उकसाया जाए कि वह हिंसक विरोध पर उतर आए। बाद में उसके विरोध को बादशाह के विरुद्ध बग़ावत का रंग देकर प्रचारित किया जा सके, योजना यह थी। एक साजिश कर उसने मरहमत ख़ान को इस निर्देश के साथ सहारनपुर से जानसठ भेजा कि सैयद वंश के सभी बचे-खुचे सदस्यों और उनके आश्रितों की सभी ज़मीनें राज्य के क़ब्ज़े में ले ली जाएँ।

मरहमत ख़ान एक निर्दयी, क्रूर और असंवेदनशील व्यक्ति था। उसने इन आदेशों को ज़रूरत से कहीं अधिक तत्परता की भावना में लिया। उसने भारी संख्या में सैन्य बल के साथ जानसठ पहुँचकर हिंसा का अनावश्यक तांडव करना आरम्भ किया। इससे खिन्न होकर सैयद भाइयों के परिजनों ने एकजुट होकर उसका ऐसा मुक़ाबला किया कि मरहमत ख़ान के साथ ही उसके साथियों और कई सैनिकों को भी अपनी जानो से हाथ धोना पड़ा।

आरम्भिक रूप से इस ख़बर से कमर-उद-दीन ख़ान को प्रसन्नता हुई थी कि इससे अब उसे सैयद भाइयों की वंशावली को पूरी तरह नेस्तनाबूद करने का बहाना मिल जाएगा। उसने रोहिल्ला अली मुहम्मद के अधीन मूल रूप से अफ़गानों के एक बड़े शक्तिबल को इस काम के लिए तैनात किया। साथ ही कटहर, शाहजहाँपुर और शाहाबाद के सूबेदारों को इस युद्ध के लिए तैयार किया गया।

मुग़ल बादशाह के वज़ीर के इस सैन्य बल ने तिहानपुरी सैयदों के जानसठ स्थित मुख्यालय की ओर कूच किया। रास्ते में खतौली मार्ग पर जानसठ से सात मील दूर भैंसी गाँव में सैयद सैफ़-उद-दीन का मुक़ाबला कर उसको परास्त कर दिया गया। उसके बाद जानसठ क़स्बे को घेर लिया गया और आगामी तीन दिन, तीन रातों तक लूटमार, हत्याओं तथा बलात्कार की घटनाओं को अंजाम दिया गया। यह वही रोहिल्ला अली मुहम्मद था जिसने सैयद भाई सैफ़-उद-दीन को इससे पूर्व चले अभियान में अपने हाथों से मार डालने का श्रेय लिया था। इसके लिए उसे

सल्तनत की ओर से कई इनाम और लाभ तो मिले ही थे, उसे अपनी टुकड़ी के साथ सम्मान में ढोल बजाने की भी स्वीकृति प्राप्त हुई थी। सैफ़-उद-दीन की मौत से इस जनपद में उस समय तक भी काफ़ी मज़बूती से स्थापित सैयद भाइयों को बहुत झटका लगा।

जब सैयदों ने देखा कि स्थिति उनके प्रतिकूल है, और बचाव का कोई रास्ता नहीं है, तब उनमें से अधिकांश ने स्वयं ही जानसठ छोड़कर लखनऊ, बरेली, आँवला और नगीना की ओर कूच कर वहाँ अपने ठिकाने बनाए। जानसठ वाले सैयद बन्धुओं की एक शाखा बंगाल के पूर्णिया जनपद में भी पाई जाती थी। वहाँ के प्रतिष्ठित पीर बीरभूम के सैयद अब्दुल्ला किरमानी इन्हीं मुज़फ़्फ़रनगर वाले सैयद भाइयों के वंशज बताए जाते हैं।

कुछ समय तक छतरुआरियों ने सैयदों के वहाँ से चले जाने का लाभ उठाया, परन्तु मुज़फ़्फ़रनगर के मोरना क़स्बे के पास स्थित शुक्रताल में क़िले बनाने से फिर से उनके लिए दिक़्क़तें उत्पन्न होने लगीं। पठान भी सैयद वंश की बची हुई शाखाओं के वंशजों का सर्वनाश करना चाहते थे। बहसूमा के गूजर मुखियाओं ने बचे हुए सैयद भाइयों के परिवारों के किसी प्रकार का गठजोड़ होने से रोकने के लिए प्रभावी प्रयास किए। पठान और गूजर अब इस इलाक़े के पुराने कुलीन सैयद बन्धुओं के विरुद्ध खुलकर सामने आ ही चुके थे, अब कुछ जाट और राजपूत समुदाय के लोग भी इनके विरुद्ध हो गए। उत्तरी दिशा में पुर छपार और पूर्व दिशा में भोकरहेडी में लंढौरा के गुर्जर समुदाय के प्रमुख का प्रभुत्व हो चला था, जबकि भूमा, खतौली और जानसठ बहसूमा की जगहें नवाब ने क़ब्ज़ा ली थीं। जिन जगहों पर गूजरों ने अपना दावा नहीं ठोका, उन गाँवों के प्रमुख समुदायों ने या तो स्वयं को स्वतंत्र घोषित कर दिया अथवा पठानों के अधीन रहना पसन्द किया। बदली हुई परिस्थितियों में जाट और राजपूत जो सैयदों के साथ रहते आए थे, अब मिलकर उनके विरुद्ध खड़े हो चले थे।

मुज़फ़्फ़रनगर के दक्षिण-पश्चिम में एक राजपूत परिवार को रोहिल्ला सरदार नजीबुदौल्ला के बेटे जाबिता ख़ान से कई गाँवों का एक समूह इनाम के रूप में मिला था। इन गाँवों में ऐसे गाँव शामिल थे, जो पूर्व में सैयद भाइयों की ज़ागीर का भाग रहे थे। सैयद उमर के परिवार के आगे सैयद चमन का परिवार आता था। उनका गाँव चित्तौड़ा जानसठ परगना में गंग नहर के बाईं ओर पड़ता था। सैयद जलाल उनके परिवार से आता था, जिसका शाहजहाँ के शासनकाल में सरधना में खिर्वा जलालपुर पर प्रभुत्व था। उसका यह अधिकार तब इलाक़े के चौबीस गाँवों की ज़ागीरदारी तक फैला बताया जाता था। चितौड़ा गाँव को मुहम्मद सालाह ख़ान ने बसाया था, परन्तु सैयद जलाल के बेटे सैयद शम्स के राजदरबार की सेवा छोड़ने के बाद से इस परिवार का पतन होना आरम्भ हो गया।

सैयद शम्स के असगर अली और असद अली नाम के दो बेटे थे। उनमें से पहला नि:सन्तान मर गया था, परन्तु दूसरे के बच्चे चित्तौड़ा और जलालपुर में रहा करते थे। उनकी हालत दयनीय हो चली थी। कहा जाता है कि सन् 1843 में चित्तौड़ा परिवार को अपने गाँवों की खँडहर हो रही हवेलियों की ईंटों को गंग नहर के निर्माण के लिए उस परियोजना के मुख्य कार्यकारी कर्नल कॉटले को बेचना पड़ा था, ताकि उन लोगों का ख़र्चा चल सके। बाद के दिनों में उनके हाथों से चित्तौड़ा की जायदाद को छोड़कर सब गाँव निकल गए।

दीवान सैयद ख़ान मीर नामक उसी ख़ानदान के एक सैयद थे, जिन्हें सैयद हसन के चर्चित नाम से जाना जाता था। वह बिहारी ग्राम में जाकर बस गए थे। यह गाँव मुज़फ़्फ़रनगर के दक्षिण-पूर्वी हिस्से में स्थित था। उनके छह बेटे थे, जो बाद के वर्षों तक भी मुज़फ़्फ़रनगर जनपद में निवास करते रहे थे। बड़े बेटे सैयद क़ुतुब के वंशज भी काफ़ी समय तक बिलासपुर और मुज़फ़्फ़रनगर शहर में रहे थे। जिन हवेलियों और मकानों में वे लोग रहा करते थे उनके निर्माण की भव्यता, कारीगरी और वास्तुशिल्प को देखकर उनके राजदरबार से सम्बन्धों और समृद्धता का सहज ही अनुमान लगाया जा सकता था।

रठेडी गाँव के सैयद अपने वंश की इस शाखा के उत्तराधिकारी माने जाते हैं। उनमें से अधिकतर लोग अब या तो छोटी-मोटी खेती-किसानी के काम-धन्धों में लगे हैं, अथवा नौकरियाँ करते हैं। सैयद हसन के तीसरे बेटे सैयद यूसुफ के वंशज बिहारी और वहलना ग्रामों में जा बसे थे, जो मुज़फ़्फ़रनगर शहर की सीमा के निकट स्थित हैं।

कहा जाता है कि दूसरे बेटे सैयद सुल्तान ने अपने पीछे अपेक्षाकृत अधिक भरा-पूरा परिवार छोड़ा था, इसलिए उसके वंशजों की संख्या अपेक्षाकृत अधिक है। उनमें भी अधिकांश या तो खेती करते हैं, अथवा छोटी-मोटी नौकरियों के माध्यम से अपने परिवार का पालन-पोषण कर रहे हैं। इनमें से कुछ को आज भी राजस्व मुक्त भूमि का आवंटन प्राप्त होना बताया जाता है। सैयद बन्धुओं की इस उपशाखा के वंशज अभी भी मुज़फ़्फ़रनगर जनपद की सदर तहसील के अन्तर्गत पड़नेवाले खतौली मार्ग के वहलना ग्राम के सामने खंदौली में बसे हैं।

सैयद ख़ानजा-ए-शाहजहाँनी के रूप में चर्चित सैयद हसन के छोटे बेटे सैयद नसीर-उद-दीन के एक वंशज ने एक समय में मुग़ल बादशाह शाहजहाँ के समय में रुतबा और समृद्धता की स्थिति को हासिल करने में सफलता पाई थी। उसने अपने मालिक से ज़ागीर के रूप में खतौली और सरवट के चालीस गाँव प्राप्त किए थे। उसे अबुल मुज़फ़्फ़र ख़ान की पदवी के साथ दस हज़ार बीघा क्षेत्रफल की ऐसी ज़मीन भी मिली थी जो राजस्व मुक्त थी। उसकी इस ज़ागीर का मुख्य क़स्बा सरवट था, परन्तु यह स्थान उस समय बिलकुल निर्जन था। सैयद ख़ानजान

ने सूजड़ू और खेड़ा की भूमि को मिलाकर एक नए क़स्बे की परिकल्पना की, जिसे उसके बेटे ने साकार किया और इस क़स्बे का नाम अपने पिता की स्मृति में मुज़फ़्फ़रनगर रखा।

सैयद अब्दुल मंसूर का नाम अभी भी उनके नाम से बसे गाँव और औद्योगिक तथा कृषि क्षेत्र मंसूरपुर ग्राम के नाम से जीवित है। लोग बताते हैं कि शेरज़हाँ ख़ान उर्फ़ मुज़फ्फर ख़ान के वंशज बाद के वर्षों तक भी मुज़फ़्फ़रनगर के अबूपुरा मौहल्ले में रिहाइश रखा करते थे।

अभिलेखों के अनुसार सैयद ख़ानजहाँ की सन् 1645 में मृत्यु हो गई थी। ब्रिटिश हुकूमत ने उसके नाम से दर्ज अधिकांश राजस्व मुक्त ज़मीन को उनके वारिसों के नाम आवंटित कर दिया था, जिसे उन्होंने अपने पास बनाए रखा। सन् 1841 के श्रीमान थार्टन के पुनर्गठन फार्मूले के अन्तर्गत मुज़फ़्फ़रनगर के परगना में उस समय 64 गाँव शामिल थे, जिनमें से अधिकांश में सैयदों की बहुतायत थी। सन् 1841 से सन् 1861 के दौरान ही पुनर्गठन के बहाने सैयदों की 13,373 एकड़ से अधिक भूमि केवल मुज़फ़्फ़रनगर जनपद में ही उनके हाथ से निकल गई थी।

सैयद ख़ानदान के लोगों के विषय में यह चर्चा आम थी कि वे बहुत लापरवाह और ख़र्चीले आदतों वाले इनसान थे। यहाँ तक कि वे लोग अनावश्यक ख़र्चों के लिए ऊँची ब्याज दरों पर उधार लेकर भी व्यय करने के आदी थे। बाद में वह तय समय पर ब्याज तक देने की स्थिति में नहीं होते थे, और सिविल न्यायालयों के आदेशों के अनुपालन में उनकी बड़ी-बड़ी ज़मीनों की डुगडुगी बजा कर नीलामियाँ की जाती थीं।

सैयद हसन के वंशजों ने कोई नाम नहीं कमाया था। इनकी मंसूरपुर शाखा की तबाही के दिन सन् 1841 के पुनर्गठन के दिनों से या उसके थोड़ा पूर्व से ही आरम्भ हो चले थे। ग़ालिबपुर और कैलावाड़ सैयद भी कुछ कम, और कुछ अधिक ही सही, सूदखोरों के चंगुल में फँस गए थे। ख़ानजहाँपुर सैयदों ने इतना अवश्य किया कि किसी तरह से अपने पाँच गाँवों को बचाए रखा। इसी प्रकार सराय के सैयदों ने अपनी आधी से अधिक आनुवंशिक सम्पत्ति को सूदखोरों के चंगुल से बचाए रखा।

सैयद ख़ान मीर का चौथा पुत्र सैयद अहमद कवाल गाँव में जा बसा था। उसके वारिस स्वतंत्रता प्राप्ति के समय तक वहाँ रहा करते थे। उन्होंने वहाँ अपना थोड़ा-बहुत रसूख भी क़ायम कर रखा था। औरंगज़ेब के शासन काल में उनके परिवार के सदस्य तातार ख़ान और दीवान यार मुहम्मद ख़ान ने राजघराने की सेवा में अपना काफ़ी नाम कमाया था।

एक सैयद हसन फख्र-उद-दीन की पहचान अकबरयुगीन वंशज के रूप में भी थी। ऐसा लगता है कि उसका अकबर के दरबार में कुछ न कुछ प्रभाव अवश्य रहा होगा तभी उसने समय-समय पर सँभलहेड़ा के राजा की मदद की थी और

उसके बेटे रामचन्द्र का सम्मान बनाए रखा था। रामचन्द्र पिता के बाद अपने गाँव की ज़ागीर का वारिस बना। रामचन्द्र नि:सन्तान था, इसलिए उसके अवसान के बाद सैयद हसन की मदद से उसकी विधवा को वारिसाना हक़ मिला। वह सैयद हसन के इस प्रयास से इतनी प्रसन्न हुई कि उसने संभलहेड़ा की अपनी इस पूरी जायदाद को सैयद हसन फख्र-उद-दीन के नाम कर दिया। शाही सहमति मिलने के बाद सैयद परिवार ने इस जायदाद को अपने क़ब्ज़े में ले लिया।

इस परिवार की दूसरी शाखा तिस्सा में जा बसी थी। सैयद हुसैन के चार बेटे थे। इनमें से सैयद शेर अली की नि:सन्तान मृत्यु हुई, दूसरा सैयद अहमद था जो चित्तौड़ के रतन सेन के साथ युद्ध में मारा गया। उसके कुछ वंशज कैलावड़ा में जा बसे, जबकि शेष में से रौशन अली ख़ान ने मुहम्मद शाह के अधीन काम किया। सैयद ताज-उद-दीन के बेटे सैयद उमर ने ककरौली गाँव की स्थापना की थी। उन्होंने ही राउली नगला तथा बेरा की बसावट भी कराई थी। अभी भी उनके वारिस इन स्थानों पर बसे पाए जाते हैं।

सैयद सालार औलिया नामक उनके एक बेटे ने संभलहेड़ा छोड़कर कैथोरा की ओर रुख किया था। वहाँ उसने अपने पितामह की तर्ज पर एक विधवा दत्तक पुत्र के रूप में गाँव की जायदाद का वारिसाना हक़ प्राप्त किया। सैयद सालार के दो बेटे थे—सैयद हैदर ख़ान, जिसके वारिस सैयद कासिम शाहमत ख़ान मीराँपुर में जा बसे जहाँ उन्होंने हैदर ख़ानी परिवार की स्थापना की, दूसरे सैयद मुहम्मद ख़ान, जिसके परिजन कैथोरा में ही रुके रहे और मुहम्मद हैदर ख़ानी परिवार कहलाए।

हैदर ख़ानी परिवार के सदस्य अभी भी मीराँपुर, गदला और भोपा इलाक़ों में पाए जाते हैं। इनमें से कुछ सरकारी सेवा में अच्छे पदों पर नियुक्त भी रहे थे। जो कैथोरा में रह गए थे, उनमें से सैयद नुसरत यार ख़ान और रुक्न-उद-दौला मुहम्मद शाह के आगरा, पटना और गुजरात के सूबेदार के कार्यकाल में काफ़ी उच्च पदों पर पहुँचने में कामयाब हुए। उन्हें अहमदाबाद में 28 गाँवों की ज़ागीर भी मिली हुई थी। यह ज़ागीर सन् 1850 तक ख़ानी परिवार के पास रही। कहते हैं कि यह इनाम उन्हें उनके ही भाइयों यानी तिहानपुरी शाखा के सैयदों का लगभग खात्मा किए जाने के पारितोषिक के रूप में दिया गया था।

सैयद शाहमत ख़ान के वंशज ऐसे बारहा सैयदों में से माने जाते हैं जो बाद के वर्षों तक नवाब की पदवी बनाए हुए थे। मुज़फ़्फ़रनगर के क़स्बा मोरना के अन्तर्गत आने वाले ग्राम भोकरहेडी के छतरुआरी सैयदों को ज़िले के पश्चिमी इलाक़े चरथावल में काली नदी के पास ज़मीन का आवंटन किया गया था, जो लम्बे समय तक उनके पास रही। तब मोरना अचानक एक समृद्ध और रौनक भरे क़स्बे से एक साधारण गाँव के रूप में ही सिमट गया था।

डॉक्टर मुकर्रब ख़ान और बारहा सैयद बन्धुओं के नाम मुज़फ़्फ़रनगर जनपद के तत्कालीन इतिहास के मुख्य चरित्रों के रूप में जाने जाते हैं।

मोरना में बीबी झब्बू की मस्ज़िद सैयद परिवार के स्मारकों में से बची हुई एक वह विरासत है जो नवाब हसन ख़ान की पत्नी की स्मृति में बनवाई गई थी। यह नवाब मुहम्मद शाह के राज में एक बख्शी हुआ करते थे। इस मस्ज़िद पर लिखी एक इबारत के अनुसार इसे सन् 1725 ईसवीं में नौ हज़ार रुपयों की लागत से बनवाया गया था।

इस मस्ज़िद के अतिरिक्त सैयद परिवार की विरासत के उदाहरण के तौर पर संभलहेड़ा में इब्न सलार का मक़बरा भी है जो दसवंडी नामक वास्तुविद ने बाह-उद-दीन के बेटे सैयद मख़ान के निर्देश पर सन् 1631-32 में बनाया था। इसी वास्तुविद का नाम ग़ालिबपुर के एक मक़बरे पर भी अंकित है।

तो यह थी प्रामाणिक कहानी किंगमेकर्स की—वे सैयद बन्धु जिन्होंने भारत के इतिहास के उत्तर मुग़ल काल की संक्रमण अवधि में सत्ता के उत्कर्ष पर जा पहुँचने की कूवत दिखाई थी, पर उनका वही प्रारब्ध हुआ, जो ऐसी किसी भी असंवैधानिक सत्ता का होता है!

परिशिष्ट

1

सैयद बन्धुओं का उद्भव : एक ऐतिहासिक परिप्रेक्ष्य

सैयद बन्धुओं के विषय में जानने के लिए उनकी बसावट की जगह, यानी मुज़फ़्फ़रनगर के जानसठ क़स्बे के विषय में जानकारी होनी ज़रूरी है। जानसठ क़स्बे में बसायच मार्ग पर श्री ज्ञानेश्वर सिद्धपीठ महादेव मन्दिर प्राचीन काल का निर्मित माना जाता है। बताते हैं कि कौरव-पांडव युद्ध टालने के लिए भगवान श्रीकृष्ण ने दोनों पक्षों को यहीं बुलाकर वट वृक्ष के नीचे सुलह-समझौता कराना चाहा था। पौराणिक कथाओं में यह भी दर्ज है कि क्रोधित होकर श्रीकृष्ण ने कहा था कि कौरवों का ज्ञान भ्रष्ट हो गया है। तभी से क़स्बे का नाम ज्ञान भ्रष्ट पड़ा जो अब जानसठ हो गया है। यद्यपि यह सुनी-सुनाई बातें हैं, कोई प्रामाणिक इतिहास नहीं।

किसी समय इस क़स्बे के चारों ओर दीवार बनी थी। इसमें सात दरवाज़े थे। इन्हें आज भी किल्ली दरवाज़े के नाम से जाना जाता है। वर्तमान में तीन दरवाज़े मौज़ूद हैं। अगर कोई दुश्मन क़स्बे में घुसता तो वह चारों तरफ़ से घिर जाता था। क़स्बे में एक अष्ठभुज कुआँ भी था, जिसे अठपहलू कुएँ के नाम से जाना जाता था। इसका निर्माण राजा अशोक के शासनकाल का माना जाता है।

वहाँ बुध बाजार में जो विशाल दीवार जर्जर हालत में खड़ी है वह राजा बाहू के महल की बताई जाती है। कहा जाता है कि यह महल सातमंज़िला था, जोकि आधा ज़मीन के नीचे और आधा ऊपर बना हुआ था। इस महल की रानी सुबह-दोपहर-शाम महल की छत से हस्तिनापुर की गंगा का दर्शन करने के बाद ही भोजन ग्रहण किया करती थीं।

तैमूर लंग के लगातार आक्रमणों की मार से उस अवधि में दिल्ली की सत्ता का केन्द्रीय नेतृत्व पूरी तरह से हताश हो चुका था। राजधानी दिल्ली को बुरी तरह लूट लिया गया था। इसके बाद उथल-पुथल भरे समय में, जब कोई केन्द्रीय सत्ता नहीं थी, सैयदों ने दिल्ली में अपनी शक्ति का विस्तार किया। इस वंश के विभिन्न चार शासकों ने 37 वर्षों तक दिल्ली सल्तनत को नेतृत्व दिया। ख़िज्र ख़ान को पूर्व में तैमूर ने ही मुलतान (पंजाब क्षेत्र) का सूबेदार तैनात किया था।

चौदहवीं शताब्दी में खिज्र ख़ान[1] के समय में ही सैयद बन्धुओं के पूर्वजों का भारत में आना माना जाता है। खिज्र ख़ान को सैयद वंश का संस्थापक माना जाता है, जिन्होंने तैमूर के आक्रमण के ठीक बाद और तुगलक वंश के पतन के उपरान्त दिल्ली सल्तनत के रूप में उत्तर भारत पर शासन किया। यद्यपि दिल्ली के सरदारों ने सुल्तान महमूद की मृत्यु के पश्चात् अपने में से सबसे अधिक प्रभावशाली व्यक्ति दौलत ख़ान लोदी को दिल्ली का शासक स्वीकार किया था, पर उसके भाग्य में केवल कुछ महीनों तक ही शासन करना लिखा था। मार्च, सन् 1414 ई. में खिज्र ख़ान, जो तैमूर की ओर से मुलतान एवं उसके अधीन प्रदेशों का शासक था, उसके विरुद्ध सेना लेकर बढ़ा तथा उसी वर्ष मई महीने के अन्त तक दिल्ली पर अधिकार कर लिया।

कहते हैं कि खिज्र ख़ान ने 28 मई, सन् 1414 ईसवी को दिल्ली की सत्ता दौलत ख़ान लोदी से औपचारिक रूप से छीनकर सैयद वंश की स्थापना की थी। दौलत ख़ान को बन्दी बनाकर हिसार-फीरोजा भेज दिया गया था। वह सुल्तान की पदवी प्राप्त करने में सक्षम नहीं हो पाया। वह पहले तैमूर तथा उसकी मृत्यु के पश्चात उनके उत्तराधिकारी शाहरुख मिर्ज़ा (तैमूर के नाती) के अधीन तैमूरी राजवंश का रयत-ई-अला (ज़ागीरदार) ही बना रहा।

इतिहासकारों का एक वर्ग खिज्र ख़ान को पैगम्बर का वंशज बतलाते हैं और तदनुसार उसके द्वारा स्थापित वंश को सैयद वंश कहा गया है। यह सम्भव भी है कि खिज्र के पूर्वज मूल रूप में अरब से ही आए रहे हों, पर इस दावे के पक्ष में दी गई दलीलें अभी भी संशय के दायरे में हैं। खिज्र ख़ान के सात सालों के शासन-काल में इतिहास में कोई विशेष घटना दर्ज नहीं है। हाँ, इतना ज़रूर था कि पुराना दिल्ली राज्य विस्तार में घटकर एक छोटा रजवाड़ा-मात्र बनकर रह गया था। इसके शासक का प्रभाव दिल्ली के इर्द-गिर्द कुछ ज़िलों तक ही सीमित था। उन भागों में भी प्राय: इटावा, कटेहर, कन्नौज, पटियाला तथा कम्पिल के हिन्दू ज़मींदार अक्सर चुनौती खड़ी कर दिया करते थे। खिज्र ख़ान तथा उसका राजभक्त मंत्री ताजुलमुल्क़, जो स्वयं भी एक निर्भय योद्धा था, इन अव्यवस्थाओं के विरुद्ध जीवन भर संघर्ष करता रहा। ताजुलमुल्क़ 13 जनवरी, 1421 ई. को तथा खिज्र ख़ान 20 मई, 1421 ई. को मृत्यु लोक को प्राप्त हुए। बस उनका इतना-सा इतिहास था।

ख़िज्र ख़ान की मृत्यु के बाद 20 मई, 1421 को ही उसके पुत्र मुबारक़ ख़ान ने सत्ता अपने हाथ में ले ली। मुबारक़ ख़ान ने अपने आपको सिक्कों में मुइज़्ज़ुद्दीन मुबारक़ शाह के रूप में दर्ज करवाया।[2] उसके कार्य क्षेत्र का अधिक विवरण नहीं मिलता है।

1. Sen, Shailendra (2013), *A Textbook of Medieval Indian History.* Primus Books. pp. 122-123 ISBN 978-9-38060-734-4
2. इनके सम्बन्ध में विस्तृत विवरण याहिया बिन अहमद सरहिन्दी द्वारा रचित तारीख़-ए-मुबारक़शाही में उपलब्ध है।

मुबारक़ ख़ान की मृत्यु के बाद उसका दत्तक पुत्र मुहम्मद ख़ान इस सल्तनत के प्रमुख की हैसियत से सत्तारूढ़ हुआ। उसने स्वयं को सुल्तान मुहम्मद शाह के रूप में घोषित किया। मृत्यु से पूर्व ही उसने बदायूँ से अपने पुत्र अलाउद्दीन शाह को अपना उत्तराधिकारी घोषित कर दिया था। इस वंश के अन्तिम शासक अलाउद्दीन आलम शाह ने स्वेच्छा से दिल्ली सल्तनत को 19 अप्रैल, 1451 को बहलोल ख़ान लोदी के लिए छोड़ दिया और बदायूँ चला गया। उसने सन् 1478 में अपनी मृत्यु के समय तक वहाँ ही अपना निवास रखा।

इब्राहीम लोदी (मृत्यु 21 अप्रैल, 1526) दिल्ली सल्तनत का अन्तिम सुल्तान था। वह एक अफ़गानी था। उसने भारत पर सन् 1517-1526 ईसवी तक राज किया। इब्राहीम को अपने पिता सिकन्दर लोदी के मरणोपरान्त गद्दी मिली, परन्तु उसकी प्रशासकीय योग्यताएँ अपने पिता समान नहीं थीं, इसलिए उसे अनेक विद्रोहों का सामना करना पड़ा।

खिज्र ख़ान ने पूर्व में ही अपने ख़ानदानी इन सैयद लोगों को धासरी, कुम्हेड़ा और बिदौली जैसी उन जगहों पर बसाया था जो दिल्ली के आसपास के इलाक़े थे, ताकि उन्हें बड़ी संख्या में दिल्ली दरबार में काम दिया जा सके। सुलतान हिज्र ख़ान ने सन् 1414 ईसवीं में सैयद वंश के मुखिया सैयद सलीम को सहारनपुर की ज़ागीर तोहफ़े में दी थी। बाद के वर्षों में दिल्ली दरबार में उनके वंशजों और सहारनपुर में उनके परिवार के वरिष्ठ सदस्य को ज़ागीर मिलने से इस इलाक़े पर उनका वर्चस्व और मज़बूत हो गया था। वह अब सहारनपुर का सूबेदार कहलाने लगा।

पश्चिमी उत्तर प्रदेश के मुज़फ़्फ़रनगर के इतिहास से बारहा सैयद भाइयों का नाम इतनी गहनता से जुड़ा है कि पहले उनके उद्भव, इस जनपद में उनके प्रभाव, उनकी सम्बद्धता और दोआब के इस इलाक़े में उनकी पृष्ठभूमि का जानना बेहद ज़रूरी हो जाता है। चौदहवीं शताब्दी के उत्तरार्ध में सैयद वंश के लोगों ने इस इलाक़े में अपनी ऐसी पहचान स्थापित कर ली थी कि वे एक अच्छी-ख़ासी सत्ता के केन्द्र के रूप में उभर आए थे। शायद उन्होंने पंजाबी सैयदों को भी अपनी सहायता के लिए आमंत्रित करने में सफलता पा ली थी, ऐसा अनुमान किया जाता है।

एक तथ्य यह भी है कि पन्द्रहवीं शताब्दी के आरम्भ में जब दिल्ली की गद्दी पर सैयद बन्धुओं के वंशजों का राज चला करता था तब पैगम्बर मुहम्मद की बेटी फातिमा के परिवार से सम्बन्ध रखनेवाले इन भाइयों ने दिल्ली दरबार में पेंशन और पद लेने के लिए जोड़-तोड़ शुरू की थी। इन सैयदों ने अपने मतावलम्बियों में से अधिकतर को यहाँ समायोजित करने के भरपूर प्रयास भी किए, ऐसा इतिहास में दर्ज है। इस अवधि में सत्तारूढ़ सैयद चमत्कारिक रूप से अपने धर्म से जुड़े लोगों के संरक्षक बनकर उभरे थे।

सैयदों की तिरहानपुरी शाखा के लोगों को राजदरबार में बहुत सम्मान मिला था। सैयद अब्दुल मुज़फ़्फ़र ख़ान को उसी समय ख़ान-ए-जहाँ की उपाधि से विभूषित किया गया था। तब उन्हें परगना खतौली और सरवट के चालीस गाँवों की ज़ागीर उपहार में दी गई थी।[1] सन् 1633 में मुज़फ़्फ़रनगर की स्थापना से पूर्व इस इलाक़े को सरवट के नाम से जाना जाता था। इस नए शहर की स्थापना का पत्थर मुज़फ़्फ़र ख़ान ने सरवट में ही लगाया था। उनके बेटे सैयद मंसूर अली ख़ान ने इस शहर को अपने पिता के सम्मान में मुज़फ़्फ़रनगर का नाम दिया। यह वही मंसूर ख़ान थे जिनके नाम से आज भी खतौली परगना का प्रमुख गाँव मंसूरपुर आबाद है।

इन सैयद भाइयों ने स्वयं अपने इस इतिहास और उसकी जड़ों की ऐतिहासिक उत्पत्ति को करीने और प्रमाणिक रूप से लिपिबद्ध करने का कोई प्रयास किया हो, ऐसा कुछ देखने में नहीं आता है। अगर उनकी पृष्ठभूमि की विवेचना की जाए तो पता चलता है कि वह मूल रूप से बग़दाद के निकट वासित के सैयद अब्दुल फराह के वंश से वास्ता रखते थे। उन दिनों वहाँ हुलागु ख़ान नाम का एक मंगोल आततायी बादशाह राज करता था, जिसके जुल्मों से परेशान होकर इन सैयद लोगों ने वहाँ से निकल आने का फ़ैसला लिया था।

हालाँकि हुलागु ख़ान उर्फ़ हुगलू बौद्ध धर्म का अनुयायी था, परन्तु उसकी निर्दयता के क़िस्से आम थे। उसकी मंगोल सेना ने सन् 1257 के नवंबर माह में बग़दाद में जो तबाही मचाई, लोग उसको आगामी सैकड़ों सालों तक नहीं भूल पाए। इस मंगोल सेना ने हुलागु के चीनी जनरल गुओ कान के नेतृत्व में 29 जनवरी, 1258 को बग़दाद को घेर लिया था। वहाँ के खलीफा ने उनसे सन्धि वार्ता की पेशकश भी की, परन्तु उसे ठुकरा दिया गया। बग़दाद ने अन्ततः 10 फरवरी को समर्पण कर दिया। तब मंगोलों ने 13 फरवरी को सुनियोजित तरीक़े से नगर में घुसकर जो कत्ले-आम और बर्बादी की, वह किसी की भी रूह कँपाने के लिए पर्याप्त है। जिन्होंने भागने की कोशिश की, उन्हें पकड़ कर अकारण ही मौत के घाट उतार दिया गया। कहा जाता है कि इस संहार में 90 हज़ार से दो लाख के बीच निरीह लोगों की जानें गईं। मंगोलों ने न केवल हत्याएँ कीं, नगर की एक-एक चीज़ को लूट लिया गया, या नष्ट किया गया। मस्जिदें, महल, पुस्तकालय और अस्पतालों—ऐसी किसी भी चीज को नेस्तनाबूद करने से नहीं छोड़ा गया जिनके निर्माण में शायद कई पीढ़ियों का योगदान रहा होगा। कहते हैं कि उसके बाद न जाने कितनी शताब्दियों तक बग़दाद एक उजाड़ और भुतहा शहर बना रहा।

ऐसी स्थिति में बारहा सैयद भाइयों के पूर्वजों ने बग़दाद से बच निकलने में सफलता पाई, और मुज़फ़्फ़रनगर को अपनी कर्मस्थली बनाया, तो इसमें कोई

1. Muzaffarnagar District—Historical Base,

आश्चर्य की बात नहीं। यह उस स्थिति से उबरने का उनका एक स्वाभाविक प्रयास था। मुखिया सैयद अबुल फराह अल्तमश के बेटे नसीर-उद-दीन महमूद के समय में अपने बारह बेटों के साथ भारत आ गए थे। इतिहास में नसीर महमूद का कार्यकाल सन् 1246 से सन् 1265 तक का दर्ज़ है। अब्दुल फराह का भारत में सिकन्दर लोदी के समय तक रहने के विवरण मिलते हैं।

8 फरवरी, सन् 1265 में बग़दाद के आततायी बादशाह हुगलू की मृत्यु हुई थी। यह ख़बर सुनकर फिर से ये सैयद अपने वतन जाने की तैयारी में जुट गए, पर बादशाह की आज्ञा से उन्होंने अपने चार बेटों को यहीं छोड़ दिया। बाद में यही चार बेटे सैयद वंश की अलग-अलग शाखाओं के मुखिया बने, जिन्होंने मुज़फ़्फ़रनगर जनपद में रहकर नाम कमाया। यद्यपि इन तिथियों की प्रामाणिकता न होने से यह विश्वास नहीं किया जा सकता कि सैयद बन्धुओं के विषय में यह अधिकृत जानकारी होगी। एक अन्य विवरण के अनुसार यह चारों भाई पंजाब की पटियाला रियासत के चार विभिन्न गाँवों में जाकर बस गए थे।

इन सैयद बन्धुओं के 'बारह' या 'बारहा' नाम के विषय में जो क़िस्सा है, उसके अनुसार पंजाब में जाने के बाद इनका परिवार शाखाओं में बँट गया। उनमें से एक शाखा के वंशज आज के उत्तर प्रदेश के हरदोई जनपद के बिलग्राम क़स्बे में जा बसे, जबकि दूसरी शाखा के लोगों ने जनपद एटा की मारहरा[1] नामक जगह और तीसरी शाखा के लोगों ने दोआब के पश्चिमी उत्तर प्रदेश के क्षेत्र में शरण ली। इन सभी परिवारों का कहना था कि वह खैराबाद और फ़तेहपुर हसवा के सैयदों के वंशज हैं, परन्तु मुग़ल बादशाह अकबर के समय तक उनके इस दावे को अनदेखा किया जाता रहा। बादशाह जहाँगीर ने उनके विषय में कभी कहा था, "बारहा के सैयदों की अन्य बातों से परे, मात्र उनके व्यक्तिगत साहस को यदि आधार माना जाए, तो वे निश्चित रूप से सैयदों के वंशज हैं।"

उनके सम्बन्ध में बारहा शब्द की उत्पत्ति पर भी मतभेद हैं। कुछ लोग कहते हैं की बारहा 'बाहर' का अपभ्रंश है। उन्हें बाहरी इसलिए माना गया कि इन सैयद बन्धुओं ने दिल्ली से बाहर स्थापित होने का निर्णय लिया था। इसी तरह 'अबरार' की उत्पत्ति 'विशुद्ध सैयद' से हुई बताई जाती है। इनके कुछ नामों की उत्पत्ति बारह की संख्या से हुई मानी जाती है। एक विचार यह भी था कि ये सभी शिया थे और बारह इमामों के अनुयायी थे, इसलिए भी इन्हें बारहा बन्धु कहा जाता है। कथा यह भी है कि यह लोग एक समय में बुलन्दशहर के पास बारह विभिन्न ग्रामों में आ बसे थे, जिससे इन्हें बारहा भाई कहा गया।

---

1. यह अब जनपद कासगंज का हिस्सा है जिसे मारहरा शरीफ के नाम से जाना जाता है। यह एक धार्मिक स्थल के रूप में विख्यात है जहाँ आला हजरत अहमद रजा खान रहा करते थे। वे बरकतिया सैयद कहलाते थे।

बुलन्दशहर के इन ग्रामों में इनकी बसाहट जनपद की पठानों की बारहा बस्ती की तर्ज पर ही थी। ठीक वैसे ही जैसे चौरासी और चौबीसी के रूप में देखा जाता है। 'तबाकत-ए-अकबरी' और 'तुजुक-ए-जहाँगीरी' में भी इस मत का समर्थन किया गया है।

अगर इन भाइयों के मुज़फ़्फ़रनगर जनपद में आगमन के इतिहास पर दृष्टिपात किया जाए तो यह पता चलता है कि सैयद भाइयों की चारों शाखाओं के वंशज एक समय में ही इस जनपद में आए थे। इनमें से कुंडलीवाल मुझेड़ा में आ बसे, जबकि छतरारी सैयद सम्भलहेड़ा, जगनेरी, बिदौली में और तिहानपुरी शाखा के वंशज धासरी और कुम्हेड़ा में आ बसे थे। मुज़फ़्फ़रनगर में इनके बसने का काल सन् 1350 के आसपास बताया जाता है जब इन्हें दिल्ली सल्तनत के सैयद वंश की सत्ता का संरक्षण प्राप्त हो गया था।

पलड़ी गाँव के अपवाद को छोड़कर अधिकतर सैयदों ने गंगा के खादर के निकटवर्ती इलाक़ों को अपनी कर्मस्थली बनाया था। तब यह इलाक़ा पुराने सम्भलहेड़ा परगना और आसपास के इलाक़ों में उनके ठिकानों के रूप में जाना गया। धीरे-धीरे समय बीतने के बाद इन बन्धुओं ने जनपद की मुख्य धारा, यानी सम्पन्न इलाक़ों की ओर क़दम बढ़ाए। इस स्थिति को आने में कई बरसों का अन्तराल रहा है, परन्तु इन सैयद बन्धुओं के उद्भव काल में कोई ऐसी घटना प्रकाश में नहीं आती कि उन्होंने अपने को उच्च स्तर तक पहुँचाने के लिए किन्हीं असंगत और अनैतिक तरीक़ों का सहारा लिया हो।

यह भी पता चलता है कि इन सैयद बन्धुओं को मुज़फ़्फ़रनगर में जो भी ज़ागीर मिली थी, चाहे वह उतनी उर्वरा न रही हो, दिल्ली दरबार में उन्होंने अपनी जो जगह बनाई थी और मुज़फ़्फ़रनगर में हिन्दुओं से उनके परस्पर सौहार्द के कारण ही मिल पाई थी। उन्होंने भी स्वयं हिन्दुओं से इतने अच्छे सम्बन्ध विकसित किए और एक-दूसरे के काम आए थे कि उनको भूमि आवंटन पर किसी हिन्दू को कोई आपत्ति नहीं थी। इससे यह बात भी सिद्ध होती है कि जब सैयद बन्धु मुज़फ़्फ़रनगर जनपद में आए तो यहाँ ऐसी अतिरिक्त उर्वरा भूमि नहीं थी जो उन्हें आवंटित की जा सकती। यह भी निश्चित था कि मुज़फ़्फ़रनगर में बसने का उनका इरादा केवल इसी कारण से था कि वे दिल्ली दरबार से काफ़ी नज़दीक बने रहेंगे। साथ ही यह भी समझ आता है कि दरबार में उनका स्तर इतना भी उच्च नहीं था कि उन्हें पहले से स्थापित मनसबदारों को हटाकर उनके स्थान पर इन सैयद बन्धुओं को उनकी बेहतर उर्वरा भूमि दे दी जाती।

यह धारणा इस बात से भी बलवती होती है कि गरदेज़ी सैयदों के एक परिवार को इन बारहा सैयदों के आगमन से भी पूर्व मुज़फ़्फ़रनगर जनपद के एक इलाक़े में बसने की इज़ाज़त दी गई थी। उनको जनपद के मुहाने पर जो बंजर ज़मीन दी

गई थी वह जाट तथा राजपूत ज़मींदारों की अपेक्षाकृत उत्कृष्ट भूमि के पास ही थी। यह सम्भव है कि इन पूर्ववर्ती सैयदों की बसाहट और सौहार्द को देखकर ही सैयद बन्धुओं ने इस जनपद में बसने को उचित माना हो। अपने वतन से दूर की इस भूमि पर उनके धर्मावलम्बियों का पूर्व से बने रहना वाक़ई में एक बेहतर कारण रहा होगा जहाँ उन्हें सम्भावित शत्रुतापूर्ण व्यवहार के लोगों और असहज वातावरण से इतर अनुकूल माहौल मिला होगा।

वैसे तत्कालीन और अठारहवीं शताब्दी के मुज़फ़्फ़रनगर में इन बारहा सैयदों को कोई ख़ास क़ाबिल माना जाता हो, ऐसा नहीं लगता। लोग कहते कि इन्हें व्यापार के तरीक़ों का कोई ज्ञान ही नहीं था। इसलिए इन्हें 'बारहा के अहमक' के नाम से खिल्ली उड़ाने की कहावत के रूप में भी इंगित किया जाता था।

अकबर महान के शासन काल में इनके विषय में अच्छी बातें सुनने को मिलीं, और ये लोग आदर भाव के साथ चर्चा में आए थे। तब उन्हें पैदल मुग़ल सेना के अग्र भाग में रखकर लड़ाइयाँ लड़ी जाती थीं, और ये अपनी वीरता, पराक्रम और निष्ठा से अकबर तथा उसके दरबार के उच्च लोगों का दिल जीतने लगे। उसके तत्काल बाद की अवधि में बारहा सैयदों ने हमेशा विभिन्न सैन्य अभियानों में बढ़-चढ़कर भाग लिया। सामान्य रूप से उनका स्थान सेना की अग्रिम पंक्ति में ही हुआ करता था। बादशाह अकबर के काल में ही तत्कालीन मुज़फ़्फ़रनगर के इलाक़े को सहारनपुर के 'सरकार' का भाग बनाया गया था। अकबर के 49 वर्षों के शासन काल में सैयद भाई अजमेर के हिन्दू बागियों के विरुद्ध सैन्य अभियानों में भी व्यस्त रहे। इकतालीसवें वर्ष में सैयद जलाल ने दक्षिण के विरुद्ध अभियान में भाग लेकर नाम कमाया था। शहज़ादे खुसरो से युद्ध में सैयद बन्धुओं में से एक, सैफ़ ख़ान, जो सैयद महमूद का पुत्र था, ने महत्त्वपूर्ण भूमिका निभाई थी। सैफ़ ने ख़ुद एक अभियान में 17 घाव खाए थे, और सैयद जमाल-उद-दीन की तो ऐसे घावों से मृत्यु हो गई थी, परन्तु वे लोग अन्त समय तक इन अभियानों में जी-जान से जुटे रहे।

अकबर के समय में मुज़फ़्फ़रनगर का वर्तमान क्षेत्र काँधला परगना के भू-भाग को छोड़कर दिल्ली सूबे के अधीन आता था। यही वह समय था जब इलाक़े को महाल नाम की छोटी प्रशासनिक इकाइयों में विभक्त किया गया था। इसी प्रकार बाद में सैयद अब्दुल्ला ख़ान और सैयद हुसैन अली ख़ान के नेतृत्व में इन भाइयों की कुंडलीवाला और तिहानपुरी शाखा के लोगों ने अपने पारिवारिक नाम को काफ़ी ऊँचाई तक पहुँचाने में भरपूर योगदान दिया।

इन सैयद भाइयों के तत्कालीन मुज़फ़्फ़रनगर में चमत्कारिक उत्थान के बावजूद उनका यह स्थान या रुतबा स्थायी नहीं था, इसीलिए जब उनका पतन होना आरम्भ हुआ तो उनका इस जनपद के इतिहास से पूरी तरह से नामोनिशान ही मिट गया।

यहाँ तक कि बाद के समय में उनके किसी वंशज के पास उस ज़ागीर का दशांश भी मौज़ूद नहीं रहा।

छतरोरी शाखा के सैयद मुहम्मद शाह और तिहानपुरियों के संघर्ष के दौरान चर्चा में आए थे। ऐसा इसलिए भी था कि उन्होंने इस सत्ता संघर्ष में बादशाह का साथ दिया था। इसके बदले में इन बन्धुओं में से नुसरत यार ख़ान, शाहमत ख़ान, रुक्न-उद-दौला और काफ़ी अन्य लोगों को उचित इनाम भी मिले थे

यह बात भी ध्यान रखने योग्य है कि ये सैयद भाई अपनी निजी पहचान को लेकर बहुत सतर्क थे, और ऐसे किसी विवाद में नहीं पड़ना चाहते थे जिससे उनकी छवि प्रभावित होने का ख़तरा हो। चूँकि उनका वंश काफ़ी बड़ा था, और दूर-दराज के रिश्तेदार भी उनमें आ मिले थे, इसलिए उन्होंने समय रहते उन लोगों को अपने से अलग किया, जो असल में उनके वंश से नहीं जुड़े थे, पर वहाँ बहुरूपिये की तरह आ मिले थे। इन बहरूपिये सदस्यों को उन्होंने अपने से विलग कुत्ते, बिल्ली, गधे, भंगी आदि के नाम भी दिए हुए थे, ताकि उनको अलग से पहचाना जा सके। कुछ लोग यह भी मानते हैं कि एक बुरे वक़्त के दौरान सैयद भाइयों के परिजनों ने हमायूँ और शेरशाह के झगड़े में शेरशाह के पलायन के बाद बादशाह हुमायूँ के लिए भी काम किया था। एक समय इन सैयदों को मुग़ल बादशाहों द्वारा उनकी वीरता और दुस्साहस के कारण सिंधु घाटी से नर्मदा के मुहाने तक के इलाक़ों की सुरक्षा करने के नाम पर तैनात किया जाता था।

बारहा सैयदों की तिहानपुरी शाखा के सैयद ख़ान मीर, जो इनके वंश के मूल सैयद दाऊद की आठवीं पीढ़ी के वंशज थे, ने तिहानपुर छोड़कर मुज़फ़्फ़रनगर जनपद के परगना जौली के धासरा गाँव में बसने का निर्णय लिया था। उनके चार बेटे थे। बड़े का नाम उमर शाहिद था, जो जानसठ में आकर बसा। सैयद चमन नामक दूसरे बेटे ने चित्तौड़ा को अपनी रिहाइश के लिए चुना। सैयद हसन नाम के तीसरे बेटे ने बिहारी गाँव की शरण ली, और चौथा बेटा सैयद अहमद जानसठ के कंवाल ग्राम में जा बसा।

जब उमर शाहिद जानसठ में आया तो उसने देखा कि यहाँ केवल जाट और ब्राह्मण परिवार ही रहते हैं। उसके वंशजों ने यहाँ रहने के अधिकार पूर्व में ही ख़रीद लिए थे। फ़र्रुख़सियर के राज में इस परिवार के राजनीतिक दख़ल के चलते उन्होंने ही जौली से हटकर एक अलग यह भू-भाग विकसित किया था, जिसे बाद में जानसठ के नाम से जाना जाने लगा।

अजमेर में सैयद मियाँ के नाम से विख्यात हुए नवाब अब्दुल्ला ख़ान इन्हीं सैयदों के पूर्वज थे। औरंगज़ेब के शासनकाल के अन्तिम चरण में तिहानपुरी सैयदों को काफ़ी सम्मान से देखा जाता था। उनके प्रभाव और दबदबे के कारण उन्हें अभियानों में मुख्य भूमिकाओं के लिए चुना जाता था। अब्दुल्ला ख़ान के पोते

हसन अली और हुसैन अली मुअज्जम के बेटे अज़ीम-उश-शान की सेवा में थे। यह वही अज़ीम-मुश-शान था जिसे बाद में पराक्रमी बादशाह बहादुर शाह के बेटे के रूप में जाना गया। बादशाह बहादुर शाह ने सन् 1707 में आगरा के युद्ध में अपने अदम्य साहस और पराक्रम से विजयी होकर इलाहाबाद और पटना की भी क़िस्मत तय कर डाली थी।

बाद के इतिहास में 1709 के उस युद्ध का विस्तार से वर्णन है जिसमें बारह सैयद भाइयों में से सैयद अहमद, सैयद ख़ान, सैयद हुसैन ख़ान और सैयद घेरात ख़ान ने नर्मदा के पास उस हिन्दू राजा के विरुद्ध वीरतापूर्वक और दृढ़ता से संघर्ष किया था, जिसने बादशाह के विरुद्ध बग़ावत की थी। वे अपनी पारिवारिक परम्पराओं के अनुरूप सेना की अग्रिम पंक्ति में थे, परन्तु विपरीत परिस्थितियोंवश अपने अनुयायियों के साथ इस युद्ध में नष्ट हो गए।

इस वंश के शेष सैयद भाइयों ने अगले कुछ सालों में पंजाब में सिंधु क्षेत्र के निकट और गुजरात में तब तक स्वयं को स्थापित करने का प्रयास किया, जब तक कि उनकी जानसठ शाखा के भाइयों की मदद से स्वयं को इस रूप में स्थापित करने में सफलता न पा ली कि हिन्दुस्तान की सत्ता की कुंजी भी उनके अपने हाथों में आ गई।

मुहम्मद शाह मूर्ख ज़रूर था पर वह सैयद बन्धुओं से सतर्क रहता था। उसके काल में सैयद बन्धुओं की मुग़ल सत्ता पर पकड़ काफ़ी सीमा तक ख़त्म हो गई। उसके समय में ही प्रभावशाली सैयद भाई सैयद हुसैन अली ख़ान की हत्या की गई और बड़े सैयद अब्दुल्ला अली ख़ान को कैद कर लिया गया, जहाँ दो साल बाद उसे ज़हर देकर मार डाला गया।

इन सैयद भाइयों ने मुग़ल बादशाह औरंगज़ेब के कार्यकाल यानी सन् 1707 में भी राजदरबार को अपनी सेवाएँ दीं। उन्होंने औरंगज़ेब के सैनिक अभियानों में सक्रिय भूमिका का निर्वहन किया। इस अवधि में ही जनपद मुज़फ़्फ़रनगर और आसपास के इलाक़ों में कई मस्जिदें और क़िले बनाए गए थे, परन्तु बादशाह औरंगज़ेब के काल खंड की अवधि तक उन्हें कोई विशेष सम्मान मिला हो, ऐसा नहीं लगता।

यह सिर्फ औरंगज़ेब का इक़बाल ही था कि वह अभी तक राजकाज पर अपनी पकड़ बनाए हुए था, लेकिन यह बहुत प्रयास से सम्भव हुआ था, अनायास नहीं। जब उसकी मृत्यु हुई तब तक उसने अपने बेटों में से किसी को भी वारिस घोषित नहीं किया था। परिणाम यह हुआ कि एक अफ़रा-तफ़री का माहौल बन गया।

सन् 1707 में औरंगज़ेब की मृत्यु के तत्काल बाद मुग़ल वंश बेहद कमजोर पड़ने लगा। उसके बेटों में उत्तराधिकार की लड़ाई के रहते शासन निर्बल हो चला था। औरंगज़ेब के बाद उसका जो बेटा—शहज़ादा मुअज्जम बहादुर शाह प्रथम की पदवी के साथ राजगद्दी पर बैठा। यद्यपि औरंगज़ेब की मृत्यु के तत्काल बाद

उसके बड़े बेटे मुहम्मद आज़म शाह ने भी स्वयं को औरंगज़ेब का उत्तराधिकारी घोषित कर दिया था लेकिन जल्दी ही उसे बड़े युद्ध में पराजित होना पड़ा जिसे जाज़ऊ का युद्ध कहा जाता है। इस युद्ध में उसे उसके दूसरे भाई मुहम्मद मुअज्जम ने परास्त किया था जो बाद में बहादुर शाह प्रथम के नाम से सत्तारूढ़ हुआ। इस बादशाह बहादुर शाह प्रथम के समय में जोधपुर और आमेर के उन राजपूत राज्यों को फिर से हड़प लिया गया जो मुग़ल सत्ता की कमजोरी और औरंगज़ेब की मृत्यु के उपरान्त स्वतंत्र हो चले थे। बहादुर शाह प्रथम ने अली को वली घोषित कर एक इस्लामिक विवाद भी उत्पन्न किया। उसके राज्य में कई तरह के विद्रोह हुए जिनमें बन्दा सिंह बहादुर के अधीन होनेवाला सिख विद्रोह, दुर्गादास राठौर का राजपूत विद्रोह और उसके सहयोगी काम बख़्श का मुग़ल विद्रोह प्रमुख थे, पर उन्हें समय रहते निष्प्रभावी कर दिया गया।

उसने अपने पिता औरंगज़ेब की रूढ़िवादी नीतियों को उलटकर उनमें सुधार करने के प्रयत्न किए। नए बादशाह ने सिखों और मराठों से भी दोस्ताना सम्बन्ध स्थापित करने के प्रयास किए। सन् 1712 में इस मुग़ल बादशाह बहादुर शाह की मृत्यु हो गई। मृत्यु के उपरान्त बहादुर शाह को दिल्ली स्थित महरौली की मोती मस्ज़िद में दफनाया गया था।

मिर्जा मुहम्मद मुअज्जुद्दीन ने ऐसे ही समय में मुग़ल बादशाह जहाँदार शाह के नाम से औरंगज़ेब की विरासत सँभाली था। बाद में मुग़ल बादशाह का पद सँभालने वाले बादशाह बहादुर शाह प्रथम के पुत्र जहाँदार शाह को इतिहास में उसे एक लम्पट शहंशाह के रूप में जाना जाता है। वह अपने तीन भाइयों की हत्या कर सत्तानशीन हुआ था।

उसके काल में बिहार के नायब की पदवी जिसे मिली वह नाजिम सैयद हुसैन अली ख़ान बारहा का सैयद था। यह सैयद भाई अपनी 'कलह कराने की क्षमता' और 'मोटी बुद्धि' के लिए जाने जाते थे। उनके नाम से ही उन्हें 'बराह के बुद्धू' कहकर संबोधित किया जाता था। अभी भी उस क्षेत्र में उनके सम्बन्ध में चुटकुले सुनाए जाते हैं। उनका परिवार बहुत बड़ा था, और उन्होंने कई शहंशाहों के समय में इज़्ज़तदार पदों पर काम किया लेकिन कभी भी उस स्तर पर नहीं जाने गए कि कोई निर्णायक भूमिका निभा सकें। शायद उनकी मूर्खता या बुद्धिहीनता के कारण उन्हें इस योग्य नहीं समझा गया। उन्हें मूल रूप से सिर्फ लड़ाकू तथा सैनिकों के रूप में ही जाना जाता है।

आरम्भिक असमंजस के बाद सैयद बन्धुओं ने सन् 1713 ई. में दिल्ली की गद्दी के लिए हुए युद्ध में अज़ीम-उश-शान के पुत्र फ़र्रुख़सियर का खुलकर साथ दिया, यह प्रमाणिक इतिहास है। उनके सक्रिय सहयोग से ही फ़र्रुख़सियर ने अपने चचा जहाँदार शाह की हत्या कर दी थी। फ़र्रुख़सियर अपने पिता की मृत्यु का बदला

लेना चाहता था। इस कृत्य में सैयद बन्धुओं में से एक सैयद हुसैन अली ख़ान, जो उस समय बंगाल का नायब सूबेदार था, और अब्दुल्ला ख़ान, जो इलाहाबाद का सूबेदार था, ने एक रणनीति के अन्तर्गत फ़र्रुख़सियर का साथ दिया था।

यह बात सही थी कि अगर सैयद भाई फ़र्रुख़सियर का साथ न देते तो इतिहास का रुख कुछ और ही होता। तब फ़र्रुख़सियर ने थोड़ा कूटनीति से काम लिया और जहाँदार शाह को ठिकाने लगाने के लिए षड्यंत्र में व्यापक तैयारियाँ की गईं। इसमें सैयद बन्धुओं को मुख्य रूप से शामिल किया। 10 जनवरी, 1713 को वर्तमान आगरा के निकट हुई सीधी सैन्य कार्रवाई में सैयद बन्धुओं के नेतृत्व में तत्कालीन शहंशाह जहाँदार शाह को परास्त कर दिया गया। बाद में फ़र्रुख़सियर ने अपने ताऊ की हत्या के बाद उनके सिर को एक ऊँची लाठी में बाँधकर हाथी पर लेकर शहर में घुमवाया। उसके मृत शरीर को दूसरे हाथी पर ले जाया गया था। इस प्रकार सैयद बन्धुओं की मदद से फ़र्रुख़सियर को सत्ता मिल गई थी। इस घटना के बाद सैयद बन्धुओं की तूती बोलने लगी। फ़र्रुख़सियर के न चाहते हुए भी इन दोनों भाइयों को महत्त्वपूर्ण पदों पर आसीन कराना पड़ा।

प्रसिद्ध लेखक ख़ाफ़ी ख़ाँ के अनुसार, "फ़र्रुख़सियर की यह प्रथम भूल थी कि उसने अब्दुल्ला ख़ाँ को अपना वज़ीर बनाया। सैयद बन्धुओं को इतने महत्त्वपूर्ण पद देने से ईरानी तथा तूरानी सरदारों की ईर्ष्या भड़क उठी और उन्होंने इन दोनों बन्धुओं तथा बादशाह के बीच षड्यंत्र करना शुरू कर दिया।"

2

एक इतिहास यह भी

अबुल फरा के तीसरे बेटे नज़्म-उद-दीन हुसैन को जगनेरी सैयदों का वंशज माना जाता है जो पहले मुज़फ़्फ़रनगर जनपद के उत्तर-पश्चिम के बिदौली इलाक़े में बसे हुए थे। कई पीढ़ियों बाद उनमें से एक सैयद फ़क्र-उद-दीन जौली परगना के पलड़ी गाँव में जा बसे थे। इस सैयद ने न केवल पलड़ी, बल्कि चन्दौरी-चन्दौरा, तुलसीपुर और खेरी में भी ज़मीनें ख़रीदकर उनके मालिकाना हक़ों को प्राप्त किया था। यह ज़मीनें लम्बे समय तक उस परिवार के हाथों में रहीं। बाद के दिनों में एक व्यापक सूखे के दौरान सैयदों ने जानसठ परगना के पलड़ी गाँव की ज़मीनों के दसवें अंश को छोड़कर सभी ज़मीनें अपने क़ब्ज़े से मुक्त कर दीं। जानसठ के जगनेरी सैयद बाद के समय में खेती या नौकरी कर अपनी गुज़र-बसर करते रहे। उनमें से कई पानीपत और दिल्ली के इलाक़ों की ओर कूच कर गए जहाँ उन्होंने अपने लिए रोज़गार के अवसर तलाशे।

बिदौली परिवार के तत्कालीन मुखिया मुहम्मद हुसैन उस जमाने में अवध के नाजिम हुआ करते थे। उनके भतीजे मेहंदी हसन ने 1857 के संघर्ष के दौरान ईस्ट इंडिया कम्पनी के कई भगोड़ों के जीवन की रक्षा की थी। इसीलिए उसे पेंशन मिलती थी तथा बिदौली में ज़मीन भी मिली थी। वहाँ उसने ख़ुद को अपने इस इलाक़े की बेहतरी में लगा दिया। उसने इस कम उर्वरा ज़मीन को उपयोगी बनाने का काम किया। लगन और देखभाल से यह ज़मीन अच्छी-ख़ासी पैदावार देने योग्य हो गई थी। यह पैदावार इतनी थी कि बारहा सैयद परिवार के स्तरीय जीवन-यापन के लिए पर्याप्त थी।

अन्त में कुंडलीवाला सैयद थे, जो मझेड़ा में जा बसे अब्दुल फाजिल के वंशज थे। बाद के दिनों में मझेड़ा का यह गाँव सिर्फ मिट्टी के विशालकाय टीलों की बर्बादी के रूप में ही शेष बचा था, परन्तु मझेड़ा से मीराँपुर तक के मार्ग के दो मील तक मिले भवनों के भग्नावशेष बताते हैं कि कभी यह कितना स्थापत्य-समृद्ध गाँव रहा होगा। यह योगदान मात्र सैयद बन्धुओं और उनके परिजनों का

था। इनके बीच की बलिपुरा नाम की जगह तब मुझेड़ा गाँव का एक मोहल्ला हुआ करता था।

सैयद अब्दुल फाजिल के वंशजों में बहादुर योद्धा सैयद महमूद का भी नाम गर्व से लिया जाता था। वह मनकोट में सिकन्दर सुर के साथ रहा था, परन्तु अफ़गानों के कमजोर पक्ष को देखकर वह उनकी जगह अकबर के पाले में चला आया था। अकबर के शासन के पहले ही साल में वह चर्चित योद्धा हेमू के नेतृत्व में मुहम्मद शाह की सेनाओं से लड़ा था। सन् 1557, यानी दूसरे वर्ष में वह अजमेर के अभियान में व्यस्त रहा। बाद में वह जितासरन क़िले पर क़ब्ज़ा करने की कार्रवाई में भी शामिल था। यही नहीं उसने आगरा जनपद में भदौरिया वंश के रियासत की बग़ावत को कुचलने में भी सहयोग किया था। सन् 1561 में वह दिल्ली के निकट एक जायदाद पाने में सफल हुआ। सन् 1574 में उसने अपने अमरोहा शाखा के सैयदों के साथ मिलकर ओरछा के राजा मधुकर शाह के विरुद्ध अभियान में भी भागीदारी की थी।

सैयद महमूद की सन् 1574 में मृत्यु हुई। उसे मझेड़ा में दफनाया गया। जहाँ उसे दफनाया गया था, उसी स्थान पर उसका मक़बरा बनाया गया, जो आज भी मौज़ूद है। इस पर अभी भी अरबी भाषा में लिखी इबारतें पढ़ी जा सकती हैं। सैयद महमूद के विषय में एक आम धारणा यह थी कि वह थोड़ा असुसंस्कृत प्रवृत्ति का व्यक्ति था, परन्तु अदम्य साहसी था और उदार हृदय का स्वामी था। अकबर के दरबार में उसके साहस की प्रशंसा होती थी, पर उसकी असभ्य भाषा का उपहास भी उड़ाया जाता था। यह भी सही है कि शहंशाह अकबर का उस पर अनंत भरोसा था।

बताते हैं कि ओरछा के राजा मधुकर शाह के विरुद्ध अभियान से वापसी पर सैयद महमूद ने राजा अकबर के दरबार में जो आँखों देखा विवरण प्रस्तुत किया, उसमें 'मैं' शब्द का बार-बार और ज़रूरत से अधिक बोला जाना दरबार के अमीरों को पसन्द नहीं आया। दरबारी आसफ ख़ान ने उसे टोकते हुए इस बात का इशारा किया और बादशाह से कहा, "हुज़ूर, आपकी जीत का श्रेय शहंशाह के इक़बाल (इक़बाल-ए-पादशाही) को जाता है।"

अपने सरल स्वभाव के कारण आसफ ख़ान के 'इक़बाल' शब्द को उसने एक दरबारी इक़बाल का नाम समझकर ऐतराज करते हुए कहा, "आपको झूठ बोलने की क्या ज़रूरत है? इक़बाल-ए-पादशाही मेरे साथ नहीं था। वहाँ पर मैं था, और मेरे भाई। हमने घुड़सवारों की मदद से मिलकर दुश्मन को धूल चटाई।"

अकबर बादशाह ने मुस्कुरा कर मसले को रफा-दफा किया। शहंशाह ने महमूद के अभियान की प्रशंसा की और उसे तोहफ़ों से नवाज़ा।

एक बार सैयद महमूद से पूछा गया कि वह बारहा सैयदों की उत्पत्ति सच

में कितनी पीढ़ियों पूर्व मानता है? यह एक संयोग था कि जिस जगह वह खड़ा था वहाँ आग जल रही थी। वह उस आग में कूद पड़ा और कूदने से पूर्व बोला, "अगर मैं सच्चा सैयद हूँ, तो यह आग मुझे नहीं जला सकेगी, और यदि नहीं, तो मैं यहीं भस्म हो जाऊँगा।"

वह एक घंटे तक उस आग में जलता रहा और आसपास खड़े लोगों के बहुत मान-मनव्वल के बाद ही उससे निकला। कहते हैं कि इसके बावजूद वह नहीं जला, यही नहीं उसके पैरों में पहनी गई मखमली जूतियों पर भी आग चमत्कारिक रूप से अप्रभावी रही थी।

इन सैयद बन्धुओं में से एक सैयद अल्हु का मक़बरा चुनार में है। अकबर के शासन काल में सैयद अहमद दो हज़ार सैनिकों के कमांडर के रूप में बादशाह की सेना की टुकड़ी को सँभालता था। वह कुछ समय तक गुजरात में पाटन नामक जगह का सूबेदार भी रहा। सन् 1574 में उसकी मृत्यु हुई और उसकी स्मृति में मक़बरे का निर्माण किया गया। उसके मक़बरे को एक पवित्र स्मारक का दर्जा दिया गया। उसे और उसके चार अन्य भाइयों को 'पाँच शहीद' कहा गया।

सैयद यूसुफ और सैयद वली मुहम्मद ख़ान सैयद अल्हु के पौत्र थे। इन वली मुहम्मद ख़ान का बेटा कमाल-उद-दीन ख़ान उर्फ़ जमाल-उद-दीन ख़ान थे। सईद ख़ान को भी जमाल-उद-दीन के नाम से जाना जाता था। पहला जमाल-उद-दीन ख़ान चित्तौड़ की घेराबन्दी में शहीद हो गया था। सैयद इस्माइल और सैयद इशहाक दूसरी पत्नी के बेटे थे। मझेड़ा दो सैयद परिवारों के बीच बँटा था। इस प्रकार इस्माइल और इशहाक को एक-चौथाई हिस्सा मिला, जबकि दूसरे भाइयों को छठवाँ हिस्सा ही मिला। इस प्रकार पट्टी इस्माइल और पट्टी इशहाक पट्टी मुनव्वर और अल्हु से कहीं बड़ी जगह में थी। पट्टी माखन की महत्ता बढ़ गई थी और उसे बाद में एक अलग ही गाँव के रूप में जाना गया।

सैयद महमूद ख़ान का मक़बरा मक्खनपुर में है, जबकि सैयद माखन और उसके बेटे सैयद सैफ़ ख़ान, जो पिता से पूर्व ही मृत्युलोक को प्राप्त हुआ, के संगमरमर से बने मक़बरे भी इसी गाँव में हैं। पट्टी अल्हु का वलीपुरा इलाक़े, जो बाद में बलिपुरा के नाम से जाना गया, को सैयद वली मुहम्मद के नाम से बसाया गया था। सैयद कासिम और सैयद हाशिम गुज़रात में सैयद अहमद के अधीन काम करने के समय अपनी बहादुरी का लोहा मनवा चुके थे। इसके एवज में उन्हें अजमेर में एक ज़ागीर का आवंटन भी किया गया था। उनको अक्सर युद्ध अभियानों में प्रथम पंक्ति में लड़ने के लिए बुलाया जाता था। सैयद हाशिम भूमा परगना के अन्तर्गत हाशिमपुर में बस गए थे। उनकी अहमदाबाद के पास सर्किच के युद्ध में जान चली गई। इस युद्ध में उसी जगह सैयद कासिम भी ज़ख़्मी हुए थे।

सैयद कासिम के घाव के ठीक हो जाने के बाद उनको पाटन का थानेदार

बनाया गया। उसे सन् 1598 में उसकी मृत्यु तक लगातार वही सम्मान दिया गया, जैसा पहले दिन दिया गया था। उसका परिवार मेरठ के मवाना क़स्बे में जा बसा था, जहाँ उनको 21 गाँवों का वर्चस्व दिया गया था। सैयद अली असगर सैफ़ ख़ान को सैयद महमूद का पुत्र बताया जाता है, परन्तु कई लोग उसे सैयद महमूद के भाई के रूप में जानते हैं। बादशाह जहाँगीर ने भी अपने संस्मरणों में सैयद कासिम को खुसरू के युद्ध में उसकी भूमिका के लिए याद किया था। सैयद आलम खेड़ी सराय में आ बसा और उसके पौत्र हिजाबर ख़ान ने तिसंग गाँव को बसाया। सैयद सलीम मेरठ जनपद के महमूदपुर में जा बसा था पर बाद में उसके परिवार का कुछ पता नहीं चला। शायद वे लोग वहाँ से कहीं और जा बसे होंगे।

मुग़ल बादशाह जहाँगीर ने अपने संस्मरण 'तुजुक-ए-जहाँगीरी' में लिखा है—

"मैंने अली असगर बाराह को शेख़ ख़ाँ की उपाधि दी जिससे वह अपने बराबर वालों में और रिश्तेदारों में बड़ा माना जाने लगा। इसका पिता शेख़ फरीद सईद महमूद ख़ान बारहा मेरे पिता के पुराने सरदारों में से था और बड़ा वीर तथा जोशीला था। उसने अपने जीवन में कोई मादक वस्तु ग्रहण नहीं की थी। मैंने उसको तीन हज़ार का मनसब दिया।"

सैयद शुजाअत ख़ान सम्भवत: सैयद जहाँगीर का पुत्र था, जो सैयद महमूद का बेटा था। सैयद जहाँगीर का दिल्ली दरबार में बहुत मान-सम्मान था, और इसी कारण उसे ज़ागीर का आवंटन भी किया गया था। उसे बिजनौर में भी कुछ अतिरिक्त भूमि का आवंटन किया गया था। उसने जहानाबाद बसाया जहाँ शुजाअत ख़ान ने एक मस्जिद का निर्माण भी कराया था, जो उस समय बहुत प्रसिद्ध हुई थी।

शुजाअत ख़ान के पास लगातार यह जायदाद रही, पर सन् 1857 के ग़दर में उनकी और उनके परिजनों की भूमिका के दृष्टिगत ब्रिटिश हुकुमत ने यह ज़मीनें जब्त कर लीं। तब वे लोग तिसंग में अपने भाई-बन्धुओं पर निर्भर रहे। सैयद बयाज़िद, जो अकबर के शासन काल में गुजरात में तैनात थे, को भी इन्हीं सैयद बन्धुओं के परिवार का ही बताया जाता है। शाहजहाँ के समय में इनको 2000 सिपाहियों का कमांडर बनाया गया था, उन्हें बादशाह की ओर से मुस्तफा ख़ान की पदवी दिए जाने का भी उल्लेख है।

सैयद छज्जू, जिसका सन् 1559 में निधन हो गया था और जिन्हें ग्राम मझेड़ा में दफनाया गया था, को भी सैयद महमूद का भाई बताया जाता है परन्तु स्थानीय तौर पर किसी सूची में उसका कोई सन्दर्भ नहीं मिलता। इसके अतिरिक्त ऐसे भी सैयद हैं जिनको मुग़ल दरबार से प्रश्रय मिलता था, पर जिनके परिवारों का बाद में कुछ अता-पता नहीं चला। इनमें मुख्य रूप से सैयद लाड का नाम लिया जा सकता

है, जो गुजरात और दक्षिण भारत में शाही पक्ष की ओर से तैनात थे।

बाद में कुंडलीवाल सैयदों के परिवार, मझेड़ा, हाशिमपुर, तिसंग, बलिपुरा और तन्ढेरा में रहते थे। उनमें से अधिकांश पूरी तरह से निरक्षर थे। उनकी बिरादरी के कई लोग उस समय मजदूरी का काम कर गुज़र-बसर किया करते थे। फिर भी कुछ परिजनों ने हुकूमत के प्रश्रय से प्रशासन में उच्च स्थान पाने में कामयाबी हासिल कर ली थी। सैयद इमदाद हुसैन ऐसा ही एक सैयद था, जिसने अपने परिवार की इच्छा के विपरीत 1857 में ईस्ट इंडिया कम्पनी की हुकूमत का साथ दिया था। इनाम के तौर पर उसे तहसीलदार का पद और जौला ग्राम में ज़मीन के पट्टे आवंटित किए गए थे।

सैयदों के बलिपुर शाखा के परिवार भी ग़दर के दिनों में सम्पन्न रहे। इनके अलावा, मेरठ तथा बिजनौर के मेमन, चाँदपुर तथा जहानाबाद में निवास करते थे, पर वह इतिहास की गर्त में विलुप्त हो गए, और उनका उन्हीं दिनों कुछ अता-पता नहीं रहा। कहा जाता है कि जो लोग दुर्भिक्ष अथवा युद्ध में नहीं मरे, या मराठों अथवा अंग्रेजों के हथियारों से बच निकले, उन्होंने अवध में जाकर शरण ली। इसलिए उनका मुज़फ़्फ़रनगर के इतिहास में कोई जिक्र नहीं मिलता। इस परिवार का मझेड़ा में एक मक़बरा और है जिसमें सन् 1592 में मृत्युलोक को जानेवाले मीर सैयद हुसैन के अवशेष संरक्षित हैं।

इतिहासकार मानते हैं कि सैयद बन्धुओं का पतन उनकी तिरहानपुर शाखा के पतन के साथ ही आरम्भ हो गया था। लोगों ने इस विखंडित सैयद परिवार के हिस्सों को लूटने की प्रक्रिया में भाग लिया, कुछ ने नीति और चतुराई के बल पर, कुछ ने धोखे और शक्ति बल के साथ। करनाल के नवाब के वारिसों को भी मुज़फ़्फ़रनगर परगना सैयद भाइयों के पूर्वजों की विरासत की ज़ागीर में ही मिला। पूर्व में यही जायदाद सैयद ख़ानजहाँ के वारिसों के क़ब्ज़े में हुआ करती थी। करनाल के नवाब के वारिसों को और भी जायदादें मिली थीं, पर मुज़फ़्फ़रनगर की जायदाद उनके नाम होने से यहाँ सैयद बन्धुओं का अधिकृत रूप से सफाया हो गया। अभी तक सैयद बन्धु अफ़गान, मराठा और ब्रिटिश सत्ता के इशारों पर चल कर सत्ता का सुख भोगते आए थे, पर परिस्थितियाँ बहुत तेज़ी से बदल रही थीं। सन् 1783 में आए दुर्भिक्ष के कारण हुई भुखमरी का मुज़फ़्फ़रनगर जनपद पर भी व्यापक प्रभाव पड़ा था।

अब्दुल फराह वास्ती के इन वंशजों का प्रभाव क्षेत्र मुख्य रूप से मुज़फ़्फ़रनगर ज़िले की जानसठ तहसील सदर एवं खतौली तहसील सहित निकटवर्ती भू-भाग रहा है। इसमें मेरठ ज़िले का समीपवर्ती इलाक़ा भी सम्मिलित किया जा सकता है। जैसे-जैसे मुग़ल शहंशाहों की शक्ति और साम्राज्य में वृद्धि हुई, वैसे ही वैसे लगातार बारहा सैयदों के पदों एवं राजनीतिक दायित्व में भी बढ़ोतरी होती गई। बादशाह

अकबर के सम्पूर्ण शासनकाल में वे तेज़ी से आगे बढ़े। ऐसे ही उसके उत्तराधिकारी जहाँगीर के काल में वे पर्याप्त संख्या में उनके मनसबों और पदों पर तैनात किए गए। शाहजहाँ के काल में भी उनकी यही महत्त्वपूर्ण स्थिति बनी रही। शाहजहाँ और औरंगज़ेब दोनों के ही समय में उनका महत्त्व भली-भाँति समझा जाता था। औरंगज़ेब के उत्तर काल की अवधि में ये बिहार में नियुक्त रहे। औरंगज़ेब काल के कई अभिलेखों में बारहा सैयदों के सामरिक महत्त्व को मानना दर्शाया गया है। इसके बावजूद यह औरंगज़ेब की दूरदृष्टि कही जा सकती थी कि उसने इन भाइयों के कार्यकलापों पर सदैव गुप्त रूप से कड़ी नज़र रखे जाने को भी ज़रूरी बताया था। ऐसा प्रतीत होता है कि बादशाह औरंगज़ेब बारहा सैयदों के पराक्रम, शौर्य तथा स्पष्टवादी स्वभाव को भावी मुग़ल साम्राज्य के विरुद्ध किसी विद्रोह के लिए सम्भावित शक्ति के रूप में देखता रहा हो।

जनपद मुज़फ़्फ़रनगर के बारहा सैयदों से पहले की स्थिति पर नज़र डालने से पता चलता है कि तब इस ज़िले का काफ़ी बड़ा हिस्सा यानी लगभग आधा मुज़फ़्फ़रनगर वन्य भाग रहा था। ज़िले के मूल निवासियों में मुख्यतः ब्राह्मण, ठाकुर, कहार, झींवर तथा अनुसूचित जातियों से सम्बन्ध रखनेवाले लोग ही अधिक हुआ करते थे। वैसे तब तक किसानी के काम में अच्छा-ख़ासा दख़ल रखनेवाली कौम, यानी जाटों का भी व्यापक आगमन पंजाब तथा राजस्थान की ओर से इस जनपद में हो चुका था।

मुग़ल बादशाह अकबर और अन्य मुग़ल शहंशाहों के शासनकाल में बारहा सैयदों को प्रमुख सैन्य अभियानों पर भेजा जाता था। उनको सेना के नेतृत्वकारी दस्ते के रूप में भेजा जाता था। प्रायः यह निश्चित हुआ करता कि वे सेना के हरावल दस्ते में रहकर शत्रुओं से लोहा लेंगे, जिसमें आम तौर पर वे सफल होते। इस प्रकार अगर कहा जाए कि उन्होंने तत्कालीन मुग़ल बादशाहों के मन में अपने कार्यों और वीरता से सम्मानपूर्ण जगह बनाई।

अकबर के शासनकाल के 21वें वर्ष में अजमेर के हिन्दू सरदारों के विरुद्ध एक भारी सैन्य अभियान चलाया गया था। इसमें बारहा सैयदों ने सैन्य बल के अग्र भाग में रह अपने परम्परागत शौर्य का प्रदर्शन किया। इस अभियान में उन्हें सफलता भी मिली। फिर अकबर के शासन काल के 41वें वर्ष में इसी सैयद वंश के प्रख्यात योद्धा सैयद जलाल को दक्षिण अभियान पर भेजा गया था। यह अभियान बेहद सफल रहा। खुसरो के विरुद्ध चलाए गए अभियान में भी सैयद वंश के सैफ़ ख़ान ने ग़ौरवपूर्ण सेवाएँ दीं। सैयद महमूद का यह पुत्र युद्ध में वीरतापूर्वक मुक़ाबला करते हुए डेढ़ दर्जन से अधिक जख़्मों के बावजूद मैदान में डटा रहा। इसी युद्ध में सैयद जलालुद्दीन ने भी जम कर संघर्ष किया था। शरीर पर मरणान्तक घाव के बावजूद उसने युद्ध-स्थल से पलायन नहीं किया।

बारहा सैयदों के विषय में एक कहावत आज भी प्रचलित है—

तेहनपुरी तीखी अनी,
छातरोडी साल।
जगनेरी जगमग करें,
असल कुंडली वाल।

अगर लोकभाषा में इस मुहावरे के अर्थ की बात करें तो यह दर्शाता है कि बारहा सैयदों की चार शाखाएँ हैं। इन चारों में से सबसे तीखे स्वभाव वाले लोग तेहनपुरी होते हैं। इसमें तेहनपुरी सैयदों के स्वभाव की उपमा तीखी अनी (धातु के बने तीर की नुकीली नोक) से की गई है। अर्थात इस शाखा के सैयद किसी भयंकर नुकीले तीर की नोक के समान तीखे स्वभाव के होते हैं। इसी कहावत का दूसरा अर्थ यह भी कहा जाता है कि छतरोडी शाखा के सैयद बहुत ही सीधे स्वभाव के होते हैं। यहाँ उनके स्वभाव की तुलना उस वृक्ष की लकड़ी से की गई है जो न केवल इमारती लकड़ी के लिए सर्वाधिक उपयुक्त होती है, बल्कि वह सीधी और हर लम्बाई तक एक सी सपाट हुआ करती है। उन लोगों को साल वृक्ष की लकड़ी की उपमा दी गई है।

इस लोकोक्ति में जगनेरी शाखा के बारहा सैयदों के लिए जो शब्द समूह उपयोग में लाया गया है, उसमें कहा गया है—'जगनेरी जगमग करें', अर्थात वे सौम्य और विचारशील सैयद थे। उनमें से अधिकतर मौलवी और संत प्रवृत्ति के रहे, इसलिए वहाँ से इधर-उधर चले गए। इनमें से काफ़ी सिंध में पाए जाते हैं। वहाँ उनके वंशज आज भी धार्मिक गुरुओं की परम्परागत स्थिति में रहते हैं, और इसी लिए जाने जाते हैं।

इस छन्द के आख़िरी भाग में बारहा सैयदों की कुंडलीवाल शाखा का जिक्र किया गया है। यहाँ उनको 'असल कुंडलीवाल' कहा गया है। अर्थात बारहा सैयद वंश की चारों शाखाओं में वास्तविक प्रभाव कुंडलीवाल शाखा को ही था। यह इसलिए कहा जाता है कि ग्यारह वर्षीय अकबर के प्रधान संरक्षक बैरम ख़ान और बारहा सैयद वंश के सैयद महमूद के बीच मानकोट के युद्ध से ठीक पहले आपसी सहमति बन गई थी। फलस्वरूप सैयद महमूद ने अपने स्वामी सिकन्दर सूर से विश्वासघात कर यह चर्चित करा दिया था कि मानकोट के इस युद्ध में संघर्ष से एक़दम पहले सूर सुलतान के तोपख़ाने पर मुग़ल सेना ने अचानक अधिकार कर लिया था। युद्ध में तोपख़ाना छिन जाने से सिकन्दर सूर की पराजय हुई और मुग़लों को विजयश्री मिली। सैयद महमूद ने अपनी सेवाएँ बैरम ख़ान को अर्पित कर दी थीं। उसी के बदले में उसे तथा उसके वंश के अन्य लोगों को ऊँचे पदों से विभूषित किया गया था।

तब से लेकर उत्तर मुग़ल के पहले भाग तक बारहा सैयदों को मुग़ल दरबार में विशेष सैन्य सम्मान प्राप्त रहा। चूँकि इस परम्परा का प्रारम्भ कुंडलीवाल शाखा के सैयद महमूद से हुआ, इसलिए इस महत्त्वपूर्ण ऐतिहासिक तथ्य को लोकोक्ति में छन्दबद्ध किया गया है, और उन्हें कहा गया है 'असल कुंडलीवाल'!

इस प्रकार यह स्पष्ट है कि प्रारम्भिक मुग़ल काल में कुंडलीवाल सैयद अपेक्षाकृत अधिक प्रभावशाली और महत्त्वपूर्ण पदों पर नियुक्त रहे थे। पर हमेशा ही ऐसा रहा हो, यह नहीं हो सका। बाद में सैयदों की तेहनपुरी शाखा के सैयद अपेक्षाकृत अधिक महत्त्वपूर्ण स्थिति में पहुँच गए। उदाहरण के रूप में सैयद अब्दुल्ला ख़ान और उनके पुत्रों सैयद हसन अली उर्फ़ सैयद अब्दुल्ला ख़ान और सैयद अली के नामों का उल्लेख किया जाता है।

ऐतिहासिक तथ्य यह है कि सैयदों की कुंडलीवाल शाखा के मुग़ल मनसबदार सैयद महमूद ने ही सबसे पहले तैमूर वंश के अधीन सेवा कार्य प्रारम्भ किया था। सन् 1556 में वही पहला बारहा सैयद था जिसे मुहम्मद शाह के विरुद्ध युद्ध का सामना करने के लिए चुना गया था। इस ऐतिहासिक और कड़े युद्ध में अकबर की सेनाओं को भारी विजय मिली थी। इससे अगले ही वर्ष यानी सन् 1557 ईसवीं में उसे अजमेर के हिन्दू सरदारों के विरुद्ध सैन्य अभियान में भेजा गया। बाद में जीता शरण के क़िले को हासिल करने में भी मुग़ल सेनाओं ने सैयदों का साथ लिया। आगरा जनपद के हथकंठ के भदौरिया राजपूत सरदारों के ख़िलाफ़ भी इन सैयदों को ही अभियान पर भेजा गया था। यहाँ भी उन्होंने सम्मानजनक सफलता हासिल की थी।

सन् 1561 में कुंडलीवाल सैयदों की उत्कृष्ट सेवाओं के लिए मुग़ल बादशाह द्वारा उनको दिल्ली के समीप एक ज़ागीर देकर पुरस्कृत किए जाने का भी इतिहास में जिक्र है। सन् 1574 में सैयद महमूद को अमरोहा के सैयदों के साथ बुन्देलखंड के ओरछा राज्य के राजा मधुकर शाह के विरुद्ध युद्ध में भाग लेने के लिए भेजा गया था। उसे मुज़फ़्फ़रनगर के अन्तर्गत आनेवाले उसके पैतृक गाँव मझेड़ा में दफनाया गया था। यहाँ आज भी कलात्मक रूप में बना उसका गुंबदनुमा मक़बरा मौज़ूद है जिस पर अरबी लिपि में अंकित है—

"सैयद महमूद सीधे-सादे आचार-विचार वाले पुरुष थे। उनका व्यक्तित्व महान था, उनमें महान व्यक्तिगत साहस और उदारता विद्यमान थी।"

बारहा सैयद वंश के ही सैयद अहमद को बादशाह अकबर ने दो हज़ारी मनसबदार के पद पर नियुक्त किया था। उन्हें गुजरात के पाटन का सूबेदार बनाया गया था। सन् 1574 में उनकी वहीं मृत्यु हो गई। वह और उनके चार भाइयों के मजार आज भी 'पंचशहीद' के नाम से मौज़ूद हैं। इसी वंश के सैयद मुजुक और सैयद वली मुहम्मद ख़ान की भी इतिहास में चर्चा होती है। वली मुहम्मद के वंशजों

में कमालुद्दीन ख़ान उर्फ़ जमालुद्दीन ख़ान तथा सैद ख़ान उर्फ़ जमालुद्दीन ख़ान की मौत चित्तौड़ की घेराबन्दी में हुई थी।

सैयद इस्माइल और सैयद इशहाक दूसरी पत्नी से पैदा थे, इसलिए मझेड़ा के सैयदों को दो परिवारों में विभाजित किया गया। इन दोनों को एक-चौथाई हिस्सा मिला, जबकि पहली पत्नी से उत्पन्न छह पुत्रों में से प्रत्येक को छठवाँ हिस्सा मिला। इसलिए पट्टी इस्माइल और पट्टी इशहाक का रकबा पट्टी मुनव्वर और पट्टी अल्लहू से बड़ा माना जाता है। पट्टी माखन का महत्त्व कुछ बढ़ गया था इसलिए उसे राजस्व अभिलेखों में अलग गाँव के रूप में इंगित किया जाता है। माखनपुर गाँव में सैयद महमूद ख़ान के परिजनों के मक़बरे भी हैं जिनके निर्माण में संगमरमर का उपयोग किया गया है। वलीपुरा पट्टी अल्लहू में स्थित है जिसे वलीपुरा के नाम से ही जाना जाता है। इसका नाम वली मुहम्मद के नाम पर वलीपुरा पड़ा था। इन दृष्टान्तों से स्पष्ट है कि मुज़फ़्फ़रनगर के रहनेवाले सैयद बन्धुओं ने तत्कालीन भारतीय राजनीतिक फलक पर स्वयं के लिए महत्त्वपूर्ण जगहें हासिल कर ली थीं। यह स्थान वास्तव में उन बारहा सैयदों में आनुवंशिक सैन्य नेतृत्व की गुणवत्ता होने के कारण प्राप्त किया जा सका था।

इसी जनपद के ही सैयद कासिम और सैयद हाशिम भी सैयद अहमद के साथ ही गुजरात में तैनात थे। उन्होंने भी वहाँ उच्च कोटि के सैन्य संचालन और शौर्य का प्रदर्शन किया था। इसीलिए मुग़ल बादशाह ने उन्हें इनाम के रूप में राजस्थान के अजमेर जनपद में एक ज़ागीर का मालिकाना हक़ दिया। इन सैयद हाशिम का परिवार बाद में हाशिमपुर में बस गया था। यह गाँव मुज़फ़्फ़रनगर के भूमा परगना में आता था।

अहमदाबाद के निकट हुए एक युद्ध, जिसे इतिहास में 'सरकिच का युद्ध' के नाम से जाना जाता है, में संघर्ष के दौरान सैयद हाशिम की मृत्यु हुई थी। इसी युद्ध में उसका भाई सैयद कासिम भी गम्भीर रूप से घायल हुआ था, परन्तु समय पर और उचित उपचार से वह स्वस्थ हो गया। तब उसे गुजरात के पाटन का थानेदार तैनात किया गया। सन् 1598 में जब उसकी मृत्यु हुई, तब तक वह पाटन के थानेदार के रूप में तैनात रहा।

सैयद कासिम का परिवार बाद में मेरठ जनपद की तहसील मवाना में बस गया था, जहाँ उसे एक ज़ागीर आवंटित की गई थी। ब्रिटिश काल तक सैयद कासिम के इस परिवार के पास 21 गाँवों की ज़ागीर के मालिकाना हक़ हुआ करते थे।

कई जगह असगर ख़ान को सैयद महमूद का बेटा बताया गया है, जो अप्रमाणिक है। स्थानीय लोग उसे महमूद के भाई के रूप में ही जानते थे। सैयद आलम की बसाहट खेड़ी सराय में हुई और उसके पुत्र हिजबर ख़ान ने तिसंग गाँव को बसाने का काम किया। इनमें से सैयद सलीम मेरठ जनपद में आकर बस गया था, परन्तु

यहाँ उसका परिवार छिन्न-भिन्न हो गया। सैयद महमूद के बेटे सैयद जहाँगीर ने दिल्ली की कमान सँभाली। वहाँ उसे एक बड़ी ज़ागीर मिली थी जिसे 'अज गंग बा तिसंग' कहा जाता है। उसे निकटवर्ती जनपद बिजनौर में भी एक ज़ागीर के आवंटन किए जाने का जिक्र आता है। इस जनपद में उसने जहानाबाद नामक क़स्बा बसाया। वहाँ पर सुजात ख़ान ने एक़ मक़बरा बनाया था, जिसे बहुत चर्चा मिली। कुछ समय तक सैयद जहाँगीर को राज्य का संरक्षण प्राप्त था, इसलिए उसे कोई असुविधा नहीं हुई। बाद में विद्रोहियों ने इस जायदाद पर अवैध क़ब्ज़े कर लिए। परिणामस्वरूप उसके वंशज और सम्बन्धी अपने तिसंग वाले सम्बन्धियों के आश्रित बन गए।

यह भी कहा जाता है कि अकबर के शासन काल का एक दरबारी सैयद बयाज़िद इन्हीं सैयद जहाँगीर के परिवार से वास्ता रखता था। मुग़ल बादशाह शाहजहाँ के शासनकाल में उसे दो हज़ार सैनिकों की टुकड़ी का सेनानायक बनाए जाने का उल्लेख है। उसे मुस्ताफ़ ख़ान के नाम से जाना जाता था। कहा यह भी जाता है कि सन् 1559 में देहांत हुए सैयद छज्जू भी उनके भाई हुआ करते थे। उन्हें मझेड़ा में दफनाया जाना बताया जाता है परन्तु इतिहास में कहीं उनकी चर्चा नहीं होती।

बाद में सैयदों की शाखा कुंडलीवाल के लोग मझेड़ा, हाशिमपुर, तिसंग, बलीपुरा और टंढ़ेडा आदि अनेक अलग-अलग गाँवों में जा बसे थे। वहाँ के अधिकांश लोग निरक्षर थे। वे कम स्तर के शारीरिक श्रम वाले काम यथा मजदूरी आदि कर अपनी गुज़र-बसर किया करते थे, पर सैयदों में से जो पढ़े-लिखे थे, उनकी बेहतर जगहों पर तैनाती हो गई थी। इनमें से सैयद इमदाद हुसैन को तहसीलदार बना दिया गया था और जौला गाँव की ज़ागीर भी इनाम में मिली।

बीच में एक और परिस्थिति का धीरे-धीरे निर्माण हो रहा था, जो सैयद परिवारों के लिए हानिकारक बनी। रुहेला पठान नजीब-उद-दौला था तो निरक्षर, लेकिन चीज़ों को देखने और सामरिक महत्त्व की बातों को समझने का उसे नैसर्गिक रुझान प्राप्त था। वह अपने बड़े बेटे और परिवार को लेकर अफ़गानिस्तान से भारत आया था। तत्कालीन रुहेले सरदार अली मुहम्मद ख़ान ने उसे पैदल सैनिक के रूप में अपनी सैन्य टुकड़ी में भर्ती कर लिया। थोड़े ही समय में नजीब ने अपनी सैन्य सूझबूझ का परिचय दिया। अली मुहम्मद उसकी लगन, गुणों और भक्ति से बहुत प्रसन्न हुआ और उसे प्रोन्नति दे दी। देखते-ही-देखते नजीब-उद-दौला एक सेनापति के रूप में विख्यात हो चला।

मुहम्मद शाह के शासनकाल में जब वज़ीर कमरुद्दीन ने बारहा सैयदों के विनाश के लिए राजनीतिक परिस्थितियाँ निर्मित कर दीं, तो वह अली मुहम्मद के एक प्रमुख सैन्य सरदार के रूप में शाही सेना के एक महत्त्वपूर्ण अंग के रूप में इस अभियान में सम्मिलित था। ऐसा इसलिए भी था कि सैयद बन्धुओं के पतन के

उपरान्त उनके कट्टर शत्रु कमरुद्दीन ने बारहा सैयद वंश और मुख्यत: तेहनपुरी शाखा के सैयद बन्धुओं के बचे-खुचे सजातीय समर्थकों को नष्ट करने का षड्यंत्र रच डाला था।[1] इसी षड्यंत्र के अन्तर्गत सन् 1737 ईसवी में बादशाह के आदेश से जानसठ पर आक्रमण करने के लिए भारी संख्या में सैन्य दस्ते मुज़फ़्फ़रनगर जनपद में प्रविष्ट कराए गए थे।

बारहा सैयदों के विरुद्ध किसी षड्यंत्र के फलस्वरूप देश के बादशाह द्वारा सैन्य अभियान की स्वीकृति देना उन सैयदों के वंशजों के लिए कठिनतम परिस्थिति थी, जिनके पूर्वजों की कभी दिल्ली दरबार में तूती बोलती रही थी। सैयद अब्दुल्ला ख़ान और सैयद हुसैन अली ख़ान के पूर्ण पतन के उपरान्त उनके छोटे भाई सैयद सैफ़ुद्दीन अली ख़ान पर ही परिवार, वंश और समर्थकों की कुशलता बनाए रखने का दायित्व था। सैफ़ुद्दीन एक समय में मुरादाबाद का सूबेदार भी रह चुका था। जानसठ की सैयद बिरादरी के मुखिया के रूप में लोग सैफ़ुद्दीन को ही जानते थे। वह काफ़ी समय से सिर्फ अपनी सम्पत्तियों के प्रबंधन में लगा था, और स्थायी रूप से जानसठ में ही रहा करता था। बादशाह ने उसे शासकीय सेवा से पहले ही विलग कर दिया था।

तत्कालीन परिस्थितियों में जब मुग़ल सेना जानसठ की ओर बड़ी आने की पक्की ख़बर पुष्ट हो गई तो सैयद सैफ़ुद्दीन ने अपने समुदाय के प्रमुख लोगों से सम्पर्क बनाया और रणनीति पर विमर्श किया। सभी ने एकमत से सैफ़ुद्दीन के लिए गए किसी भी निर्णय से सहमति दी। सब सैयद वंशज अब सैयद सैफ़ुद्दीन के नेतृत्व में एकत्रित होने लगे। मुग़ल सेना जैसे-जैसे मुज़फ़्फ़रनगर की ओर बढ़ती गई, सैयद सैफ़ुद्दीन की चिन्ता बढ़ती गई। अन्तत: उसने संघर्ष करने का निर्णय लिया। उसे जानसठ को बचाना था। उसकी यही प्राथमिकता थी, जो उसने अपनी सैन्य परम्परा के अनुभव से सीखी थी। उसकी चिन्ता यह थी कि यदि मुग़ल सेना जानसठ को घेर लेती तो युद्ध की विभीषिका केवल सैयद परिवार के पुरुषों को प्रभावित न करती। इसकी चपेट में अनावश्यक रूप से निर्दोष बूढ़े, बच्चे और महिलाएँ भी आतीं। यह रणनीति इस स्थिति से बचने के लिए ही बनाई गई थी।

रणनीति के अनुसार जब मुग़ल सेना जनपद मुज़फ़्फ़रनगर की सीमा में प्रवेश कर जानसठ की ओर बढ़ने लगी, उसी अनुपात में सैयद सैफ़ुद्दीन अली ख़ान जानसठ से बारहा सैयदों की तात्कालिक रूप से तैयार की गई सैनिकों की टुकड़ियों को लेकर मुग़ल सेना से मुक़ाबला करने बढ़ा। वह खतौली के निकट स्थित ग्राम भैंसी तक बढ़ आया। भैंसी में स्थित एक नाले के बाईं ओर ऊँचाई वाले स्थान पर सैफ़ुद्दीन ने शाही सेना के विरुद्ध मोर्चाबन्दी की।

---

1. Jadunath Sarkar, *Fall of the Mughal Empire,* Vol-I, Orient Longman, New Delhi, Reprint 1997, p. 25.

मुज़फ़्फ़रनगर के तत्कालीन इतिहास में 'भैंसी का युद्ध' सर्वाधिक महत्त्वपूर्ण घटना के रूप में अंकित है। यह ग़ैर-बराबरी वाले दो पक्षों का युद्ध था। कुछ लोग इसे युद्ध नहीं, नरसंहार कहते हैं। नौसिखिए बच्चों से लेकर अक्षम और वृद्ध लोगों ने भी जुनून के साथ हथियार थामे हुए थे। उसके बावजूद यह संख्या बल शाही सेना के सामने नगण्य थी। अगर कहा जाए कि यह युद्ध राज्य के किसानी के काम में शान्तिपूर्वक लगे लोगों पर थोपा गया था, तो कोई अतिशयोक्ति न होगी। जैसाकि उम्मीद भी थी, ये लोग प्रशिक्षित और हथियारों से लैस मुग़ल सेना के समक्ष नहीं ठहर पाए और जल्दी ही इस एकतरफ़ा युद्ध में सैयदों की अपेक्षित पराजय हो गई। इन बारहा सैयदों को उनकी ही मोर्चाबन्दी में चारों ओर से घेर कर चोट पहुँचाई गई थी।

इस ग़ैर-बराबरी के संघर्ष के बाद शाही सेना ने जानसठ को भी घेरने की दिशा में क़दम बढ़ाए। इस रास्ते में सैयदों के और भी गाँव पड़ते थे। उन दर्जनों गाँवों को भी भयंकर विनाश हुआ और लोगों को हिंसा का सामना करना पड़ा। इस प्रकार इस अनावश्यक संघर्ष में कितनी जान-माल की हानि हुई, यह बताना मुश्किल है, पर जितनी वीभत्सता हुई, उसका तत्कालीन समय में कोई उदाहरण आसानी से नहीं मिलता।

मुग़ल सेना ने जानसठ पहुँचकर क़स्बे की घेराबन्दी कर दी। तीन दिन और तीन रात की इस घेराबन्दी में त्राहि-त्राहि मच गई। चारों ओर बर्बर हिंसा का तांडव था। किशोर उम्र से अधिक किसी बच्चे को जीवित नहीं छोड़ा गया। महिलाओं के जेवर और बहुमूल्य चीज़ों को लूट लिया गया। ख़ास तौर से सोना-चाँदी किसी के पास नहीं छोड़ा गया, उसके बाद में इन घरों को आग के हवाले कर दिया गया।

बाद में छतरोडी शाखा के प्रमुख सैयद नुसरतयार ख़ान के प्रयासों और अनुनय-विनय से यह तांडव रुक सका। दरअसल नुसरतयार ख़ान स्वयं बारहा सैयद कुल का एक महत्त्वपूर्ण वंशज था। उसने एक समय पर अपने अन्य बन्धुओं के साथ मिल-जुल कर काम भी किया था, पर बाद के सालों में कुछ मतभेदों के चलते उसने स्वयं को अलग कर लिया था। अब संकट के समय वह अपने वंशजों की मदद के लिए आ खड़ा हुआ था।

3

अकबर महान के मुग़ल दरबार का सैयद बन्धुओं का काल खंड

जब मुग़ल बादशाह अकबर ने शासन सँभाला था तो उसे अपनी कम आयु होते हुए भी यह समझने में देर नहीं लगी कि उसके सामने चुनौती देनेवाले लोग सबसे पहले उसके ख़ुद के दरबारी ही हैं। उनके विरोध और टकराव से बचने और उन्हें नियंत्रित कर राज्य तथा सत्ता के हित में उनकी सेवाओं का उपयोग करने का अकबर का अपना तरीक़ा था। उसने इस हेतु राजपूत राजाओं और दरबार में मौज़ूद पर उपेक्षित स्थानीय मुम्लिमों की मदद लेनी शुरू की[1], ऐसा विश्लेषण विद्वान् इतिहासकारों ने किया है।

यह वह समय था जब मुग़ल दरबार में भारतीय मुस्लिमों में से शेख़जादाओं के रूप में बारहा सैयद सबसे बड़े और प्रभावशाली स्थानीय मुस्लिमों के समूह का प्रतिनिधित्व करते थे। सैन्य पराक्रम और युद्ध के मैदानों में दृढ़ता तथा शक्ति के कारण उन्हें मुग़ल दरबार में अच्छा-ख़ासा प्रभाव मिलने लगा था।

फिर जहाँगीर और शाहजहाँ के शासन काल में उन्होंने अपने मनसबों की संख्या में बढ़ोतरी की। उन्हें शाहजहाँ के शासनकाल में ख़ास तौर से उच्च पदों पर सुशोभित करने की शुरुआत हो गई थी। उन्होंने यहाँ रहते-रहते स्थानीय ज़मींदारों पर अपना अच्छा प्रभाव बना लिया था। ऐसा प्रतीत होता है कि मुग़ल दरबार की सेवा में आने से पूर्व इनमें से कुछ सैयद अफ़गानों की भी सेवा में भी प्रविष्ट हो गए थे, परन्तु वास्तविकता यह है कि मुग़लों से पूर्व इन बारहा सैयदों की स्थिति का इतिहास में कहीं कोई विश्वसनीय उल्लेख नहीं मिलता। आज के पश्चिमी उत्तर प्रदेश में फैली किंवदंतियों के अनुसार ये लोग आरम्भ में हुमायूँ की सेना में कारिंदों की तरह और छोटी-मोटी नौकरियों में शामिल होना शुरू हुए थे।[2]

---

1. Iqtidar Alam Khan, *The nobility of Akbar and the Development of His Religious Policy,* IRAS, 1968, 29-30.
2. Uttar Pradesh District Gazetteers, Muzaffarnagar D P Varun, IAS, 1990, Revised 2015.

बाद की परिस्थितियों के अध्ययन से समझ नहीं आता है कि उन्हें गाँवों में ज़मींदारी के अधिकार मिल गए थे, अथवा नहीं। सहारनपुर जनपद में पूर्व से मौजूद ज़मींदार अवश्य दूसरे सैयद रहे थे, पर बारहा के सैयद कहीं ज़मींदार रहे हों, ऐसा कोई उल्लेख कहीं नहीं मिलता।[1] कुंडलीवाल शाखा का सैयद महमूद बारहा प्रथम सैयद था जो किसी मुग़ल दरबार का हिस्सा बना। मुग़लों की सेवा में आने से पूर्व वह सिकन्दर अफ़गान की सेवा में रहा था। मनकोट में जब उसने घेराबन्दी की थी, तो वह उसका साथ छोड़कर मुगल पक्ष से जा मिला था। वह बैरम ख़ान की व्यक्तिगत सेवा के लिए तैनात हुआ था।[2]

एक घटनाक्रम के अनुसार जब बैरम ख़ान ने ख़ान-ए-जमाँ के नेतृत्व में एक अग्रिम दस्ता भेजा था तो सैयद महमूद को भी साथ भेजा गया था[3]। फिर उसे पानीपत के 1556 के युद्ध में भेजा गया था। उसी साल उसे शाह कुली मेहराम के साथ अजमेर में हाजी ख़ान के विरुद्ध चलाए गए अभियान में भी भेजा गया[4]।

सैयद महमूद के बेटे सैयद हाशिम और सैयद कासिम को अजमेर में ज़ागीर दिए जाने का सन्दर्भ भी मिलता है। सन् 1558 में उसे भदौरिया लोगों के विद्रोह के लिए चलाए गए अभियान में अधम ख़ान के साथ भेजा गया था। जोधपुर के जैतराम क़िले पर विजय प्राप्त करने में भी सैयद वंश के इस पूर्वज की भूमिका रही थी।

बाद के दिनों में जब अकबर बादशाह ने बैरम ख़ान से दूरी बना ली, तब सैयद महमूद ने सीधे बादशाह की सेवा में अपनी जगह सुनिश्चित कर ली। उस समय इस सैयद को दिल्ली के पास एक बड़ी ज़ागीर देने का जिक्र आता है। ऐसा लगता था कि उसका मुग़ल सेवा में आना एक राजनीतिक जुए की भाँति था, क्योंकि तब तक अकबर के दरबार और सेना में अफ़गानियों की स्थिति उपेक्षित हो चली थी लेकिन पुष्ट यह भी है कि सैयद महमूद के अलावा इस देश में तब तक किसी बारहा सैयद का कोई उल्लेख नहीं मिलता।

जब बादशाह अकबर ने शासन की बागडोर सुदृढ़ता से अपने हाथों में ली, उसने नई नीति के अन्तर्गत राजपूत और भारतीय मुस्लिमों से अपनी निकटता बढ़ा ली थी। तब सम्भवत: और भी बारहा सैयदों को साथ लिया गया। चित्तौड़ के घेराव में बारहा के सैयदों के पराक्रम और सैयद अहमद ख़ान बारहा के बेटे सैयद जमालुद्दीन के एक सुरंग के फटने से मारे जाने का उल्लेख इस प्रामाणिकता की पुष्टि करता है।[5]

---

1. Ain-i-Akbari, II, (tr.) see accounts of twelve subas
2. Muntakhab-ul-Tawarikh, Vol. II, Pg 18, Maasir ul Umara, Vol. II, pp. 375-377
3. Akbarnama, Vol. III, p. 33.
4. Muntakhab-ul-Tawarikh, Vo1. II,p. 46-47, Maashir-ul-Umra, Vol. II, pp. 375-377.
5. Akbarnama, Vol. II, p317; Maasir-ul-Umara, Vol. II, p. 379

गुजरात अभियान में सैयद महमूद बारहा, सैयद अहमद ख़ान, सैयद कासिम और सैयद हाशिम को अग्रिम सैन्यबल के कर्मियों की टुकड़ी के साथ भेजा गया था। गुजरात के विजय अभियान के बाद मान सिंह के नेतृत्व में सैयद महमूद और अन्यों को सूरत पर विजय हासिल करने के लिए भेजा गया था, जो उस समय मिर्जाओं के अधीन हुआ करता था। इस अभियान में बादशाह अकबर ने भी व्यक्तिगत रूप से भाग लिया था। सारनाल के इस युद्ध में इब्राहीम हुसैनी मिर्जा को पराजित कर दिया गया था, जिसने युद्ध के मैदान से भाग कर अपनी जान बचाई थी। सारनाल की इस विजय के उपरान्त बादशाह अकबर के नेतृत्व में सैयद महमूद और अन्य बारहा सैयदों ने सूरत के अभियान के लिए क़दम बढ़ाए। इसका उल्लेख 'अकबरनामा' में किया गया है। जब यह सब तैयारियाँ प्रगति पर थीं, विरोधी पक्ष के मिर्जाओं ने पाटन के निकट कुछ व्यवधान उत्पन्न करने के प्रयास किए। इब्राहीम हसन ने ऐसी ही गड़बड़ियाँ आगरा में करनी चाहीं। तब अकबर ने सैयद महमूद, शाह कुली महराम और भगवान दास को इन बागियों को सबक सिख़ाने के लिए रवाना किया।

मिर्जाओं की पराजय के बाद सैयद कासिम बारहा को ख़ान-ए-आलम के साथ मुहम्मद हुसैन मिर्जा का पीछा करने के लिए लगाया गया, जो दक्खिन की ओर भाग निकला था।[1] गुजरात के विजय अभियान को पूरा करने के बाद सैयद महमूद शहंशाह अकबर के साथ दरबार में लौट आया था, परन्तु सैयद अहमद, सैयद कासिम और सैयद हाशिम गुजरात में ही रहे।

अकबर के गुजरात से वापसी के कुछ ही समय बाद ख़बर मिली कि गुजरात पर विरोधियों ने आक्रमण कर दिया है। अमीर अजीज कोका की घेराबन्दी कर दी गई थी। यह ख़बर अकबर को आक्रोशित करने के लिए पर्याप्त थी। ख़बर मिलते ही अकबर ने स्वयं अहमदाबाद जाकर मोर्चा सँभालने और विद्रोहियों को सजा देने की तैयारी की। मान सिंह, भगवन्त दास, सैयद महमूद और अन्य बारहा सैयदों के नेतृत्व में एक मजबूत सैन्य बल की टुकड़ियाँ तैयार की गईं। इस सबका 'अकबरनामा' के भाग दो में विस्तार से वर्णन है।

मुहम्मद हुसैन मिर्जा के विरुद्ध पूरी तैयारी से लड़े गए इस युद्ध में बारहा सैयद मिर्जा ख़ान इन सैन्य बलों के कमांड में लक्ष्य बिन्दु के रूप में तैनात थे। उनकी रणनीति कारगर रही और इस युद्ध में शाही सेना के सैन्य बलों के नेतृत्व को भारी विजय मिली। इस युद्ध में विशेष रूप से सैयद महमूद का व्यक्तित्व उभरकर आया था।

यही वह वर्ष था जब गुजरात की पुनर्विजय अभियान के उपरान्त सैयद महमूद ने अमरोहा के सैयदों के साथ बुन्देलखंड के बागी मधुकर शाह के विरुद्ध

1. Muntakhab-ul-Tawarikh, Vol II, pp. 147-149, Mashir-ul-Ulma, Vol II, pp. 378-79

भी अभियान में भाग लिया। सैयद महमूद ने इस अभियान में भी बहुत पराक्रम दिखाया और बुंदेलखंड को भी मुग़ल साम्राज्य के प्रति वफ़ादार बनाने में सफलता प्राप्त कर ली।

इस अभियान के तत्काल बाद ही सैयद महमूद की मृत्यु हो गई।[1]

सन् 1576 में मान सिंह को जब मेवाड़ के ऐतिहासिक युद्ध में राणा प्रताप के विरुद्ध भेजा गया था, तब सैयद अहमद, सैयद कासिम, सैयद हाशिम, सैयद राजा और अन्य कई सैयद भाई-भतीजे और परिजन साथ थे। बारहा सैयदों के बलों को विभिन्न टुकड़ियों में विभक्त किया गया था। तब अस्सी सैनिकों का अग्र दल सैयद हाशिम के नेतृत्व में आगे बढ़ा था। सैयद अहमद ने सेना के दक्षिणी दल का नेतृत्व सँभाला हुआ था।

इस भयानक युद्ध में सैयदों ने राजपूत सैन्य बलों के शौर्य को ध्वस्त कर कई बार खदेड़ने में कामयाबी हासिल की। बदायुँनी ने इस युद्ध के आँखों-देखे हाल का वर्णन करते हुए टिप्पणी की थी कि, "यदि सैयदों ने इस युद्ध में अपनी ज़मीन को मज़बूती से न सँभाला होता, और मौके पर साहस नहीं दिखाया होता तो हम लोगों की शर्मनाक हार होती![2]

सन् 1577 ईसवी में शहबाज ख़ान काम्बोह के नेतृत्व में राणा प्रताप के विरुद्ध फिर सेना भेजी गई थी, जिसमें बारहा सैयद परिवार के योद्धाओं—सैयद राजू, सैयद कासिम और सैयद हाशिम तथा मान सिंह, राजा भगवान दास, को भी उनके साथ भेजे जाने के निर्देश दिए गए थे। इसका विवरण भी 'अकबरनामा' में अंकित है।

सन् 1580 में मालदेव के पुत्र राजा चन्द्रसेन के विद्रोह को दबाने के लिए सैयद हाशिम और सैयद कासिम को भेजे जाने का उल्लेख भी है। एक अच्छे-ख़ासे युद्ध के बाद सैयदों ने उसे मुग़ल साम्राज्य की सीमाओं से खदेड़ने में सफलता प्राप्त की थी। क़िस्सा यह है कि मालदेव ने जब अपने छोटे बेटे चन्द्रसेन को राजा बनाया तो नाराज होकर मालदेव के बड़े बेटे राम व मोटा राजा उदयसिंह सहायता के लिए अकबर के पास चले गए। तब अकबर ने जोधपुर पर आक्रमण के आदेश दिए थे। चन्द्रसेन अकबर की विशाल सेना से परास्त होकर भाद्राजूण (जालौर) चला गया था। वह अकबर के नाग़ौर दरबार में गया था परन्तु अकबर का झुकाव अपने बड़े भाई उदयसिंह की तरफ़ देखकर वह अकबर से बिना मिले ही लौट आया था। अकबर ने भाद्राजूण पर भी आक्रमण किया तो चन्द्रसेन सिवाणा चला गया।

---

1. Akbarnama, Vol. III, pp. 47-49
2. Akbarnama, Vol. III, pp. 166-167, 174-176 Muntakhab-ul-Tawarikh, Vol. II, pp. 228, 230-234, Maasir-ul-Umara, Vol. III, pp. 40-404

तत्कालीन ऐतिहासिक स्त्रोतों से ऐसा प्रतीत होता है कि सन् 1584 तक सैयद हाशिम और सैयद कासिम अजमेर में रहकर ही शाही सेना की सेवा में रहे। उन्हें इसी सूबे में ज़ागीर भी दी गई थी।[1] सन् 1580 ईसवी में उनको गुजरात के अब्दुर रहीम मिर्जा ख़ान के यहाँ तैनाती का भी उल्लेख मिलता है जिन्हें मुज़फ़्फ़र गुजराती को दंड देने के लिए वहाँ भेजा गया था। 'अकबरनामा' में इस तथ्य का उल्लेख मिलता है। इस सैन्य बल की पूरी टुकड़ियों का नेतृत्व बारहा सैयदों के हाथों में था। सरखिज में लड़े गए प्रभुत्व के इन युद्धों में सैयद हाशिम की मौत हुई थी जबकि सैयद कासिम को गम्भीर चोटें आई थीं। मिर्जा ख़ान की सेना ने विजय अवश्य प्राप्त की थी, पर उनका और सैयदों का काफ़ी नुकसान हुआ, और मुज़फ़्फ़र गुजराती फिर भी हाथ न लगा। वह भागने में कामयाब हो गया था।

सन् 1587-88 ईसवी में ऐसे कई युद्धों का वर्णन है जिनमें बारहा सैयद या तो नेतृत्वकारी अथवा महत्त्वपूर्ण भूमिका में रहे थे। तब सैयदों में सैयद कासिम और निज़ामुद्दीन मुज़फ़्फ़र के विरुद्ध लड़े युद्धों के साथ ही जाम और कच्छ की लड़ाइयों को भी लड़ा था और वहाँ मुग़ल साम्राज्य की सफलता के झंडे गाड़े थे।

सन् 1590 को हुए घटनाक्रम में गुजरात की कमांड मिर्जा अजीज कोका को सौंप दी गई थी। सैयद लोग उसके कार्यकाल के दौरान गुजरात में ही रहे और उनकी ओर से युद्धों का नेतृत्व किया। वे हमेशा अग्र भाग में रहकर लड़ते थे, इसलिए उनके यौद्धिक कौशल को बहुत सम्मान से देखा जाता था। इस पूरी अवधि और गुजरात के प्रयाण में इन सैयद बन्धुओं में सैयद कासिम, सैयद बाईजाद, सैयद सलीम, सैयद बहादुर और सैयद मुस्तफा वहाँ सक्रिय रहे थे।

अब्दुल रहीम ख़ानख़ाना को सन् 1591-92 में जब सिंध के प्राचीन शहर थट्टा पर विजय प्राप्त करने के लिए भेजा गया तो भी बारहा सैयद इस अभियान में उसके साथ थे। जब सन् 1591 ईसवी में शहज़ादे मुराद को मालवा का सूबेदार तैनात किया गया, तो सैयद राजू को उसके अधीन रखा गया। कुछ समय बाद शहज़ादे मुराद को दक्खिन में तैनात किया गया। सैयद कासिम और अन्य बारहा सैयदों ने अब्दुर रहीम ख़ानख़ाना के अधीन रहे शहज़ादे को अपनी संरक्षा में रखा।

मुराद की मृत्यु के बाद दक्खिन की सेनाओं की कमांड सन् 1599 में अकबर के दूसरे शहज़ादे दानियाल को सौंपी गई थी। यह वही साल था जब सैयद कासिम मारा गया था। सन् 1600 में शेख़ फरीद बुखारी को सेना की एक इकाई के साथ असीरगढ़ की घेराबन्दी के लिए भेजा गया था। इस सैन्य बल में एक टुकड़ी बारहा सैयदों के नेतृत्व में भी थी।[2]

---

1. Akbarnama, Vol. III, pp. 409-410, 413-414, Maashir-ul-Umara, Vol. II, pp. 409-410.
2. Akbarnama, Vol III, pp. 797-798.

सन् 1600 ईसवी के बाद बारहा सैयदों का अकबर के अन्तिम दिनों तक दरबारियों के रूप में कोई उल्लेख नहीं मिलता है। ऐसा लगता था कि इस अवधि में शेख़ फरीद बुखारी उनके खैरख्वाह के रूप में बने रहे। यही वह कालखंड था, जब अकबर के जीवन काल के अन्तिम दिनों में अजीज कोका और मान सिंह ने सलीम को गिरफ्तार करने और उसके बेटे खुसरो का राज्याभिषेक करने का षड्यंत्र रचा, परन्तु शेख़ फरीद बुखारी ने बारहा सैयदों के सैनिकों को एकत्रित कर सलीम के प्रति अपनी प्रतिबद्धता प्रदर्शित की थी।[1]

कहा जाता है कि शहज़ादा सलीम जब बादशाह जहाँगीर के रूप में मुग़ल साम्राज्य के वारिस के रूप में शहंशाह की गद्दी पर बैठा, तो उसने भी बारहा सैयदों के प्रति अपनी कृतज्ञता ज्ञापित की। सैयद अली असगर तब शहज़ादे की व्यक्तिगत सेवा के लिए तैनात था। बादशाह ने उसे 3000 सैनिकों के कमांडर की रैंक और सैफ़ ख़ान की उपाधि से विभूषित किया।

सन् 1605 में शहज़ादे खुसरो ने बग़ावत की थी। उसके विरुद्ध शेख़ फरीद के नेतृत्व में बारहा सैयदों, सैफ़ ख़ान और सैयद जलाल, के सैन्य बल को साथ लेकर युद्ध की चुनौती दी गई। यह युद्ध वास्तव में बहुत भयावह था। बारहा सैयदों और बुखारा सैयदों को इस युद्ध की विभीषिका से जूझना भारी पड़ा। अपनी आदत के अनुसार ये सैयद सैन्य बल के अग्र भाग में तैनात होकर नेतृत्व कर रहे थे। कई बार तो ऐसा समय आया कि उनके 50 या 60 लोगों ने विरोधी पक्ष के 1500 से अधिक सैनिकों का सामना किया। बाद में, सन् 1609 में सैफ़ ख़ान को हिसार की फ़ौजदारी सौंपी गई। उसे 2500 सैन्य बल की रैंक पर प्रोन्नत भी किया गया।

सन् 1610 ईसवी में आदम बारहा और सैयद अली जैसे कुछ सैयद दरबारियों की भी इतिहास में चर्चा हुई है, जो गुजरात में तैनात थे। इसके अगले ही वर्ष, अर्थात सन् 1611 में सैयद आदम की बंगाल में अफ़गानी मुखिया उस्मान से युद्धरत रहते हुए मृत्यु हो गई। तब तक सैयद आदम अली को 1500 की रैंक की प्रोन्नति दे दी गई थी।

सन् 1613 में शहज़ादे खुर्रम को भी मेवाड़ के राणा के विरुद्ध अभियान में भेजा गया था। ऐसा कहा जाता है कि सैफ़ ख़ान भी उसके साथ ही तैनात था। इसी कारण और सैफ़ ख़ान के अनुरोध पर उसका मनसब बढ़ाकर 3000 कर दिया गया था। हिज्र ख़ान बारहा को भी इस अभियान पर भेजा गया था। सन् 1615 में सैफ़ ख़ान बारहा, सैयद अली बारहा, और अब्दुल्ला बारहा की रैंक बढ़ाकर तीन हज़ार, 1500 और 750 कर दी गई थी। अगले ही वर्ष, यानी सन् 1616 ईसवी में सैयद दिलावर के बेटे सैयद कासिम को भी 450 की रैंक से 800 की रैंक पर प्रोन्नत करने की सिफारिश मान ली गई थी।

---

1. Tujuk-i-Jahangiri, pp. 13-14, Maasir-ul-Umara, Vol II, pp. 410-411.

सन् 1617 में सैयदों के नाम एक और उल्लेखनीय उपलब्धि दर्ज है। उस वर्ष सैयद अब्दुल्ला दक्खिन के राज्य से शान्ति व्यवस्था सुनिश्चित करने की अच्छी ख़बर लेकर मुग़ल शहंशाह जहाँगीर के दरबार में पहुँचा। इस सुखदायी और हर्ष पूर्ण समाचार के लिए उसे शहंशाह ने 20 लाख दाम की ज़ागीर इनाम में दी और 'सैफ़ ख़ान' की उपाधि भी दी।[1]

मुग़ल बादशाह जब सन् 1618 ईसवी में गुजरात प्रवास पर था, तो उसने उस प्रान्त में तैनात बारहा सैयद दरबारियों और सैन्य अधिकारियों को प्रोन्नतियाँ दी थीं। तब सैयद हिज्र ख़ान के स्तर को 400 से बढ़ाकर 1000 कर दिया गया। इसी प्रकार सैयद बयाज़िद और अन्य सैयदों को भी पुरस्कृत किया गया। इसी साल इन सैयदों के लिए एक दुखद ख़बर भी आई थी। सैयद सफी बारहा और उसके भाइयों की काँगड़ा में सूरजमल के विरुद्ध अभियान में मृत्यु हो गई थी।[2]

सन् 1622 के मार्च माह में शहज़ादे खुर्रम को अपनी सेना लेकर कंधार के अभियान पर जाने का निर्देश हुआ, परन्तु इस शहज़ादे के दिमाग़ में कुछ और ही खिचड़ी पक रही थी, इसलिए उसने वर्षा ऋतु तक माँडू में रुकने का इरादा जताया। बादशाह को शहज़ादे खुर्रम का यह तरीक़ा पसन्द नहीं आया। उनकी दिक़्क़त यह थी कि फारस की तरफ़ से बड़ा दबाव महसूस हो रहा था, उसे दुरुस्त कर एक उचित जवाब दिया जाना ज़रूरी था। इसीलिए बादशाह द्वारा शहज़ादे को अपने सभी बड़े अमीरों, बारहा और बुखारी सैयदों को दरबार में उपस्थित किए जाने का आदेश दिया। यह तो पता नहीं कि शहज़ादे ने इस आदेश का पालन किया अथवा नहीं, परन्तु इतिहास में यह तथ्य दर्ज है कि जब उसने बादशाह के प्रति खुलकर विद्रोह किया, तब कई बारहा दरबारी उसके साथ खड़े नहीं हुए।

इसके विपरीत कुछ सैयद वह भी थे, जो इस विद्रोह में अपने स्वामी शहज़ादे खुर्रम के प्रति स्वामिभक्ति की भावना से ओत-प्रोत रहे थे। आज के बागपत जनपद के बिल्लोचपुर के युद्ध में बारहा सैयदों को अब्दुल्लाह ख़ान फिरोज़ जंग के अधीन रखा गया था। हालाँकि तथ्य यह भी है कि अब्दुल्ला ख़ान इस युद्ध के बीच में मैदान छोड़ भाग खड़ा हुआ था, पर बारहा सैयद इस कठिन समय में मज़बूती से डटे रहे। उनमें से कई मौत के मुँह में समा गए, पर किसी ने भी बुजदिली नहीं दिखाई। युद्ध की समाप्ति पर सैयद बहवा को 1500 से दो हज़ार मनसब के स्तर पर प्रोन्नति दे दी गई।

जब बागियों को जवाब देने के लिए परवेज, महाबत ख़ान और अन्य लोगों के बीच चर्चाएँ हो रही थीं, हिज्र ख़ान भी वहाँ मौजूद था। इसके बाद बारहा सैयदों की गतिविधियों की कोई पुष्ट ख़बर इतिहास में दर्ज नहीं है। इतना अवश्य

1. Tujuk-i-Jahangiri, 1988-89
2. Afzal Hussain, Nobility Under Akbar and Jahangir, pp. 112-113.

है कि बागी खेमे में शुजाअत ख़ान और मुज़फ़्फ़र ख़ान इस पूरे अभियान में साथ बने रहे। जब शहज़ादे ने बंगाल की तरफ़ का रुख किया, तब मुज़फ़्फ़र ख़ान ने इब्राहीम ख़ान और फ़तेह जंग से युद्ध कर उनको हरा दिया परन्तु सैयद पूरे समय मुग़ल शहज़ादे खुर्रम के प्रति वफ़ादार बने रहे।[1] शुजाअत ख़ान ने टोंस के युद्ध में पराजय के बाद शहज़ादे का साथ छोड़ दिया था। उसका कारण यह था कि जब उसे पता चला कि शहज़ादा ईरान जाना चाहता है तो उसने अपने घर के लिए जाने में ही बेहतरी समझी।

पराजय के बाद खुर्रम दक्खिन की तरफ़ भाग निकला। गुजरात की परिस्थितियाँ भी बदल चुकी थीं। मिर्जा सफी और दिलेर ख़ान बारहा के अधीन कार्यरत गुजरात के अधिकारियों ने अब्दुल्लाह ख़ान के नौकर वफ़ादार को वहाँ से भगा दिया। इस वफ़ादार को अब्दुल्लाह ख़ान ने वहाँ तैनात किया था। जब अब्दुल्ला को यह ख़बर मिली तो वह अहमदाबाद की रक्षा करने के लिए दौड़ा, परन्तु वहाँ उसे सफी और दिलेर ख़ान बारहा ने पराजित किया। यह सफी वही था, जिसे बाद में सैफ़ ख़ान के नाम से जाना गया। इस सेवा और स्वामिभक्ति के लिए दिलेर ख़ान को 1200 से बढ़ाकर दो हज़ार की मनसबदारी की प्रोन्नति दी गई। इस अवसर पर जहाँगीर ने जो कहा था, वह अजीज कोका ने बादशाह के शब्दों में यूँ बयान किया था, "बारहा के सैयद मुग़ल प्रभुत्व को विपदा से बचाए रखने के लिए अवतार की तरह उतरे हैं!"[2]

बादशाह जहाँगीर का भी मानना था कि यह बात पूरी तरह सच और वास्तविक है।

घटनाक्रम पर दृष्टिपात करने से समझ आता है कि बारहा सैयदों की शहज़ादे खुर्रम के प्रति कुछ संवेदनाएँ ज़रूर जुड़ी थीं। जब जहाँगीर की मृत्यु हुई तब दिलेर ख़ान, जो उस समय गुजरात में था, पहली बार वहाँ आया और शाहजहाँ के रूप में गद्दी पर आसीन शहज़ादे के प्रति सम्मान प्रकट किया। जहाँगीर के अवसान की ख़बर मिलने के समय हिज्र ख़ान आसफ ख़ान के साथ था। वह शहरयार के विरुद्ध भी लड़ा था। यह समझ में आता था कि शाहजहाँ के मन में भी उनके प्रति ख़ासा सम्मान था। शाहजहाँ के गद्दीनशीन होते ही बारहा सैयद परिवार के कम से कम सात व्यक्तियों को प्रोन्नति दी गई। सैयद शुजाअत ख़ान, जो शहज़ादे खुर्रम को बीच अधर में छोड़ गया था, उसको भी गृह जनपद से बुलाकर चार हज़ार मनसब के सम्मान की प्रोन्नति दी गई , जबकि पूर्व में उसे दो हज़ार रैंक का ही मनसब प्राप्त था।

मुग़ल बादशाह अकबर, जहाँगीर और शाहजहाँ के शासनकाल में मुग़ल

1. Zakhiratul Khwanin, Vol. III, pp. 13-15, Maasir-ul-Umara, Vol. I, p. 758; II, pp. 423-424
2. Tujuk-i-Jahangiri, pp. 362-4, 366

शासन प्रणाली में सैयद बन्धुओं की एक अच्छी-ख़ासी भूमिका बन गई थी। उन्हें इन बादशाहों के समय में शाही पक्ष से उचित सम्मान मिलता था, क्योंकि वे अपने पराक्रम, निष्ठा तथा निडरता में आगे रहते थे। सन् 1658 में शाहजहाँ की बीमारी और सन् 1707 में औरंगज़ेब की मृत्यु के समय उनकी भूमिकाओं को उचित परिप्रेक्ष्य में देखने की ज़रूरत है। दरअसल शाहजहाँ के समय में छिड़े विरासत के संघर्ष में बारहा सैयद चार खेमों में बँट गए थे। तब सैयद शेर ख़ान बारहा, सलाबत ख़ान बारहा, सालार बारहा, मसूद बारहा, नजाबत ख़ान बारहा, मुनव्वर बारहा और सैयद नाहर ख़ान बारहा तब शहज़ादे दारा शिकोह के खेमे में थे। सैयद सुलतान बारहा और सैयद क़ासिम बारहा उस अवधि में शहज़ादे दारा की ओर से क्रमश: बनारस और इलाहाबाद के क़िलों के लिए तैनात थे।[1]

उस समय औरंगज़ेब के खेमे में सैयद शेर जमाँ, सैयद मुज़फ्फर ख़ान, शुजात ख़ान के बेटे, और सैयद जफ़र के साथ सैयद फिरोज़ बारहा भी थे। सैयद मंसूर बारहा, सैयद शेर ख़ान बारहा के बेटे हसन बारहा, सैयद मुराद बख्शी के अधीन कार्यरत थे। सैयद आलम बारहा शुजा के साथ था। यह सब विवरण 'आलमगीरनामा' में उपलब्ध है।

शहज़ादे शुजा ने सबसे पहले अपनी ताजपोशी की तैयारी कर ली थी। उसने बिना कोई वक़्त गँवाए नसीरुद्दीन तैमूर तृतीय की पदवी धारण की और एक बड़ी सेना लेकर निकल पड़ा। इस सेना की एक टुकड़ी का नेतृत्व सैयद आलम बारहा के हाथों में था। बनारस से पाँच मील दूर बहादुरपुर में उसकी इस सेना को शाही सेना से मात ख़ानी पड़ी। इस सेना का नेतृत्व तब जय सिंह और दिलेर ख़ान रुहेला कर रहे थे जो दारा के पुत्र सुलेमान शिकोह के सीधे नियंत्रण में काम कर रहे थे।

सन् 1658 के फरवरी माह में मुराद बख्श की सेनाओं ने उज्जैन के निकट औरंगज़ेब से मिलन किया। तब इन संयुक्त सेनाओं को परास्त करने के लिए जसवन्त सिंह के नेतृत्व में जो शाही सेना भेजी गई थी वह मुराद बख्श और औरंगज़ेब की सेनाओं को रोककर अपने-अपने तैनाती के स्थानों पर वापस जाने या उनको परास्त करने में नाकामयाब रही। अन्ततः अप्रैल 1658 ईसवी में निकटवर्ती स्थान धरमत में युद्ध लड़ा गया। इस युद्ध में औरंगज़ेब की ओर से सैयद शेर जमाँ और सैयद मंसूर मुहम्मदी सुलतान के नेतृत्व में लड़ रहे थे। सुलतान तब तोपख़ाना इकाई का मुखिया था। इस युद्ध में जसवन्त सिंह की पराजय हुई। उसका कारण था शाही सेना में उचित समन्वय का न होना। औरंगज़ेब और मुराद बख्श ने इस युद्ध में महत्त्वपूर्ण विजय प्राप्त की थी। उन लोगों को भरपूर इनाम और सम्मान दिए गए जिनकी वीरता, पराक्रम और निष्ठा से यह युद्ध जीता जा सका था। सैयद शेर जमाँ को इस युद्ध के उपरान्त ही 'मुज़फ्फर ख़ान' की पदवी दी गई थी।

1. Alamgirnama, Vol. I, pp. 65-16 and 207; Amal-i-Saleh, Vol. III, pp. 459-464.

उज्जैन से 14 मील की दूरी पर 15 अप्रैल, 1658 को हुए धरमत के युद्ध में प्राप्त विजय के उपरान्त औरंगज़ेब आगरा की ओर बढ़ चला। वह चम्बल नदी पार कर आगरा से पूर्व में आठ मील की दूरी पर सामुगढ़ पहुँच गया था। वहाँ उसने 29 मई, 1658 ईसवी में सामुगढ़ के युद्ध का नेतृत्व किया जिसकी सेना के अग्र भाग का नियंत्रण सैयद मुज़फ्फर ख़ान, सैयद हसन, सैयद मंसूर और अन्य बारहा सैयद कर रहे थे। संयुक्त सेना का पूरा नियंत्रण स्वयं शहज़ादे औरंगज़ेब के हाथों में था। इसके विपरीत सैयद शेर ख़ान, सैयद मुनव्वर, सैयद जाफर, सैयद नाहर ख़ान, सैयद इस्माइल बारहा, और सैयद शै ख़ान दारा शिकोह के अधीन शाही सेना के साथ रहकर विरोधी पक्ष से युद्धरत थे। भयावह युद्ध हुआ, जिसमें फिर से दारा के नेतृत्व वाली शाही सेना अन्ततः परास्त हुई। वह पराजय निर्णायक थी और दारा को उस युद्ध स्थल से भागकर अपनी जान बचानी पड़ी। सैयद नाहर ख़ान, सैयद इस्माइल, और सैयद फाज़िल बारहा इस युद्ध के मैदान में बुरी तरह से घायल हुए। इस संघर्ष में सैयद शेर ख़ान बारहा की मौत हो गई थी।

एक तथ्य यह भी है कि सामुगढ़ में दारा की पराजय के बाद सैयद शेर ख़ान और सैयद मुनव्वर ने दारा खेमे का साथ छोड़कर औरंगज़ेब के खेमे को अपना लिया था। लगभग इसी समय औरंगज़ेब ने ख़ान-ए-दौराँ को सैयद कासिम बारहा की जगह तैनात किया था जो उस समय दारा की ओर से इलाहाबाद के क़िले का प्रमुख बना हुआ था। औरंगज़ेब ने ख़ान-ए-दौराँ को यह भी निर्देश दिए थे कि यदि सैयद कासिम आराम से सिर्फ बातचीत के जरिए किसी प्रतिरोध के बिना इलाहाबाद के क़िले को छोड़ने को तैयार हो जाए तो उसे तत्काल यत्नपूर्वक इस दरबार में भेज देना होगा।

सन् 1658 में मुराद बख्श को कैद करने के बाद सैयद फिरोज़ बारहा और सैयद मंसूर बारहा, जो मुराद बख्श के साथ थे, ने औरंगज़ेब के प्रति अपनी निष्ठा बदल ली। औरंगज़ेब ने भी उनको वही पद और रैंक दिए जिस पर वह पूर्व में तैनात रहे थे।

अब मुराद बख्श की ओर से आसन्न किसी भी ख़तरे से निश्चिन्त होकर औरंगज़ेब ने अपनी सैन्य शक्ति के विस्तार और सुदृढ़ता पर ध्यान दिया। साथ ही उसने तत्काल दारा शिकोह को ढूँढ़ना आरम्भ किया। अजमेर के पास दोराई में दारा की फ़ौज को औरंगज़ेब की सेना ने पूरी तरह नष्ट कर दिया था। उसे इस युद्ध के मैदान से इतनी अफ़रा-तफ़री में दिल्ली की तरफ़ भागना पड़ा, कि उसका ज़रूरी सामान भी वहीं छूट गया। दारा को इतने से ही सुकून न मिला। वह इतना भयभीत था कि अब उसने बेटे सुलेमान शिकोह के लिए भी इन्तज़ार करना मुनासिब न समझा। वह बहुत हड़बड़ी में लाहौर की ओर कूच कर गया।

ऐसी स्थितियों में औरंगज़ेब ने बिना किसी प्रतिरोध के पहले आगरा, फिर दिल्ली पर क़ब्ज़ा कर लिया। अब उसने फिर से दारा शिकोह की ढुँढ़ाई शुरू की। लाहौर में रहते हुए दारा को जब ख़बर मिली कि औरंगज़ेब उसकी तलाश में है, और उसने ब्यास नदी को पार कर लिया है, तो वह वहाँ से मुलतान की ओर भागा। औरंगज़ेब के लगातार पीछा करते रहने और मुलतान पहुँचने के कारण दारा शिकोह को सुरक्षित स्थान की खोज में भाक्कर जाना पड़ा।

अब औरंगज़ेब को समझ आ गया था कि दारा की हालत पतली हो गई है, और उसका पीछा करना व्यर्थ है, इसलिए वह वापस आगरा लौट आया। इस पूरे अभियान में औरंगज़ेब के साथ सैयद मुनव्वर, सैयद मसूद और सैयद मंसूर अन्य बारहा सैनिकों के साथ लगातार बने रहे थे।[1] दारा शिकोह के बेटे सुलेमान शिकोह की हालत भी ख़राब हो चली थी। उसके सैनिक अधिकारियों ने उसका साथ छोड़ दिया था। वह इधर-उधर प्रश्रय की तलाश में भटक रहा था। अब उसके पास मुश्किल से दो सौ विश्वस्त लोगों का सैन्य बल बचा था। इनमें सैयद कासिम बारहा भी शामिल थे।[2]

दिल्ली की गद्दी के लिए अब केवल शहज़ादा शुजा एकमात्र दावेदार बचा था। यद्यपि उसे बहादुरपुर में जय सिंह के हाथों पराजित होना पड़ा था, परन्तु सामुगढ़ में दारा की पराजय के बाद स्थिति बदल गई और उसने पुनः स्वयं को गद्दी पर आसीन घोषित कर दिया। अब अपनी सेना को मज़बूत बनाकर वह औरंगज़ेब को चुनौती देने के लिए निकल पड़ा। इन दोनों सेनाओं की मुठभेड़ इलाहाबाद के पास ख्वाज़ा में हुई। इलाहाबाद के क़िले का क़िलेदार सैयद कासिम बारहा और चुनार क़िले का क़िलेदार अब्दुल ज़लील बारहा दारा के निर्देश पर पूर्व में ही शुजा के साथ हो चुके थे।[3]

ख्वाज़ा का युद्ध दिसम्बर 1658 के अन्त से लेकर 5 जनवरी, 1569 को निर्णायक रूप से लड़ा गया था। युद्धस्थल की जगह वर्तमान फ़तेहपुर में, तत्कालीन इलाहाबाद जनपद में तीस मील पश्चिम दिशा में गंगा और यमुना नदियों के इलाक़े के मध्य फ़तेहपुर-हसवा मार्ग पर स्थित स्थल था। इस युद्ध की ख़ास बात यह रही कि दोनों पक्षों की सेनाओं में अग्रिम पंक्ति में बारहा सैयदों की तैनाती रही थी। उन दोनों पक्षों की तरफ़ से उन्होंने वाक़ई अपना युद्ध कौशल पूरे शिद्दत से प्रदर्शित किया। शुजा की सेना में यूरोपियन सैनिक और तोपची भी थे। शाह शुजा की सेना में 25 हज़ार सैनिक और 10 हज़ार प्रशिक्षित हाथी थे। इसके विपरीत औरंगज़ेब के पास लगभग चार गुना बड़ी सेना—90 हज़ार लोगों का सैन्य बल तथा अन्य

1. Alamgirnama, Vol. I, p. 203-209
2. Ibid, p. 170
3. Alamgirnama, Vol. I, pp. 239-240; Muntakhab-ul-Lubab, Vol. II, p. 46

युद्ध के हथियारों का भरा-पूरा जखीरा था। एकबारगी लगा कि औरंगज़ेब की हार आसन्न है, पर बावजूद इसके, औरंगज़ेब की जुझारू सेना के लोग कहीं अधिक उद्यमी थे ने। उन्होंने अन्ततः शुजा को परास्त कर दिया। वह शहज़ादा जहाँगीर नगर (बंगाल) की ओर भाग निकला।

वहाँ पहुँचने के बाद शाह शुजा ने फिर से लोगों और हथियारों को इकट्ठा करना शुरू किया। शहज़ादे सुलतान मुहम्मद को मुज़फ्फर ख़ान, सैयद ज़फर और अन्यों के साथ शुजा की मुखबिरी के लिए लगाया गया। शहज़ादे शुजा ने विपरीत परिस्थितियों के बावजूद और भी जोरदार युद्ध लड़े परन्तु पूरी ताकत से लड़ी गई हर लड़ाई में उसे पराजय का ही सामना करना पड़ा। सैयद आलम बारहा अन्य सैयदों के साथ निष्ठापूर्वक शहज़ादे शुजा के साथ बने रहे। अन्ततः शुजा को अराकान (वर्तमान में म्यांमार) की पहाड़ियों की ओर भागना पड़ा। इस समय तक भी सैयद आलम बारहा और दस अन्य बारहा सैयद योद्धा इस शहज़ादे के साथ बने रहे थे।

प्रतीत होता है कि जब शाहजहाँ की विरासत का युद्ध छिड़ा तो आरम्भिक रूप से औरंगज़ेब के खेमे में बहुत कम बारहा सैयद उस शहज़ादे के साथ हुआ करते थे। जब शाहजहाँ ने औरंगज़ेब को आदिल शाह के विरुद्ध अभियान स्थगित कर अपने कमांडरों की दरबार में उपस्थिति सुनिश्चित कराने का निर्देश दिया था, तब भी कुछ बारहा सैयद औरंगज़ेब के साथ ही बने रहे थे। इन बारहा सैयदों ने जिन युद्धों में वीरतापूर्वक भाग लिया था, वे थे—बहादुरपुर (जनवरी 1658), धरमत (अप्रैल 1658), सामुगढ़ (मई 1658), ख्वाज़ा (दिसम्बर 1658)।

औरंगज़ेब ने जब-जब बारहा सैयदों के काम का आकलन किया तो उसने सकारात्मक दृष्टिकोण के अनुरूप अपनी सेना में शामिल करने में कोई कोताही नहीं की। उसको भी वीर, पराक्रमी लोगों की ज़रूरत थी, और अपनी सैन्य शक्ति का विस्तार करना था। उन्हें न केवल उनकी पिछली स्थितियाँ और पद दिए गए, बल्कि कई लोगों को प्रोन्नत भी किया गया। उन्हें सम्मान और घोड़ों की सौगातें भी दी गईं, उनकी सेवाओं का विभिन्न सैन्य अभियानों में उपयोग किया गया। बारहा सैयदों ने भी औरंगज़ेब के साथ पूरी विशिष्टता, समर्पण और निष्ठा से काम किया।

ध्यान देने योग्य बात यह भी है कि सैयद मियाँ यद्यपि विरासत के इस संघर्ष में मूल रूप से दारा शिकोह के साथ थे, और दारा के प्रति उनकी वफ़ादारी, पराक्रम, साहस और श्रम से औरंगज़ेब भी प्रभावित था, इसीलिए नए शहंशाह औरंगज़ेब ने इस प्रमुख सैयद को न केवल मनसब देने की घोषणा की बल्कि उसे पहले मुख्य बख्शी रुहेला ख़ान के साथ सम्बद्ध किया। बाद में उनको शहज़ादे मुअज्जम के साथ दक्खिन भेजा गया। उनको विभिन्न अभियानों पर भेजा गया पर उनमें सबसे महत्त्वपूर्ण अभियान गोलकुंडा की घेराबन्दी और बीजापुर तथा तदुपरान्त अजमेर की सूबादारी थी। अजमेर के अभियान के बाद ही उसकी मृत्यु हो गई थी। बारहा सैयदों

का अजमेर से बाद तक भी बहुत निकट का नाता बना रहा। सम्भवत: अपने पूर्वजों का इस स्थान से लगाव और ख्वाज़ा साहिब की दरगाह के कारण ऐसा हुआ हो।

सत्रहवीं शताब्दी के अन्तिम वर्षों में राठौरों के विद्रोह के समय सैयद मियाँ ने उस समय कुछ ख़ास माँगें भी रखी थीं जब उन्हें अजमेर के सूबे का सूबेदार बनाने का प्रस्ताव दिया गया था। अब तक सैयद अब्दुल्ला ख़ान उर्फ़ सैयद मियाँ के कई बेटों में से हसन अली ख़ान और हुसैन अली ख़ान निकल कर सामने आए थे। उनकी उम्र भी क्रमश: 46 और 44 वर्ष रही होगी। इससे पूर्व सैयद अब्दुल्ला ख़ान उर्फ़ सैयद मियाँ सन् 1698 में बंगलौर में नज़्रपुर के सुलतान के फ़ौजदार के पद पर रह चुके थे। यह वही साल था जब नीमाजी सिंधिया के नेतृत्व में पहली बार मराठों ने ख़ानदेश पर हमला किया था। अब्दुल्ला ख़ान ने तब इस सिंधिया छत्रप का बहादुरीपूर्ण मुक़ाबला किया था और ख़ुद को हिम्मती और निडर साबित कर दिखाया था। इसके दो वर्ष बाद ही, यानी सन् 1700 में अब्दुल्ला ख़ान ने मराठा सेनापति हनुमंत के विरुद्ध मोर्चाबन्दी में अपने दुस्साहस और ऊर्जा का प्रदर्शन किया था। उसने हनुमंत का खेमा तहस-नहस कर दिया था और उसके भतीजे जानोजी को पकड़ लिया था। बाद में उसने इस्लाम धर्म स्वीकार कर लिया था। जुल्फ़िकार ख़ान, जो उस समय वहीं था, ने भी अब्दुल्ला ख़ान की बहादुरी की प्रशंसा की थी। उसके ठीक बाद ही अब्दुल्ला ख़ान ने जहाँदार शाह की सेवा में अपना योगदान दिया था। मुग़ल बादशाह शाह आलम का यह बड़ा बेटा उस समय मुलतान प्रदेश का सूबेदार हुआ करता था। सैयद हुसैन अली को पहले रणथम्भोर का, फिर बयाना का फ़ौजदार बनाया गया था।

सन् 1708 ईसवी में अज़ीम-उश-शान ने सैयद हुसैन अली ख़ान को बिहार में अपना नायब तैनात किया, जबकि बड़े भाई हसन अली उर्फ़ सैयद अब्दुल्ला की इलाहाबाद के लिए तैनाती की गई थी। 7 मार्च, सन् 1712 को अपनी मृत्यु के समय तक अजीज-उश-शान बंगाल का अधिकृत सूबेदार बना रहा। यद्यपि सत्ता संघर्ष में तब तक मुल्क़ का सिंहासन जहाँदार शाह के हाथ में आ चुका था, परन्तु अभी भी फ़र्रुख़सियर बंगाल का नायब सूबेदार था, जबकि वहाँ कोई सूबेदार तैनात न था।

4

बारहा सैयदों के पद अनुसार उनकी स्थिति

यह मुग़ल बादशाह अकबर की दृष्टि थी कि उन्होंने सेना को संगठित करने के लिए ज़ागीरदारी प्रथा के स्थान पर मनसबदारी को आधार बनाया। यह ऐसी व्यवस्था थी जिसमें प्रत्येक मनसबदार अपनी-अपनी श्रेणी और पद (मनसब) के अनुसार घुड़सवार सैनिक रखता था। इस व्यवस्था में मनसबदार बादशाह से प्रति माह नक़द वेतन प्राप्त करता था।

बादशाह अकबर के शासन काल में मनसब प्राप्त नौ मुख्य बारहा सैयद थे—सैयद मुहम्मद ख़ान बारहा (200 मनसब), सैयद राजू बारहा (1000 मनसब), सैयद कासिम बारहा पुत्र महमूद (1500 मनसब), सैयद बाय्जाद बारहा (300 मनसब), सैयद लाड बारहा (200 मनसब), सैयद छज्जू बारहा (500 मनसब), सैयद अहमद पुत्र महमूद बारहा (2000 मनसब) और सैयद हाशिम बारहा (1000 मनसब)।[1]

बादशाह जहाँगीर के काल में सैयद इज़्ज़त ख़ान बारहा को एक हज़ार का मनसब और 800 घुड़सवार की स्वीकृति प्राप्त थी, तो सैयद अब्दुल्ला को सात सौ की मनसबदारी और तीन हज़ार घुड़सवारों का साथ मिला हुआ था। अली मुहम्मद को तीन सौ, बहादुर ख़ाँ पुत्र सैफ़ ख़ान बारहा को चार सौ तथा कासिम बारहा को एक हज़ार के मनसब के साथ छह हज़ार सवारों की स्वीकृति मिली हुई थी।[2]

इस अवधि में सैयद अब्दुल वहाब और सैयद बहादुर को दो हज़ार के मनसब मिले थे तो सैयद हज्बर ख़ान और सैयद अली को 1500-1500 के मनसब का रुतबा और अधिकार हासिल था। इसी समय सैफ़ ख़ान बारहा को 3000 मनसब और 1500 घुड़सवार का अधिकार मिला हुआ था।

सैयद सैफ़ ख़ान बारहा और सैयद जमालुद्दीन ऐसे बारहा सैयद थे, जिन्हें कोई मनसब और घुड़सवार तो नहीं मिले थे, पर उनका इस राज में बहुत सम्मान था।

अगर बात करें बादशाह शाहजहाँ के कार्यकाल[1] की तो समझ आता है कि इन सैयद मनसबदारों की संख्या और स्तर में बढ़ोतरी होती जा रही थी। इनका नेतृत्व

---

1. यह सब विवरण आईन-ए-अकबरी, खंड प्रथम और द्वितीय के विभिन्न पृष्ठों पर अंकित है।
2. इस जानकारी का स्रोत 'तुजुक' है।

सैयद मुज़फ़्फ़र ख़ान के पास था जिन्हें छह हज़ार मनसब और इतने ही घुड़सवारों के अधिकार प्राप्त थे। फिर सैयद शुजाअत ख़ान बारहा और सैयद दिलेर ख़ान बारहा को चार-चार हज़ार मनसब तथा क्रमशः चार हज़ार और तीन हज़ार घुड़सवारों का सम्मान मिला हुआ था। सैयद हिजबर ख़ान बारहा को तीन हज़ार का मनसब और एक हज़ार घुड़सवारों की स्वीकृति मिली हुई थी।

इससे पूर्व बादशाह जहाँगीर ने अपने आत्मचरित में उन सैयद भाइयों के पूर्वजों का भी जिक्र किया था जो पश्चिम उत्तर प्रदेश के जनपद मुज़फ़्फ़रनगर के जानसठ क़स्बे के रहनेवाले थे और जिन्हें बारहा के सैयद कहा जाता था। उनकी चर्चा करते हुए एक सन्दर्भ में बादशाह जहाँगीर ने लिखा था,

"सैयद दिलेर खाँ बारहा के सैयदों में से है। इसका नाम पहले सैयद अब्दुल वहाब था। हमने इसका मनसब एक हज़ारी आठ सौ सवार से दो हज़ारी बारह सौ सवार कर दिया और इसे झंडा प्रदान कर दिया। हिन्दी में द्वादश संख्या को बारह कहते हैं। दोआब में बारह गाँव आसपास हैं जो इन सैयदों का निवास स्थान है। इसलिए ये बारहा के सैयद कहलाते हैं। कुछ लोग इनकी वंश परम्परा पर उँगली उठाते हैं पर इनकी वीरता इनके सैयद होने को प्रमाणित करती है क्योंकि इस राज्य काल में ऐसा कोई युद्ध नहीं हुआ है जिसमें उन्होंने प्रमुख भाग न लिया हो और कुछ मारे न गए हों। मिर्जा अजीज कोका सदा कहा करता था कि ये इस साम्राज्य के संकट को दूर करनेवाले हैं और यह वास्तव में ठीक भी है।"[2]

बादशाह शाहजहाँ के कार्यकाल में पाँच सैयद ऐसे थे जिन्हें एक हज़ार से दो हज़ार के बीच मनसब प्रदत्त किया गया था। इनमें सैयद आलम बारहा, और शुजाअत ख़ान बारहा के बेटे सैयद मुज़फ़्फ़र, सैयद फिरोज, दिलेर ख़ान के बेटे सैयद हसन और दो हज़ार की मनसब वाले सैयद सलाबत ख़ान का नाम लिया जा सकता है। इक्कीस ऐसे सैयद लोगों के विवरण भी मिलते हैं जिन्हें बादशाह शाहजहाँ के कार्यकाल में 500 से लेकर एक हज़ार के बीच के मनसब मिले हुए थे। इनमें मुख्य रूप से कासिम बारहा के बेटे सैयद सुलेमान, सैयद खादिम बारहा, सैयद मंसूर, सैयद शेरजमाँ, सैयद मुनव्वर, दिलेर ख़ान के बेटे सैयद शेख़ान बारहा का नाम शामिल था।

इसके अतिरिक्त बादशाह शाहजहाँ के कार्यकाल में इन सैयदों में अफ़जाल ख़ान बारहा के बेटे सैयद मुहम्मद, सैफ़ ख़ान के बेटे सैयद नूरुल आयन, सैयद सालार बारहा, सैयद अलावल, सैयद जबरदस्त ख़ान, सैयद क़ुतुब और सैयद शेर मुहम्मद बारहा भी थे, जिनमें से अधिकांश को 500 की मनसबदारी मिली थी।

मुग़ल बादशाह शाहजहाँ के कार्यकाल में बारहा सैयदों को कई महत्त्वपूर्ण पद मिले हुए थे। इनमें से कुछ यूँ थे—

1. The different volumes of Lahauri, Amal-I Saleh, Waris are the main sources of this information.
2. जहाँगीर, तुजुक-ए-जहाँगीरी, 777- 778.

सैयद मुज़फ़्फ़र ख़ान सन् 1628-29 में ग्वालियर के क़िलेदार हुआ करते थे। बाद में इनको आगरा के सूबेदार के पद पर भी तैनात किया गया। इनके बेटे सैयद मंसूर ख़ान को आरम्भिक रूप से अपने पिता के साथ ही ग्वालियर क़िले का डिप्टी क़िलेदार तैनात किया गया था। सैयद शुजाअत ख़ान बारहा को सन् 1637-38 में इलाहाबाद के सूबेदार के पद पर तैनाती का भी उल्लेख है। सन् 1647-48 में मुज़फ़्फ़र ख़ान के बेटे सैयद शेर जमाँ लाहौर में क़िलेदार के पद पर तैनात थे। सन् 1649 में सैयद सालार बारहा ग्वालियर के फ़ौजदार रहे थे। सलाबत ख़ान बारहा को सन् 1655-56 में इलाहाबाद की सूबेदारी मिली थी।

सन् 1719 के उथल-पुथल के समय के इतिहास में मुल्क़ में सैयदों की शाखाओं के दो भाई ही महत्त्वपूर्ण थे—सैयद हसन अली (जिसे हम सैयद अब्दुल्ला के नाम से जानते हैं) और सैयद हुसैन अली ख़ान। दोनों को ही साम्राज्य की ओर से सात-सात हज़ार मनसब की पदवी दी हुई थी। बड़ा भाई इस विशाल मुग़ल साम्राज्य का वज़ीर था तो छोटा मीर बख्शी हुआ करता था।

उसके बाद बारहा सैयदों में से प्रमुख थे सैयद ख़ान जहाँ बहादुर, जिन्हें छह हज़ार की मनसबदारी और पाँच हज़ार घुड़सवारों की स्वीकृति प्राप्त थी। यह सैयद अजमेर के सूबेदार के पद के साथ ही हथियारों के भंडार का दरोगा था। इसी तरह से सैयदों के एक महत्त्वपूर्ण अंग थे सैयद नुसरत यार ख़ान। इस बारहा सैयद को पाँच हज़ार की मनसबदारी और पाँच हज़ार सवारों की पदवी के साथ ही मेवात के नारनौल इलाक़े की फ़ौजदारी भी दी हुई थी।

सैयद नजमुद्दीन अली ख़ान को चार हज़ार की मनसबदारी और दो हज़ार घुड़सवार का पद प्राप्त था। वह साथ ही दारोगा-ए-दीवान-ए-ख़ास के पद पर सुशोभित था। सैयद इब्राहीम ख़ान (जिसे सैयद हसन ख़ान की पदवी भी मिली थी) को पाँच हज़ार का मनसब मिला हुआ था। साथ ही मुल्तान के डिप्टी सूबेदार का पद भी।

सैयद ग़ुलाम अली ख़ान को चार हज़ार की मनसबदारी के साथ दीवान-ए-ख़ास के दारोगा का पद हासिल था। इसी प्रकार सैयद दिलावर अली ख़ान को चार हज़ार का मनसब और इतने ही सवार का अधिकार तो था ही, वह हुसैन अली ख़ान के बख्शी के पद पर भी सुशोभित था।

सैयद शाह अली ख़ान को छह हज़ार का मनसब और पाँच हज़ार घुड़सवारों का दर्जा प्राप्त था। उसे साथ ही इलाहाबाद जैसे महत्त्वपूर्ण प्रान्त का सूबेदार का पद भी दिया हुआ था। अफ़गान मूल के दोस्त मुहम्मद ख़ान को तीन हज़ार की मनसब और दो हज़ार घुड़सवारों की पदवी दी गई थी। उसे भोपाल का जमींदार भी घोषित किया गया था।

राजा रतन चन्द भारतीय मूल का सैयद भाइयों का विश्वसनीय सलाहकार था। वह सैयद अब्दुल्ला ख़ान का दीवान था जिसे पाँच हज़ार की मनसबदारी प्राप्त थी।

सैयदों के पक्ष के दो ऐसे ही हिन्दू मनसबदार थे मोहक़म सिंह और चूड़ामन। इन दोनों को ही बराबर रूप से पाँच हज़ार का मनसब और पाँच हज़ार के घुड़सवारों की स्वीकृति तो प्राप्त थी ही, ये राजपूत और जाट क्षत्रप सैयद हुसैन अली ख़ान के दीवान का पद भी धारण किया करते थे।

राजस्थान के महत्त्वपूर्ण सहयोगियों में राजपूत राजा अजीत सिंह का नाम लिया जा सकता है जिनको मुग़ल साम्राज्य की ओर से सात हज़ार का मनसब और इतने ही घुड़सवारों को रखने की स्वीकृति प्राप्त थी। एक और राजपूत वीर भीम सिंह भी सैयदों के बहुत नजदीकी थे, जिन्हें पाँच हज़ार का मनसब और चार हज़ार सवारों की मंजूरी मिली हुई थी। भीमसिंह कोटा के मनसबदार थे।

सैयद बन्धुओं के साथ बहुत से मराठा भी जुड़े थे जिनमें राजा शाहू के पेशवा बालाजी विश्वनाथ के साथ ही राजा गज सिंह नरौरी और शंकर जी मल्हार प्रमुख थे। दक्खिनी सैयद के रूप में पहचान रखनेवाले ग़ालिब ख़ान की सेवाएँ भी सैयदों के साथ थीं, जिन्हें पाँच हज़ार की मनसबदारी प्रदान की गई थी।

सैयद हुसैन अली ख़ान की बहन के बेटे घेरात ख़ान को कोई मनसब दिए जाने की तो जानकारी नहीं है, लेकिन उन्हें आगरा का सूबेदार ज़रूर बनाया गया था। सैयद अब्दुल्ला के भतीजे और दत्तक पुत्र सैयद निजाबत अली ख़ान को हरम का अधीक्षक बनाया गया था। सैयद सैफ़ुद्दीन अली ख़ान को मुरादाबाद का फ़ौजदार बनाने का उल्लेख है।

नूरुद्दीन अली ख़ान के बेटे सैयद आलम अली ख़ान को तत्कालीन स्रोतों में दक्खिन के डिप्टी सूबेदार बनाने का उल्लेख मिलता है। सैयद अब्दुल्ला के भांजे सैयद शुजाउत-उल्ला-ख़ान को दारोगा-ओ-दाग-ओ-ताशिह के पद की अधिसूचना जारी की गई थी। बाबर ख़ान, शमशेर ख़ान, अशरफ ख़ान और अमीन ख़ान ऐसे सैयद योद्धा थे जिन्हें इस अवधि में यथोचित सम्मान प्राप्त था। सैयद हिम्मत ख़ान को बादशाह रफ़ी-उद-दरजात का अतालिक (संरक्षक) बनाया गया था। सैयद हुसैन अली ख़ान के एक भतीजे सैयद मुहम्मद ख़ान को राजदरबार की विशिष्ट सुनवाई कक्ष का प्रभारी बनाया गया था। सैयद करीमुल्ला को सैयद हुसैन अली ख़ान की सेना का बख्शी बनाया गया था।

सैयद शाहमत ख़ान इस अवधि में सहारनपुर के फ़ौजदार रहे। इसी प्रकार बारहा सैयद जफ़र अली ख़ान सिकन्दराबाद के फ़ौजदार का पदभार सँभाले हुए थे। सैयद अब्दुल नबी को मुख्य चोबदार का पद हासिल था।

सैयदों का खुलकर साथ देनेवालों में मारवाड़ का राजघराना भी था। अफ़गानों में तहव्वर ख़ान, मुत्थव्वर ख़ान और उमर ख़ान इन सैयदों के प्रमुख सहयोगी थे। दक्खिनी सैयदों में घियासुद्दीन ख़ान और फिदाई ख़ान मुख्य थे। रहमतुल्ला ख़ान शेख़ थे, जबकि वली मुहम्मद भी सैयद ख़ानदान के लोगों का प्रतिनिधित्व करते थे।

चयनित सन्दर्भ

राजकिशोर शर्मा 'राजे', *मुग़लों का अन्त,* वर्ष 2021, इशिता प्रकाशन, आगरा-282001

Irvine, William, *The later Mughals,* Low Price Publications. New Delhi

Irvine, William, T*he Army of the Indian Mughals,* London, 1903.

Jadunath Sarkar, *Fall of the Mughal Empire,* Vol-I, Vol-II, Orient Longman, New Delhi, Reprint 1997

Iqtidar Alam Khan, *The Nobility of Akbar and the Development of His Religious Policy,* IRAS, 1968

Kanungo, Dr K., *History of the Jats,* Calcutta, 1925

Kazim, Sayyid Ali, *A critical study of the role and achievements of Sayyid brothers (thesis for PhD),* Department of History, Aligarh Muslim University, Aligarh.

Khan, Reaz Ahmed. *"Afghans and Shaikhzadas in the nobility of Shah Jahan".* Shodhganga

Khan, Shaharyar M. (2000). *The Begums of Bhopal (illustrated ed.).* I.B.Tauris.

Ranade, M.G., *Rise of the Maratha Power,* Bombay, 1900

Sen, Sailendra, *A Textbook of Medieval Indian History.* Primus Books., 2013

Yusuf Hussain, *The First Nizam—The life and times of Nizam-ul-Mulk Asaf Jaha I,* 1963, Asia Publishing House, Delhi

Bayly, C.A., Rulers, *Townsmen and Bazaars, North Indian Society in the Age of British Expansion, 1770-1870,* Cambridge, 1983

Chandra, Satish, *Parties and Politics in Mughal Court, (1707-1740),* 2nd edition, New Delhi, 1982

G S Cheema, *The Forgotten Mughals—A history of the later emperors of the house of Babar (1707-1857).* Manohar Publishers & Distributors, New Delhi-110002 2017

Radhey Shyam Chaurasia, *History of Modern India: 1707 A.D. to Up to 2000 A.D.,* Atlantic Publishers & Dist. New Delhi

Dutta K.K., *Survey of India's Social and Economic Condition in the Eighteenth Century, 1707-1813,* Calcutta, 1961, revised, 1978, New Delhi

Elliot & Dowson, *History of India,* (Vol. VII and VIII)

Mishcher., Michael H., *A Clash of Cultures: Awadh, the British and the Mughals,* Manohar Publications, New Delhi, 1987

Habib Irfan, *Agrarian System of Mughal India,* Bombay 1963

Angus, *Maddison Development Center Studies the World Economy Historical Statistics : Historical Statistics.* (2003-09-25)

Muntakhab-ul-Tawarikh, Vol. II

Akbarnama, Vol. III

Afzal Hussain, *Nobility Under Akbar and Jahangir,*

Alamgirnama, Vol. I,

Amal-I-Saleh, Vol.III

Satish Chandra, *Medieval India from Sultanat to the Mughals,* Har Anand Publications Pvt Ltd.

Khafi Khan, *Maasir-l-Umara*

Elizabeth M. Thelen, *Intersected Communities: Urban Histories of Rajasthan, c. 1500-1800, a PhD dissertation,* University of California, Berkeley

Tarikh-i-Sultanat-i-Farrukh Siyar, Tabatabai

Nevill, H.R. *Muzaffarnagar Imperial Gazetteer. District Gazetteers of the United Provinces of Agra and Oudh.* III., (1920)

D P Varun, IAS, *Uttar Pradesh District Gazetteers, Muzaffarnagar, 1990,* Revised 2015

S L H Mohini, *Chishti Shrine of Ajmer, Pir Pilgrims Practice,* Jaipur, 2004.

C. R. Wilson's, *Early Annah,* Vol. 11, Part 2, *"The Surman Diary*

[c. 1590]. Phillott, Douglas Craven (ed.). *The Āīn-i Akbarī.* Translated by Blochmann, Henry (2nd ed.). Sang-e-Meel Publications., Abul Fazl (2004)

The Kingmaker of the Mughal Empire (2018)-docudrama by Avnish Rajvanshi Productions

https://hindi.webdunia.com/inspiring-personality/banda-bairagi-118061100041_1.html, visited on November 21, 2020

Anil Maheshwari, 'Syncretic Islam', *Life and Times of Ahmad Raza Khan Barelvi,* Bloomsbury New Delhi, 2021

हितेश राजवंशी, *अमर राजा रतन चन्द जी का जीवन वृत्त :* https://www.abvars.org/sabha-updates/351/, visited on October 29, 2020

Shiv Das, *Munawar-ul-Kalam*

Eliot and dowson, vii, *Tabababai,*

Past Present : Kingmakers, The Dawn, Karachi, 01 November, 2009.visited on October 14, 2020.

Surendra Verma, *Chhote Saiyyad Bade Saiyyad,* National Publishing House, Delhi, 1991